1 MONTH OF
FREE
READING

at

www.ForgottenBooks.com

By purchasing this book you are eligible for one month membership to ForgottenBooks.com, giving you unlimited access to our entire collection of over 1,000,000 titles via our web site and mobile apps.

To claim your free month visit: www.forgottenbooks.com/free706479

ISBN 978-0-666-24714-8
PIBN 10706479

Georg Wilhelm Friedrich Hegel's

Werke.

Vollständige Ausgabe

durch

einen Verein von Freunden des Verewigten:

D. Ph. Marheineke, D. J. Schulze, D. Ed. Gans,
D. Lp. v. Henning, D. H. Hotho, D. K. Michelet,
D. F. Förster.

Sechster Band.

Τἀληθὲς ἀεὶ πλεῖστον ἰσχύει λόγου.
Sophocles.

Mit Königl. Würtembergischem, Großherzogl. Hessischem und der freien Stadt
Frankfurt Privilegium gegen den Nachdruck und Nachdrucks-Verkauf.

Berlin, 1840.
Verlag von Duncker und Humblot.

Vorwort des Herausgebers.

Bei dieser neuen Ausgabe von Hegels Encyclopädie der philosophischen Wissenschaften war das Geschäft des Herausgebers in sofern zunächst dasselbe, wie bei der neuen Ausgabe der Rechtsphilosophie, als es sich auch hier darum handelte, ein Compendium, dessen sich der Verfasser bei seinen Vorlesungen bedient, nach Anleitung dieser Vorlesungen, mit erläuternden Zusätzen zu versehen. Da indeß der selige Hegel, während seiner dreizehn-jährigen Wirksamkeit an der hiesigen Universität, nur zweimal die philosophische Encyclopädie vorgetragen (das erste Mal gleich beim Antritt seines hiesigen Lehramts im Wintersemester 18⅛ und dann zum zweiten Mal im Wintersemester 18⅖) und derselbe demnächst den größern Theil der in diesen Vorlesungen gegebenen Erläuterungen zu den §§. der ersten Ausgabe des vor-liegenden Compendiums, in der Form von Zusätzen und Anmerkungen, in die im Jahr 1827 erschienene und da-durch bedeutend erweiterte Ausgabe aufgenommen hat, so fand sich sowohl in den von ihm hinterlassenen Papie-ren als auch in den nachgeschriebenen Heften nur sehr wenig Material zu weiter erläuternden Zusätzen. Dahin-gegen gewährten in dieser Beziehung eine um so reichere Ausbeute die von Hegel über die einzelnen philosophi-schen Disciplinen wiederholt gehaltenen Vorlesungen.

A *

Was hierbei zunächst die Logik anbetrifft, welche nächst
der allgemeinen Einleitung zur philosophischen Encyclopädie den Inhalt des hier erscheinenden ersten Bandes
bildet, so ist dieß diejenige philosophische Disciplin, welche
Hegel am häufigsten (in der Regel in jedem Sommer-
semester) vorgetragen hat. Das Aeußere seines Verfahrens bestand hierbei darin, daß er den betreffenden Abschnitt seines encyclopädischen Compendiums zur Grundlage seiner Vorlesung machte, sodann aber die abzuhan-
delnde Disciplin, in der Regel ohne specielle Rücksichtnahme
auf die Fassung der einzelnen §§. und der darunter be-
findlichen Erläuterungen, im zusammenhängenden Vortrag
explicirte und durch Beispiele erläuterte. In den nachgeschriebenen Heften findet sich hiernach zum großen Theil
derselbe Inhalt wie im Compendium, nur in größerer,
vornämlich das Interesse der Popularisirung berücksichtigen-
der Ausführlichkeit. Die Aufgabe des Herausgebers bestand hierbei zunächst darin, aus den zur Benutzung gezogenen Heften diejenigen Erörterungen und Beispiele
zusammen zu stellen, welche als zur Erläuterung der im
Compendium enthaltenen §§. und Anmerkungen besonders
geeignet erschienen. Ob nun schon bei diesem Geschäft
fortwährend darauf Bedacht genommen wurde, die eigenen Wendungen und Ausdrücke Hegels wieder zu geben,
so lag es doch in der Natur der Sache, daß hierbei eine
äußere diplomatische Genauigkeit nicht zum Hauptgesichtspunkt gemacht werden konnte, sondern daß vor allen Dingen dafür gesorgt werden mußte, das in den verschiedenen Heften verschiedener Jahrgänge zerstreute Material
in der Art zu einem in sich zusammenhängenden Ganzen zu verarbeiten, daß dadurch denjenigen, die ohne sonstige Vorübung im philosophischen Denken sich zuerst an
das Studium der spekulativen Logik begeben, die bei der

Schwierigkeit dieses Studiums so wünschenswerthe Hülfe geleistet wird.

Der Herausgeber hat auch in der Verfolgung dieses Zwecks, da wo das unmittelbar vorliegende Material nicht ausreichte, keinen Anstand genommen, die erforderlich scheinenden Erläuterungen aus seiner Erinnerung zu vervollständigen, wie solches ins Besondere mit manchen in den Zusätzen zu den beiden ersten Abschnitten beigebrachten Beispielen und nähern Ausführungen der Fall ist. Wenn nun auch die Erwähnung dieses Verfahrens bei Fernstehenden einiges Bedenken über die durchgängige Aechtheit des Mitgetheilten erregen möchte, so hofft der Herausgeber doch, daß ihm von solchen, die mit Hegels Denkweise, sey es durch den Besuch seiner Vorlesungen, oder durch das Studium seiner Werke, näher vertraut sind, das Zeugniß der innern Treue und Zuverlässigkeit nicht wird versagt werden.

Daß übrigens bei dem hier erwähnten Verfahren nicht zu weit gegangen und die Gränze des Erlaubten nicht überschritten worden, dafür dürfte auch der äußere Umstand sprechen, daß bei den spätern Abschnitten des vorliegenden Compendiums, zumal gegen das Ende hin, die Zahl und der Umfang der gelieferten Zusätze bei weitem geringer ausgefallen ist, als bei den frühern Abschnitten, welches darin seinen Grund hat, daß Hegel bei seinen Vorlesungen über die Logik, ohne Zweifel planmäßig, die späteren Abschnitte immer viel kürzer zu behandeln pflegte, als die früheren, weshalb denn auch in den nachgeschriebenen Heften sich, außer der nur wenig variirten Wiederholung dessen, was im Compendium enthalten ist, in der Regel nur kurze und vereinzelte Erläuterungen der abgehandelten Gegenstände finden. Es hat nicht fehlen können, daß diese Behandlungsweise auch bei den hier gelieferten Zusätzen sich geltend gemacht hat und werden diejenigen, welche in denselben nicht die gewünschte Erläuterung finden, sich an Hegels ausführliches Werk über die Logik zu halten haben.

Hinsichtlich des bei dieser Arbeit benutzten Materials bleibt dem Herausgeber nur noch zu erwähnen, wie derselbe, außer den beiden von ihm selbst in den Jahren 1819 und 1820 nachgeschriebenen Heften, sich hauptsächlich der Hefte seiner beiden werthen Collegen, der Herren Professoren Hotho und Michelet, und außerdem aus späterer Zeit, des sehr sorgfältig geführten Heftes des Herrn Conrector Geyer bedienen zu müssen geglaubt hat.

Bei dem bedeutenden Zuwachs, welchen der die Logik umfassende erste Abschnitt der Encyclopädie durch die beigebrachten Zusätze erhalten hat, ist es als nöthig erschienen, das Ganze in zwei Bände zu vertheilen. Der zweite Band wird die Naturphilosophie und die Philosophie des Geistes umfassen.

Da die persönlichen Verhältnisse des Herausgebers des hier vorliegenden ersten Theiles es ihm nicht gestatteten, die begonnene Arbeit so rasch zu fördern, als solches wünschenswerth ist, so hat der Herr Professor Michelet es übernommen, sich der Herausgabe des zweiten Theiles zu unterziehen, dessen baldiges Erscheinen derselbe verheißen zu können glaubt.

Berlin, den 31. December 1839.

Vorrede zur ersten Ausgabe.

Das Bedürfniß, meinen Zuhörern einen Leitfaden zu meinen philosophischen Vorlesungen in die Hände zu geben, ist die nächste Veranlassung, daß ich diese Uebersicht des gesammten Umfanges der Philosophie früher ans Licht treten lasse, als mein Gedanke gewesen wäre.

Die Natur eines Grundrisses schließt nicht nur eine erschöpfendere Ausführung der Ideen ihrem Inhalte nach aus, sondern beengt insbesondere auch die Ausführung ihrer systematischen Ableitung, welche das enthalten muß, was man sonst unter dem Beweise verstand, und was einer wissenschaftlichen Philosophie unerläßlich ist. Der Titel sollte theils den Umfang eines Ganzen, theils die Absicht anzeigen, das Einzelne dem mündlichen Vortrage vorzubehalten.

Bei einem Grundrisse kommt aber dann mehr bloß eine äußerliche Zweckmäßigkeit der Anordnung und Einrichtung in Betracht, wenn es ein schon vorausgesetzter und bekannter Inhalt ist, der in einer absichtlichen Kürze vorgetragen werden soll. Indem gegenwärtige Darstellung nicht in diesem Falle ist, sondern eine neue Bearbeitung der Philosophie nach einer Methode aufstellt, welche noch, wie ich hoffe, als die einzig wahrhafte, mit dem Inhalt identische, anerkannt werden wird, so hätte ich es derselben dem Publikum gegenüber für vortheilhafter halten können, wenn mir die Umstände erlaubt hätten, eine ausführlichere Arbeit über die andern Theile der Philosophie vorangehen zu lassen, dergleichen ich über den ersten Theil des Ganzen, die Logik, dem Publikum übergeben habe. Ich glaube übrigens, obgleich in gegenwärtiger Darstellung die Seite, wornach der Inhalt der Vorstellung und der empiri-

schen Bekanntschaft näher liegt, beschränkt werden mußte, in
Ansehung der Uebergänge, welche nur eine durch den Begriff
zu geschehende Vermittlung seyn können, so viel bemerklich gemacht zu haben, daß sich das Methodische des Fortgangs hin-
reichend sowohl von der nur äußerlichen Ordnung, welche
die andern Wissenschaften aufsuchen, als auch von einer in philosophischen Gegenständen gewöhnlich gewordenen Manier unterscheidet, welche ein Schema voraussetzt und damit die
Materien eben so äußerlich und noch willkührlicher als die
erste Weise thut, parallelisirt und, durch den sonderbarsten Mißverstand, der Nothwendigkeit des Begriffs mit Zufälligkeit und
Willkühr der Verknüpfungen Genüge geleistet haben will.

Dieselbe Willkühr sahen wir auch sich des Inhalts der
Philosophie bemächtigen, auf Abentheuer des Gedankens ausziehen und dem ächtgesinnten und redlichen Streben eine Zeitlang
imponiren, sonst aber auch für eine selbst bis zur Verrücktheit
gesteigerte Aberwitzigkeit gehalten werden. Statt des Imposanten
oder Verrückten ließ der Gehalt eigentlicher und häufiger wohl-
bekannte Trivialitäten, so wie die Form die bloße Manier eines
absichtlichen, methodischen und leicht zu habenden Witzes barocker
Verknüpfungen und einer erzwungenen Verschrobenheit, so wie
überhaupt hinter der Miene des Ernstes Betrug gegen sich und
gegen das Publikum erkennen. Auf der andern Seite sahen
wir dagegen die Seichtigkeit, den Mangel an Gedanken zu
einem sich selbst klugen Skepticismus und vernunftbescheidenen
Kriticismus stempeln und mit der Leerheit an Ideen in gleichem
Grade ihren Dünkel und Eitelkeit steigern. — Diese beiden
Richtungen des Geistes haben eine geraume Zeit den deutschen
Ernst geäfft, dessen tieferes philosophisches Bedürfniß ermüdet,
und eine Gleichgültigkeit, ja sogar eine solche Verachtung gegen
die Wissenschaft der Philosophie zur Folge gehabt, daß nun
auch eine sich so nennende Bescheidenheit über das Tiefste der
Philosophie mit- und absprechen, und demselben die vernünftige
Erkenntniß, deren Form man ehemals unter den Beweisen
begriff, abzuleugnen sich herausnehmen zu dürfen meint.

Die erste der berührten Erscheinungen kann zum Theil als
die jugendliche Lust der neuen Epoche angesehen werden, welche
im Reiche der Wissenschaft wie in dem politischen aufgegangen

ist. Wenn diese Lust die Morgenröthe des verjüngten Geistes mit Taumel begrüßte, und ohne tiefere Arbeit gleich an den Genuß der Idee ging und in den Hoffnungen und Aussichten, welche diese darbot, eine Zeitlang schwelgte, so versöhnt sie leichter mit ihren Ausschweifungen, weil ihr ein Kern zu Grunde liegt, und der oberflächliche Dunst, den sie um denselben ausgegossen, sich von selbst verziehen muß. Die andere Erscheinung aber ist widriger, weil sie die Ermattung und Kraftlosigkeit zu erkennen giebt, und sie mit einem, die philosophischen Geister aller Jahrhunderte meisternden, sie und am meisten sich selbst mißkennenden Dünkel, zu bedecken strebt.

Um so erfreulicher ist aber wahrzunehmen und noch zu erwähnen, wie sich gegen beides das philosophische Interesse und die ernstliche Liebe der höhern Erkenntniß unbefangen und ohne Eitelkeit erhalten hat. Wenn dieß Interesse sich mitunter mehr auf die Form eines unmittelbaren Wissens und des Gefühls warf, so beurkundet es dagegen den innern weiter gehenden Trieb vernünftiger Einsicht, welche allein dem Menschen seine Würde giebt, dadurch am höchsten, daß ihm selbst jener Standpunkt nur als Resultat philosophischen Wissens wird, somit dasjenige von ihm als Bedingung wenigstens anerkannt ist, was es zu verschmähen scheint. — Diesem Interesse am Erkennen der Wahrheit widme ich diesen Versuch, eine Einleitung oder Beitrag zu seiner Zufriedenheit zu liefern; ein solcher Zweck möge ihm eine günstige Aufnahme verschaffen.

Heidelberg, im Mai 1817.

Vorrede zur zweiten Ausgabe.

Der geneigte Leser wird in dieser neuen Ausgabe mehrere Theile umgearbeitet und in nähere Bestimmungen entwickelt finden; dabei bin ich bemüht gewesen, das Formelle des Vortrags

zu mildern und zu mindern, auch durch weitläuftigere exoterische
Anmerkungen abstracte Begriffe dem gewöhnlichen Verständnisse
und den concretern Vorstellungen von denselben näher zu rücken.
Die gedrängte Kürze, welche ein Grundriß nöthig macht, in
ohnehin abstrusen Materien, läßt aber dieser zweiten Auflage
dieselbe Bestimmung, welche die erste hatte, zu einem Vorlese-
buch zu dienen, das durch mündlichen Vortrag seine nöthige Erläuterung zu erhalten hat. Der Titel einer Encyclopädie
sollte zwar anfänglich einer mindern Strenge der wissenschaftlichen Methode und einem äußerlichen Zusammenstellen Raum
lassen; allein die Natur der Sache bringt es mit sich, daß der
logische Zusammenhang die Grundlage bleiben mußte.

Es wären nur zu viele Veranlassungen und Anreizungen
vorhanden, die es erforderlich zu machen schienen, mich über die
äußere Stellung meines Philosophirens zu geistigen und geistlosen Betrieben der Zeitbildung zu erklären, was nur auf eine
exoterische Weise, wie in einer Vorrede, geschehen kann; denn
diese Betriebe, ob sie sich gleich ein Verhältniß zu der Philosophie geben, lassen sich nicht wissenschaftlich, somit überhaupt nicht
in dieselbe ein, sondern führen von Außen her und draußen ihr
Gerede. Es ist mißliebig und selbst mißlich, sich auf solchen der
Wissenschaft fremden Boden zu begeben, denn solches Erklären
und Erörtern fördert dasjenige Verständniß nicht, um welches
es allein zur wahrhaften Erkenntniß zu thun seyn kann. Aber
einige Erscheinungen zu besprechen mag nützlich oder vonnö-
then seyn.

Worauf ich überhaupt in meinen philosophischen Bemühun-
gen hingearbeitet habe und hinarbeite, ist die wissenschaftliche
Erkenntniß der Wahrheit. Sie ist der schwerste Weg, aber der
allein Interesse und Werth für den Geist haben kann, wenn
dieser einmal auf den Weg des Gedankens sich begeben, auf
demselben nicht in das Eitle verfallen ist, sondern den Willen
und den Muth der Wahrheit sich bewahrt hat; er findet bald,
daß die Methode allein den Gedanken zu bändigen und ihn zur
Sache zu führen und darin zu erhalten vermag. Ein solches
Fortführen erweist sich, selbst nichts anderes als die Wiederherstellung desjenigen absoluten Gehalts zu seyn, über welchen der
Gedanke zunächst hinausstrebte und sich hinaussetzte, aber eine

Wiederherstellung in dem eigenthümlichsten, freisten Elemente des Geistes.

Es ist ein unbefangener, dem Anschein nach, glücklicher Zustand noch nicht gar lange vorüber, wo die Philosophie Hand in Hand mit den Wissenschaften und mit der Bildung ging, eine mäßige Verstandesaufklärung sich mit dem Bedürfnisse der Einsicht und mit der Religion zugleich zufrieden stellte, ebenso ein Naturrecht sich mit Staat und Politik vertrug, und empirische Physik den Namen natürlicher Philosophie führte. Der Friede war aber oberflächlich genug, und insbesondere jene Einsicht stand mit der Religion, wie dieses Naturrecht mit dem Staat in der That in innerem Widerspruch. Es ist dann die Scheidung erfolgt, der Widerspruch hat sich entwickelt; aber in der Philosophie hat der Geist die Versöhnung seiner mit sich selbst gefeiert, so daß diese Wissenschaft nur mit jenem Widerspruche selbst und mit dessen Uebertünchung im Widerspruche ist. Es gehört zu den üblen Vorurtheilen, als ob sie sich im Gegensatz befände gegen eine sinnige Erfahrungskenntniß, die vernünftige Wirklichkeit des Rechts, und eine unbefangene Religion und Frömmigkeit; diese Gestalten werden von der Philosophie anerkannt', ja selbst gerechtfertigt; der denkende Sinn vertieft sich vielmehr in deren Gehalt, lernt und bekräftigt sich an ihnen wie an den großen Anschauungen der Natur, der Geschichte und der Kunst; denn dieser gediegene Inhalt ist, sofern er gedacht wird, die spekulative Idee selbst. Die Collision gegen die Philosophie tritt nur in sofern ein, als dieser Boden aus seinem eigenthümlichen Charakter tritt, und sein Inhalt in Kategorien gefaßt und von solchen abhängig gemacht werden soll, ohne dieselben bis zum Begriff zu führen und zur Idee zu vollenden.

Das wichtige negative Resultat, in welchem sich der Verstand der allgemeinen wissenschaftlichen Bildung befindet, daß auf dem Wege des endlichen Begriffs keine Vermittlung mit der Wahrheit möglich sey, pflegt nämlich die entgegengesetzte Folge von der zu haben, welche unmittelbar darin liegt. Jene Ueberzeugung hat nämlich das Interesse an der Untersuchung der Kategorien, und die Aufmerksamkeit und Vorsicht in der Anwendung derselben vielmehr aufgehoben, statt die Entfernung der endlichen Verhältnisse aus dem Erkennen zu bewirken; der

Gebrauch derselben ist, wie in einem Zustande der Verzweiflung, nur um so unverholener, bewußtloser und unkritischer geworden. Aus dem Mißverstande, daß die Unzureichenheit der endlichen Kategorien zur Wahrheit die Unmöglichkeit objektiver Erkenntniß mit sich bringe, wird die Berechtigung aus dem Gefühle und der subjektiven Meinung zu sprechen und abzusprechen gefolgert, und an die Stelle des Beweisens treten Versicherungen und die Erzählungen von dem, was sich in dem Bewußtseyn für Thatsachen vorfinden, welches für um so reiner gehalten wird, je unkritischer es ist. Auf eine so dürre Kategorie, wie die Unmittelbarkeit ist, und ohne sie weiter zu untersuchen, sollen die höchsten Bedürfnisse des Geistes gestellt und durch sie entschieden seyn. Man kann, besonders wo religiöse Gegenstände abgehandelt werden, finden, daß dabei ausdrücklich das Philosophiren bei Seite gelegt wird, als ob hiemit alles Uebel verbannt und die Sicherung gegen Irrthum und Täuschung erlangt wäre, und dann wird die Untersuchung der Wahrheit aus irgend woher gemachten Voraussetzungen und durch Räsonnement veranstaltet, d. i. im Gebrauch der gewöhnlichen Denkbestimmungen von Wesen und Erscheinung, Grund und Folge, Ursache und Wirkung und so fort, und in dem üblichen Schließen nach diesen und den andern Verhältnissen der Endlichkeit vorgenommen. „Den Bösen sind sie los, das Böse ist geblieben," und das Böse ist neunmal schlimmer als vorher, weil sich ihm ohne allen Verdacht und Kritik anvertraut wird; und als ob jenes Uebel, das entfernt gehalten wird, die Philosophie, etwas anderes wäre, als die Untersuchung der Wahrheit, aber mit Bewußtseyn über die Natur und den Werth der allen Inhalt verbindenden und bestimmenden Denkverhältnisse.

Das schlimmste Schicksal hat dabei die Philosophie selbst unter jenen Händen zu erfahren, wenn sie sich mit ihr zu thun machen, und sie theils auffassen, theils beurtheilen. Es ist das Faktum der physischen oder geistigen, insbesondere auch der religiösen Lebendigkeit, was durch jene es zu fassen unfähige Reflexion verunstaltet wird. Dieses Auffassen hat jedoch für sich den Sinn, erst das Faktum zu einem Gewußten zu erheben, und die Schwierigkeit liegt in diesem Uebergange von der Sache zur Erkenntniß, welcher durch Nachdenken bewirkt wird. Diese

Schwierigkeit ist bei der Wissenschaft selbst nicht mehr vorhanden. Denn das Faktum der Philosopie ist die schon zubereitete Erkenntniß und das Auffassen wäre hiemit nur ein Nachdenken in dem Sinne eines nachfolgenden Denkens, erst das Beurtheilen erforderte ein Nachdenken in der gewöhnlichen Bedeutung. Allein jener unkritische Verstand beweist sich eben so ungetreu im nackten Auffassen der bestimmt ausgesprochenen Idee, er hat so wenig Arges oder Zweifel an den festen Voraussetzungen, die er enthält, daß er sogar unfähig ist, das baare Faktum der philosophischen Idee nachzusprechen. Dieser Verstand vereinigt wunderbarer Weise das Gedoppelte in sich, daß ihm an der Idee die völlige Abweichung und selbst der ausdrückliche Widerspruch gegen seinen Gebrauch der Kategorien auffällt, und daß ihm zugleich kein Verdacht kommt, daß eine andere Denkweise vorhanden sey, und ausgeübt werde als die seinige, und er hiemit anders als sonst denkend sich hier verhalten müsse. Auf solche Weise geschieht es, daß sogleich die Idee der spekulativen Philosophie in ihrer abstracten Definition festgehalten wird, in der Meinung, daß eine Definition für sich klar und ausgemacht erscheinen müsse und nur an vorausgesetzten Vorstellungen ihren Regulator und Prüfstein habe, wenigstens in der Unwissenheit, daß der Sinn wie der nothwendige Beweis der Definition allein in ihrer Entwicklung und darin liegt, daß sie aus dieser als Resultat hervorgeht. Indem nun näher die Idee überhaupt die concrete, geistige Einheit ist, der Verstand aber darin besteht, die Begriffsbestimmungen nur in ihrer Abstraction und damit in ihrer Einseitigkeit und Endlichkeit aufzufassen, so wird jene Einheit zur abstracten geistlosen Identität gemacht, in welcher hiemit der Unterschied nicht vorhanden, sondern Alles Eins, unter anderem auch das Gute und Böse einerlei sey. Für spekulative Philosophie ist daher der Name Identitäts=System, Identitäts=Philosophie bereits zu einem recipirten Namen geworden. Wenn Jemand sein Glaubensbekenntniß ablegte: Ich glaube an Gott den Vater, den Schöpfer Himmels und der Erde, so würde man sich wundern, wenn ein Anderer schon aus diesem ersten Theile herausbrächte, daß der Bekenner an Gott den Schöpfer des Himmels glaube, also die Erde für nicht geschaffen, die Materie

für ewig halte. Das Faktum ist richtig, daß jener in seinem
Bekenntniß ausgesprochen hat, er glaube an Gott den Schöpfer
des Himmels, und doch ist das Faktum wie es vom Andern
aufgefaßt worden, vollkommen falsch; so sehr, daß dieß Beispiel
für unglaublich und für trivial angesehen werden muß. Und
doch ist der Fall mit dem Auffassen der philosophischen Idee
diese gewaltsame Halbirung, so daß, um es nicht mißverstehen
zu können, wie die Identität, welche der Versicherung nach das
Princip der spekulativen Philosophie sey, beschaffen sey, die ausdrückliche Belehrung und respektive Widerlegung folgt, etwa daß
das Subjekt vom Objekt verschieden sey, ingleichen das Endliche vom Unendlichen u. s. f., als ob die concrete geistige Einheit in sich bestimmungslos wäre und nicht selbst den Unterschied in sich enthielte, als ob irgend ein Mensch es nicht
wüßte, daß das Subjekt von dem Objekte, das Unendliche von
dem Endlichen verschieden sey, oder die Philosophie in ihre
Schulweisheit sich vertiefend daran zu erinnern wäre, daß es
außer der Schule die Weisheit gebe, welcher jene Verschiedenheit etwas Bekanntes sey.

Indem die Philosophie in Beziehung auf die ihr nicht bekannt seyn sollende Verschiedenheit bestimmter so verunglimpft
wird, daß in ihr damit auch der Unterschied des Guten und
Bösen wegfalle, so pflegt gern die Billigkeit und Großmuth
geübt zu werden, daß zugestanden wird, „daß die Philosophen
in ihren Darstellungen die verderblichen Folgerungen, die mit
ihrem Satze verbunden seyen, nicht immer, (— also doch
vielleicht auch deßwegen nicht, weil diese Folgerungen nicht ihnen
angehören —) entwickeln." *)   Die Philosophie muß diese

_____

*) Worte Hrn. Tholuks in der Blüthensammlung aus der mor-
genländischen Mystik, S. 13. Auch der tieffühlende Tholuk läßt sich
daselbst verleiten, der gewöhnlichen Heerstraße des Auffassens der Philosophie zu folgen. Der Verstand könne, sagt er, nur auf folgende zwei
Arten schließen: entweder gebe es einen Alles bedingenden Urgrund, so
liege auch der letzte Grund meiner selbst in ihm, und mein Seyn und
freies Handeln seyen nur Täuschung; oder bin ich wirklich ein vom Urgrunde verschiedenes Wesen, dessen Handeln nicht von dem Urgrunde
bedingt und bewirkt wird, so ist der Urgrund kein absolutes, alles bedin-
gendes Wesen, also gebe es keinen unendlichen Gott, sondern eine Menge
Götter u. s. f. Zu dem erstern Satze sollen sich alle tiefer und schärfer

Barmherzigkeit, die man ihr angedeihen lassen will, verschmähen, denn sie bedarf derselben eben so wenig zur moralischen Recht= fertigung als es ihr an der Einsicht in die wirklichen Conse= quenzen ihrer Principien gebrechen kann und so wenig sie es an den ausdrücklichen Folgerungen ermangeln läßt. Ich will jene angebliche Folgerung, nach welcher die Verschiedenheit von Gut und Böse zu einem bloßen Scheine gemacht werden soll, kurz beleuchten, mehr um ein Beispiel der Hohlheit solchen Auffaß= sens der Philosophie zu geben, als diese zu rechtfertigen. Wir wollen zu diesem Behuf selbst nur den Spinozismus vornehmen, die Philosophie, in welcher Gott nur als Substanz und nicht als Subjekt und Geist bestimmt wird. Dieser Unterschied be= trifft die Bestimmung der Einheit; hierauf kommt es allein

---

denkenden Philosophen bekennen (ich wüßte eben nicht, warum die erstere Einseitigkeit tiefer und schärfer seyn sollte, als die zweite); die Folgen, die sie oben erwähntermaßen jedoch nicht immer entwickeln, seyen, „daß auch der sittliche Maaßstab des Menschen kein absolut wahrer ist, son= dern eigentlich (ist vom Verf. selbst unterstrichen) Gut und Böse gleich und nur dem Schein nach verschieden sey.“ Man würde immer besser thun, über Philosophie gar nicht zu sprechen, so lange man bei aller Tiefe des Gefühls noch so sehr in der Einseitigkeit des Verstandes befangen ist, um nur von dem Entweder Oder eines Urgrundes, in dem das individuelle Seyn und dessen Freiheit nur eine Täuschung, und der absoluten Selbstständigkeit der Individuen zu wissen, und von dem Weder Noch dieser beiden Einseitigkeiten, des, wie es Hr. Tholuk nennt, gefährlichen Dilemmas nichts in Erfahrung gebracht zu haben. Zwar spricht er S. 14. von solchen Geistern, und diese seyen die eigent= lichen Philosophen, welche den zweiten Satz (dieß ist doch wohl dasselbe, was vorher der erste Satz hieß) annehmen, und den Gegensatz von un= bedingtem und bedingten Seyn durch das indifferente Urseyn, in welchem alle beziehungsweisen Gegensätze sich durchdringen, aufheben. Bemerkte denn aber Hr. Tholuk, indem er so spricht, nicht, daß das indifferente Urseyn, in welchem der Gegensatz sich durchdringen soll, mit jenem unbedingtem Seyn, dessen Einseitigkeit aufgehoben werden sollte, ganz dasselbe ist, und daß er so in Einem Athemzug das Aufheben jenes Einseitigen in einem solchen, welches genau eben dieses Einseitige ist, also statt des Aufhebens das Bestehenlassen der Einseitigkeit ausspricht. Wenn man das sagen will, was Geister thun, so muß man mit Geist das Faktum aufzufassen vermögen; sonst ist unter der Hand das Faktum falsch geworden. — Uebrigens bemerke ich zum Ueberfluß, daß was hier und weiterhin über Hrn. Tholuk's Vorstellung von der Philosophie

B

an, doch wissen von dieser Bestimmung, obgleich sie Faktum ist, diejenigen nichts, welche die Philosophie-Identitätssystem zu nennen pflegen, und gar den Ausdruck gebrauchen mögen, daß nach derselben Alles eins und dasselbe, auch Gut und Böse gleich sey, — welches alles die schlechtesten Weisen der Einheit sind, von welchen in spekulativer Philosophie die Rede nicht seyn, sondern nur ein noch barbarisches Denken bei Ideen Gebrauch machen kann. Was nun die Angabe betrifft, daß in jener Philosophie an sich oder eigentlich die Verschiedenheit von Gut und Böse nicht gelte, so ist zu fragen, was denn dieß eigentlich heiße? Heißt es die Natur Gottes, so wird doch nicht verlangt werden, daß in dieselbe das Böse verlegt werde; jene substantielle Einheit ist das Gute selbst; das Böse ist nur

---

gesagt ist, so zu sagen nicht individuell über ihn seyn kann und soll; man liest dasselbe in hundert Büchern, unter anderem besonders in den Vorreden der Theologen. Hrn. Tholuk's Darstellung habe ich angeführt, theils weil sie mir zufällig am nächsten, theils weil das tiefe Gefühl, das seine Schriften auf die ganze andere Seite von der Verstandes-Theologie zu stellen scheint, dem Tiefsinn am nächsten steht; denn die Grundbestimmung desselben, die Versöhnung, die nicht das unbedingte Urseyn und dergleichen Abstraktum ist, ist der Gehalt selbst, der die spekulative Idee ist, und den sie denkend ausdrückt — ein Gehalt, den jener tiefe Sinn am wenigsten in der Idee verkennen müßte.

Aber es geschieht Hrn. Tholuk ebendaselbst, wie überall anderwärts in seinen Schriften, sich auch in das gäng und gäbe Gerede von dem Pantheismus gehen zu lassen, worüber ich in einer der letzten Anmerkungen der Encyclopädie weitläuftiger gesprochen habe. Ich bemerke hier nur die eigenthümliche Ungeschicklichkeit und Verkehrung, in die Hr. Tholuk verfällt. Indem er auf die eine Seite seines vermeintlich philosophischen Dilemma's den Urgrund stellt, und dieselbe nachher S. 33. 38. als pantheistisch bezeichnet, so charakterisirt er die andere als die der Socinianer, Pelagianer und Popularphilosophen so, daß es auf derselben „keinen unendlichen Gott, sondern eine große Anzahl Götter gebe, nämlich die Zahl aller derer Wesen, die von dem sogenannten Urgrunde verschieden sind und ein eignes Seyn und Handeln haben, nebst jenem sogenannten Urgrunde." In der That giebt es so auf dieser Seite nicht bloß eine große Anzahl von Göttern, sondern Alles (alles Endliche gilt hier dafür ein eignes Seyn zu haben) sind Götter; auf dieser Seite hat Hr. Tholuk hiemit in der That seine Allesgötterei, seinen Pantheismus ausdrücklich, nicht auf der ersten, zu deren Gott er ausdrücklich den Einen Urgrund macht, wo somit nur Monotheismus ist.

Entzweiung; in jener Einheit ist hiemit nichts weniger als eine Einerleiheit des Guten und des Bösen, das letztere vielmehr ausgeschlossen. Damit ist in Gott als solchem eben so wenig der Unterschied von Gut und Böse; denn dieser Unterschied ist nur im Entzweiten, einem solchen, in welchem das Böse selbst ist. Weiter kommt nun im Spinozismus auch der Unterschied vor, der Mensch verschieden von Gott. Das System mag nach dieser Seite theoretisch nicht befriedigen; denn der Mensch und das Endliche überhaupt, mag es nachher auch zum Modus herabgesetzt werden, findet sich in der Betrachtung nur neben der Substanz ein. Hier nun, im Menschen, wo der Unterschied existirt, ist es, daß derselbe auch wesentlich als der Unterschied des Guten und Bösen existirt, und hier nur ist es, wo er eigentlich ist, denn hier ist nur die eigenthümliche Bestimmung desselben. Hat man beim Spinozismus nur die Substanz vor Augen, so ist in ihr freilich kein Unterschied des Guten und Bösen, aber darum weil das Böse, wie das Endliche und die Welt überhaupt (s. §. 48. Anm. S. 59.) auf diesem Standpunkte gar nicht ist. Hat man aber den Standpunkt vor Augen, auf welchem in diesem Systeme auch der Mensch und das Verhältniß des Menschen zur Substanz vorkommt, und wo nur das Böse im Unterschied desselben vom Guten seine Stelle haben kann, so muß man die Theile der Ethik nachgesehen haben, welche von demselben, von den Affekten, der menschlichen Knechtschaft und der menschlichen Freiheit handeln, um von den moralischen Folgerungen des Systems erzählen zu können. Ohne Zweifel wird man sich von der hohen Reinheit dieser Moral, deren Princip die lautere Liebe Gottes ist, eben so sehr als davon überzeugen, daß diese Reinheit der Moral Consequenz des Systems ist. Lessing sagte zu seiner Zeit, die Leute gehen mit Spinoza wie mit einem todten Hunde um: man kann nicht sagen, daß in neuerer Zeit mit dem Spinozismus und dann überhaupt mit speculativer Philosophie besser umgegangen werde, wenn man sieht, daß diejenigen, welche davon referiren und urtheilen, sich nicht einmal bemühen, die Fakta richtig zu fassen, und sie richtig anzugeben und zu erzählen. Es wäre dieß das Minimum von Gerechtigkeit, und ein solches doch könnte sie auf allen Fall fodern.

B *

Die Geschichte der Philosophie ist die Geschichte der Entdeckung der Gedanken über das Absolute, das ihr Gegenstand ist. So hat z. B. Sokrates, kann man sagen, die Bestimmung des Zwecks entdeckt, welche von Plato, und insbesondere von Aristoteles ausgebildet und bestimmt erkannt worden ist. Bruckers Geschichte der Philosophie ist so unkritisch, nicht nur nach dem Aeußerlichen des Geschichtlichen, sondern nach der Angabe der Gedanken, daß man von den ältern griechischen Philosophen zwanzig, dreißig und mehr Sätze als deren Philosopheme aufgeführt findet, von denen ihnen kein einziger angehört. Es sind Folgerungen, welche Brucker nach der schlechten Metaphysik seiner Zeit macht und jenen Philosophen als ihre Behauptungen andichtet. Folgerungen sind von zweierlei Art theils nur Ausführungen eines Princips in weiteres Detail herunter, theils aber ein Rückgang zu tiefern Principien; das Geschichtliche besteht eben darin, anzugeben, welchen Individuen eine solche weitere Vertiefung des Gedankens und die Enthüllung derselben angehöre. Aber jenes Verfahren ist nicht bloß darum ungehörig, weil jene Philosophen die Consequenzen, die in ihren Principien liegen sollen, nicht selbst gezogen und also nur nicht ausdrücklich ausgesprochen haben, sondern vielmehr weil ihnen bei solchem Schließen ein Geltenlassen und ein Gebrauch von Gedanken=Verhältnissen der Endlichkeit geradezu angemuthet wird, die dem Sinne der Philosophen, welche speculativen Geistes waren, geradezu zuwider sind und die philosophische Idee vielmehr nur verunreinigen und verfälschen. Wenn bei alten Philosophien, von denen uns nur wenige Sätze berichtet sind, solche Verfälschung die Entschuldigung des vermeintlichen richtigen Schließens hat, so fällt sie bei einer Philosophie hinweg, welche ihre Idee selbst theils in die bestimmten Gedanken gefaßt, theils den Werth der Kategorien ausdrücklich untersucht und bestimmt hat, wenn dessenungeachtet die Idee verstümmelt aufgefaßt, aus der Darstellung nur Ein Moment herausgenommen und (wie die Identität) für die Totalität ausgegeben wird, und wenn die Kategorien ganz unbefangen nach der nächsten besten Weise, wie sie das alltägliche Bewußtseyn durchziehen, in ihrer Einseitigkeit und Unwahrheit hereingebracht werden. Die gebildete Erkenntniß der Gedankenverhältnisse ist die erste Bedingung, ein philo-

sophisches Factum richtig aufzufassen. Aber die Rohheit des
Gedankens wird ausdrücklich durch das Princip des unmittelbaren Wissens nicht nur berechtigt, sondern zum Gesetz gemacht;
die Erkenntniß der Gedanken und damit die Bildung des subjectiven Denkens ist so wenig ein unmittelbares Wissen, als irgend eine Wissenschaft oder Kunst und Geschicklichkeit.

Die Religion ist die Art und Weise des Bewußtseyns, wie
die Wahrheit für alle Menschen, für die Menschen aller Bildung, ist; die wissenschaftliche Erkenntniß der Wahrheit aber ist
eine besondere Art ihres Bewußtseyns, deren Arbeit sich nicht
Alle, vielmehr nur wenige unterziehen. Der Gehalt ist derselbe, aber wie Homer von einigen Dingen sagt, daß sie zwei
Namen haben, den einen in der Sprache der Götter, den andern in der Sprache der übertägigen Menschen, so giebt es für
jenen Gehalt zwei Sprachen, die eine des Gefühls, der Vorstellung und des verständigen, in endlichen Kategorien und einseitigen Abstractionen nistenden Denkens, die andere des concreten Begriffs. Wenn man von der Religion aus auch die Philosophie besprechen und beurtheilen will, so ist mehr erfoderlich,
als nur die Gewohnheit der Sprache des übertägigen Bewußtseyns zu haben. Das Fundament der wissenschaftlichen Erkenntniß ist der innere Gehalt, die inwohnende Idee und deren im
Geiste rege Lebendigkeit, wie nicht weniger die Religion ein
durchgearbeitetes Gemüth, ein zur Besinnung erwachter Geist,
ausgebildeter Gehalt ist. In der neuesten Zeit hat die Religion
immer mehr die gebildete Ausdehnung ihres Inhalts zusammen-
gezogen und sich in das Intensive der Frömmigkeit oder des
Gefühls und zwar oft eines solchen, das einen sehr dürftigen
und kahlen Gehalt manifestirt, zurückgezogen. So lange sie ein
Credo, eine Lehre, eine Dogmatik hat, so hat sie das, mit dem
die Philosophie sich beschäftigen und in dem diese als solche sich
mit der Religion vereinigen kann. Dieß ist jedoch wieder nicht
nach dem trennenden schlechten Verstande zu nehmen, in dem die
moderne Religiosität befangen ist, und nach welchem sie beide
so vorstellt, daß die eine die andere ausschließe, oder sie überhaupt so trennbar seyen, daß sie sich dann nur von Außen her
verbinden. Vielmehr liegt auch in dem Bisherigen, daß die Religion wohl ohne Philosophie, aber die Philosophie nicht ohne

Religion seyn kann, sondern diese vielmehr in sich schließt. Die wahrhafte Religion, die Religion des Geistes, muß ein solches Credo, einen Inhalt, haben; der Geist ist wesentlich Bewußtseyn, somit von dem gegenständlich gemachten Inhalt; als Gefühl ist er der ungegenständliche Inhalt selbst, (qualirt nur, um einen J. Böhmischen Ausdruck zu gebrauchen) und nur die niedrigste Stufe des Bewußtseyns, ja in der mit dem Thiere gemein= schaftlichen Form der Seele. Das Denken macht die Seele, womit auch das Thier begabt ist, erst zum Geiste, und die Phi= losophie ist nur ein Bewußtseyn über jenen Inhalt, den Geist und seine Wahrheit, auch in der Gestalt und Weise jener seiner, ihn vom Thier unterscheidenden und der Religion fähig machen= den Wesenheit. Die contracte, auf das Herz sich punktualisi= rende Religiosität muß dessen Zerknirschung und Zermürbung zum wesentlichen Momente seiner Wiedergeburt machen; sie müßte aber sich zugleich erinnern, daß sie es mit dem Herzen eines Geistes zu thun hat, daß der Geist zur Macht des Herzens bestellt ist und diese Macht nur seyn kann, in sofern er selbst wiedergeboren ist. Diese Wiedergeburt des Geistes aus der na= türlichen Unwissenheit sowohl als dem natürlichen Irrthum ge= schieht durch Unterricht und den durch das Zeugniß des Geistes erfolgenden Glauben der objectiven Wahrheit, des Inhal= tes. Diese Wiedergeburt des Geistes ist unter anderem auch unmittelbar Wiedergeburt des Herzens aus der Eitelkeit des einseitigen Verstandes, auf den es pocht, dergleichen zu wissen, wie, daß das Endliche von dem Unendlichen verschieden sey, die Philosophie entweder Vielgötterei oder in scharfdenkenden Gei= stern Pantheismus seyn müsse, u. s. f. — die Wiedergeburt aus solchen jämmerlichen Einsichten, auf welchen die fromme Demuth gegen Philosophie wie gegen theologische Erkenntniß hoch her= fährt. Verharrt die Religiosität bei ihrer expansions= und da= mit geistlosen Intensität, so weiß sie freilich nur von dem Ge= gensatze dieser ihrer bornirten und bornirenden Form gegen die geistige Expansion religiöser Lehre als solcher, wie philosophi= scher. *) Nicht nur aber beschränkt der denkende Geist sich nicht

---

*) Um noch einmal auf Herrn Tholuk zurückzukommen, der als der begeisterte Repräsentant pietistischer Richtung angesehen werden kann, so

auf die Befriedigung in der reinern, unbefangenen Religiosität,
sondern jener Standpunkt ist an ihm selbst ein aus Reflexion
und Räsonnement hervorgegangenes Resultat; es ist mit Hülfe

---

ist der Mangel an einer Lehre in seiner Schrift „über die Lehre
von der Sünde," 2te Aufl. (die mir so eben unter die Augen gekommen) ausgezeichnet. Es war mir dessen Behandlung der Trinitätslehre
in seiner Schrift: die spekulative Trinitätslehre des spätern
Orients, für deren fleißig hervorgezogene historische Notizen ich ihm
ernstlichen Dank weiß, aufgefallen; er nennt diese Lehre eine scholasti-
sche Lehre; auf allen Fall ist sie viel älter, als das, was man scholastisch
heißt; er betrachtet sie allein nach der äußerlichen Seite eines vermeintlich nur historischen Entstehens aus Spekulation über biblische Stellen
und unter dem Einflusse platonischer und aristotelischer Philosophie (S. 41.)
Aber in der Schrift über die Sünde geht er, man möchte sagen, cava-
lierement, mit diesem Dogma um, indem er es nur für fähig erklärt,
ein Fachwerk zu seyn, darin sich die Glaubenslehren (welche?) ordnen
lassen (S. 220.), ja man muß auch den Ausdruck (S. 219.) auf dieß
Dogma ziehen, daß es den am Ufer (etwa im Sande des Geistes?) ste-
henden als eine Fata Morgana erscheine. Aber „ein Fundament (so vom
Dreifuß spricht Hr. Tholuk ebendas. S. 221.) ist die Trinitätslehre
„nimmermehr," auf das der Glaube gegründet werden kann."
Ist diese Lehre, als die heiligste, nicht von jeher oder seit wie lange wenigstens? der Hauptinhalt des Glaubens selbst als Credo, und dieses
Credo das Fundament des subjektiven Glaubens gewesen? Wie kann
ohne dieses Dogma die Versöhnungslehre, die Hr. Tholuk in der angeführten Schrift mit soviel Energie an das Gefühl zu bringen sucht,
einen mehr als moralischen oder wenn man will heidnischen, wie kann
sie einen christlichen Sinn haben? Auch von andern speciellern Dogmen
findet sich nichts in dieser Schrift; Hr. Tholuk führt seine Leser z. B.
immer nur bis zum Leiden und Tod Christi, aber nicht zu seiner Aufer-
stehung und Erhebung zur Rechten des Vaters, noch bis zur Ausgießung
des heiligen Geistes. Eine Hauptbestimmung in der Versöhnungslehre
ist die Sündenstrafe; diese ist bei Hrn. Tholuk S. 119 f. das la-
stende Selbstbewußtseyn und die damit verbundene Unseligkeit, in welcher alle sind, die außer Gott leben, dem alleinigen Quell der Seligkeit
wie der Heiligkeit, so daß Sünde, Schuldbewußtseyn und Unseligkeit
nicht ohne einander gedacht werden können (hier kommt es also auch
zum Denken, wie S. 120. auch die Bestimmungen als aus der Natur
Gottes fließend aufgezeigt werden). Diese Bestimmung der Sündenstrafe
ist das, was man die natürliche Strafe der Sünde genannt hat, und
was (wie die Gleichgültigkeit gegen die Trinitätslehre) das Resultat und die
Lehre der von Hrn. Tholuk sonst so sehr verschrieenen Vernunft und
Aufklärung ist. — Vor einiger Zeit fiel im Oberhause des englischen

oberflächlichen Verstandes, daß er sich diese vornehme Befreiung
von so gut als aller Lehre verschafft hat, und indem er das
Denken, von dem er angesteckt ist, zum Eifern gegen Philosophie gebraucht, ist es, daß er sich auf der dünnen inhaltslosen
Spitze eines abstracten Gefühlszustandes gewaltsam erhält. —
Ich kann mich nicht enthalten, die Paränesis des Herrn Fr.
von Baader über eine solche Gestaltung der Frömmigkeit, aus-
zugsweise anzuführen, aus den Fermentis Cognitionis 5tes
Heft, Vorr. S. ix. s.

  So lange, sagt er, der Religion, ihren Lehren, nicht wieder
von Seite der Wissenschaft eine auf freies Forschen und sohin
wahrhafte Ueberzeugung, gegründete Achtung verschafft worden
seyn wird, — so lange werdet ihr, Fromme und Nichtfromme,
mit all' euren Geboten und Verboten, mit all' eurem Gerede
und Thun — dem Uebel nicht abhelfen, und so lange wird
auch diese nicht geachtete Religion nicht geliebt werden, weil
man doch nur herzhaft und richtig lieben kann, was man auf-
richtig geachtet sieht, und als achtbar unbezweifelt erkennt, so
wie der Religion auch nur mit einem solchen amor generosus
gedient seyn kann, — mit andern Worten: wollt ihr, daß die
Praxis der Religion wieder gedeihe, so sorgt doch dafür, daß
wir wieder zu einer vernünftigen Theorie derselben gelangen,
und räumt nicht euren Gegnern (den Atheisten) vollends das
Feld mit jener unvernünftigen und blasphemischen Behauptung: daß an eine solche Religionstheorie, als an eine un-
mögliche Sache, ganz nicht zu denken, daß die Religion bloße
Herzenssache sey, bei der man des Kopfs sich füglich entäußern
könne, ja müsse. *) —

Parlaments eine Bill durch, welche die Secte der Unitarier betraf;
bei dieser Veranlassung gab ein englisches Blatt eine Notiz über die
große Anzahl der Unitarier in Europa und in Amerika, und fügt dann
hinzu: „auf dem europäischen Continent ist Protestantismus und Unita-
rianismus gegenwärtig meist synonym." Theologen mögen entscheiden,
ob Herrn Tholuk's Dogmatik sich in noch mehr als in einem oder
höchstens zwei Punkten, und wenn sie näher angesehen werden, ob selbst
in diesen nicht, von der gewöhnlichen Theorie der Aufklärung unterscheidet.

  *) Herr Tholuk citirt mehreremal Stellen aus Anselm's Tractat
cur Deus homo, und rühmt S. 127. „die tiefe Demuth dieses großen
Denkers," warum bedenkt und führt er nicht auch die (zu §. 77. der

In Ansehung der Dürftigkeit an Inhalt kann noch bemerkt werden, daß von ihr nur als der Erscheinung an dem
äußerlichen Zustande der Religion zu einer besondern Zeit, die
Rede seyn kann. Eine solche Zeit könnte beklagt werden, wenn
es solche Noth thut, nur den bloßen Glauben an Gott hervorzubringen, was dem edeln Jacobi so angelegentlich war, und
weiter nur noch eine concentrirte Christlichkeit der Empfindung
zu erwecken; die höhern Principien sind zugleich nicht zu verkennen, die selbst darin sich kund geben, (s. Einleit. zur Logik
§. 64. Anm.). Aber vor der Wissenschaft liegt der reiche Inhalt, den Jahrhunderte und Jahrtausende der erkennenden
Thätigkeit vor sich gebracht haben, und vor ihr liegt er nicht
als etwas Historisches, das nur andere besessen, und für uns
ein Vergangenes, nur eine Beschäftigung zur Kenntniß des
Gedächtnisses und für den Scharfsinn des Kritisirens der Erzählungen, nicht für die Erkenntniß des Geistes und das Interesse
der Wahrheit wäre. Das Erhabenste, Tiefste und Innerste ist
zu Tage gefördert worden, in den Religionen, Philosophien
und Werken der Kunst, in reinerer und unreinerer, klarer und
trüberer, oft sehr abschreckender Gestalt. Es ist für ein besonderes Verdienst zu achten, daß Herr Franz v. Baader fort-
fährt, solche Formen nicht nur in Erinnerung, sondern mit tief
speculativem Geiste ihren Gehalt ausdrücklich zu wissenschaftlichen
Ehren zu bringen, indem er die philosophische Idee aus ihnen
exponirt und erhärtet. Jacob Böhme's Tiefe gewährt insbesondere hiefür Gelegenheit und Formen. Diesem gewaltigen
Geiste ist mit Recht der Name philosophus teutonicus zugelegt
worden; er hat den Gehalt der Religion theils für sich zur
allgemeinen Idee erweitert, in demselben die höchsten Probleme
der Vernunft concipirt, und Geist und Natur in ihren bestimmtern Sphären und Gestaltungen darin zu fassen gesucht, indem
er zur Grundlage nahm, daß nach dem Ebenbilde Gottes, freilich
keines andern als des dreieinigen, der Geist des Menschen

Encyclopädie S. 91. citirte) Stelle aus demselben Tractat an: Negligentiae mihi videtur si — non studemus quod credimus, intelligere. —
Wenn freilich das Credo kaum auf etliche wenige Artikel eingeschrumpft
ist, bleibt wenig Stoff zu erkennen übrig, und kann aus der Erkenntniß
wenig werden.

und alle Dinge geschaffen, und nur dieß Leben sind, aus dem
Verluste ihres Urbildes dazu redintegrirt zu werden; theils hat
er umgekehrt die Formen der natürlichen Dinge (Schwefel,
Salpeter u. s. f., das Herbe, Bittre u. s. f.) gewaltsam zu
geistigen und Gedankenformen verwendet. Die Gnosis des
Hrn. v. Bader, welche sich an dergleichen Gestaltungen anschließt,
ist eine eigenthümliche Weise das philosophische Interesse anzu-
zünden und zu befördern; sie stellt sich kräftig eben so sehr der
Beruhigung bei der inhaltsleeren Kahlheit der Aufklärerei als
der nur intensiv bleiben wollenden Frömmigkeit entgegen. Hr.
v. Bader beweist dabei in allen seinen Schriften, daß er entfernt davon ist, diese Gnosis für die ausschließende Weise der
Erkenntniß zu nehmen. Sie hat für sich ihre Unbequemlich-
keiten, ihre Metaphysik treibt sich nicht zur Betrachtung der
Kategorien selbst und zur methodischen Entwicklung des Inhalts
fort; sie leidet an der Unangemessenheit des Begriffs zu solchen
wilden oder geistreichen Formen und Gestaltungen; so wie sie
überhaupt daran leidet, daß sie den absoluten Inhalt, als
Voraussetzung, hat und aus derselben erklärt, räsonnirt
und widerlegt. *)

---

*) Es muß mir erwünscht seyn, sowohl durch den Inhalt der meh-
reren neuerlichen Schriften des Hrn. v. Bader, als in den nament-
lichen Erwähnungen vieler meiner Sätze die Zustimmung desselben zu
denselben zu ersehen; über das Meiste dessen oder leicht Alles, was er
bestreitet, würde es nicht schwer seyn, mich ihm zu verständigen, nämlich
zu zeigen, daß es in der That nicht von seinen Ansichten abweicht. Nur
Einen Tadel, der in den „Bemerkungen über einige antireligiöse Philosopheme unserer Zeit 1824,“ S. 5, vergl. 56 f., vorkommt, will ich berühren: es wird daselbst von einem Philosophem gesprochen, welches „aus
der Schule der Naturphilosophie hervorgegangen, einen falschen Begriff
von der Materie aufstelle, indem selbes von dem vergänglichen und die
Verderbniß in sich bergenden Wesen dieser Welt behaupte, daß solches
unmittelbar und ewig aus Gott hervorgegangen und gehend, als der
ewige Ausgang (Entäußerung) Gottes, dessen ewigen Wiedereingang (als
Geist) ewig bedinge.“ Was den ersten Theil dieser Vorstellung betrifft,
von dem Hervorgehen (dieß ist überhaupt eine Kategorie, die ich nicht
gebrauche, indem sie nur ein bildlicher Ausdruck, keine Kategorie ist) der
Materie aus Gott, so sehe ich nicht anders, als daß dieser Satz in der
Bestimmung, daß Gott der Schöpfer der Welt ist, enthalten ist; was
aber den andern Theil betrifft, daß der ewige Ausgang den Wiedereingang Gottes als Geist bedinge, so setzt Hr. v. Bader das Bedingen

An reinern und trübern Gestaltungen der Wahrheit haben wir, kann man sagen, genug und zum Ueberfluß, — in den Religionen und Mythologien, in gnostischen und mysticirenden Philosophien älterer und neuerer Zeit; man kann seine Freude daran haben, die Entdeckung der Idee in diesen Gestaltungen zu machen und die Befriedigung daraus zu gewinnen, daß die philosophische Wahrheit nicht etwas nur Einsames, sondern darin die Wirksamkeit derselben wenigstens als Gährung vorhanden gewesen. Wenn aber der Dünkel der Unreife, wie dieß bei einem Nachahmer des Hrn. v. B. der Fall war, an das Aufwärmen solcher Produktionen der Gährung geräth, so erhebt er sich leicht in seiner Trägheit und Unfähigkeit wissenschaftlichen Denkens solche Gnosis zur ausschließenden Weise des Erkennens; denn es ist müheloser in solchen Gebilden sich zu ergehen und an sie assertorische Philosopheme anzuknüpfen, als die Entwicklung des Begriffs zu übernehmen und sein Denken, wie sein Gemüth, der logischen Nothwendigkeit desselben zu unterwerfen. Auch liegt dem Dünkel nahe, sich das als Entdeckung zuzuschreiben, was er von Andern erlernt hat, und er glaubt dieß um so leichter, wenn er sie bekämpft oder herabsetzt; oder ist vielmehr darum gereizt gegen sie, weil er seine Einsichten aus ihnen geschöpft hat.

---

an diese Stelle, eine theils an und für sich hier ungehörige und von mir eben so wenig für diese Beziehung gebrauchte Kategorie; ich erinnere an das, was ich oben über die unkritische Vertauschung der Gedankenbestimmungen bemerkt habe. Das unmittelbare oder vermittelte Hervorgehen der Materie aber zu erörtern, führte nur auf ganz formelle Bestimmungen. Was Hr. v. B. selbst S. 54 ff. über den Begriff der Materie angibt, sehe ich nicht für abweichend von meinen Bestimmungen, dieselbe betreffend, an; so wie ich nicht verstehe, welche Abhülfe für die absolute Aufgabe, die Schöpfung der Welt als Begriff zu fassen, in dem liege, was Hr. v. B. S. 58. angibt, daß die Materie nicht das unmittelbare Produkt der Einheit, sondern jenes ihrer Principien (Bevollmächtigten,) Elohim sey, welche sie zu diesem Zwecke hervorrief." Ist der Sinn dieser (denn nach der grammatischen Stellung ist er nicht völlig klar), daß die Materie das Produkt der Principien sey, oder dieser, daß die Materie sich diese Elohim hervorgerufen und sich von ihnen habe produciren lassen, so müssen jene Elohim oder aber dieser ganze Kreis zusammen in eine Beziehung zu Gott gesetzt werden, welche durch das Einschieben von Elohim nicht aufgehellt wird.

Wie in den Zeiterscheinungen, auf welche wir in diesem Vorwort Rücksicht genommen, sich der Drang des Denkens, obgleich verunstaltet, ankündigt, so ist es an und für sich für den zu der Höhe des Geistes gebildeten Gedanken selbst und für seine Zeit Bedürfniß, und darum unserer Wissenschaft allein würdig, daß das, was früher als Mysterium geoffenbart worden, aber in den reinern und noch mehr in den trübern Gestaltungen seiner Offenbarung dem formellen Gedanken ein Geheimnißvolles bleibt, für das Denken selbst geoffenbart werde, welches in dem absoluten Rechte seiner Freiheit die Hartnäckigkeit behauptet, mit dem gediegenen Inhalte sich nur zu versöhnen, insofern dieser sich die seiner selbst zugleich würdigste Gestalt, die des Begriffs, der Nothwendigkeit, welche alles, Inhalt wie Gedanken, bindet und eben darin frei macht, zu geben gewußt hat. Soll Altes erneut werden, d. i. eine alte Gestaltung, denn der Gehalt selbst ist ewig jung, so ist die Gestaltung der Idee etwa, wie sie ihr Plato und viel tiefer Aristoteles gegeben, der Erinnerung unendlich würdiger, auch darum, weil die Enthüllung derselben durch Aneignung an unsere Gedankenbildung unmittelbar nicht nur ein Verstehen derselben, sondern ein Fortschreiten der Wissenschaft selbst ist. Aber solche Formen der Idee zu verstehen liegt gleichfalls nicht so auf der Oberfläche als gnostische und kabbalistische Phantasmagorien zu fassen, und noch weniger macht es sich so von selbst, jene fortzubilden, als in diesem Anklänge der Idee zu weisen oder anzudeuten.

Wie von dem Wahren richtig gesagt worden, daß es index sui et falsi sey, vom Falschen aus aber das Wahre nicht gewußt wird, so ist der Begriff das Verstehen seiner selbst und der begrifflosen Gestalt, aber diese versteht von ihrer innern Wahrheit aus nicht jenen. Die Wissenschaft versteht das Gefühl und den Glauben, sie kann aber nur aus dem Begriffe, als auf welchem sie beruht, beurtheilt werden, und da sie dessen Selbstentwicklung ist, so ist eine Beurtheilung derselben aus dem Begriffe nicht sowohl ein Urtheilen über sie als ein Mitfortschreiten. Solches Urtheilen muß ich auch diesem Versuche wünschen, wie ich ein solches nur achten und beachten kann.

Berlin, den 25. Mai 1827.

Vorrede zur dritten Ausgabe.

Es sind bei dieser dritten Ausgabe vielfache Verbesserungen hin und wieder angebracht, besonders ist darauf gesehen worden, der Klarheit und Bestimmtheit der Exposition nachzuhelfen. Doch für den compendiarischen Zweck des Lehrbuchs mußte der Styl gedrängt, formell und abstract gehalten bleiben; es behält seine Bestimmung, erst durch den mündlichen Vortrag die nöthigen Erläuterungen zu erhalten.

Seit der zweiten Ausgabe sind mehrfältige Beurtheilungen meines Philosophirens erschienen, die größtentheils wenig Beruf zu solchem Geschäft gezeigt haben; solche leichtsinnige Erwiderungen auf Werke, welche viele Jahre durchdacht, und mit allem Ernste des Gegenstandes und der wissenschaftlichen Foderung durchgearbeitet worden, gewähren nichts Erfreuliches durch den Anblick der übeln Leidenschaften des Dünkels, Hochmuths, des Reides, Hohnes, u. s. f. die sich daraus aufdringen, noch vielweniger etwas Belehrendes. Cicero sagt: Tuscul. Quaest. l. II. „Est philosophia paucis contenta judicibus, multitudinem consulto ipsa fugiens, eique ipsi et invisa et suspecta; ut, si quis universam velit vituperare, secundo id populo facere possit.“ Es ist um so populärer auf die Philosophie loszuziehen, mit je geringerer Einsicht und Gründlichkeit es geschieht; die kleinliche widrige Leidenschaft ist faßlich in dem Wiederklange, der ihr in Andern begegnet, und die Unwissenheit gesellt sich mit gleicher Verständlichkeit dazu. Andere Gegenstände fallen in die Sinne, oder stehen in Gesammt-Anschauungen vor der Vorstellung; es fühlt sich die Rothwendigkeit eines wenn gleich geringen Grades von Kenntniß derselben, um über sie mitsprechen zu können; auch erinnern sie leichter an den gesunden Menschenverstand, weil sie in bekannter, fester Gegenwart stehen. Aber der Mangel an allem diesem legt sich ungescheut gegen die Philosophie oder vielmehr gegen irgend ein phantastisches leeres Bild los, das die Unwissenheit von ihr sich einbildet und einredet, sie hat nichts vor sich, an dem sie sich orientiren könnte, und treibt sich so völlig in Unbestimmtem,

Leerem und damit in Sinnlosem herum. — 'Ich habe anderwärts das unerfreuliche und unfruchtbare Geschäft übernommen, einige dergleichen aus Leidenschaften und Unwissenheit gewobene Erscheinungen in ihrer unbedeckten Blöße zu beleuchten.

Es hätte kürzlich den Anschein haben können, als ob vom Boden der Theologie und sogar der Religiosität aus eine ernsthaftere Untersuchung über Gott, göttliche Dinge und Vernunft in einem weitern Bereiche wissenschaftlich angeregt werden sollte. Allein sogleich der Anfang der Bewegung ließ solche Hoffnung nicht aufkommen; denn die Veranlassung ging von Persönlichkeiten aus, und weder die Prätension der anklagenden Frömmigkeit noch die angegriffene Prätension der freien Vernunft erhob sich zur Sache, noch weniger zum Bewußtseyn, daß, um die Sache zu erörtern, der Boden der Philosophie betreten werden müsse. Jener Angriff des Persönlichen auf den Grund sehr specieller Aeußerlichkeiten der Religion zeigte sich mit der ungeheuren Anmaßung, über die Christlichkeit von Individuen aus eigener Machtvollkommenheit absprechen zu wollen, und ihnen damit das Siegel der weltlichen und ewigen Verwerfung aufzudrücken. Dante hat es sich herausgenommen, in Kraft der Begeisterung göttlicher Poesie die Schlüssel Petri zu handhaben, und viele seiner — jedoch bereits verstorbener Zeitgenossen namentlich, selbst Päpste und Kaiser, in die höllische Verdammniß zu verurtheilen. Es ist einer neuern Philosophie der infamirende Vorwurf gemacht worden, daß in ihr das menschliche Individuum sich als Gott setze; aber gegen solchen Vorwurf einer falschen Consequenz ist es eine ganz andere wirkliche Anmaßung, sich als Weltrichter betragen, die Christlichkeit der Individuen aburtheilen und die innerste Verwerfung damit über sie aussprechen. Das Schiboleth dieser Machtvollkommenheit ist der Name des Herrn Christus, und die Versicherung, daß der Herr diesen Richtern im Herzen wohne. Christus sagt (Matth. 7, 20.): „An ihren Früchten sollt ihr sie erkennen," die ungeheure Insolenz des Verwerfens und Verdammens aber ist keine gute Frucht. Er fährt fort: „Es werden nicht Alle, die zu mir sagen: Herr, Herr, in das Himmelreich kommen; es werden Viele zu mir sagen an jenem Tage: Herr, Herr, haben wir nicht in deinem Namen ge-

weissagt? haben wir nicht in deinem Namen Teufel ausge-
trieben? haben wir nicht in deinem Namen viel Thaten
gethan? dann werde ich ihnen bekennen: ich habe euch noch
nicht erkannt, weichet alle von mir, ihr Uebelthäter!"
Die, welche im ausschließlichen Besitz der Christlichkeit zu seyn
versichern, und von andern diesen Glauben an sie fordern,
haben es nicht so weit gebracht, Teufel auszutreiben, vielmehr
viele derselben, wie die Gläubigen an die Seherin von Prevorst,
thun sich etwas darauf zu gut, mit Gesindel von Gespenstern
in gutem Vernehmen zu stehen und Ehrfurcht vor demselben
zu haben, statt diese Lügen eines widerchristlichen knechtischen
Aberglaubens zu verjagen und zu verbannen. Eben so wenig
zeigen sie sich vermögend, Weisheit zu reden, und vollends unfähig, große Thaten der Erkenntniß und Wissenschaft zu thun,
was ihre Bestimmung und Pflicht wäre; Gelehrsamkeit ist noch
nicht Wissenschaft. Indem sie mit der Masse der gleichgültigen
Außendinge des Glaubens sich weitläufige Beschäftigungen machen,
bleiben sie dagegen in Ansehung des Gehalts und Inhalts des
Glaubens selbst um so dürrer bei dem Namen des Herrn Christus
stehen, und verschmähen vorsätzlich und mit Schmähen die Ausbildung der Lehre, welche das Fundament des Glaubens der
christlichen Kirche ist, denn die geistige, vollends denkende und
wissenschaftliche Expansion störte, ja verböte und tilgte den
Eigendünkel des subjectiven Pochens auf die geistlose, am Guten
unfruchtbare, nur an den bösen Früchten reiche Versicherung,
daß sie im Besitze der Christlichkeit sich befinden, um dieselbe
ausschließlich ch zu eigen haben. — Diese geistige Expansion
wird mit dem bestimmtesten Bewußtseyn in der Schrift von
dem bloßen Glauben so unterschieden, daß dieser erst durch jene
zur Wahrheit werde. „Wer überhaupt an mich glaubet,
sagt Christus (Joh. 7, 38.), von deß Leibe werden Ströme
des lebendigen Wassers fließen." Dieß ist dahin sogleich
in V. 39. erläutert und bestimmt, daß aber nicht der Glaube
als solcher an die zeitliche, sinnliche, gegenwärtige Persönlich=
keit Christi dieß bewirke, er noch nicht die Wahrheit als solche
sey; im folgenden 39. V. ist der Glaube dahin bestimmt, daß
Christus jenes vom Geiste gesagt, welchen empfahen sollten,
die an ihn glaubeten; denn der heilige Geist war noch

nicht da, denn Jesus war noch nicht verklärt; — die noch
unverklärte Gestalt Christi ist die damals in der Zeit sinnlich
gegenwärtige oder nachher so, was derselbe Inhalt ist, vorge=
stellte Persönlichkeit, die der unmittelbare Gegenstand des Glau=
bens ist. In dieser Gegenwart hat Christus seinen Jüngern
selbst mündlich seine ewige Natur, und Bestimmung zur Ver=
söhnung Gottes mit sich selbst und der Menschen mit ihm, die
Heilsordnung und die Sittenlehre geoffenbart, und der Glaube,
den die Jünger an ihn hatten, begreift dieß Alles in sich.
Dessenungeachtet wird dieser Glaube, dem an der stärksten Ge=
wißheit nichts fehlte, nur für den Anfang und bedingende
Grundlage, für das noch Unvollendete erklärt; die so glaubeten,
haben noch nicht den Geist, sollen ihn erst empfahen — ihn,
die Wahrheit selbst, ihn, der erst später als jenes Glauben ist,
der in alle Wahrheit leitet. Jene aber bleiben bei solcher Ge=
wißheit, der Bedingung, stehen; die Gewißheit aber, selbst nur
subjectiv, bringt nur die subjective Frucht formell der Ver=
sicherung, und dann darin des Hochmuths, der Verunglim=
pfung und Verdammung. Der Schrift zuwider halten sie sich
fest nur in der Gewißheit gegen den Geist, welcher die Expan=
sion der Erkenntniß und erst die Wahrheit ist.

　　Diese Kahlheit an wissenschaftlichem und überhaupt geisti=
gem Gehalt theilt diese Frömmigkeit mit dem, was sie unmit=
telbar sich zum Gegenstande ihrer Anklage und Verdammung
macht. Die Verstandesaufklärung hat durch ihr formelles, ab=
stractes, gehaltloses Denken ebenso die Religion von allem In=
halt ausgeleert, als jene Frömmigkeit durch ihre Reduction des
Glaubens auf das Schiboleth des Herrn, Herrn. Beide haben
darin nichts vor einander voraus; und indem sie widerstreitend
zusammentreffen, ist kein Stoff vorhanden, in dem sie sich be=
rührten und einen gemeinsamen Boden und die Möglichkeit, es
zur Untersuchung und ferner zur Erkenntniß und Wahrheit zu
bringen, erlangen könnten. Die aufgeklärte Theologie hat sich
ihrerseits in ihrem Formalismus, nämlich die Gewissensfrei=
heit, Denkfreiheit, Lehrfreiheit, selbst Vernunft und Wis=
senschaft anzurufen, festgehalten. Solche Freiheit ist allerdings
die Kategorie des unendlichen Rechts des Geistes, und die
andere besondere Bedingung der Wahrheit zu jener ersten,

dem Glauben. Allein was das wahrhaftige und freie Gewissen für vernünftige Bestimmungen und Gesetze enthalte, was das freie Glauben und Denken für Inhalt habe und lehre, diesen materiellen Punkt haben sie sich enthalten, zu berühren, und sind in jenem Formalismus des Negativen und in der Freiheit, die Freiheit nach Belieben und Meinung auszufüllen, stehen geblieben, so daß überhaupt der Inhalt selbst gleichgültig sey. Auch darum konnten diese nicht einem Inhalt nahe treten, weil die christliche Gemeinschaft durch das Band eines Lehrbegriffs, eines Glaubensbekenntnisses, vereinigt seyn muß und es immer noch seyn soll, dagegen die Allgemeinheiten und Abstractionen des abgestandenen, nicht lebendigen rationalistischen Verstandeswassers das Specifische eines in sich bestimmten, ausgebildeten christlichen Inhaltes und Lehrbegriffes nicht zulassen. Wogegen die Andern pochend auf den Namen Herr! Herr! frank und frei die Vollführung des Glaubens zum Geist, Gehalt und Wahrheit verschmähen.

So ist zwar viel Staub des Hochmuths der Gehässigkeit und Persönlichkeit, wie leerer Allgemeinheiten aufgeregt worden, aber er ist mit der Unfruchtbarkeit geschlagen, er konnte nicht die Sache enthalten, nicht zu Gehalt und Erkenntniß führen. — Die Philosophie hat zufrieden seyn können, aus dem Spiel gelassen worden zu seyn; sie findet sich außerhalb des Terrains jener Anmaßungen, wie der Persönlichkeiten so der abstracten Allgemeinheiten, und hatte auf solchen Boden gezogen nur des Unerfreulichen und Ungedeihlichen gewärtig seyn können.

Indem aus dem größten und unbedingten Interesse der menschlichen Natur der tiefe und reiche Gehalt verkommen, und die Religiosität, gemeinschaftlich die fromme und die reflectirende, dazu gekommen ist, die höchste Befriedigung ohne Inhalt zu finden, so ist die Philosophie ein zufälliges, subjectives Bedürfniß geworden. Jenen unbedingten Interessen sind bei beiden Arten von Religiosität, und zwar von nichts anderem als von dem Räsonnement, so eingerichtet worden, daß es der Philosophie nicht mehr bedarf, um jenen Interessen Genüge zu leisten; ja sie wird und zwar mit Recht dafür gehalten, jenem neuerschaffenen Genügen und solcher ins Enge gezogenen Befriedigung störend zu seyn. Die Philosophie ist damit ganz dem

freien Bedürfniß des Subjects anheim gegeben; es ergeht keine
Art von Nöthigung dazu an dasselbe, vielmehr hat dieß Be=
dürfniß, wo es vorhanden ist, gegen Verdächtigungen und Ab=
mahnungen standhaft zu seyn; es existirt nur als eine innere
Nothwendigkeit, die stärker ist als das Subject, von der sein
Geist dann ruhelos getrieben wird, „daß er überwinde," und
dem Drange der Vernunft den würdigen Genuß verschaffe. So
ohne Anregung irgend einer auch nicht der religiösen Autorität,
vielmehr für einen Ueberfluß und gefährlichen oder wenigstens
bedenklichen Luxus erklärt, steht die Beschäftigung mit dieser
Wissenschaft um so freier allein auf dem Interesse der Sache
und der Wahrheit. Wenn, wie Aristoteles sagt, die Theorie
das Seligste und unter dem Guten das Beste ist, so wissen
die, welche dieses Genusses theilhaftig sind, was sie daran ha=
ben, die Befriedigung der Nothwendigkeit ihrer geistigen Natur:
können sich enthalten, Anforderungen darüber an Andere zu
machen, und können sie bei ihren Bedürfnissen und den Befrie=
digungen, die sie sich für dieselben finden, belassen. Es ist des
unberufenen Herzudringens zum Geschäfte der Philosophie oben
gedacht worden, wie dasselbe sich um so lauter macht, je weniger
es geeignet ist, Theil daran zu nehmen, so ist die gründlichere,
tiefere Theilnahme einsamer mit sich und stiller nach Außen;
die Eitelkeit und Oberflächlichkeit ist schnell fertig und treibt
sich zum baldigen Dreinsprechen; der Ernst aber um eine in sich
große und nur durch die lange und schwere Arbeit vollendeter
Entwicklung sich genügende Sache versenkt sich lange in stiller
Beschäftigung in dieselbe.

Der baldige Verschluß der zweiten Ausgabe dieses encyclo=
pädischen Leitfadens, welcher das Studium der Philosophie nach
seiner oben angegebenen Bestimmung nicht leicht macht, hat mir
die Befriedigung gegeben zu sehen, daß außer dem Lautwerden
der Oberflächlichkeit und Eitelkeit eine stillere, belohnendere
Theilnahme Statt gefunden habe, welche ich nun auch dieser
neuen Ausgabe anwünsche.

Berlin, den 19. September 1830.

Hegel's Anrede an seine Zuhörer

bei Eröffnung seiner Vorlesungen in Berlin,

am 22. October 1818.

M. H.

Indem ich heute zum ersten Mal auf hiesiger Universität in dem Amte eines Lehrers der Philosophie auftrete, zu dem mich die Gnade Sr. Majestät des Königs berufen hat, erlauben Sie mir dieß Vorwort darüber voraus zu schicken, daß ich es mir für besonders wünschenswerth und erfreulich hielt, sowohl gerade in diesem Zeitpunkt, als auf hiesigem Standpunkt in ausgebreitetere akademische Wirksamkeit zu treten. Was den Zeitpunkt anbetrifft, so scheinen diejenigen Umstände eingetreten zu seyn, unter denen sich die Philosophie wieder Aufmerksamkeit und Liebe versprechen darf, wo diese beinahe verstummte Wissenschaft ihre Stimme wieder erheben mag. Denn vor kurzem war es einestheils die Noth der Zeit, welche den kleinen Interessen des täglichen Lebens eine so große Wichtigkeit gegeben, andererseits waren es die hohen Interessen der Wirklichkeit, das Interesse und die Kämpfe nur zunächst das politische Ganze des Volkslebens und des Staates wieder herzustellen und zu retten, welche alle Vermögen des Geistes, die Kräfte aller Stände, so wie die äußerlichen Mittel so sehr in Anspruch genommen, daß das innere Leben des Geistes nicht Ruhe gewinnen konnte. Der Weltgeist, in der Wirklichkeit so sehr beschäftigt und nach Außen gerissen, war abgehalten sich nach Innen und auf sich selbst zu kehren und in seiner eigenthümlichen Heimath sich zu genießen. Nun nachdem dieser Strom der Wirklichkeit gebrochen und die deutsche Nation überhaupt, ihre Nationalität, den Grund alles lebendigen Lebens, gerettet hat, so ist dann die Zeit eingetreten, daß in dem Staate, neben dem Regiment der wirklichen Welt, auch das freie Reich des Gedankens selbstständig emporblühe. Und überhaupt hat sich die Macht des Geistes so weit geltend gemacht, daß es nur die Ideen sind und was Ideen gemäß ist, was sich jetzt erhalten kann, daß was gelten soll, vor der Einsicht und dem Gedanken sich rechtfertigen muß. Und es ist insbesondere dieser Staat, der mich nun in sich aufgenommen hat, welcher durch das geistige Uebergewicht sich zu seinem Gewicht in der Wirklichkeit und im Politischen emporgehoben, sich an Macht und Selbstständigkeit solchen Staaten gleichgestellt hat, welche ihm an äußeren Mitteln überlegen gewesen wären. Hier ist die Bildung und die Blüthe der Wissenschaften eines der wesentlichen Momente im Staatsleben selbst. Auf hiesiger Universität, der Universität des Mittelpunkts, muß auch der Mittelpunkt aller Geistesbildung und aller Wissenschaft und Wahrheit, die Philosophie, ihre Stelle und vorzügliche Pflege finden. — Nicht nur ist es aber das geistige Leben überhaupt, welches ein Grundelement in der Existenz dieses Staates ausmacht, sondern näher hat jener große Kampf des Volkes im Verein mit seinem Fürsten, um Selbstständigkeit, um Vernichtung fremder gemüthloser Thrannei, und um Freiheit im Gemüthe, seinen höhern Anfang genommen. Es ist die sittliche Macht des Geistes, welche sich in ihrer Energie gefühlt, ihr Panier aufgesteckt, und dieß ihr Gefühl als Gewalt und Macht der Wirklichkeit geltend gemacht hat. Wir müssen es für unschätzbar achten, daß unsere Generation in diesem Gefühle gelebt, gehandelt und gewirkt hat, einem Gefühle, worin sich alles Rechtliche, Moralische und Religiöse concentrirte. In solchem tiefen und allumfassenden Wirken erhebt sich der Geist in sich zu seiner Würde, die Flachheit des Lebens und die Schaalheit der Interessen geht zu Grunde und die Oberflächlichkeit der Einsicht und der Meinungen steht in ihrer Blöße da und verfliegt. Dieser tiefere Ernst, der in das Gemüth überhaupt gekommen ist, ist denn auch der wahrhafte Boden der Philosophie. Was der Philosophie entgegen steht, ist einerseits das Versenktseyn in die Interessen der Noth und des Tages, andererseits die Eitelkeit der Meinungen. Das Gemüth, von ihr eingenommen, läßt der Vernunft, als welche nicht das Eigene sucht, keinen Raum in sich. Diese Eitelkeit muß sich in ihrem Nichts verflüchtigen, wenn es dem Menschen zur Nothwendigkeit geworden, sich um substantiellen Gehalt zu bemühen, wenn es so weit gediehen, daß nur ein solcher sich geltend machen kann. In solchem substantiellen Gehalt aber haben wir die Zeit gesehen, haben wir den Kern sich bilden sehen, dessen weitere Entwickelung nach allen Seiten, der politischen, sittlichen, religiösen, wissenschaftlichen Seite, unserer Zeit anvertraut ist.

Unser Beruf und Geschäft ist die Pflege der philosophischen Entwickelung der substantiellen Grundlage, die sich neu verjüngt und bekräftigt hat. Ihre Verjüngung, die ihre nächste Wirkung und Aeußerung in der politischen Wirklichkeit zeigte, hat ihre weitere Erscheinung in dem größeren sittlichen und religiösen Ernste, in der Forderung von Gründlichkeit und Gediegenheit überhaupt, welche an alle Lebensverhältnisse ergangen ist. Der gediegenste Ernst ist an und für sich selbst der Ernst, die Wahrheit zu erkennen. Dieß Bedürfniß, wodurch die geistige Natur sich von der bloß empfindenden und genießenden unterscheidet, ist eben deswegen das Tiefste des Geistes, es ist an sich allgemeines Bedürfniß. Der Ernst der Zeiten hat es theils tiefer aufgeregt, theils ist er ein näheres Eigenthum des deutschen Geistes. Was die Auszeichnung des Deutschen in der Cultur der Philosophie betrifft, so zeigt nämlich der Zustand dieses Studiums und die Bedeutung dieses Namens bei den andern Nationen, daß der Name sich noch bei ihnen erhalten, aber seinen Sinn verändert hat und daß die Sache verkommen und verschwunden ist und zwar so, daß kaum eine Erinnerung und Ahndung von ihr zurückgeblieben ist. Diese Wissenschaft hat sich zu den Deutschen geflüchtet und lebt allein noch in ihnen fort. Uns ist die Bewahrung dieses heiligen Lichtes anvertraut und es ist unser Beruf es zu pflegen und zu nähren und dafür zu sorgen, daß das Höchste, was der Mensch besitzen kann, das Selbstbewußtseyn seines Wesens nicht erlösche und untergehe. Aber selbst in Deutschland ist die Flachheit der früheren Zeit vor seiner Wiedergeburt so weit gekommen, daß sie gefunden und bewiesen zu haben meinte und versicherte, es gebe keine Erkenntniß der Wahrheit; Gott, das Wesen der Welt und des Geistes, sey ein Unbegreifliches, Unfaßbares; der Geist müsse bei der Religion stehen bleiben und die Religion beim Glauben, Gefühl und Ahnden, ohne vernünftiges Wissen. Das Erkennen betreffe nicht die Natur des Absoluten, Gottes und Dessen, was in Natur und Geist wahr und absolut ist, sondern vielmehr allein theils nur das Negative, daß nichts Wahres erkannt, sondern daß allein Unwahres, Zeitliches und Vergängliches gleichsam den Vorzug genieße erkannt zu werden, — theils was eigentlich darunter gehört, das Aeußerliche, nämlich das Historische, die zufälligen Umstände, unter denen das angebliche Erkennen erschienen ist und eben solche Erkenntniß sey nur als etwas Historisches zu nehmen und nach jenen äußerlichen Seiten kritisch und gelehrt zu unternehmen, aus seinem Inhalt könne kein Ernst gemacht werden. Sie sind so weit gekommen als Pilatus, der römische Proconsul; wie er Christus das Wort Wahrheit nennen hörte, erwiderte er dieß mit der Frage: was ist Wahrheit? in dem Sinn als einer, der mit solchem Worte fertig sey und wisse, daß es keine Erkenntniß der Wahrheit gebe. So ist das, was von jeher für das Schmählichste und Unwürdigste gegolten hat, der Erkenntniß der Wahrheit zu entsagen, von unsern Zeiten zum höchsten Triumph des Geistes erhoben worden.

Die Verzweiflung an der Vernunft war, wie es bis zu ihr ge=
kommen war, noch mit Schmerz und Wehmuth verknüpft, aber
bald haben der religieuse und sittliche Leichtsinn und dann
die Plattheit und Seichtigkeit des Wissens, welche sich Aufklä=
rung nannte, frank und frei ihre Ohnmacht bekannt und ihren
Hochmuth in das gründliche Vergessen höherer Interessen gelegt;
und zuletzt hat die sogenannte kritische Philosophie diesem Richt=
wissen des Ewigen und Göttlichen ein gutes Gewissen gemacht,
indem sie versichert, bewiesen zu haben, daß vom Ewigen und
Göttlichen nichts gewußt werden könne. Diese vermeinte Er=
kenntniß hat sich sogar den Namen Philosophie angemaßt und
nichts ist der Seichtigkeit des Wissens sowohl als des Charak=
ters willkommner gewesen, nichts so bereitwillig von ihr ergriffen
worden als diese Lehre der Unwissenheit, wodurch eben diese
Seichtigkeit und Schaalheit für das Vortreffliche, für das Ziel
und Resultat alles intellectuellen Strebens ausgegeben worden ist.
Das Wahre nicht zu wissen und nur Erscheinen des Zeitliches und
Zufälliges — nur das Eitle zu erkennen, diese Eitelkeit ist
es, welche sich in der Philosophie breit gemacht hat und in un=
sern Zeiten noch breit macht und das große Wort führt. Man
kann wohl sagen, daß seitdem sich die Philosophie in Deutsch=
land hervorzuthun angefangen hat, es nie so schlecht um diese
Wissenschaft ausgesehen hat, daß eine solche Ansicht, ein solches
Verzichtthun auf vernünftiges Erkennen, solche Anmaßung und
solche Ausbreitung erlangt hätte, — eine Ansicht, welche noch
von der vorhergehenden Periode sich herüber geschleppt hat, und
welche mit dem gediegenern Gefühle, dem neuen substantiellen
Geiste, so sehr in Widerspruch steht. Diese Morgenröthe eines
gediegenern Geistes begrüße ich, rufe ich an, mit ihm nur habe
ich es zu thun, indem ich behaupte, daß die Philosophie Gehalt
haben müsse und indem ich diesen Gehalt vor Ihnen entwickeln
werde. Ueberhaupt aber rufe ich den Geist der Jugend dabei
an: denn sie ist die schöne Zeit des Lebens, das noch nicht in

dem System der beschränkten Zwecke der Noth befangen und
für sich der Freiheit einer interesselosen wissenschaftlichen Beschäftigung fähig ist; eben so ist sie noch unbefangen von dem
negativen Geiste der Eitelkeit, von dem Gehaltlosen eines bloß
kritischen Bemühens. Ein noch gesundes Herz hat noch den
Muth Wahrheit zu verlangen und das Reich der Wahrheit ist
es, in welchem die Philosophie zu Hause ist, welches sie erbaut
und dessen wir durch ihr Studium theilhaftig werden. Was im
Leben wahr, groß und göttlich ist, ist es durch die Idee; das
Ziel der Philosophie ist, sie in ihrer wahrhaften Gestalt und
Allgemeinheit zu erfassen. Die Natur ist darunter gebunden, die
Vernunft nur mit Nothwendigkeit zu vollbringen; aber das Reich
des Geistes ist das Reich der Freiheit. Alles was das mensch-
liche Leben zusammenhält, was Werth hat und gilt, ist geistiger
Natur und dieß Reich des Geistes existirt allein durch das Be-
wußtseyn von Wahrheit und Recht, durch das Erfassen der
Ideen.

Ich darf wünschen und hoffen, daß es mir gelingen werde,
auf dem Wege, den wir betreten, Ihr Vertrauen zu gewinnen
und zu verdienen. Zunächst aber darf ich nichts in Anspruch
nehmen als dieß, daß Sie Vertrauen zu der Wissenschaft, Glauben an die Vernunft, Vertrauen und Glauben zu sich selbst mit-
bringen. Der Muth der Wahrheit, Glauben an die Macht des
Geistes ist die erste Bedingung des philosophischen Studiums;
der Mensch soll sich selbst ehren und sich des Höchsten würdig
achten. Von der Größe und Macht des Geistes kann er nicht
groß genug denken. Das verschlossene Wesen des Universums
hat keine Kraft in sich, welche dem Muthe des Erkennens Widerstand leisten könnte, es muß sich vor ihm aufthun und seinen
Reichthum und seine Tiefen ihm vor Augen legen und zum Ge-
nusse bringen.

Encyklopädie

der

philosophischen Wissenschaften.

Einleitung.

§. 1.

Die Philosophie entbehrt des Vortheils, der den andern Wissenschaften zu Gute kommt, ihre Gegenstände, als unmittelbar von der Vorstellung zugegeben, so wie die Methode des Erkennens für Anfang und Fortgang, als bereits angenommen, voraussetzen zu können. Sie hat zwar ihre Gegenstände zunächst mit der Religion gemeinschaftlich. Beide haben die Wahrheit zu ihrem Gegenstande, und zwar im höchsten Sinne, — in dem, daß Gott die Wahrheit und er allein die Wahrheit ist. Beide handeln dann ferner von dem Gebiete des Endlichen, von der Natur und dem menschlichen Geiste, deren Beziehung auf einander und auf Gott, als auf ihre Wahrheit. Die Philosophie kann daher wohl eine Bekanntschaft mit ihren Gegenständen, ja sie muß eine solche, wie ohnehin ein Interesse an denselben voraussetzen; — schon darum, weil das Bewußtseyn sich der Zeit nach Vorstellungen von Gegenständen früher als Begriffe von denselben macht, der denkende Geist sogar nur durchs Vorstellen hindurch und auf dasselbe sich wendend, zum denkenden Erkennen und Begreifen fortgeht.

Aber bei dem denkenden Betrachten giebt sich bald kund, daß dasselbe die Forderung in sich schließt, die Nothwendigkeit seines Inhalts zu zeigen, sowohl das Seyn schon als die Bestimmungen seiner Gegenstände zu beweisen. Jene Bekanntschaft mit diesen erscheint so als unzureichend, und Voraussetzungen und Versicherungen zu machen oder gelten zu

1 *

Einleitung.

§. 1.

Die Philosophie entbehrt des Vortheils, der den andern Wis=
senschaften zu Gute kommt, ihre Gegenstände, als unmittel=
bar von der Vorstellung zugegeben, so wie die Methode des
Erkennens für Anfang und Fortgang, als bereits angenommen,
voraussetzen zu können. Sie hat zwar ihre Gegenstände zu=
nächst mit der Religion gemeinschaftlich. Beide haben die
Wahrheit zu ihrem Gegenstande, und zwar im höchsten Sinne,
— in dem, daß Gott die Wahrheit und er allein die Wahr=
heit ist. Beide handeln dann ferner von dem Gebiete des End=
lichen, von der Natur und dem menschlichen Geiste, deren
Beziehung auf einander und auf Gott, als auf ihre Wahrheit.
Die Philosophie kann daher wohl eine Bekanntschaft mit
ihren Gegenständen, ja sie muß eine solche, wie ohnehin ein
Interesse an denselben voraussetzen; — schon darum, weil das
Bewußtseyn sich der Zeit nach Vorstellungen von Gegenstän=
den früher als Begriffe von denselben macht, der denkende
Geist sogar nur durchs Vorstellen hindurch und auf dasselbe
sich wendend, zum denkenden Erkennen und Begreifen fortgeht.

Aber bei dem denkenden Betrachten giebts sich bald kund,
daß dasselbe die Forderung in sich schließt, die Nothwendig=
keit seines Inhalts zu zeigen, sowohl das Seyn schon als die
Bestimmungen seiner Gegenstände zu beweisen. Jene Bekannt=
schaft mit diesen erscheint so als unzureichend, und Voraus=
setzungen und Versicherungen zu machen oder gelten zu

1*

laſſen, als unzuläſſig. Die Schwierigkeit, einen Anfang zu
machen, tritt aber zugleich damit ein, da ein Anfang als ein
Unmittelbares eine Vorausſetzung macht oder vielmehr ſelbſt
eine ſolche iſt.

§. 2.

Die Philoſophie kann zunächſt im Allgemeinen als den=
kende Betrachtung der Gegenſtände beſtimmt werden. Wenn
es aber richtig iſt, (und es wird wohl richtig ſeyn), daß der
Menſch durchs Denken ſich vom Thiere unterſcheidet, ſo iſt
alles Menſchliche dadurch und allein dadurch menſchlich, daß es
durch das Denken bewirkt wird. Indem jedoch die Philoſophie
eine eigenthümliche Weiſe des Denkens iſt, eine Weiſe, wodurch
es Erkennen und begreifendes Erkennen wird, ſo wird ihr Den=
ken auch eine Verſchiedenheit haben von dem in allem
Menſchlichen thätigen, ja die Menſchlichkeit des Menſchlichen
bewirkenden Denken, ſo ſehr es identiſch mit demſelben, an ſich
nur Ein Denken iſt. Dieſer Unterſchied knüpft ſich daran, daß
der durchs Denken begründete, menſchliche Gehalt des Bewußt=
ſeyns zunächſt nicht in Form des Gedankens erſcheint,
ſondern als Gefühl, Anſchauung, Vorſtellung, — Formen,
die von dem Denken als Form zu unterſcheiden ſind.

Es iſt ein altes Vorurtheil, ein trivial=gewordener Satz,
daß der Menſch vom Thiere ſich durchs Denken unterſcheide;
es kann trivial, aber es müßte auch ſonderbar ſcheinen, wenn
es Bedürfniß wäre, an ſolchen alten Glauben zu erinnern. Für
ein Bedürfniß aber kann dieß gehalten werden, bei dem Vor=
urtheil jetziger Zeit, welche Gefühl und Denken ſo von
einander trennt, daß ſie ſich entgegengeſetzt, ſelbſt ſo feindſelig
ſeyn ſollen, daß das Gefühl, insbeſondere das religiöſe, durch
das Denken verunreinigt, verkehrt, ja etwa gar vernichtet
werde, und die Religion und Religioſität weſentlich nicht im
Denken ihre Wurzel und Stelle habe. Bei ſolcher Trennung
wird vergeſſen, daß nur der Menſch der Religion fähig iſt

das Thier aber keine Religion hat, so wenig als ihm Recht und Moralität zukommt.

Wenn jene Trennung der Religion vom Denken behauptet wird, so pflegt das Denken vorzuschweben, welches als Nachdenken bezeichnet werden kann, — das reflectirende Denken, welches Gedanken als solche zu seinem Inhalte hat und zum Bewußtseyn bringt. Die Nachlässigkeit, den in Rücksicht des Denkens von der Philosophie bestimmt angegebenen Unterschied zu kennen und zu beachten ist es, welche die rohesten Vorstellungen und Vorwürfe gegen die Philosophie hervorbringt. Indem nur dem Menschen Religion, Recht und Sittlichkeit zukommt, und zwar nur deswegen, weil er denkendes Wesen ist, so ist in dem Religiösen, Rechtlichen und Sittlichen, — es sey Gefühl und Glauben oder Vorstellung, — das Denken überhaupt nicht unthätig gewesen; die Thätigkeit und die Productionen desselben sind darin gegenwärtig und enthalten. Allein es ist verschieden, solche vom Denken bestimmte und durchdrungene Gefühle und Vorstellungen, — und Gedanken darüber zu haben. Die durchs Nachdenken erzeugten Gedanken über jene Weisen des Bewußtseyns, sind das, worunter Reflexion, Raisonnement und dergleichen, dann auch die Philosophie begriffen ist.

Es ist dabei geschehen, und noch öfters hat der Mißverstand obgewaltet, daß solches Nachdenken als die Bedingung, ja als der einzige Weg behauptet worden, auf welchem wir zur Vorstellung und zum Fürwahrhalten des Ewigen und Wahren gelangten. So sind z. B. die (jetzt mehr vormaligen) metaphysischen Beweise vom Daseyn Gottes dafür ausgegeben worden, daß oder als ob durch ihre Kenntniß und die Ueberzeugung von ihnen der Glaube und die Ueberzeugung vom Daseyn Gottes wesentlich und allein bewirkt werden könne. Dergleichen Behauptung käme mit der überein, daß wir nicht eher essen könnten, als bis wir

uns die Kenntniß der chemischen, botanischen oder zoologischen
Bestimmungen der Nahrungsmittel erworben, und wir mit der
Verdauung warten müßten, bis wir das Studium der Ana=
tomie und Physiologie absolvirt hätten. Wenn dem so wäre,
würden diese Wissenschaften in ihrem Felde, wie die Philoso=
phie in dem ihrigen, freilich sehr an Nützlichkeit gewinnen,
ja ihre Nützlichkeit wäre zur absoluten und allgemeinen Un=
entbehrlichkeit gesteigert; vielmehr aber würden sie alle, statt
unentbehrlich zu seyn, gar nicht existiren.

§. 3.

Der Inhalt, der unser Bewußtseyn erfüllt, von welcher
Art er sey, macht die Bestimmtheit der Gefühle, Anschauun=
gen, Bilder, Vorstellungen, der Zwecke, Pflichten u. s. f. und
der Gedanken und Begriffe aus. Gefühl, Anschauung, Bild
u. s. f. sind insofern die Formen solchen Inhalts, welcher ein
und derselbe bleibt, ob er gefühlt, angeschaut, vorgestellt, ge=
wollt, und ob er nur gefühlt oder aber mit Vermischung von
Gedanken, gefühlt, angeschaut u. s. f. oder ganz unvermischt
gedacht wird. In irgend einer dieser Formen oder in der Ver=
mischung mehrerer ist der Inhalt Gegenstand des Bewußt=
seyns. In dieser Gegenständlichkeit schlagen sich aber auch
die Bestimmtheiten dieser Formen zum Inhalte; so
daß nach jeder dieser Formen ein besonderer Gegenstand zu ent=
stehen scheint, und was an sich dasselbe ist, als ein verschiedener
Inhalt aussehen kann.

Indem die Bestimmtheiten des Gefühls, der Anschauung,
des Begehrens, des Willens u. s. f., insofern von ihnen ge=
wußt wird, überhaupt Vorstellungen genannt werden, so
kann im Allgemeinen gesagt werden, daß die Philosophie
Gedanken, Kategorien, aber näher Begriffe an die
Stelle der Vorstellungen setzt. Vorstellungen überhaupt kön=
nen als Metaphern der Gedanken und Begriffe angesehen
werden. Damit aber, daß man Vorstellungen hat, kennt

man noch nicht deren Bedeutung für das Denken, noch
nicht deren Gedanken und Begriffe. Umgekehrt ist es
auch zweierlei, Gedanken und Begriffe zu haben, und zu wis=
sen, welches die ihnen entsprechenden Vorstellungen, Anschauun=
gen, Gefühle sind. — Eine Seite dessen, was man die Un=
verständlichkeit der Philosophie nennt, bezieht sich hierauf.
Die Schwierigkeit liegt eines Theils in einer Unfähigkeit, die
an sich nur Ungewohntheit ist, abstrakt zu denken, d. h.
reine Gedanken festzuhalten und in ihnen sich zu bewegen.
In unserem gewöhnlichen Bewußtseyn sind die Gedanken mit
sinnlichem und geistigem geläufigen Stoffe angethan und ver=
einigt, und im Nachdenken, Reflektiren und Raisonniren ver=
mischen wir die Gefühle, Anschauungen, Vorstellungen mit
Gedanken, (in jedem Satze von ganz sinnlichem Inhalte: dieß
Blatt ist grün, sind schon Kategorien, Seyn, Einzelnheit,
eingemischt). Ein Anderes aber ist die Gedanken selbst, un=
vermischt zum Gegenstande zu machen. — Der andere Theil
der Unverständlichkeit ist die Ungeduld, das in der Weise der
Vorstellung vor sich haben zu wollen, was als Gedanke und
Begriff im Bewußtseyn ist. Es kommt der Ausdruck vor,
man wisse nicht, was man sich bei einem Begriffe, der gefaßt
worden, denken solle; bei einem Begriffe ist weiter nichts zu
denken, als der Begriff selbst. Der Sinn jenes Ausdrucks
aber ist eine Sehnsucht nach einer bereits bekannten, ge=
läufigen Vorstellung; es ist dem Bewußtseyn, als ob
ihm, mit der Weise der Vorstellung, der Boden entzogen
wäre, auf welchem es sonst seinen festen und heimischen Stand
hat. Wenn es sich in die reine Region der Begriffe versetzt
findet, weiß es nicht, wo es in der Welt ist. — Am ver=
ständlichsten werden daher Schriftsteller, Prediger, Redner
u. s. f. gefunden, die ihren Lesern oder Zuhörern Dinge vor=
sagen, welche diese bereits auswendig wissen, die ihnen geläufig
sind und die sich von selbst verstehen.

§. 4.

In Beziehung auf unser gemeines Bewußtseyn zunächst hätte die Philosophie das Bedürfniß ihrer eigenthümlichen Erkenntnißweise darzuthun, oder gar zu erwecken. In Beziehung auf die Gegenstände der Religion aber, auf die Wahrheit überhaupt, hätte sie die Fähigkeit zu erweisen, dieselben von sich aus zu erkennen; in Beziehung auf eine zum Vorschein kommende Verschiedenheit von den religiösen Vorstellungen hätte sie ihre abweichenden Bestimmungen zu rechtfertigen.

§. 5.

Zum Behufe einer vorläufigen Verständigung über den angegebenen Unterschied und über die damit zusammenhängende Einsicht, daß der wahrhafte Inhalt unsers Bewußtseyns in dem Uebersetzen desselben in die Form des Gedankens und Begriffs erhalten, ja erst in sein eigenthümliches Licht gesetzt wird, kann an ein anderes altes Vorurtheil erinnert werden, daß nämlich, um zu erfahren, was an den Gegenständen und Begebenheiten, auch Gefühlen, Anschauungen, Meinungen, Vorstellungen u. s. f. Wahres sey, Nachdenken erforderlich seyn. Nachdenken aber thut wenigstens dieß auf allen Fall, die Gefühle, Vorstellungen u. s. f. in Gedanken zu verwandeln.

Insofern es nur das Denken ist, was die Philosophie zur eigenthümlichen Form ihres Geschäftes in Anspruch nimmt, jeder Mensch aber von Natur denken kann, so tritt vermöge dieser Abstraktion, welche den §. 3. angegebenen Unterschied wegläßt, das Gegentheil von dem ein, was vorhin als Beschwerniß über die Unverständlichkeit der Philosophie erwähnt worden ist. Diese Wissenschaft erfährt häufig die Verachtung, daß auch solche, die sich mit ihr nicht bemüht haben, die Einbildung aussprechen, sie verstehen von Haus aus, was es mit der Philosophie für eine Bewandniß habe, und seyen fähig, wie sie so in einer gewöhnlichen Bildung, insbesondere von religiösen Gefühlen aus, gehen und stehen, zu philosophiren und über sie zu urtheilen. Man giebt zu, daß man die andern Wissenschaften studirt haben müsse, um sie zu kennen, und daß man erst vermöge einer solchen Kenntniß berechtigt sey, ein Urtheil über sie zu haben. Man giebt zu, daß um einen Schuh zu verfertigen, man dieß gelernt und geübt haben müsse, obgleich jeder an seinem Fuße den Maßstab dafür, und Hände und in ihnen die natürliche Geschicklichkeit zu dem erforderlichen Geschäfte, besitze. Nur zum Philosophiren selbst soll dergleichen Studium, Lernen und Bemühung nicht erforderlich seyn. — Diese bequeme Meinung hat in den neuesten Zeiten ihre Bestätigung durch die Lehre vom unmittelbaren Wissen, Wissen durch Anschauen, erhalten.

§. 6.

Von der andern Seite ist es eben so wichtig, daß die Philosophie darüber verständigt sey, daß ihr Inhalt kein anderer ist, als der im Gebiete des lebendigen Geistes ursprünglich hervorgebrachte und sich hervorbringende, zur Welt, äußern und innern Welt des Bewußtseyns gemachte Gehalt, — daß ihr Inhalt die Wirklichkeit ist. Das nächste Bewußtseyn dieses Inhalts nennen wir Erfahrung. Eine sinnige Betrachtung der Welt unterscheidet schon, was von dem weiten Reiche des äußern und innern Daseyns nur Erscheinung, vorübergehend und bedeutungslos ist, und was in sich wahrhaft den Namen der Wirklichkeit verdient. Indem die Philosophie von anderem Bewußtwerden dieses einen und desselben Gehalts nur nach der Form unterschieden ist, so ist ihre Uebereinstimmung mit der Wirklichkeit und Erfahrung nothwendig. Ja diese Uebereinstimmung kann für einen wenigstens äußern Prüfstein der Wahrheit einer Philosophie angesehen werden, so wie es für den höchsten Endzweck der Wissenschaft anzusehen ist, durch die Erkenntniß dieser Uebereinstimmung, die Versöhnung der selbstbewußten

Vernunft mit der seyenden Vernunft, mit der Wirklichkeit hervorzubringen.

In der Vorrede zu meiner Philosophie des Rechts S. XIX. befinden sich die Sätze:

was vernünftig ist, das ist wirklich,

und was wirklich ist, das ist vernünftig.

Diese einfachen Sätze haben Manchen auffallend geschienen und Anfeindung erfahren, und zwar selbst von solchen, welche Philosophie und wohl ohnehin Religion zu besitzen, nicht in Abrede seyn wollen. Die Religion wird es unnöthig seyn in dieser Beziehung anzuführen, da ihre Lehren von der göttli= chen Weltregierung diese Sätze zu bestimmt aussprechen. Was aber den philosophischen Sinn betrifft, so ist so viel Bildung vorauszusetzen, daß man wisse, nicht nur daß Gott wirklich, — daß er das Wirklichste, daß er allein wahrhaft wirklich ist, sondern auch, in Ansehung des Formellen, daß überhaupt das Daseyn zum Theil Erscheinung, und nur zum Theil Wirklichkeit ist. Im gemeinen Leben nennt man etwa jeden Einfall, den Irrthum, das Böse und was auf diese Seite gehört, so wie jede noch so verkümmerte und vergängliche Existenz zufälligerweise eine Wirklichkeit. Aber auch schon einem gewöhnlichen Gefühl wird eine zufällige Existenz nicht den emphatischen Namen eines Wirklichen verdienen; — das Zufällige ist eine Existenz, die keinen größern Werth als den eines Möglichen hat, die so gut nicht seyn kann, als sie ist. Wenn aber ich von Wirklichkeit gesprochen habe, so wäre von selbst daran zu denken, in welchem Sinne ich diesen Ausdruck gebrauche, da ich in einer ausführlichen Logik auch die Wirk= lichkeit abgehandelt und sie nicht nur sogleich von dem Zu= fälligen, was doch auch Existenz hat, sondern näher von Da= seyn, Existenz und andern Bestimmungen genau unterschieden habe. — Der Wirklichkeit des Vernünftigen stellt sich schon die Vorstellung entgegen, sowohl daß die Ideen, Ideale, weiter nichts als Chimären und die Philosophie ein System von solchen Hirngespinnsten sey, als umgekehrt daß die Ideen und Ideale etwas viel zu Vortreffliches seyen, um Wirklichkeit zu haben, oder ebenso etwas zu Ohnmächtiges, um sich solche zu verschaffen. Aber die Abtrennung der Wirklichkeit von der Idee ist besonders bei dem Verstande beliebt, der die Träume seiner Abstraktionen für etwas Wahrhaftes hält, und auf das Sollen, das er vornehmlich auch im politischen Felde gern vorschreibt, eitel ist, als ob die Welt auf ihn gewartet hätte, um zu erfahren, wie sie seyn solle, aber nicht sey; wäre sie wie sie seyn soll, wo bliebe die Altklugheit seines Sollens? Wenn er sich mit dem Sollen gegen triviale, äußerliche und vergängliche Gegenstände, Einrichtungen, Zustände u. s. f. wendet, die etwa auch für eine gewisse Zeit, für besondere Kreise eine große relative Wichtigkeit haben mögen, so mag er wohl Recht haben, und in solchem Falle vieles finden, was allgemeinen richtigen Bestimmungen nicht entspricht; wer wäre nicht so klug, um in seiner Umgebung vieles zu sehen, was in der That nicht so ist, wie es seyn soll? Aber diese Klugheit hat Unrecht sich einzubilden, mit solchen Gegenständen und deren Sollen sich innerhalb der Interessen der philosophischen Wissenschaft zu befinden. Diese hat es nur mit der Idee zu thun, welche nicht so ohnmächtig ist, um nur zu sollen und nicht wirklich zu seyn, und damit mit einer Wirklichkeit, an welcher jene Gegenstände, Einrichtungen, Zustände u. s. f. nur die oberflächliche Außenseite sind.

§. 7.

Indem das Nachdenken überhaupt zunächst das Princip (auch im Sinne des Anfangs) der Philosophie enthält, und nachdem es in seiner Selbstständigkeit wieder in neuern Zeiten erblüht ist (nach den Zeiten der lutherischen Reformation), so ist, indem es sich gleich anfangs nicht blos abstrakt, wie in den philosophirenden Anfängen der Griechen, gehalten, sondern

sich zugleich auf den maßlos scheinenden Stoff der Erscheinungs-
welt geworfen hat, der Name **Philosophie** allem demjenigen
Wissen gegeben worden, welches sich mit der Erkenntniß des festen
Maßes und Allgemeinen in dem Meere der empirischen Einzelnheiten, und des Nothwendigen, der Gesetze in der schein-
baren Unordnung der unendlichen Menge des Zufälligen beschäftigt, und damit zugleich seinen **Inhalt** aus dem eigenen Anschauen und Wahrnehmen des Aeußern und Innern, aus der
präsenten Natur, wie aus dem präsenten Geiste und der
Brust des Menschen genommen hat.

Das **Princip der Erfahrung** enthält die unendlich wichtige Bestimmung, daß für das Annehmen und Fürwahrhalten
eines Inhalts der Mensch selbst dabei seyn müsse, bestimmter daß er solchen Inhalt mit der Gewißheit seiner selbst
in Einigkeit und vereinigt finde. Er muß selbst dabei seyn,
sey es nur mit seinen äußerlichen Sinnen, oder aber mit seinem tiefern Geiste, seinem wesentlichen Selbstbewußtseyn. —
Es ist dieß Princip dasselbe, was heutigs Tags Glauben, unmittelbares Wissen, die Offenbarung im Aeußern und vornehmlich im eignen Innern genannt worden ist. Wir heißen jene Wissenschaften, welche **Philosophie** genannt worden sind, empirische Wissenschaften von dem Ausgangspunkte, den sie nehmen. Aber das Wesentliche, das sie be-
zwecken und hervorschaffen, sind **Gesetze, allgemeine
Sätze, eine Theorie; die Gedanken des Vorhandenen.**
So ist die **newtonische Physik Naturphilosophie** genannt
worden, wogegen z. B. **Hugo Grotius** durch Zusammenstellung der geschichtlichen Benehmungen der Völker gegen
einander, und mit der Unterstützung eines gewöhnlichen Raisonnements, allgemeine Grundsätze, eine Theorie aufgestellt hat,
welche **Philosophie des äußern Staatsrechts** genannt werden
kann. — Noch hat der Name **Philosophie** bei den Eng-
ländern allgemein diese Bestimmung, Newton hat fortdauernd

den Ruhm des größten Philosophen; bis in die Preiscourante der Instrumentenmacher herab, heißen diejenigen Instrumente, die nicht unter eine besondere Rubrik magnetischen, elektrischen Apparats gebracht werden, die Thermometer, Barometer u. s. f. philosophische Instrumente; freilich sollte nicht eine Zusammensetzung von Holz, Eisen u. s. f. sondern allein das Denken das Instrument der Philosophie genannt werden *). — So heißt insbesondere die den neuesten Zeiten zu verdankende Wissenschaft der politischen Oekonomie, auch Philosophie, was wir rationelle Staatswirthschaft, oder etwa Staatswirthschaft der Intelligenz, zu nennen pflegen **).

---

*) Auch das von Thomson herausgegebene Journal hat den Titel: Annalen der Philosophie oder Magazin der Chemie, Mineralogie, Mechanik, Naturhistorie, Landwirthschaft und Künste. — Man kann sich hieraus von selbst vorstellen, wie die Materien beschaffen sind, die hier philosophische heißen. — Unter den Anzeigen von neu erschienenen Büchern fand ich kürzlich in einer englischen Zeitung folgende: The Art of Preserving the Hair, on Philosophical Principles, neatly printed in post 8., price 7 sh. — Unter philosophischen Grundsätzen der Präservation der Haare sind wahrscheinlich chemische, physiologische u. dergl. gemeint.

**) In dem Munde englischer Staatsmänner, in Beziehung auf die allgemeinen staatswirthschaftlichen Grundsätze kommt der Ausdruck philosophischer Grundsätze häufig vor, auch in öffentlichen Vorträgen. In der Parlamentssitzung von 1825 (2. Febr.) drückte sich Brougham bei Gelegenheit der Adresse, mit der die Rede vom Throne beantwortet werden sollte, so aus: „die eines Staatsmanns würdigen und philosophischen Grundsätze vom freien Handel, — denn zweifelsohne sind sie philosophisch; — über deren Annahme Se. Majestät heute dem Parlament Glück gewünscht hat." — Nicht aber nur dieses Oppositionsmitglied; sondern bei dem jährlichen Gastmahl, das (in demselben Monat) die Schiffseigner-Gesellschaft unter Vorsitz des ersten Ministers Earl Liverpool, zu seinen Seiten den Staatssecretär Canning und den General-Zahlmeister der Armee, Sir Charles Long, abhielt, sagte der Staatssecretär Canning, in der Erwiederung auf die ihm gebrachte Gesundheit: „Eine Periode hat kürzlich begonnen, in der die Minister es in ihrer Gewalt hatten, auf die Staatsverwaltung dieses Landes die richtigen Maximen tiefer Philosophie anzuwenden." — Wie auch englische Philosophie von deutscher unterschieden seyn möge, wenn anderwärts der Name Philosophie nur als ein Uebername und Hohn, oder als etwas Gehässiges gebraucht wird, so

§. 8.

So befriedigend zunächst diese Erkenntniß in ihrem Felde ist, so zeigt sich fürs erste noch ein anderer Kreis von Ge= genständen, die darin nicht befaßt sind, — Freiheit, Geist, Gott. Sie sind auf jenem Boden nicht darum nicht zu finden, weil sie der Erfahrung nicht angehören sollten; sie werden zwar nicht sinnlich erfahren, aber was im Bewußtseyn überhaupt ist, wird erfahren, — dieß ist sogar ein tautologischer Satz, — son= dern weil diese Gegenstände sich sogleich ihrem Inhalte nach als unendlich darbieten.

Es ist ein alter Satz, der dem Aristoteles fälschlicher= weise so zugeschrieben zu werden pflegt, als ob damit der Standpunkt seiner Philosophie ausgedrückt seyn sollte: nihil est in intellectu, quod non fuerit in sensu; — es ist nichts im Denken, was nicht im Sinne, in der Erfahrung gewesen. Es ist nur für einen Mißverstand zu achten, wenn die speku= lative Philosophie diesen Satz nicht zugeben wollte. Aber um= gekehrt wird sie ebenso behaupten: nihil est in sensu, quod non fuerit in intellectu, — in dem ganz allgemeinen Sinne, daß der νοῦς und in tieferer Bestimmung der Geist, die Ursache der Welt ist, und in dem nähern, (s. §. 2.) daß das rechtliche, sittliche, religiöse Gefühl ein Gefühl und damit eine Erfahrung von solchem Inhalte ist, der seine Wurzel und seinen Sitz nur im Denken hat.

§. 9.

Fürs Andere verlangt die subjektive Vernunft der Form nach ihre weitere Befriedigung; diese Form ist die Nothwen= digkeit überhaupt (s. §. 1.). In jener wissenschaftlichen Weise ist Theils das in ihr enthaltene Allgemeine, die Gattung u. s. f. als für sich unbestimmt, mit dem Besondern nicht für sich zusammenhängend, sondern Beides einander äußerlich und zufällig,

---

ist es immer erfreulich, ihn noch in dem Munde englischer Staatsminister geehrt zu sehen.

wie ebenso die verbundenen Besonderheiten für sich gegenseitig äußerlich und zufällig sind. Theils sind die Anfänge allenthalben Unmittelbarkeiten, Gefundenes, Voraussetzungen. In Beidem geschieht der Form der Nothwendigkeit nicht Genüge. Das Nachdenken, insofern es darauf gerichtet ist, diesem Bedürfnisse Genüge zu leisten, ist das eigentlich philosophische, das spekulative Denken. Als Nachdenken hiemit, das in seiner Gemeinsamkeit mit jenem ersten Nachdenken zugleich davon verschieden ist, hat es außer den gemeinsamen, auch eigenthümliche Formen, deren allgemeine der Begriff ist.

Das Verhältniß der spekulativen Wissenschaft zu den andern Wissenschaften ist insofern nur dieses, daß jene den empirischen Inhalt der letztern nicht etwa auf der Seite läßt, sondern ihn anerkennt und gebraucht, daß sie ebenso das Allgemeine dieser Wissenschaften, die Gesetze, die Gattungen u. s. f. anerkennt und zu ihrem eigenen Inhalte verwendet, daß sie aber auch ferner in diese Kategorien andere einführt und geltend macht. Der Unterschied bezieht sich insofern allein auf diese Veränderung der Kategorien. Die spekulative Logik enthält die vorige Logik und Metaphysik, konservirt dieselben Gedankenformen, Gesetze und Gegenstände, aber sie zugleich mit weitern Kategorien weiter bildend und umformend.

Von dem Begriffe im spekulativen Sinne ist das, was gewöhnlich Begriff genannt worden ist, zu unterscheiden. In dem letztern einseitigen Sinne ist es, daß die Behauptung aufgestellt, und tausend und aber tausendmal wiederholt und zum Vorurtheile gemacht worden ist, daß das Unendliche nicht durch Begriffe gefaßt werden könne.

§. 10.

Dieses Denken der philosophischen Erkenntnißweise bedarf es selbst, sowohl seiner Nothwendigkeit nach gefaßt, wie auch seiner Fähigkeit nach, die absoluten Gegenstände zu erkennen, gerechtfertigt zu werden. Eine solche Einsicht ist aber selbst philo-

sophisches Erkennen, das daher nur innerhalb der Philosophie
fällt. Eine vorläufige Explikation würde hiemit eine unphi=
losophische seyn sollen, und könnte nicht mehr seyn, als ein Ge=
webe von Voraussetzungen, Versicherungen und Raisonnements,
— d. i. von zufälligen Behauptungen, denen mit demselben
Rechte die entgegengesetzten gegenüber versichert werden könnten.

Ein Hauptgesichtspunkt der kritischen Philosophie ist,
daß, ehe daran gegangen werde, Gott, das Wesen der Dinge
u. s. f. zu erkennen, das Erkenntnißvermögen selbst vor=
her zu untersuchen sey, ob es solches zu leisten fähig sey;
man müsse das Instrument vorher kennen lernen, ehe man
die Arbeit unternehme, die vermittelst desselben zu Stande
kommen soll; wenn es unzureichend sey, würde sonst alle
Mühe vergebens verschwendet seyn. — Dieser Gedanke hat so
plausibel geschienen, daß er die größte Bewunderung und
Zustimmung erweckt, und das Erkennen aus seinem Interesse
für die Gegenstände und dem Geschäfte mit denselben, auf
sich selbst, auf das Formelle, zurückgeführt hat. Will man
sich jedoch nicht mit Worten täuschen, so ist leicht zu sehen,
daß wohl andere Instrumente sich auf sonstige Weise etwa
untersuchen und beurtheilen lassen, als durch das Vornehmen
der eigenthümlichen Arbeit, der sie bestimmt sind. Aber die
Untersuchung des Erkennens kann nicht anders als erken=
nend geschehen; bei diesem sogenannten Werkzeuge heißt das=
selbe untersuchen, nicht anders als es erkennen. Erkennen
wollen aber, ehe man erkenne, ist eben so ungereimt, als der
weise Vorsatz jenes Scholastikus, schwimmen zu lernen, ehe
er sich ins Wasser wage.

Reinhold, der die Verworrenheit erkannt hat, die in
solchem Beginnen herrscht, hat zur Abhülfe vorgeschlagen, vor=
läufig mit einem hypothetischen und problematischen
Philosophiren anzufangen, und in demselben, man weiß nicht
wie, fortzumachen, bis sich weiterhin etwa ergebe, daß man

auf solchem Wege zum Urwahren gelangt sey. Näher betrachtet liefe dieser Weg auf das Gewöhnliche hinaus, nämlich auf die Analyse einer empirischen Grundlage oder einer in eine Definition gebrachten vorläufigen Annahme. Es ist nicht zu verkennen, daß ein richtiges Bewußtseyn darin liegt, den gewöhnlichen Gang der Voraussetzungen und Vorläufigkeiten für ein hypothetisches und problematisches Verfahren zu erklären. Aber diese richtige Einsicht ändert die Beschaffenheit solches Verfahrens nicht, sondern spricht das Unzureichende desselben sogleich aus.

§. 11.

Näher kann das Bedürfniß der Philosophie dahin bestimmt werden, daß indem der Geist als fühlend und anschauend Sinnliches, als Phantasie Bilder, als Wille Zwecke u. s. f. zu Gegenständen hat, er im Gegensatze oder blos im Unterschiede von diesen Formen seines Daseyns und seiner Gegenstände, auch seiner höchsten Innerlichkeit, dem Denken, Befriedigung verschaffe und das Denken zu seinem Gegenstande gewinne. So kommt er zu sich selbst, im tiefsten Sinne des Worts, denn sein Princip, seine unvermischte Selbstheit ist das Denken. In diesem seinem Geschäfte aber geschieht es, daß das Denken sich in Widersprüche verwickelt, d. i. sich in die feste Nichtidentität der Gedanken verliert, somit sich selbst nicht erreicht, vielmehr in seinem Gegentheil befangen bleibt. Das höhere Bedürfniß geht gegen dieß Resultat des nur verständigen Denkens und ist darin begründet, daß das Denken nicht von sich läßt, sich auch in diesem bewußten Verluste seines Beisichseyns getreu bleibt, „auf daß es überwinde," im Denken selbst die Auflösung seiner eigenen Widersprüche vollbringe.

Die Einsicht, daß die Natur des Denkens selbst die Dialektik ist, daß es als Verstand in das Negative seiner selbst, in den Widerspruch, gerathen muß, macht eine Hauptseite der

Logik aus. Das Denken verzweifelnd, aus sich auch die Auflösung des Widerspruchs, in den es sich selbst gesetzt, leisten zu können, kehrt zu den Auflösungen und Beruhigungen zurück, welche dem Geiste in andern seiner Weisen und Formen zu Theil geworden sind. Das Denken hätte jedoch bei dieser Rückkehr nicht nöthig, in die Mythologie zu verfallen, von welcher Plato bereits die Erfahrung vor sich gehabt hat, und sich polemisch gegen sich selbst zu benehmen, wie dieß in der Behauptung des sogenannten unmittelbaren Wissens als der ausschließenden Form des Bewußtseyns der Wahrheit geschieht.

§. 12.

Die aus dem genannten Bedürfnisse hervorgehende Entstehung der Philosophie hat die Erfahrung, das unmittelbare und raisonnirende Bewußtseyn, zum Ausgangspunkte. Dadurch als einen Reiz erregt, benimmt sich das Denken wesentlich so, daß es über das natürliche, sinnliche und raisonnirende Bewußtseyn sich erhebt, in das unvermischte Element seiner selbst, und sich so zunächst ein sich entfernendes, negatives Verhältniß zu jenem Anfange giebt. Es findet so in sich, in der Idee des allgemeinen Wesens dieser Erscheinungen, zunächst seine Befriedigung; diese Idee (das Absolute, Gott,) kann mehr oder weniger abstrakt seyn. Umgekehrt, bringen die Erfahrungswissenschaften den Reiz mit sich, die Form zu besiegen, in welcher der Reichthum ihres Inhalts als ein nur Unmittelbares und Gefundenes, nebeneinander gestelltes Mannichfaches, daher überhaupt Zufälliges geboten wird, und diesen Inhalt zur Nothwendigkeit zu erheben, — dieser Reiz reißt das Denken aus jener Allgemeinheit und der nur an sich gewährten Befriedigung heraus, und treibt es zur Entwickelung von sich aus. Diese ist einerseits nur ein Aufnehmen des Inhalts und seiner vorgelegten Bestimmungen, und giebt demselben zugleich andererseits die Gestalt, frei im Sinne des ursprüngli-

chen Denkens nur nach der Nothwendigkeit der Sache selbst her-
vorzugehen.

Von dem Verhältnisse der Unmittelbarkeit und Vermittelung im Bewußtseyn ist unten ausdrücklich und
ausführlicher zu sprechen. Es ist hier nur vorläufig darauf
aufmerksam zu machen, daß wenn beide Momente auch als
unterschieden erscheinen, keines von beiden fehlen kann,
und daß sie in unzertrennlicher Verbindung sind. — So
enthält das Wissen von Gott wie von allem Uebersinnlichen
überhaupt, wesentlich eine Erhebung über die sinnliche Empfindung oder Anschauung; es enthält damit ein negatives
Verhalten gegen dieß Erste, darin aber die Vermittlung.
Denn Vermittlung ist ein Anfangen und ein Fortgegangen-
seyn zu einem Zweiten, so daß dieß Zweite nur ist, insofern
zu demselben von einem gegen dasselbe Andern gekommen
worden ist. Damit aber ist das Wissen von Gott gegen jene
empirische Seite nicht weniger selbstständig, ja es giebt sich
seine Selbstständigkeit wesentlich durch diese Negation und
Erhebung. — Wenn die Vermittlung zur Bedingtheit gemacht und einseitig herausgehoben wird, so kann man sagen,
aber es ist nicht viel damit gesagt, die Philosophie verdanke
der Erfahrung (dem Aposteriorischen) ihre erste Entstehung, — in der That ist das Denken wesentlich die Negation
eines unmittelbar Vorhandenen, — so sehr als man das Essen den Nahrungsmitteln verdanke, denn ohne diese könnte
man nicht essen; das Essen wird freilich in diesem Verhältnisse als undankbar vorgestellt, denn es ist das Verzehren desjenigen, dem es sich selbst verdanken soll. Das Denken ist
in diesem Sinne nicht weniger undankbar.

Die eigne aber in sich reflektirte, daher in sich vermittelte
Unmittelbarkeit des Denkens (das Apriorische) ist die
Allgemeinheit, sein Bei-sich-seyn überhaupt; in ihr ist es
befriedigt in sich, und insofern ist ihm die Gleichgültigkeit

2*

gegen die Besonderung, damit aber gegen seine Entwickelung, angestammt. Wie die Religion, ob entwickelter oder
ungebildeter, zum wissenschaftlichen Bewußtseyn ausgebildet
oder im unbefangenen Glauben und Herzen gehalten, dieselbe
intensive Natur der Befriedigung und Beseligung besitzt.
Wenn das Denken bei der Allgemeinheit der Ideen stehen bleibt, — wie nothwendig in den ersten Philosophieen
(z. B. dem Seyn der eleatischen Schule, dem Werden
Heraklits u. dergl.) der Fall ist, wird ihm mit Recht Formalismus vorgeworfen; auch bei einer entwickelten Philosophie kann es geschehen, daß nur die abstrakten Sätze oder
Bestimmungen, z. B. daß im Absoluten Alles Eins, die Identität des Subjektiven und Objektiven, aufgefaßt und beim
Besondern nur dieselben wiederholt werden. In Beziehung
auf die erste abstrakte Allgemeinheit des Denkens hat es einen richtigen und gründlichen Sinn, daß der Erfahrung die
Entwickelung der Philosophie zu verdanken ist. Die empirischen Wissenschaften bleiben einerseits nicht bei dem Wahrnehmen der Einzelnheiten der Erscheinung stehen, sondern
denkend haben sie der Philosophie den Stoff entgegen gear-
beitet, indem sie die allgemeinen Bestimmungen, Gattungen
und Gesetze finden; sie vorbereiten so jenen Inhalt des Besondern dazu, in die Philosophie aufgenommen werden zu
können. Andererseits enthalten sie damit die Nöthigung für
das Denken selbst zu diesen konkreten Bestimmungen fortzu-
gehen. Das Aufnehmen dieses Inhalts, in dem durch das
Denken die noch anklebende Unmittelbarkeit und das Gegebenseyn aufgehoben wird, ist zugleich ein Entwickeln des
Denkens aus sich selbst. Indem die Philosophie so ihre Entwickelung den empirischen Wissenschaften verdankt, giebt sie
deren Inhalte die wesentlichste Gestalt der Freiheit (des
Apriorischen) des Denkens und die Bewährung der
Nothwendigkeit, statt der Beglaubigung des Vorfindens

und der erfahrnen Thatsache, daß die Thatsache zur Darstellung und Nachbildung der ursprünglichen und vollkommen
selbstständigen Thätigkeit des Denkens werde.

§. 13.

In der eigenthümlichen Gestalt äußerlicher Geschichte
wird die Entstehung und Entwickelung der Philosophie als Geschichte dieser Wissenschaft vorgestellt. Diese Gestalt giebt
den Entwickelungs=Stufen der Idee die Form von zufälliger
Aufeinanderfolge und etwa von bloßer Verschiedenheit der
Principien und ihrer Ausführungen in ihren Philosophieen.
Der Werkmeister aber dieser Arbeit von Jahrtausenden ist der
Eine lebendige Geist, dessen denkende Natur es ist, das, was er
ist, zu seinem Bewußtseyn zu bringen, und indem dieß so Gegenstand geworden, zugleich schon darüber erhoben und eine höhere Stufe in sich zu seyn. Die Geschichte der Philosophie zeigt an den verschieden erscheinenden Philosophieen Theils
nur Eine Philosophie auf verschiedenen Ausbildungs=Stufen auf,
Theils daß die besondern Principien, deren eines einem System zu Grunde lag, nur Zweige eines und desselben Ganzen
sind. Die der Zeit nach letzte Philosophie ist das Resultat
aller vorhergehenden Philosophieen und muß daher die Principien Aller enthalten; sie ist darum, wenn sie anders Philosophie
ist, die entfalteste, reichste und konkreteste.

Bei dem Anschein der so vielen, verschiedenen Philosophieen muß das Allgemeine und Besondere seiner eigentlichen Bestimmung nach unterschieden werden. Das Allgemeine formell genommen und neben das Besondere gestellt,
wird selbst auch zu etwas Besonderem. Solche Stellung würde
bei Gegenständen des gemeinen Lebens von selbst als unangemessen und ungeschickt auffallen, wie wenn z. B. einer, der
Obst verlangte, Kirschen, Birnen, Trauben u. s. f., ausschlüge,
weil sie Kirschen, Birnen, Trauben, nicht aber Obst seyen.
In Ansehung der Philosophie aber läßt man es sich zu, die

Verschmähung derselben damit zu rechtfertigen, weil es so verschiedene Philosophien gebe, und jede nur eine Philosophie,
nicht die Philosophie sey, — als ob nicht auch die Kirschen
Obst wären. Es geschieht auch, daß eine solche, deren Princip das Allgemeine ist, neben solche, deren Princip ein besonderes ist, ja sogar neben Lehren, die versichern, daß es gar
keine Philosophie gebe, gestellt wird, in dem Sinne, daß beides nur verschiedene Ansichten der Philosophie seyen, etwa
wie wenn Licht und Finsterniß nur zwei verschiedene Arten
des Lichtes genannt würden.

§. 14.

Dieselbe Entwickelung des Denkens, welche in der Geschichte der Philosophie dargestellt wird, wird in der Philosophie selbst dargestellt, aber befreit von jener geschichtlichen
Aeußerlichkeit, rein im Elemente des Denkens. Der
freie und wahrhafte Gedanke ist in sich konkret, und so ist er
Idee, und in seiner ganzen Allgemeinheit die Idee oder das
Absolute. Die Wissenschaft desselben ist wesentlich System,
weil das Wahre als konkret nur als sich in sich entfaltend
und in Einheit zusammennehmend und haltend, d. i. als Totalität ist, und nur durch Unterscheidung und Bestimmung seiner
Unterschiede die Nothwendigkeit derselben und die Freiheit des
Ganzen seyn kann.

Ein Philosophiren ohne System kann nichts Wissen-
schaftliches seyn; außerdem daß solches Philosophiren für sich
mehr eine subjektive Sinnesart ausdrückt, ist es seinem Inhalte nach zufällig. Ein Inhalt hat allein als Moment des
Ganzen seine Rechtfertigung; außer demselben aber eine unbe-
gründete Voraussetzung oder subjektive Gewißheit; viele philosophische Schriften beschränken sich darauf, auf solche Weise
nur Gesinnungen und Meinungen auszusprechen. —
Unter einem Systeme wird fälschlich eine Philosophie von
einem beschränkten von andern unterschiedenen Princip ver-

standen; es ist im Gegentheil Princip wahrhafter Philosophie, alle besondern Principien in sich zu enthalten.

§. 15.

Jeder der Theile der Philosophie ist ein philosophisches Ganzes, ein sich in sich selbst schließender Kreis, aber die philosophische Idee ist darin in einer besondern Bestimmtheit oder Elemente. Der einzelne Kreis durchbricht darum, weil er in sich Totalität ist, auch die Schranke seines Elements und begründet eine weitere Sphäre; das Ganze stellt sich daher als ein Kreis von Kreisen dar, deren jeder ein nothwendiges Moment ist, so daß das System ihrer eigenthümlichen Elemente die ganze Idee ausmacht, die ebenso in jedem Einzelnen erscheint.

§. 16.

Als Encyklopädie wird die Wissenschaft nicht in der ausführlichen Entwicklung ihrer Besonderung dargestellt, sondern ist auf die Anfänge und die Grundbegriffe der besondern Wissenschaften zu beschränken.

Wie viel von den besondern Theilen dazu gehöre, eine besondere Wissenschaft zu konstituiren, ist insoweit unbestimmt, als der Theil nur nicht ein vereinzeltes Moment, sondern selbst eine Totalität seyn muß, um ein Wahres zu seyn. Das Ganze der Philosophie macht daher wahrhaft Eine Wissenschaft aus, aber sie kann auch als ein Ganzes von mehreren besondern Wissenschaften angesehen werden. — Die philosophische Encyklopädie unterscheidet sich von einer andern gewöhnlichen Encyklopädie dadurch, daß diese etwa ein Aggregat der Wissenschaften seyn soll, welche zufälliger und empirischer Weise aufgenommen und worunter auch solche sind, die nur den Namen von Wissenschaften tragen, sonst aber selbst eine bloße Sammlung von Kenntnissen sind. Die Einheit, in welche in solchem Aggregate die Wissenschaften zusammen gebracht werden, ist, weil sie äußerlich aufgenommen sind, gleichfalls eine äußerliche; — eine Ordnung.

Diese muß aus demselben Grunde, zudem da auch die Ma-
terialien zufälliger Natur sind, ein Versuch bleiben, und
immer unpassende Seiten zeigen. — Außerdem denn, daß die
philosophische Encyklopädie 1) bloße Aggregate von Kennt=
nissen, — wie z. B. die Philologie zunächst erscheint, aus=
schließt, so auch ohnehin 2) solche, welche die bloße Willkühr
zu ihrem Grunde haben, wie z. B. die Heraldik; Wissenschaf=
ten der letztern Art sind die durch und durch positiven.
3) Andere Wissenschaften werden auch positive genannt,
welche jedoch einen rationellen Grund und Anfang haben.
Dieser Bestandtheil gehört der Philosophie an; die positive
Seite aber bleibt ihnen eigenthümlich. Das Positive der
Wissenschaften ist von verschiedener Art: 1) ihr an sich ratio=
neller Anfang geht in das Zufällige dadurch über, daß sie
das Allgemeine in die empirische Einzelnheit und
Wirklichkeit herunterzuführen haben. In diesem Felde der
Veränderlichkeit und Zufälligkeit kann nicht der Begriff,
sondern können nur Gründe geltend gemacht werden. Die
Rechtswissenschaft z. B., oder das System der direkten und
indirekten Abgaben, erfordern letzte genaue Entscheidungen,
die außer dem An= und für sich Bestimmtseyn des
Begriffes liegen und daher eine Breite für die Bestim=
mung zulassen, die nach einem Grunde so und nach einem
andern anders gefaßt werden kann und keines sichern Letzten
fähig ist. Ebenso verläuft sich die Idee der Natur in ihrer
Vereinzelung in Zufälligkeiten, und die Naturgeschichte,
Erdbeschreibung, Medicin u. s. f. geräth in Bestim=
mungen der Existenz, in Arten und Unterschiede, die von äu=
ßerlichem Zufall und vom Spiele, nicht durch Vernunft be=
stimmt sind. Auch die Geschichte gehört hieher insofern die
Idee ihr Wesen, deren Erscheinung aber in der Zufälligkeit
und im Felde der Willkühr ist. 2) Solche Wissenschaften
sind auch insofern positiv, als sie ihre Bestimmungen nicht

für endlich erkennen, noch den Uebergang derselben und ihrer ganzen Sphäre in eine höhere aufzeigen, sondern sie für schlechthin geltend annehmen. Mit dieser Endlichkeit der Form, wie die erste die Endlichkeit des Stoffes ist, hängt 3) die des Erkenntnißgrundes zusammen, welcher Theils das Raisonnement, Theils Gefühl, Glauben, Autorität Anderer, überhaupt die Autorität der innern oder äußern Anschauung ist. Auch die Philosophie, welche sich auf Anthropologie, Thatsachen des Bewußtseyns, innere Anschauung oder äußere Erfahrung gründen will, gehört hieher. Es kann noch seyn, daß blos die Form der wissenschaftlichen Darstellung empirisch ist, aber die sinnvolle Anschauung das, was nur Erscheinungen sind, so ordnet, wie die innere Folge des Begriffes ist. Es gehört zu solcher Empirie, daß durch die Entgegensetzung der Mannigfaltigkeit der zusammengestellten Erscheinungen die äußerlichen, zufälligen Umstände der Bedingungen sich aufheben, wodurch dann das Allgemeine vor den Sinn tritt. — Eine sinnige Experimental-Physik, Geschichte u. s. f. wird auf diese Weise die rationelle Wissenschaft der Natur und der menschlichen Begebenheiten und Thaten in einem äußerlichen, den Begriff abspiegelnden Bilde darstellen.

§. 17.

Für den Anfang, den die Philosophie zu machen hat, scheint sie im Allgemeinen ebenso mit einer subjektiven Voraussetzung wie die andern Wissenschaften zu beginnen, nämlich einen besondern Gegenstand, wie anderwärts Raum, Zahl u. s. f., so hier das Denken zum Gegenstande des Denkens machen zu müssen. Allein es ist dieß der freie Akt des Denkens sich auf den Standpunkt zu stellen, wo es für sich selber ist und sich hiemit seinen Gegenstand selbst erzeugt und giebt. Ferner muß der Standpunkt, welcher so als unmittelbarer erscheint, innerhalb der Wissenschaft sich zum Resultate, und zwar zu ihrem letzten machen, in welchem sie ihren Anfang wieder erreicht und in sich zurückkehrt. Auf diese Weise zeigt sich die Philosophie als ein in sich zurückgehender Kreis, der keinen Anfang im Sinne anderer Wissenschaften hat, so daß der Anfang nur eine Beziehung auf das Subjekt, als welches sich entschließen will zu philosophiren, nicht aber auf die Wissenschaft als solche hat. — Oder was dasselbe ist, der Begriff der Wissenschaft und somit der erste, — und weil er der erste ist enthält er die Trennung, daß das Denken Gegenstand für ein (gleichsam äußerliches) philosophirendes Subjekt ist, — muß von der Wissenschaft selbst erfaßt werden. Dieß ist sogar ihr einziger Zweck, Thun und Ziel, zum Begriffe ihres Begriffes, und so zu ihrer Rückkehr und Befriedigung zu gelangen.

§. 18.

Wie von einer Philosophie nicht eine vorläufige allgemeine Vorstellung gegeben werden kann, denn nur das Ganze der Wissenschaft ist die Darstellung der Idee, so kann auch ihre Eintheilung nur erst aus dieser begriffen werden; sie ist wie diese, aus der sie zu nehmen ist, etwas Anticipirtes. Die Idee aber erweist sich als das schlechthin mit sich identische Denken und dieß zugleich als die Thätigkeit, sich selbst um für sich zu seyn sich gegenüber zu stellen und in diesem Andern nur bei sich selbst zu seyn. So zerfällt die Wissenschaft in die drei Theile:

I. Die Logik, die Wissenschaft der Idee an und für sich.

II. Die Naturphilosophie als die Wissenschaft der Idee in ihrem Andersseyn.

III. Die Philosophie des Geistes, als der Idee, die aus ihrem Andersseyn in sich zurückkehrt.

Oben §. 15. ist bemerkt, daß die Unterschiede der besondern philosophischen Wissenschaften nur Bestimmungen der Idee selbst sind, und diese es nur ist, die sich in diesen verschiedenen Elementen darstellt. In der Natur ist es nicht ein Anderes als die

Idee, welches erkannt würde, aber sie ist in der Form der Entäußerung, so wie im Geiste ebendieselbe als für sich seyend
und an und für sich werdend. Eine solche Bestimmung,
in der die Idee erscheint, ist zugleich ein fließendes Moment
daher ist die einzelne Wissenschaft eben so sehr dieß, ihren Inhalt als seyenden Gegenstand, als auch dieß, unmittelbar darin
seinen Uebergang in seinen höhern Kreis zu erkennen. Die Vorstellung der Eintheilung hat daher das Unrichtige, daß sie
die besondern Theile oder Wissenschaften nebeneinander hin-
stellt, als ob sie nur ruhende und in ihrer Unterscheidung substantielle, wie Arten, wären.

Erster Theil.
Die Wissenschaft der Logik.

Vorbegriff.

§. 19.

Die Logik ist die Wissenschaft der reinen Idee, das ist, der Idee im abstrakten Elemente des Denkens.

Es gilt von dieser, wie von andern in diesem Vorbegriffe enthaltenen Bestimmungen dasselbe, was von den über die Philosophie überhaupt vorausgeschickten Begriffen gilt, daß sie aus und nach der Uebersicht des Ganzen geschöpfte Bestimmungen sind.

Man kann wohl sagen, daß die Logik die Wissenschaft des Denkens, seiner Bestimmungen und Gesetze sey, aber das Denken als solches macht nur die allgemeine Bestimmtheit oder das Element aus, in der die Idee als logische ist. Die Idee ist das Denken nicht als formales, sondern als die sich entwickelnde Totalität seiner eigenthümlichen Bestimmungen und Gesetze, die es sich selbst giebt, nicht schon hat und in sich vorfindet.

Die Logik ist insofern die schwerste Wissenschaft, als sie es nicht mit Anschauungen, nicht einmal wie die Geometrie mit abstrakten sinnlichen Vorstellungen, sondern mit reinen Abstraktionen, zu thun hat und eine Kraft und Geübtheit erfordert sich in den reinen Gedanken zurückzuziehen, ihn festzuhalten und in solchem sich zu bewegen. Auf der andern

Seite könnte sie als die leichteste angesehen werden, weil der Inhalt nichts als das eigene Denken und dessen geläufige Bestimmungen, und diese zugleich die einfachsten und das Elementarische sind. Sie sind auch das Bekannteste, Seyn, Nichts u. s. f. Bestimmtheit, Größe u. s. w. Ansichseyn, Fürsichseyn, Eines, Vieles u. s. w. Diese Bekanntschaft erschwert jedoch eher das logische Studium; eines Theils wird es leicht der Mühe nicht werth gehalten, mit solchem Bekannten sich noch zu beschäftigen; andern Theils ist es darum zu thun, auf ganz andere, ja selbst entgegengesetzte Weise damit bekannt zu werden, als man es schon ist.

Der Nutzen der Logik betrifft das Verhältniß zum Subjekt, inwiefern es sich eine gewisse Bildung zu andern Zwecken giebt. Die Bildung desselben durch die Logik besteht darin, daß es im Denken geübt wird, weil diese Wissenschaft Denken des Denkens ist, und daß es die Gedanken und auch als Gedanken in den Kopf bekommt. — Insofern aber das Logische die absolute Form der Wahrheit und noch mehr als dieß auch die reine Wahrheit selbst ist, ist es ganz etwas Anderes als blos etwas Nützliches. Aber wie das Vortrefflichste, das Freiste und Selbstständigste auch das Nützlichste ist, so kann auch das Logische so gefaßt werden. Sein Nutzen ist dann noch anders anzuschlagen, als blos die formelle Uebung des Denkens zu seyn.

Zusatz 1. Die erste Frage ist: was ist der Gegenstand unserer Wissenschaft? Die einfachste und verständlichste Antwort auf diese Frage ist die, daß die Wahrheit dieser Gegenstand ist. Wahrheit ist ein hohes Wort und die noch höhere Sache. Wenn der Geist und das Gemüth des Menschen noch gesund sind, so muß diesem dabei sogleich die Brust höher schlagen. Es tritt dann aber auch alsbald das Aber auf, ob wir auch die Wahrheit zu erkennen vermögen. Es scheint eine Unangemessenheit statt zu finden zwischen uns beschränkten Menschen und

der an und für sich seyenden Wahrheit und es entsteht die Frage
nach der Brücke zwischen dem Endlichen und dem Unendlichen.
Gott ist die Wahrheit: wie sollen wir ihn erkennen? Die Tu-
genden der Demuth und der Bescheidenheit scheinen mit solchem
Vorhaben im Widerspruch zu stehen. — Man frägt dann aber
auch danach, ob die Wahrheit erkannt werden könne, um eine
Rechtfertigung dafür zu finden, daß man in der Gemeinheit seiner endlichen Zwecke fortlebt. Mit solcher Demuth ist es dann
nicht weit her. Solche Sprache: wie soll ich armer Erden-
wurm das Wahre zu erkennen vermögen? — ist vergangen; an
deren Stelle ist der Dünkel und die Einbildung getreten und
man hat sich eingebildet unmittelbar im Wahren zu seyn. —
Man hat der Jugend eingeredet, sie besitze das Wahre (in der
Religion und im Sittlichen) schon wie sie geht und steht. Insbesondere hat man auch in dieser Rücksicht gesagt, die sämmtlichen Erwachsenen seyen versunken, verholzt und verknöchert in
der Unwahrheit. Der Jugend sey die Morgenröthe erschienen,
die ältere Welt aber befinde sich im Sumpf und Morast des
Tages. Die besonderen Wissenschaften hat man dabei als etwas
bezeichnet, das allerdings erworben werden müsse, aber als bloßes
Mittel für äußere Lebenszwecke. Hier ist es also nicht Bescheidenheit, welche von der Erkenntniß und vom Studium der
Wahrheit abhält, sondern die Ueberzeugung, daß man die Wahrheit schon an und für sich besitze. Die Aeltern setzen nun allerdings ihre Hoffnung auf die Jugend, denn sie soll die Welt und
die Wissenschaft fortsetzen. Aber diese Hoffnung wird nur auf
die Jugend gesetzt, insofern sie nicht bleibt wie sie ist, sondern
die saure Arbeit des Geistes übernimmt.

Es giebt noch eine andere Gestalt der Bescheidenheit gegen
die Wahrheit. Dieses ist die Vornehmheit gegen die Wahrheit,
die wir bei Pilatus sehen, Christus gegenüber. Pilatus fragte:
was ist Wahrheit? in dem Sinne dessen, der mit Allem fertig
geworden ist, dem nichts mehr Bedeutung hat, in dem Sinn in

welchem Salomon sagt: Alles ist eitel. — Hier bleibt nur die subjektive Eitelkeit übrig.

Ferner noch steht der Erkenntniß der Wahrheit die Furchtsamkeit entgegen. Dem trägen Geist fällt leicht ein zu sagen: so sey es nicht gemeint, daß es mit dem Philosophiren Ernst werden solle. Man hört so wohl auch Logik, aber diese soll uns so lassen wie wir sind. Man meint, wenn das Denken über den gewöhnlichen Kreis der Vorstellungen hinaus gehe, so gehe es zu bösen Häusern; man vertraue sich da einem Meere an, auf dem man von den Wellen des Gedankens da und dorthin geschlagen werde und am Ende doch wieder auf der Sandbank dieser Zeitlichkeit anlange, die man für nichts und wieder nichts verlassen habe. Was bei solcher Ansicht herauskömmt, das sieht man in der Welt. Man kann sich mancherlei Geschicklichkeiten und Kenntnisse erwerben, ein routinirter Beamter werden und sich sonst für seine besondern Zwecke ausbilden. Aber ein Anderes ist es, daß man seinen Geist auch für das Höhere bildet und um dasselbe sich bemüht. Man darf hoffen, daß in unserer Zeit ein Verlangen nach etwas Besserem in der Jugend aufgegangen ist und daß diese sich nicht blos mit dem Stroh der äußern Erkenntniß begnügen will.

Zusatz 2. Daß das Denken der Gegenstand der Logik sey, darüber ist man allgemein einverstanden. Vom Denken aber kann man eine sehr geringe und auch eine sehr hohe Meinung haben. So sagt man einerseits: dieß ist nur ein Gedanke — und meint damit, daß der Gedanke nur subjektiv, willkürlich und zufällig, nicht aber die Sache selbst, das Wahre und Wirkliche sey. Andererseits kann man aber auch eine hohe Meinung vom Gedanken haben und denselben so fassen, daß nur er allein das Höchste, die Natur Gottes erreicht und daß mit den Sinnen nichts von Gott zu erkennen sey. Man sagt, Gott sey Geist und wolle im Geist und in der Wahrheit angebetet werden. Das Empfundene aber und Sinnliche geben

wir zu, ſey nicht das Geiſtige, ſondern das Innerſte deſſelben ſey
der Gedanke und nur der Geiſt könne den Geiſt erkennen. Der
Geiſt kann ſich zwar (z. B. in der Religion) auch fühlend verhalten, aber ein Anderes iſt das Gefühl als ſolches, die Weiſe
des Gefühls und ein Anderes der Inhalt deſſelben. Das Gefühl als ſolches iſt überhaupt die Form des Sinnlichen, welches
wir mit den Thieren gemein haben. Dieſe Form kann dann
wohl des konkreten Inhalts ſich bemächtigen, aber dieſer Inhalt
kömmt dieſer Form nicht zu; die Form des Gefühls iſt die nie-
drigſte Form für den geiſtigen Inhalt. Dieſer Inhalt, Gott ſelbſt,
iſt nur in ſeiner Wahrheit im Denken und als Denken. In dieſem Sinne iſt alſo der Gedanke nicht blos nur Gedanke, ſondern iſt vielmehr die höchſte und genau betrachtet die einzige
Weiſe, in der das Ewige und an und für ſich Seyende gefaßt
werden kann. —

Wie vom Gedanken, ſo kann man auch von der Wiſſenſchaft des Gedankens eine hohe und eine geringe Meinung haben. Denken, meint man, kann jeder ohne Logik, wie verdauen
ohne Studium der Phyſiologie. Habe man auch Logik ſtudirt,
ſo denke man doch nach wie vor, vielleicht methodiſcher, doch
mit wenig Aenderung. Wenn die Logik kein anderes Geſchäft
hätte, als mit der Thätigkeit des blos formellen Denkens bekannt zu machen, ſo brächte ſie freilich nichts hervor, was
man nicht ſonſt auch ſchon eben ſo gut gethan hätte. Die frü-
here Logik hatte in der That auch nur dieſe Stellung. Uebrigens gereicht auch die Kenntniß des Denkens als blos ſubjek-
tiver Thätigkeit dem Menſchen ſchon zur Ehre und hat Intereſſe für ihn; dadurch daß der Menſch weiß, was er iſt und was
er thut, unterſcheidet er ſich vom Thiere. — Andererſeits hat
nun aber auch die Logik als Wiſſenſchaft des Denkens einen
hohen Standpunkt, inſofern der Gedanke allein das Höchſte, das
Wahre zu erfahren vermag. Wenn alſo die Wiſſenſchaft der
Logik das Denken in ſeiner Thätigkeit und ſeiner Produktion

betrachtet (und das Denken ist nicht inhaltlose Thätigkeit, denn es producirt Gedanken und den Gedanken), so ist der Inhalt überhaupt die übersinnliche Welt und die Beschäftigung mit derselben das Verweilen in dieser Welt. Die Mathematik hat es mit den Abstraktionen der Zahl und des Raumes zu thun; diese sind aber noch ein Sinnliches, obschon das abstrakt Sinnliche und Daseynlose. Der Gedanke nimmt auch Abschied von diesem letzten Sinnlichen und ist frei bei sich selbst, entsagt der äußerlichen und innerlichen Sinnlichkeit, entfernt alle besondern Interessen und Neigungen. Insofern die Logik diesen Boden hat, haben wir würdiger von ihr zu denken, als man gewöhnlich zu thun pflegt.

Zusatz 3. Das Bedürfniß die Logik in einem tieferen Sinne als dem der Wissenschaft des blos formellen Denkens zu erfassen, ist veranlaßt durch das Interesse der Religion, des Staats, des Rechts und der Sittlichkeit. Man hat früher beim Denken nichts Arges gehabt, frisch vom Kopfe weg gedacht. Man dachte über Gott, Natur und Staat und hatte die Ueberzeugung, nur durch Gedanken komme man dazu, zu erkennen, was die Wahrheit sey; nicht durch die Sinne, oder durch ein zufälliges Vorstellen und Meinen. Indem man so fort dachte, ergab es sich aber, daß die höchsten Verhältnisse im Leben dadurch kompromittirt wurden. Durch das Denken war dem Positiven seine Macht genommen. Staatsverfassungen fielen dem Gedanken zum Opfer, die Religion ist vom Gedanken angegriffen, feste religiöse Vorstellungen, die schlechthin als Offenbarungen galten, sind untergraben worden und der alte Glaube wurde in vielen Gemüthern umgestürzt. So stellten sich z. B. die griechischen Philosophen der alten Religion entgegen und vernichteten die Vorstellungen derselben. Daher wurden Philosophen verbannt und getödtet wegen Umsturzes der Religion und des Staats, welche beide wesentlich zusammenhingen. So machte sich das Denken in der Wirklichkeit geltend und übte die ungeheuerste Wirksamkeit. Da-

durch wurde man aufmerkſam auf dieſe Macht des Denkens,
fing an ſeine Anſprüche näher zu unterſuchen und wollte gefunden haben, daß es ſich zu viel anmaaße und nicht zu leiſten vermöge, was es unternommen.   Anſtatt das Weſen Gottes, der
Natur und des Geiſtes, überhaupt anſtatt die Wahrheit zu erkennen, habe daſſelbe den Staat und die Religion umgeſtürzt.
Es wurde deshalb eine Rechtfertigung des Denkens über ſeine
Reſultate verlangt und die Unterſuchung über die Natur des
Denkens und ſeine Berechtigung iſt es, welche in der neuern
Zeit zum großen Theil das Intereſſe der Philoſophie ausge-
macht hat.

§. 20.

Nehmen wir das Denken in ſeiner am nächſten liegenden
Vorſtellung auf, ſo erſcheint es α) zunächſt in ſeiner gewöhnlichen ſubjektiven Bedeutung, als eine der geiſtigen Thätigkeiten
oder Vermögen neben andern, der Sinnlichkeit, Anſchauen,
Phantaſie u. ſ. ſ., Begehren, Wollen u. ſ. ſ. Das Produkt
deſſelben, die Beſtimmtheit oder Form des Gedankens, iſt das
Allgemeine, Abſtrakte überhaupt. Das Denken als die
Thätigkeit, iſt ſomit das thätige Allgemeine, und zwar
das ſich bethätigende, indem die That, das Hervorgebrachte,
eben das Allgemeine iſt.   Das Denken als Subjekt vorgeſtellt
iſt Denkendes, und der einfache Ausdruck des exiſtirenden
Subjekts, als Denkenden iſt Ich.

Die hier und in den nächſtfolgenden §§. angegebenen Beſtimmungen ſind nicht als Behauptungen und meine Meinungen über das Denken zu nehmen; jedoch da in dieſer
vorläufigen Weiſe keine Ableitung oder Beweis Statt finden
kann, mögen ſie als Fakta gelten, ſo daß in dem Bewußtſeyn eines jeden, wenn er Gedanken habe und ſie betrachte,
es ſich empiriſch vorfinde, daß der Charakter der Allgemeinheit und ſo gleichfalls die nachfolgenden Beſtimmungen darin
vorhanden ſeyen.   Eine bereits vorhandene Bildung der Auf-

Idee, welches erkannt würde, aber sie ist in der Form der Entäußerung, so wie im Geiste ebendieselbe als für sich seyend
und an und für sich werdend. Eine solche Bestimmung,
in der die Idee erscheint, ist zugleich ein fließendes Moment
daher ist die einzelne Wissenschaft eben so sehr dieß, ihren Inhalt als seyenden Gegenstand, als auch dieß, unmittelbar darin
seinen Uebergang in seinen höhern Kreis zu erkennen. Die Vorstellung der Eintheilung hat daher das Unrichtige, daß sie
die besondern Theile oder Wissenschaften nebeneinander hin-
stellt, als ob sie nur ruhende und in ihrer Unterscheidung substantielle, wie Arten, wären.

Erster Theil.
Die Wissenschaft der Logik.

Vorbegriff.

§. 19.

Die Logik ist die Wissenschaft der reinen Idee, das ist, der Idee im abstrakten Elemente des Denkens.

Es gilt von dieser, wie von andern in diesem Vorbegriffe enthaltenen Bestimmungen dasselbe, was von den über die Philosophie überhaupt vorausgeschickten Begriffen gilt, daß sie aus und nach der Uebersicht des Ganzen geschöpfte Bestimmungen sind.

Man kann wohl sagen, daß die Logik die Wissenschaft des Denkens, seiner Bestimmungen und Gesetze sey, aber das Denken als solches macht nur die allgemeine Bestimmtheit oder das Element aus, in der die Idee als logische ist. Die Idee ist das Denken nicht als formales, sondern als die sich entwickelnde Totalität seiner eigenthümlichen Bestimmungen und Gesetze, die es sich selbst giebt, nicht schon hat und in sich vorfindet.

Die Logik ist insofern die schwerste Wissenschaft, als sie es nicht mit Anschauungen, nicht einmal wie die Geometrie mit abstrakten sinnlichen Vorstellungen, sondern mit reinen Abstraktionen, zu thun hat und eine Kraft und Geübtheit erfordert sich in den reinen Gedanken zurückzuziehen, ihn festzuhalten und in solchem sich zu bewegen. Auf der andern

Seite könnte sie als die leichteste angesehen werden, weil der Inhalt nichts als das eigene Denken und dessen geläufige Bestimmungen, und diese zugleich die einfachsten und das Elementarische sind. Sie sind auch das Bekannteste, Seyn, Nichts u. s. f. Bestimmtheit, Größe u. s. w. Ansichseyn, Fürsichseyn, Eines, Vieles u. s. w. Diese Bekanntschaft erschwert jedoch eher das logische Studium; eines Theils wird es leicht der Mühe nicht werth gehalten, mit solchem Bekannten sich noch zu beschäftigen; andern Theils ist es darum zu thun, auf ganz andere, ja selbst entgegengesetzte Weise damit bekannt zu werden, als man es schon ist.

Der Nutzen der Logik betrifft das Verhältniß zum Subjekt, inwiefern es sich eine gewisse Bildung zu andern Zwecken giebt. Die Bildung desselben durch die Logik besteht darin, daß es im Denken geübt wird, weil diese Wissenschaft Denken des Denkens ist, und daß es die Gedanken und auch als Gedanken in den Kopf bekommt. — Insofern aber das Logische die absolute Form der Wahrheit und noch mehr als dieß auch die reine Wahrheit selbst ist, ist es ganz etwas Anderes als blos etwas Nützliches. Aber wie das Vortrefflichste, das Freiste und Selbstständigste auch das Nützlichste ist, so kann auch das Logische so gefaßt werden. Sein Nutzen ist dann noch anders anzuschlagen, als blos die formelle Uebung des Denkens zu seyn.

Zusatz 1. Die erste Frage ist: was ist der Gegenstand unserer Wissenschaft? Die einfachste und verständlichste Antwort auf diese Frage ist die, daß die Wahrheit dieser Gegenstand ist. Wahrheit ist ein hohes Wort und die noch höhere Sache. Wenn der Geist und das Gemüth des Menschen noch gesund sind, so muß diesem dabei sogleich die Brust höher schlagen. Es tritt dann aber auch alsbald das Aber auf, ob wir auch die Wahrheit zu erkennen vermögen. Es scheint eine Unangemessenheit statt zu finden zwischen uns beschränkten Menschen und

der an und für sich seyenden Wahrheit und es entsteht die Frage
nach der Brücke zwischen dem Endlichen und dem Unendlichen.
Gott ist die Wahrheit: wie sollen wir ihn erkennen? Die Tu-
genden der Demuth und der Bescheidenheit scheinen mit solchem
Vorhaben im Widerspruch zu stehen. — Man frägt dann aber
auch danach, ob die Wahrheit erkannt werden könne, um eine
Rechtfertigung dafür zu finden, daß man in der Gemeinheit seiner endlichen Zwecke fortlebt. Mit solcher Demuth ist es dann
nicht weit her. Solche Sprache: wie soll ich armer Erden-
wurm das Wahre zu erkennen vermögen? — ist vergangen; an
deren Stelle ist der Dünkel und die Einbildung getreten und
man hat sich eingebildet unmittelbar im Wahren zu seyn. —
Man hat der Jugend eingeredet, sie besitze das Wahre (in der
Religion und im Sittlichen) schon wie sie geht und steht. Insbesondere hat man auch in dieser Rücksicht gesagt, die sämmtlichen Erwachsenen seyen versunken, verholzt und verknöchert in
der Unwahrheit. Der Jugend sey die Morgenröthe erschienen,
die ältere Welt aber befinde sich im Sumpf und Morast des
Tages. Die besonderen Wissenschaften hat man dabei als etwas
bezeichnet, das allerdings erworben werden müsse, aber als bloßes
Mittel für äußere Lebenszwecke. Hier ist es also nicht Bescheidenheit, welche von der Erkenntniß und vom Studium der
Wahrheit abhält, sondern die Ueberzeugung, daß man die Wahrheit schon an und für sich besitze. Die Aeltern setzen nun allerdings ihre Hoffnung auf die Jugend, denn sie soll die Welt und
die Wissenschaft fortsetzen. Aber diese Hoffnung wird nur auf
die Jugend gesetzt, insofern sie nicht bleibt wie sie ist, sondern
die saure Arbeit des Geistes übernimmt.

Es giebt noch eine andere Gestalt der Bescheidenheit gegen
die Wahrheit. Dieses ist die Vornehmheit gegen die Wahrheit,
die wir bei Pilatus sehen, Christus gegenüber. Pilatus fragte:
was ist Wahrheit? in dem Sinne dessen, der mit Allem fertig
geworden ist, dem nichts mehr Bedeutung hat, in dem Sinn in

welchem Salomon sagt: Alles ist eitel. — Hier bleibt nur die subjektive Eitelkeit übrig.

Ferner noch steht der Erkenntniß der Wahrheit die Furchtsamkeit entgegen. Dem trägen Geist fällt leicht ein zu sagen: so sey es nicht gemeint, daß es mit dem Philosophiren Ernst werden solle. Man hört so wohl auch Logik, aber diese soll uns so lassen wie wir sind. Man meint, wenn das Denken über den gewöhnlichen Kreis der Vorstellungen hinaus gehe, so gehe es zu bösen Häusern; man vertraue sich da einem Meere an, auf dem man von den Wellen des Gedankens da und dorthin geschlagen werde und am Ende doch wieder auf der Sandbank dieser Zeitlichkeit anlange, die man für nichts und wieder nichts verlassen habe. Was bei solcher Ansicht herauskömmt, das sieht man in der Welt. Man kann sich mancherlei Geschicklichkeiten und Kenntnisse erwerben, ein routinirter Beamter werden und sich sonst für seine besondern Zwecke ausbilden. Aber ein Anderes ist es, daß man seinen Geist auch für das Höhere bildet und um dasselbe sich bemüht. Man darf hoffen, daß in unserer Zeit ein Verlangen nach etwas Besserem in der Jugend aufgegangen ist und daß diese sich nicht blos mit dem Stroh der äußern Erkenntniß begnügen will.

Zusatz 2. Daß das Denken der Gegenstand der Logik sey, darüber ist man allgemein einverstanden. Vom Denken aber kann man eine sehr geringe und auch eine sehr hohe Meinung haben. So sagt man einerseits: dieß ist nur ein Gedanke — und meint damit, daß der Gedanke nur subjektiv, willkührlich und zufällig, nicht aber die Sache selbst, das Wahre und Wirkliche sey. Andererseits kann man aber auch eine hohe Meinung vom Gedanken haben und denselben so fassen, daß nur er allein das Höchste, die Natur Gottes erreicht und daß mit den Sinnen nichts von Gott zu erkennen sey. Man sagt, Gott sey Geist und wolle im Geist und in der Wahrheit angebetet werden. Das Empfundene aber und Sinnliche geben

wir zu, ſey nicht das Geiſtige, ſondern das Innerſte deſſelben ſey
der Gedanke und nur der Geiſt könne den Geiſt erkennen. Der
Geiſt kann ſich zwar (z. B. in der Religion) auch fühlend verhalten, aber ein Anderes iſt das Gefühl als ſolches, die Weiſe
des Gefühls und ein Anderes der Inhalt deſſelben. Das Gefühl als ſolches iſt überhaupt die Form des Sinnlichen, welches
wir mit den Thieren gemein haben. Dieſe Form kann dann
wohl des konkreten Inhalts ſich bemächtigen, aber dieſer Inhalt
kömmt dieſer Form nicht zu; die Form des Gefühls iſt die nie-
drigſte Form für den geiſtigen Inhalt. Dieſer Inhalt, Gott ſelbſt,
iſt nur in ſeiner Wahrheit im Denken und als Denken. In dieſem Sinne iſt alſo der Gedanke nicht blos nur Gedanke, ſondern iſt vielmehr die höchſte und genau betrachtet die einzige
Weiſe, in der das Ewige und an und für ſich Seyende gefaßt
werden kann. —

Wie vom Gedanken, ſo kann man auch von der Wiſſenſchaft des Gedankens eine hohe und eine geringe Meinung haben. Denken, meint man, kann jeder ohne Logik, wie verdauen
ohne Studium der Phyſiologie. Habe man auch Logik ſtudirt,
ſo denke man doch nach wie vor, vielleicht methodiſcher, doch
mit wenig Aenderung. Wenn die Logik kein anderes Geſchäft
hätte, als mit der Thätigkeit des blos formellen Denkens bekannt zu machen, ſo brächte ſie freilich nichts hervor, was
man nicht ſonſt auch ſchon eben ſo gut gethan hätte. Die frü-
here Logik hatte in der That auch nur dieſe Stellung. Uebrigens gereicht auch die Kenntniß des Denkens als blos ſubjek-
tiver Thätigkeit dem Menſchen ſchon zur Ehre und hat Intereſſe für ihn; dadurch daß der Menſch weiß, was er iſt und was
er thut, unterſcheidet er ſich vom Thiere. — Andererſeits hat
nun aber auch die Logik als Wiſſenſchaft des Denkens einen
hohen Standpunkt, inſofern der Gedanke allein das Höchſte, das
Wahre zu erfahren vermag. Wenn alſo die Wiſſenſchaft der
Logik das Denken in ſeiner Thätigkeit und ſeiner Produktion

betrachtet (und das Denken ist nicht inhaltlose Thätigkeit, denn es producirt Gedanken und den Gedanken), so ist der Inhalt überhaupt die übersinnliche Welt und die Beschäftigung mit derselben das Verweilen in dieser Welt. Die Mathematik hat es mit den Abstraktionen der Zahl und des Raumes zu thun; diese sind aber noch ein Sinnliches, obschon das abstrakt Sinnliche und Daseynlose. Der Gedanke nimmt auch Abschied von diesem letzten Sinnlichen und ist frei bei sich selbst, entsagt der äußerlichen und innerlichen Sinnlichkeit, entfernt alle besondern Interessen und Neigungen. Insofern die Logik diesen Boden hat, haben wir würdiger von ihr zu denken, als man gewöhnlich zu thun pflegt.

Zusatz 3. Das Bedürfniß die Logik in einem tieferen Sinne als dem der Wissenschaft des blos formellen Denkens zu erfassen, ist veranlaßt durch das Interesse der Religion, des Staats, des Rechts und der Sittlichkeit. Man hat früher beim Denken nichts Arges gehabt, frisch vom Kopfe weg gedacht. Man dachte über Gott, Natur und Staat und hatte die Ueberzeugung, nur durch Gedanken komme man dazu, zu erkennen, was die Wahrheit sey; nicht durch die Sinne, oder durch ein zufälliges Vorstellen und Meinen. Indem man so fort dachte, ergab es sich aber, daß die höchsten Verhältnisse im Leben dadurch kompromittirt wurden. Durch das Denken war dem Positiven seine Macht genommen. Staatsverfassungen fielen dem Gedanken zum Opfer, die Religion ist vom Gedanken angegriffen, feste religiöse Vorstellungen, die schlechthin als Offenbarungen galten, sind untergraben worden und der alte Glaube wurde in vielen Gemüthern umgestürzt. So stellten sich z. B. die griechischen Philosophen der alten Religion entgegen und vernichteten die Vorstellungen derselben. Daher wurden Philosophen verbannt und getödtet wegen Umsturzes der Religion und des Staats, welche beide wesentlich zusammenhingen. So machte sich das Denken in der Wirklichkeit geltend und übte die ungeheuerste Wirksamkeit. Da-

durch wurde man aufmerksam auf diese Macht des Denkens,
fing an seine Ansprüche näher zu untersuchen und wollte gefunden haben, daß es sich zu viel anmaaße und nicht zu leisten vermöge, was es unternommen. Anstatt das Wesen Gottes, der
Natur und des Geistes, überhaupt anstatt die Wahrheit zu erkennen, habe dasselbe den Staat und die Religion umgestürzt.
Es wurde deshalb eine Rechtfertigung des Denkens über seine
Resultate verlangt und die Untersuchung über die Natur des
Denkens und seine Berechtigung ist es, welche in der neuern
Zeit zum großen Theil das Interesse der Philosophie ausge-
macht hat.

§. 20.

Nehmen wir das Denken in seiner am nächsten liegenden
Vorstellung auf, so erscheint es α) zunächst in seiner gewöhnlichen subjektiven Bedeutung, als eine der geistigen Thätigkeiten
oder Vermögen neben andern, der Sinnlichkeit, Anschauen,
Phantasie u. s. f., Begehren, Wollen u. s. f. Das Produkt
desselben, die Bestimmtheit oder Form des Gedankens, ist das
Allgemeine, Abstrakte überhaupt. Das Denken als die
Thätigkeit, ist somit das thätige Allgemeine, und zwar
das sich bethätigende, indem die That, das Hervorgebrächte,
eben das Allgemeine ist. Das Denken als Subjekt vorgestellt
ist Denkendes, und der einfache Ausdruck des existirenden
Subjekts als Denkenden ist Ich.

Die hier und in den nächstfolgenden §§. angegebenen Bestimmungen sind nicht als Behauptungen und meine Meinungen über das Denken zu nehmen; jedoch da in dieser
vorläufigen Weise keine Ableitung oder Beweis Statt finden
kann, mögen sie als Fakta gelten, so daß in dem Bewußtseyn eines jeden, wenn er Gedanken habe und sie betrachte,
es sich empirisch vorfinde, daß der Charakter der Allgemeinheit und so gleichfalls die nachfolgenden Bestimmungen darin
vorhanden seyen. Eine bereits vorhandene Bildung der Auf-

merkſamkeit und der Abſtraktion wird allerdings zur Beob=
achtung von Faktis ſeines Bewußtſeyns und ſeiner Vorſtellun=
gen erfordert.

Schon in dieſer vorläufigen Expoſition kommt der Unter=
ſchied von Sinnlichem, Vorſtellung und Gedanken zur Sprache;
er iſt durchgreifend für das Faſſen der Natur und der Arten
des Erkennens; es wird daher zur Erläuterung dienen, dieſen
Unterſchied auch hier ſchon bemerklich zu machen. — Für das
Sinnliche wird zunächſt ſein äußerlicher Urſprung, die
Sinne oder Sinneswerkzeuge, zur Erklärung genommen. Al=
lein die Nennung des Werkzeuges giebt keine Beſtimmung
für das, was damit erfaßt wird. Der Unterſchied des Sinn=
lichen vom Gedanken iſt darein zu ſetzen, daß die Beſtimmung
von jenem die Einzelnheit iſt, und indem das Einzelne
(ganz abſtrakt das Atome) auch im Zuſammenhange ſteht, ſo
iſt das Sinnliche ein Außereinander, deſſen nähere ab=
ſtrakte Formen das Neben= und das Nacheinander ſind. —
Das Vorſtellen hat ſolchen ſinnlichen Stoff zum Inhalte
aber in die Beſtimmung des Meinigen, daß ſolcher Inhalt
in Mir iſt, und der Allgemeinheit, der Beziehung auf
ſich, der Einfachheit, geſetzt. — Außer dem Sinnlichen hat
jedoch die Vorſtellung auch Stoff zum Inhalt, der aus dem
ſelbſtbewußten Denken entſprungen, wie die Vorſtellungen
vom Rechtlichen, Sittlichen, Religiöſen, auch vom Denken
ſelbſt, und es fällt nicht ſo leicht auf, worin der Unterſchied
ſolcher Vorſtellungen von den Gedanken ſolchen Inhalts
zu ſetzen ſey. Hier iſt ſowohl der Inhalt Gedanke, als auch
die Form der Allgemeinheit vorhanden iſt, welche ſchon dazu
gehört, daß ein Inhalt in Mir, überhaupt daß er Vorſtel=
lung ſey. Die Eigenthümlichkeit der Vorſtellung aber iſt im
Allgemeinen auch in dieſer Rückſicht darein zu ſetzen, daß in
ihr ſolcher Inhalt gleichfalls vereinzelt ſteht. Recht, rechtliche
und dergleichen Beſtimmungen ſtehen zwar nicht im ſinnlichen

3*

Außereinander des Raums. Der Zeit nach erscheinen sie wohl etwa nacheinander, ihr Inhalt selbst wird jedoch nicht als von der Zeit behaftet, in ihr vorübergehend und veränderlich vorgestellt. Aber solche an sich geistige Bestimmungen stehen gleichfalls vereinzelt in weitem Boden der innern abstrakten Allgemeinheit des Vorstellens überhaupt. Sie sind in dieser Vereinzelung einfach; Recht, Pflicht, Gott. Die Vorstellung bleibt nun entweder dabei stehen, daß das Recht Recht, Gott Gott ist, — oder gebildeter giebt sie Bestimmungen an, z. B. daß Gott Schöpfer der Welt, allweise, allmächtig u. s. f. ist; hier werden ebenso mehrere vereinzelte einfache Bestimmungen aneinander gereiht, welche der Verbindung ungeachtet, die ihnen in ihrem Subjekte angewiesen ist, außereinander bleiben. Die Vorstellung trifft hier mit dem Verstande zusammen, der sich von jener nur dadurch unterscheidet, daß er Verhältnisse von Allgemeinem und Besonderm oder von Ursache und Wirkung u. s. f. und dadurch Beziehungen der Nothwendigkeit unter den isolirten Bestimmungen der Vorstellung setzt, da diese sie in ihrem unbestimmten Raume durch das bloße Auch verbunden nebeneinander beläßt. — Der Unterschied von Vorstellung und von Gedanken hat die nähere Wichtigkeit, weil überhaupt gesagt werden kann, daß die Philosophie nichts Anderes thue, als die Vorstellungen in Gedanken zu verwandeln, — aber freilich fernerhin den bloßen Gedanken in den Begriff.

Uebrigens wenn für das Sinnliche die Bestimmungen der Einzelnheit und des Außereinander angegeben worden, so kann noch hinzugefügt werden, daß auch diese selbst wieder Gedanken und Allgemeine sind; in der Logik wird es sich zeigen, daß der Gedanke und das Allgemeine eben dieß ist, daß er Er selbst und sein Anderes ist, über dieses übergreift und daß Nichts ihm entflieht. Indem die Sprache das Werk des Gedankens ist, so kann auch in ihr nichts gesagt werben, was nicht allgemein ist. Was ich nur meine, ist mein, gehört mir als diesem besondern Individuum an; wenn aber die Sprache nur Allgemeines ausdrückt, so kann ich nicht sagen, was ich nur meine. Und das Unsagbare, Gefühl, Empfindung, ist nicht das Vortrefflichste, Wahrste, sondern das Unbedeutendste, Unwahrste. Wenn ich sage, das Einzelne, dieses Einzelne, Hier, Jetzt, so sind dieß alles Allgemeinheiten; Alles und Jedes ist ein Einzelnes, Dieses, auch wenn es sinnlich ist, Hier, Jetzt. Ebenso wenn ich sage: Ich; meine ich Mich als diesen alle Andern ausschließenden, aber was ich sage, Ich, ist eben jeder; Ich, der alle Andern von sich ausschließt. — Kant hat sich des ungeschickten Ausdrucks bedient, daß Ich alle meine Vorstellungen, auch Empfindungen, Begierden, Handlungen u. s. f. begleite. Ich ist das an und für sich Allgemeine, und die Gemeinschaftlichkeit ist auch eine aber eine äußerliche Form der Allgemeinheit. Alle andern Menschen haben es mit mir gemeinsam, Ich zu seyn, wie es allen meinen Empfindungen, Vorstellungen u. s. f. gemeinsam ist, die Meinigen zu seyn. Ich aber abstrakt als solches ist die reine Beziehung auf sich selbst, in der vom Vorstellen, Empfinden, von jedem Zustand, wie von jeder Partikularität der Natur, des Talents, der Erfahrung u. s. f. abstrahirt ist. Ich ist insofern die Existenz der ganz abstrakten Allgemeinheit, das abstrakt Freie. Darum ist das Ich das Denken als Subjekt, und indem Ich zugleich in allen meinen Empfindungen, Vorstellungen, Zuständen u. s. f. bin, ist der Gedanke allenthalben gegenwärtig und durchzieht als Kategorie alle diese Bestimmungen.

Zusatz. Wenn wir vom Denken sprechen, so erscheint dasselbe zunächst als eine subjektive Thätigkeit, als ein Vermögen, deren wir vielerlei haben, wie z. B. Gedächtniß, Vorstellung, Willensvermögen u. dergl. Wäre das Denken blos eine subjek-

tive Thätigkeit und als ſolche Gegenſtand der Logik, ſo hätte
dieſe wie andere Wiſſenſchaften ihren beſtimmten Gegenſtand.
Er könnte dann als Willkühr erſcheinen, daß man das Denken
zum Gegenſtand einer beſondern Wiſſenſchaft macht und nicht
auch den Willen, die Phantaſie u. ſ. w. Daß dem Denken dieſe
Ehre geſchieht, dieß möchte wohl darin ſeinen Grund haben, daß
man demſelben eine gewiſſe Autorität zugeſteht und daſſelbe als
das Wahrhafte des Menſchen, als dasjenige betrachtet, worin
deſſen Unterſchied vom Thier beſteht. — Das Denken auch blos
als ſubjektive Thätigkeit kennen zu lernen, iſt nicht ohne Intereſſe.
Seine nähern Beſtimmungen wären dann Regeln und Geſetze,
deren Kenntniß man durch die Erfahrung erwirbt. Das Denken in dieſem Verhältniß nach ſeinen Geſetzen betrachtet, iſt das,
was ſonſt gewöhnlich den Inhalt der Logik ausmachte. Ariſtoteles iſt der Begründer dieſer Wiſſenſchaft. Er hatte die Kraft
dem Denken zuzuweiſen, was ihm als ſolchem zukömmt. Unſer
Denken iſt ſehr konkret, aber an dem mannigfaltigen Inhalt
muß unterſchieden werden, was dem Denken oder der abſtrakten
Form der Thätigkeit angehört. Ein leiſes geiſtiges Band, die
Thätigkeit des Denkens, verknüpft allen dieſen Inhalt, und dieſes
Band, dieſe Form als ſolche, hob Ariſtoteles hervor und beſtimmte
ſie. Dieſe Logik des Ariſtoteles iſt bis auf den heutigen Tag
das Logiſche, welches nur weiter ausgeſponnen iſt, vornehmlich
von den Scholaſtikern des Mittelalters. Dieſe vermehrten den
Stoff noch nicht, ſondern entwickelten denſelben nur weiter.
Das Thun der neuern Zeit in Beziehung auf die Logik, beſteht
vornehmlich nur einerſeits im Hinweglaſſen von vielen durch
Ariſtoteles und die Scholaſtiker hervorgebildeten logiſchen Beſtimmungen und andererſeits im Aufpropfen von vielem pſycho-
logiſchen Stoff. Das Intereſſe bei dieſer Wiſſenſchaft iſt, das
endliche Denken in ſeinem Verfahren kennen zu lernen und die
Wiſſenſchaft iſt richtig, wenn ſie ihrem vorausgeſetzten Gegenſtand
entſpricht. Die Beſchäftigung mit dieſer formellen Logik hat ohne

Zweifel ihren Nutzen; es wird dadurch, wie man zu sagen pflegt,
der Kopf ausgeputzt; man lernt sich sammeln, lernt abstrahiren,
während man im gewöhnlichen Bewußtseyn mit sinnlichen Vorstellungen zu thun hat, die sich durchkreuzen und verwirren.
Bei der Abstraktion aber ist die Sammlung des Geistes auf
einen Punkt vorhanden und es wird dadurch die Gewohnheit
erworben, sich mit der Innerlichkeit zu beschäftigen. Die Bekanntschaft mit den Formen des endlichen Denkens kann man
als Mittel für die Bildung zu den empirischen Wissenschaften
gebrauchen, welche nach diesen Formen verfahren, und man hat
in diesem Sinn die Logik als Instrumentallogik bezeichnet.
Man kann nun zwar liberaler thun und sagen: die Logik sey
nicht um des Nutzens, sondern um ihrer selbst willen zu studiren,
denn das Vortreffliche sey nicht um des bloßen Nutzens willen
zu suchen. Dieß ist nun zwar einerseits ganz richtig, andererseits ist aber auch das Vortreffliche das Nützlichste, denn es ist
das Substantielle, das für sich feststeht und deshalb der Träger
ist für die besondern Zwecke, die es befördert und zum Ziel
bringt. Man muß die besondern Zwecke nicht als das Erste an-
sehen, aber das Vortreffliche befördert sie doch. So hat z. B.
die Religion ihren absoluten Werth in sich selbst, zugleich werden
die andern Zwecke durch dieselbe getragen und gehalten. Christus
sagt: trachtet zuerst nach dem Reiche Gottes, so wird euch das
Andere auch zufallen. — Die besondern Zwecke können nur erreicht werden, indem das An- und für-sich-seyende erreicht wird.

§. 21.

β) Indem Denken als thätig in Beziehung auf Gegenstände genommen wird, — das Nachdenken über Etwas, so
enthält das Allgemeine als solches Produkt seiner Thätigkeit den
Werth der Sache, das Wesentliche, das Innere, das Wahre.

Es ist §. 5. der alte Glaube angeführt worden, daß, was
das Wahrhafte an Gegenständen, Beschaffenheiten, Begebenheiten, das Innere, Wesentliche, die Sache sey, auf welche es

ankommt, sich nicht unmittelbar im Bewußtseyn einfinde, nicht schon dieß sey, was der erste Anschein und Einfall darbiete, sondern daß man erst darüber nachdenken müsse, um zur wahrhaften Beschaffenheit des Gegenstandes zu gelangen und daß durch das Nachdenken dieß erreicht werde.

Zusatz. Schon dem Kinde wird das Nachdenken geboten. Es wird ihm z. B. aufgegeben, Adjektive mit Substantiven zu verbinden. Hier hat es aufzumerken und zu unterscheiden: es hat sich einer Regel zu erinnern und den besondern Fall danach einzurichten. Die Regel ist nichts Anderes, als ein Allgemeines und diesem Allgemeinen soll das Kind das Besondere gemäß machen. — Wir haben ferner im Leben Zwecke. Dabei denken wir darüber nach, wodurch wir dieselben erreichen können. Der Zweck ist hier das Allgemeine, das Regierende und wir haben Mittel und Werkzeuge, deren Thätigkeit wir nach dem Zweck bestimmen. — In ähnlicher Weise bethätigt sich das Nachdenken bei moralischen Verhältnissen. Nachdenken heißt hier sich des Rechten, der Pflicht erinnern, nach welchem Allgemeinen, also der feststehenden Regel, wir unser besonderes Benehmen in den vorliegenden Fällen einzurichten haben. In unserm besondern Verfahren soll die allgemeine Bestimmung erkennbar und enthalten seyn. — Auch in unserm Verhalten zu Naturerscheinungen finden wir dasselbe. Wir bemerken z. B. Blitz und Donner. Diese Erscheinung ist uns bekannt und wir nehmen sie oft wahr. Aber der Mensch ist mit der bloßen Bekanntschaft, mit der nur sinnlichen Erscheinung nicht zufrieden, sondern will dahinter kommen, will wissen, was sie ist, will sie begreifen. Man denkt deshalb nach, will die Ursache wissen, als ein von der Erscheinung als solcher Unterschiedenes, das Innere in seinem Unterschied von dem blos Aeußeren. Man verdoppelt so die Erscheinung, bricht sie entzwei in Inneres und Aeußeres, Kraft und Aeußerung, Ursache und Wirkung. Das Innere, die Kraft, ist hier wieder das Allgemeine, das Dauern be, nicht dieser und jener Blitz, diese und jene Pflanze, sondern das in Allem dasselbe Bleibende. Das Sinnliche ist ein Einzelnes und Verschwindendes, das Dauernde darin lernen wir durch das Nachdenken kennen. Die Natur zeigt uns eine unendliche Menge einzelner Gestalten und Erscheinungen; wir haben das Bedürfniß in diese Mannigfaltigkeit Einheit zu bringen; wir vergleichen deshalb und suchen das Allgemeine eines Jeden zu erkennen. Die Individuen werden geboren und vergehen, die Gattung ist das Bleibende in ihnen, das in Allem Wiederkehrende und nur für das Nachdenken ist dasselbe vorhanden. Hierher gehören auch die Gesetze, so z. B. die Gesetze der Bewegung der himmlischen Körper. Wir sehen die Gestirne heute hier und morgen dort; diese Unordnung ist dem Geist ein Unangemessenes, dem er nicht traut, denn er hat den Glauben an eine Ordnung, an eine einfache, konstante und allgemeine Bestimmung. In diesem Glauben hat er sein Nachdenken auf die Erscheinungen gewendet und hat ihre Gesetze erkannt, die Bewegung der himmlischen Körper auf eine allgemeine Weise festgesetzt, so daß aus diesem Gesetz sich jede Ortsveränderung bestimmen und erkennen läßt. — Eben so ist es mit den Mächten, welche das menschliche Thun in seiner unendlichen Mannigfaltigkeit regieren. Auch hier hat der Mensch den Glauben an ein beherrschendes Allgemeines. — Aus allen diesen Beispielen ist zu entnehmen, wie das Nachdenken immer nach dem Festen, Bleibenden, Insichbestimmten und dem das Besondere Regierenden sucht. Dieß Allgemeine ist mit den Sinnen nicht zu erfassen und dasselbe gilt als das Wesentliche und Wahre. So sind z. B. die Pflichten und Rechte das Wesentliche der Handlungen und deren Wahrheit besteht darin jenen allgemeinen Bestimmungen gemäß zu seyn.

Indem wir so das Allgemeine bestimmen, so finden wir, daß dasselbe den Gegensatz eines Andern bildet und dieß Andere ist das blos Unmittelbare, Aeußerliche und Einzelne, gegen das

Vermittelte, Innere und Allgemeine. Dieß Allgemein exiſtirte nicht äußerlich als Allgemeines; die Gattung als ſolche läßt ſich nicht wahrnehmen, die Geſetze der Bewegung der Himmelskörpre ſind nicht an den Himmel geſchrieben. Das Allgemeine alſo hört man nicht und ſieht man nicht, ſondern daſſelbe iſt nur für den Geiſt. Die Religion führt uns auf ein Allgemeines, welches alles Andere in ſich befaßt, auf ein Abſolutes, wodurch alles Andere hervorgebracht iſt und dieß Abſolute iſt nicht für die Sinne, ſondern nur für den Geiſt und den Gedanken.

§. 22.

γ) Durch das Nachdenken wird an der Art, wie der In=halt zunächſt in der Empfindung, Anſchauung, Vorſtellung iſt, etwas verändert; es iſt ſomit nur vermittelſt einer Verän=derung, daß die wahre Natur des Gegenſtandes zum Be=wußtſeyn kommt.

Zuſatz. Dasjenige, was beim Nachdenken herauskömmt, iſt ein Produkt unſeres Denkens. So hat z. B. Solon die Ge=ſetze, welche er den Athenienſern gab, aus ſeinem Kopf hervorge=bracht. Das Andere dagegen iſt, daß wir das Allgemeine, die Geſetze, auch als das Gegentheil eines blos Subjektiven anſehen und darin das Weſentliche, Wahrhafte und Objektive der Dinge erkennen. Um zu erfahren, was das Wahre in den Dingen ſey, iſt es mit der bloßen Aufmerkſamkeit nicht abgethan, ſon=dern es gehört dazu unſere ſubjektive Thätigkeit, welche das un=mittelbar Vorhandene umgeſtaltet. Dieß ſcheint nun auf den erſten Anblick ganz verkehrt und dem Zwecke, um den es ſich beim Erkennen handelt, zuwider laufend zu ſeyn. Gleichwohl kann man ſagen, es ſey die Ueberzeugung aller Zeiten geweſen, daß erſt durch die vermittelſt des Nachdenkens bewirkte Umar=beitung des Unmittelbaren das Subſtantielle erreicht werde. Da=gegen iſt dann vornehmlich erſt in der neuern Zeit Zweifel er=regt und der Unterſchied feſtgehalten worden zwiſchen dem, was

die Erzeugnisse unseres Denkens und was die Dinge an ihnen
selbst seyen. Man hat gesagt, das Ansich der Dinge sey ein
ganz Anderes, als dasjenige, was wir daraus machen. Der
Standpunkt dieses Getrenntseyns ist besonders durch die kritische
Philosophie geltend gemacht worden gegen die Ueberzeugung der
ganzen frühern Welt, welcher die Uebereinstimmung der Sache und
des Gedankens als etwas Ausgemachtes galt. Um diesen Gegensatz
dreht sich das Interesse der neuern Philosophie. Der natürliche
Glaube aber des Menschen ist, daß dieser Gegensatz kein' wahrer sey. Im gewöhnlichen Leben denken wir nach, ohne die
besondere Reflexion, daß dadurch das Wahre herauskomme, wir
denken ohne Weiteres, in dem festen Glauben der Uebereinstimmung des Gedankens mit der Sache und dieser Glaube ist von
der höchsten Wichtigkeit. Die Krankheit unserer Zeit ist es,
welche zu der Verzweifelung gekommen ist, daß unser Erkennen nur ein subjektives und daß dieses Subjektive das Letzte
sey. Nun aber ist die Wahrheit das Objektive und dieselbe soll
die Regel für die Ueberzeugung Aller seyn, dergestalt, daß die Ueberzeugung des Einzelnen schlecht ist, insofern sie dieser Regel
nicht entspricht. Nach der neuern Ansicht dagegen, ist die Ueberzeugung als solche, die bloße Form des Ueberzeugtseyns, schon
gut, der Inhalt mag seyn wie er will, denn es ist kein Maaßstab für seine Wahrheit vorhanden. — Sagten wir nun vorher, es sey der alte Glaube der Menschen, daß es die Bestimmung des Geistes sey, die Wahrheit zu wissen, so liegt darin
weiter dieses, daß die Gegenstände, die äußere und die innere
Natur, überhaupt das Objekt, was es an sich ist, so sey, wie
es als Gedachtes ist, daß also das Denken die Wahrheit des
Gegenständlichen sey. Das Geschäft der Philosophie besteht nur
darin, dasjenige, was rücksichtlich des Denkens den Menschen von
Alters her gegolten, ausdrücklich zum Bewußtseyn zu bringen.
Die Philosophie stellt somit nichts Neues auf; was wir hier

durch unsere Reflexion herausgebracht, ist schon unmittelbares Vorurtheil eines Jeden.

§. 23.

δ) Indem im Nachdenken ebensosehr die wahrhafte Natur zum Vorschein kommt als dieß Denken meine Thätigkeit ist, so ist jene ebensosehr das Erzeugniß meines Geistes und zwar als denkenden Subjekts, Meiner nach meiner einfachen Allgemeinheit, als des schlechthin bei sich seyenden Ichs, — oder meiner Freiheit.

Man kann den Ausdruck Selbstdenken häufig hören, als ob damit etwas Bedeutendes gesagt wäre. In der That kann keiner für den andern denken, so wenig als essen und trinken; jener Ausdruck ist daher ein Pleonasmus. — In dem Denken liegt unmittelbar die Freiheit, weil es die Thätigkeit des Allgemeinen, ein hiemit abstraktes Sichaufsichbeziehen, ein nach der Subjektivität bestimmungsloses Bei-sich-seyn ist, das nach dem Inhalte zugleich nur in der Sache und deren Bestimmungen ist. Wenn daher von Demuth oder Bescheidenheit, und von Hochmuth in Beziehung auf das Philosophiren die Rede ist, und die Demuth oder Bescheidenheit darin besteht seiner Subjektivität nichts Besonderes von Eigenschaft und Thun zuzuschreiben, so wird das Philosophiren wenigstens von Hochmuth frei zu sprechen seyn, indem das Denken dem Inhalte nach insofern nur wahrhaft ist, als es in die Sache vertieft ist, und der Form nach nicht ein besonderes Seyn oder Thun des Subjekts, sondern eben dieß ist, daß das Bewußtseyn sich als abstraktes Ich als von aller Partikularität sonstiger Eigenschaften, Zustände u. s. f. befreites verhält und nur das Allgemeine thut, in welchem es mit allen Individuen identisch ist. — Wenn Aristoteles dazu auffordert, sich eines solchen Verhaltens würdig zu halten, so besteht die Würdigkeit, die sich das Bewußtseyn giebt, eben darin, das besondere Meinen und Dafürhalten fahren zu lassen und die Sache in sich walten zu lassen.

§. 24.

Die Gedanken können nach diesen Bestimmungen objektive Gedanken genannt werden, worunter auch die Formen, die zunächst in der gewöhnlichen Logik betrachtet und nur für Formen des bewußten Denkens genommen zu werden pflegen, zu rechnen sind. Die Logik fällt daher mit der Metaphysik zusammen, der Wissenschaft der Dinge in Gedanken gefaßt, welche dafür galten, die Wesenheiten der Dinge auszudrücken.

Das Verhältniß von solchen Formen, wie Begriff, Urtheil und Schluß zu andern, wie Kausalität u. s. f. kann sich nur innerhalb der Logik selbst ergeben. Aber soviel ist auch vorläufig einzusehen, daß, indem der Gedanke sich von Dingen einen Begriff zu machen sucht, dieser Begriff (und damit auch dessen unmittelbarste Formen, Urtheil und Schluß) nicht aus Bestimmungen und Verhältnissen bestehen kann, welche den Dingen fremd und äußerlich sind. Das Nachdenken, ist oben gesagt worden, führt auf das Allgemeine der Dinge; dieß ist aber selbst eines der Begriffsmomente. Daß Verstand, Vernunft, in der Welt ist, sagt dasselbe was der Ausdruck: objektiver Gedanke, enthält. Dieser Ausdruck ist aber eben darum unbequem, weil Gedanke zu gewöhnlich nur als dem Geiste, dem Bewußtseyn angehörig, und das Objektive ebenso zunächst nur von Ungeistigem gebraucht wird.

Zusatz 1. Wenn man sagt, der Gedanke, als objektiver Gedanke, sey das Innere der Welt, so kann es so scheinen, als solle damit den natürlichen Dingen Bewußtseyn zugeschrieben werden. Wir fühlen ein Widerstreben dagegen, die innere Thätigkeit der Dinge als Denken aufzufassen, da wir sagen: der Mensch unterscheide sich durch das Denken vom Natürlichen. Wir müßten demnach von der Natur als dem Sy-

steme des bewußtlosen Gedankens reden, als von einer Intelligenz, die, wie Schelling sagt, eine versteinerte sey. Statt den
Ausdruck Gedanken zu gebrauchen, ist es daher, um Mißverständniß zu vermeiden, besser, Denkbestimmung zu sagen. —
Das Logische ist, dem Bisherigen zufolge, als ein System von
Denkbestimmungen überhaupt aufzusuchen, bei welchen der Gegensatz des Subjektiven und Objektiven (in seiner gewöhnlichen
Bedeutung) hinwegfällt. Diese Bedeutung des Denkens und
seiner Bestimmungen ist näher darin ausgedrückt, wenn die Alten sagen: der *νοῦς* regiere die Welt; — oder wenn wir sagen: es sey Vernunft in der Welt, worunter wir verstehen, die
Vernunft sey die Seele der Welt, wohne ihr in, sey ihr Im-
manentes, ihre eigenste, innerste Natur, ihr Allgemeines. Ein
näheres Beispiel ist, daß, wenn wir von einem bestimmten Thiere
sprechen, wir sagen: es sey Thier. Das Thier als solches ist nicht zu zeigen, sondern nur immer ein bestimmtes.
Das Thier existirt nicht, sondern ist die allgemeine Natur der
einzelnen Thiere, und jedes existirende Thier ist ein viel konkreter
Bestimmtes, ein Besonderes. Aber Thier zu seyn, die Gattung
als das Allgemeine, gehört dem bestimmten Thier an und macht
seine bestimmte Wesentlichkeit aus. Nehmen wir das Thiersehn
vom Hunde weg, so wäre nicht zu sagen, was er sey. Die
Dinge überhaupt haben eine bleibende, innere Natur und ein
äußerliches Daseyn: Sie leben und sterben, entstehen und vergehen; ihre Wesentlichkeit, ihre Allgemeinheit ist die Gattung,
und diese ist nicht blos als ein Gemeinschaftliches aufzufassen.

Das Denken, wie es die Substanz der äußerlichen Dinge
ausmacht, ist auch die allgemeine Substanz des Geistigen. In
allem menschlichen Anschauen ist Denken; ebenso ist das Denken
das Allgemeine in allen Vorstellungen, Erinnerungen und überhaupt in jeder geistigen Thätigkeit, in allem Wollen, Wünschen
u. s. f. Dieß Alles sind nur weitere Specifikationen des Denkens.
Indem wir das Denken so auffassen, so erscheint dasselbe in

einem anderen Verhältniß, als wenn wir blos sagen: wir haben Denkvermögen, unter und neben andern Vermögen, als Anschauen, Vorstellen, Wollen u. dergl. Betrachten wir das Denken als das wahrhaft Allgemeine alles Natürlichen und auch alles Geistigen, so greift dasselbe über alles dieses über und ist die Grundlage von Allem. An diese Auffassung des Denkens, in seiner objektiven Bedeutung (als νοῦς), können wir zunächst anknüpfen, was das Denken im subjektiven Sinn ist. Wir sagen vorerst: der Mensch ist denkend, — aber zugleich sagen wir auch, daß er anschauend, wollend u. s. w. sey. Der Mensch ist denkend, und ist Allgemeines, aber denkend ist er nur, indem das Allgemeine für ihn ist. Das Thier ist auch an sich Allgemeines, aber das Allgemeine ist als solches nicht für dasselbe, sondern nur immer das Einzelne. Das Thier sieht ein Einzelnes, z. B. sein Futter, einen Menschen u. s. w. Aber alles dieß ist für dasselbe nur ein Einzelnes. Ebenso hat es die sinnliche Empfindung immer nur mit Einzelnem zu thun (dieser Schmerz, dieser Wohlgeschmack u. s. f.). Die Natur bringt den νοῦς sich nicht zum Bewußtseyn, erst der Mensch verdoppelt sich so, das Allgemeine für das Allgemeine zu seyn. Dieß ist zunächst der Fall, indem der Mensch sich als Ich weiß. Wenn ich Ich sage, so meine ich mich, als diese einzelne, durchaus bestimmte Person. In der That sage ich jedoch dadurch nichts Besonderes von mir aus. Ich ist auch jeder Andere, und indem ich mich als Ich bezeichne, so meine ich zwar mich, diesen Einzelnen, spreche jedoch zugleich ein vollkommen Allgemeines aus. Ich ist das reine Fürsichseyn, worin alles Besondere negirt und aufgehoben ist, dieses Letzte, Einfache und Reine des Bewußtseyns. Wir können sagen: Ich und Denken sind dasselbe, oder bestimmter: Ich ist das Denken als Denkendes. Was ich in meinem Bewußtseyn habe, das ist für mich. Ich ist diese Leere, das Receptakulum für Alles und Jedes, für welches Alles ist und welches Alles in sich aufbewahrt. Jeder Mensch ist eine

ganze Welt von Vorstellungen, welche in der Nacht des Ich
begraben sind.   So ist denn Ich das Allgemeine, in welchem
von allem Besonderen abstrahirt ist, in welchem aber zugleich
Alles verhüllet liegt.   Es ist deshalb nicht die blos abstrakte
Allgemeinheit, sondern die Allgemeinheit, welche Alles in sich
enthält.   Wir brauchen das Ich zunächst ganz trivial und erst
die philosophische Reflexion ist es, wodurch dasselbe zum Gegenstand der Betrachtung gemacht wird.   Im Ich haben wird den
ganz reinen präsenten Gedanken.   Das Thier kann nicht sprechen: Ich, — sondern der Mensch nur, weil er das Denken ist.
Im Ich ist nun vielfacher innerer und äußerer Inhalt, und
je nachdem dieser Inhalt beschaffen ist, verhalten wir uns sinnlich anschauend, vorstellend, erinnernd u. s. f.   Bei Allem aber
ist das Ich, oder in Allem ist das Denken.   Denkend ist somit
der Mensch immer, auch wenn er nur anschaut; betrachtet er irgend etwas, so betrachtet er es immer als ein Allgemeines, fixirt
Einzelnes, hebt es heraus, entfernt dadurch seine Aufmerksamkeit
von Anderem, nimmt es als ein Abstraktes und Allgemeines,
wenn auch nur formell Allgemeines.

Bei unsern Vorstellungen findet der gedoppelte Fall statt,
daß entweder der Inhalt ein gedachter ist aber die Form nicht,
oder daß umgekehrt die Form dem Gedanken angehört, aber der
Inhalt nicht.   Sage ich z. B. Zorn, Rose, Hoffnung, so ist
mir dieß Alles der Empfindung nach bekannt, aber diesen Inhalt spreche ich in allgemeiner Weise, in der Form des Gedankens aus: ich habe daran viel Besonderes hinweggelassen und
nur den Inhalt als Allgemeines gegeben, aber der Inhalt bleibt
sinnlich.   Stelle ich mir umgekehrt Gott vor, so ist zwar der
Inhalt ein rein Gedachtes, aber die Form noch sinnlich, wie ich
dieselbe unmittelbar in mir vorfinde.   Bei Vorstellungen ist also
der Inhalt nicht blos sinnlich, wie bei Beschauungen, sondern
der Inhalt ist entweder sinnlich, die Form aber dem Denken
angehörig, oder umgekehrt.   Im ersten Falle ist der Stoff ge-

geben und die Form gehört dem Denken an, im andern Falle
ist das Denken der Quell des Inhalts, aber durch die Form
wird der Inhalt zu einem Gegebenen, das somit äußerlich an
den Geist kömmt.

Zusatz 2. In der Logik haben wir es mit dem rei=
nen Gedanken, oder den reinen Denkbestimmungen zu thun.
Beim Gedanken im gewöhnlichen Sinn stellen wir uns immer
etwas vor, was nicht blos reiner Gedanke ist, denn man meint
ein Gedachtes damit, dessen Inhalt ein Empirisches ist. In der
Logik werden die Gedanken so gefaßt, daß sie keinen andern In=
halt haben als einen dem Denken selbst angehörigen und durch
dasselbe hervorgebrachten. So sind die Gedanken reine Gedan=
ken. So ist der Geist rein bei sich selbst und hiermit frei,
denn die Freiheit ist eben dieß, in seinem Andern bei sich selbst
zu seyn, von sich abzuhängen, das Bestimmende seiner selbst
zu seyn. In allen Trieben fange ich von einem Andern an,
von einem solchen, das für mich ein Aeußerliches ist. Hier spre=
chen wir dann von Abhängigkeit. Freiheit ist nur da, wo kein
Anderes für mich ist, das ich nicht selbst bin. Der natürliche
Mensch, welcher nur durch seine Triebe bestimmt wird, ist nicht
bei sich selbst: wenn auch noch so eigensinnig, so ist der Inhalt
seines Wollens und Meinens doch nicht sein eigner, und seine
Freiheit ist nur eine formelle. Indem ich denke, gebe ich
meine subjektive Besonderheit auf, vertiefe ich mich in die Sache,
lasse das Denken für sich gewähren, und ich denke schlecht, in=
dem ich von dem Meinigen etwas hinzuthue.

Betrachten wir dem Bisherigen zufolge die Logik als das
System der reinen Denkbestimmungen, so erscheinen dagegen
die andern philosophischen Wissenschaften, die Naturphilosophie
und die Philosophie des Geistes gleichsam als eine angewandte
Logik, denn diese ist die belebende Seele derselben. Das In=
teresse der übrigen Wissenschaften ist dann nur, die logischen
Formen in den Gestalten der Natur und des Geistes zu erken=

nen, Gestalten, die nur eine besondere Ausdrucksweise der
Formen des reinen Denkens sind. Nehmen wir z. B. den
Schluß (nicht in der Bedeutung der alten, formellen Logik,
sondern in seiner Wahrheit), so ist er die Bestimmung, daß
das Besondere die Mitte sey, welche die Extreme des Allgemeinen und Einzelnen zusammenschließt. Diese Form des Schließens ist eine allgemeine Form aller Dinge. Alle Dinge sind
besondere, die sich als ein Allgemeines mit dem Einzelnen zusammenschließen. Die Ohnmacht der Natur bringt es dann aber
mit sich, die logischen Formen nicht rein darzustellen. Eine solche
ohnmächtige Darstellung des Schlusses ist z. B. der Magnet, der
in der Mitte, in seinem Indifferenzpunkt, seine Pole zusammenschließt, die hiermit in ihrer Unterschiedenheit unmittelbar Eines
sind. In der Physik lernt man auch das Allgemeine, das Wesen kennen, und der Unterschied ist nur der, daß die Naturphilosophie die wahrhaften Formen des Begriffs in den natürlichen
Dingen uns zum Bewußtseyn bringt. — Die Logik ist somit
der allbelebende Geist aller Wissenschaften, die Denkbestimmungen der Logik sind die reinen Geister; sie sind das Innerste,
aber zugleich sind sie es, die wir immer im Munde führen
und die deshalb etwas durchaus Bekanntes zu seyn scheinen.
Aber solch Bekanntes ist gewöhnlich das Unbekannteste. So ist
z. B. das Seyn reine Denkbestimmung; es fällt uns jedoch
nie ein, das Ist zum Gegenstand unserer Betrachtung zu machen.
Man meint gewöhnlich, das Absolute müsse weit jenseits liegen,
aber es ist gerade das ganz Gegenwärtige, das wir als Denkendes, wenn auch ohne ausdrückliches Bewußtseyn darum, immer
mit uns führen und gebrauchen. In der Sprache vornehmlich
sind solche Denkbestimmungen niedergelegt, und so hat der Unterricht in der Grammatik, welcher den Kindern ertheilt wird,
das Nützliche, daß man sie unbewußt auf Unterschiede des Denkens aufmerksam macht.

Man sagt gewöhnlich, die Logik habe es nur mit Formen zu thun und ihren Inhalt anderswo herzunehmen. Die logischen Gedanken sind indeß kein Nur gegen allen andern Inhalt, sondern aller andere Inhalt ist nur ein Nur gegen dieselben. Sie sind der an und für sich seyende Grund von Allem. — Es gehört schon ein höherer Standpunkt der Bildung dazu, auf solche reine Bestimmungen sein Interesse zu richten. Das An- und-für-sich-selbst-betrachten derselben hat den weitern Sinn, daß wir aus dem Denken selbst diese Bestimmungen ableiten und aus ihnen selbst sehen, ob sie wahrhafte sind. Wir nehmen sie nicht äußerlich auf und definiren sie dann oder zeigen ihren Werth und ihre Gültigkeit auf, indem wir sie vergleichen mit dem, wie sie im Bewußtseyn vorkommen. Denn würden wir von der Beobachtung und Erfahrung ausgehen und z.B. sagen: Kraft pflegen wir da und dafür zu gebrauchen. Solche Definition nennen wir dann richtig, wenn dieselbe mit dem übereinstimmt, was von dem Gegenstand derselben in unserm gewöhnlichen Bewußtseyn sich findet. Auf solche Weise wird indeß ein Begriff nicht an und für sich, sondern nach einer Voraussetzung bestimmt, welche Voraussetzung dann das Kriterium, der Maaßstab der Richtigkeit ist. Wir haben indeß solchen Maaßstab nicht zu gebrauchen, sondern die in sich selbst lebendigen Bestimmungen für sich gewähren zu lassen. Die Frage nach der Wahrheit der Gedankenbestimmungen muß dem gewöhnlichen Bewußtseyn seltsam vorkommen, denn dieselben scheinen nur in ihrer Anwendung auf gegebene Gegenstände die Wahrheit zu erhalten und es hätte hiernach keinen Sinn ohne diese Anwendung nach ihrer Wahrheit zu fragen. Diese Frage aber ist es gerade, worauf es ankömmt. Dabei muß man freilich wissen, was unter Wahrheit zu verstehen ist. Gewöhnlich nennen wir Wahrheit Uebereinstimmung eines Gegenstandes mit unserer Vorstellung. Wir haben dabei als Voraussetzung einen Gegenstand, dem unsere Vorstellung von ihm gemäß seyn soll. — Im philosophischen Sinn dagegen

heißt Wahrheit, überhaupt abstrakt ausgedrückt, Uebereinstim=
mung eines Inhalts mit sich selbst. Dieß ist also eine ganz
andere Bedeutung von Wahrheit als die vorher erwähnte. Uebri=
gens findet sich die tiefere (philosophische) Bedeutung der Wahr=
heit zum Theil auch schon im gewöhnlichen Sprachgebrauch. So
spricht man z. B. von einem w a h r e n Freund und versteht darun=
ter einen solchen, dessen Handlungsweise dem Begriff der Freund=
schaft gemäß ist; eben so spricht man von einem w a h r e n Kunstwerk.
Unwahr heißt dann so viel als schlecht, in sich selbst unangemessen.
In diesem Sinne ist ein schlechter Staat ein unwahrer Staat
und das Schlechte und Unwahre überhaupt besteht in dem
Widerspruch, der zwischen der Bestimmung oder dem Begriff
und der Existenz eines Gegenstandes statt findet. Von einem
solchen schlechten Gegenstand können wir uns eine richtige Vor=
stellung machen, aber der Inhalt dieser Vorstellung ist ein in sich
Unwahres. Solcher Richtigkeiten, die zugleich Unwahrheiten sind,
können wir viele im Kopfe haben. — Gott allein ist die wahr=
hafte Uebereinstimmung des Begriffs und der Realität; alle end=
lichen Dinge aber haben eine Unwahrheit an sich, sie haben
einen Begriff und eine Existenz, die aber ihrem Begriff unange=
messen ist. Deshalb müssen sie zu Grunde gehen, wodurch die
Unangemessenheit ihres Begriffs und ihrer Existenz manifestirt
wird. Das Thier als Einzelnes hat seinen Begriff in seiner
Gattung und die Gattung befreit sich von der Einzelnheit durch
den Tod.

L. Die Betrachtung der Wahrheit in dem hier erläuterten
Sinn, der Uebereinstimmung mit sich selbst, macht das eigent=
liche Interesse des Logischen aus. Im gewöhnlichen Bewußtseyn
kömmt die Frage nach der Wahrheit der Denkbestimmungen
gar nicht vor. Das Geschäft der Logik kann auch so ausge=
drückt werden, daß in ihr die Denkbestimmungen betrachtet wer=
den, inwiefern sie fähig seyen, das Wahre zu fassen. Die Frage
geht also darauf: welches die Formen des Unendlichen und

welches die Formen des Endlichen sind. Im gewöhnlichen Bewußtseyn hat man bei den endlichen Denkbestimmungen kein
Arges und läßt sie ohne Weiteres gelten. Alle Täuschung aber
kommt daher, nach endlichen Bestimmungen zu denken und zu
handeln.

Zusatz 3. Das Wahre kann man auf verschiedene
Weise erkennen und die Weisen des Erkennens sind nur als
Formen zu betrachten. So kann man allerdings das Wahre
durch Erfahrung erkennen, aber diese Erfahrung ist nur eine
Form. Bei der Erfahrung kömmt es darauf an, mit welchem
Sinn man an die Wirklichkeit geht. Ein großer Sinn macht
große Erfahrungen und erblickt in dem bunten Spiel der Erscheinung das, worauf es ankömmt. Die Idee ist vorhanden
und wirklich, nicht etwas da drüben und hinten. Der große Sinn,
wie z. B. der eines Göthe, der in die Natur oder in die Geschichte blickt, macht große Erfahrungen, erblickt das Vernünftige und spricht es aus. Das Fernere ist sodann, daß man
das Wahre auch in der Reflexion erkennen kann und es durch
Verhältnisse des Gedankens bestimmt. Das Wahre an und
für sich, ist indeß in diesen beiden Weisen noch nicht in seiner
eigentlichen Form vorhanden. Die vollkommenste Weise des
Erkennens ist die in der reinen Form des Denkens. Der
Mensch verhält sich hier auf durchaus freie Weise. Daß die
Form des Denkens die absolute ist und daß die Wahrheit in
ihr erscheint, wie sie an und für sich ist, dieß ist die Behauptung der Philosophie überhaupt. Der Beweis dafür hat zunächst den Sinn, daß aufgezeigt wird, daß jene andere Formen des Erkennens endliche Formen sind. Der hohe, antike
Skepticismus hat dieses vollbracht, indem er an allen jenen
Formen aufgezeigt, daß dieselben einen Widerspruch in sich
enthalten. Indem dieser Skepticismus sich auch an die Formen der Vernunft begiebt, so schiebt er denselben erst etwas
Endliches unter, um sie daran zu fassen. Die sämmtlichen

Formen des endlichen Denkens werden im Verlauf der logiſchen Entwickelung vorkommen und zwar ſo wie ſie nach der
Nothwendigkeit auftreten: Hier (in der Einleitung) müßten
ſie auf unwiſſenſchaftliche Weiſe zunächſt aufgenommen werden als etwas Gegebenes. In der logiſchen Abhandlung ſelbſt.
wird nicht nur die negative Seite dieſer Formen aufgezeigt,
ſondern auch die poſitive Seite derſelben.

Indem man die verſchiedenen Formen des Erkennens mit
einander vergleicht, ſo kann die erſte, die des unmittelbaren
Wiſſens, leicht als die angemeſſenſte, ſchönſte und höchſte erſcheinen. In dieſe Form fällt Alles, was in moraliſcher Rückſicht Unſchuld heißt, ſodann religiöſes Gefühl, unbefangenes
Zutrauen, Liebe, Treue und natürlicher Glaube. Die beiden
andern Formen, zunächſt die des reflektirenden Erkennens und
dann auch das philoſophiſche Erkennen, treten heraus aus jener
unmittelbaren natürlichen Einheit. Indem ſie dieß mit einander gemein haben, ſo kann die Weiſe durch das Denken das
Wahre erfaſſen zu wollen, leicht als ein Stolz des Menſchen,
der aus eigner Kraft das Wahre erkennen will, erſcheinen. Als
Standpunkt der allgemeinen Trennung, kann dieſer Standpunkt
allerdings angeſehen werden als der Urſprung alles Uebels und
alles Böſen, als der urſprüngliche Frevel, und es ſcheint hiernach, daß das Denken und Erkennen aufzugeben ſey, um zur
Rückkehr und zur Verſöhnung zu gelangen. Was hierbei das
Verlaſſen der natürlichen Einheit anbetrifft, ſo iſt dieſe wun-
dervolle Entzweiung des Geiſtigen in ſich von Alters her ein
Gegenſtand des Bewußtſeyns der Völker geweſen. In der
Natur kömmt ſolche innere Entzweiung nicht vor und die natürlichen Dinge thun nichts Böſes. Eine alte Vorſtellung über den
Urſprung und die Folgen jener Entzweiung iſt uns in dem
moſaiſchen Mythus vom Sündenfall gegeben. Der Inhalt dieſes Mythus bildet die Grundlage einer weſentlichen Glaubens-
lehre, der Lehre von der natürlichen Sündhaftigkeit des Men-

schen und der Nothwendigkeit einer Hülfe dagegen. Es erscheint als angemessen den Mythus vom Sündenfall an der Spitze der Logik zu betrachten, da diese es mit dem Erkennen zu thun hat und es sich auch in diesem Mythus um das Erkennen, um dessen Ursprung und Bedeutung handelt. Die Philosophie darf sich vor der Religion nicht scheuen und sich die Stellung nicht geben, als ob sie zufrieden seyn müsse, wenn die Religion sie nur tolerire. Eben so ist aber auch andererseits die Ansicht von der Hand zu weisen, als ob dergleichen Mythen und religiöse Darstellungen etwas Abgethanes seyen, denn sie haben eine tausendjährige Ehrwürdigkeit unter den Völkern.

Betrachten wir nunmehr den Mythus vom Sündenfall näher, so finden wir, wie vorher bemerkt wurde, darin das allgemeine Verhältniß des Erkennens zum geistigen Leben ausgedrückt. Das geistige Leben in seiner Unmittelbarkeit erscheint zunächst als Unschuld und unbefangenes Zutrauen; nun aber liegt es im Wesen des Geistes, daß dieser unmittelbare Zustand aufgehoben wird, denn das geistige Leben unterscheidet sich dadurch vom natürlichen und näher vom thierischen Leben, daß es nicht in seinem Ansichseyn verbleibt, sondern für sich ist. Dieser Standpunkt der Entzweiung ist demnächst gleichfalls aufzuheben und der Geist soll durch sich zur Einigkeit zurückkehren. Diese Einigkeit ist dann eine geistige und das Princip jener Zurückführung liegt im Denken selbst. Dieses ist es, welches die Wunde schlägt und dieselbe auch heilt. — Es heißt nun in unserm Mythus: daß Adam und Eva, die ersten Menschen, der Mensch überhaupt, sich in einem Garten befanden, worin sich ein Baum des Lebens und ein Baum der Erkenntniß des Guten und Bösen befand. Von Gott wird gesagt, er habe den Menschen verboten von den Früchten des letzteren Baumes zu essen; vom Baum des Lebens ist zunächst nicht weiter die Rede. Hiermit ist also ausgesprochen, daß der Mensch nicht zum Erkennen kommen, sondern im Stande der Unschuld bleiben

soll. Auch bei andern Völkern tiefern Bewußtseyns, finden wir
die Vorstellung, daß der erste Zustand des Menschen ein Zustand
der Unschuld und der Einigkeit gewesen sey. Hierin liegt das
Richtige, daß allerdings es bei der Entzweiung, in welcher wir
alles Menschliche vorfinden, nicht sein Bewenden haben kann;
dagegen ist es unrichtig, daß die unmittelbare, natürliche Einheit
das Rechte sey. Der Geist ist nicht blos ein Unmittelbares,
sondern er enthält wesentlich das Moment der Vermittelung
in sich. Die kindliche Unschuld hat allerdings etwas Anzie-
hendes und Rührendes, aber nur insofern sie an dasjenige erinnert, was durch den Geist hervorgebracht werden soll. Jene
Einigkeit, die wir in den Kindern anschauen, als eine natürliche, soll das Resultat der Arbeit und Bildung des Geistes
seyn. — Christus sagt: wenn Ihr nicht werdet, wie die
Kinder ꝛc., damit ist aber nicht gesagt, daß wir Kinder bleiben sollen. — In unserm mosaischen Mythus finden wir nun
ferner, daß die Veranlassung, aus der Einheit herauszutreten,
durch eine äußerliche Aufforderung (durch die Schlange) an
den Menschen gelangt sey. In der That liegt jedoch das
Eingehen in dem Gegensatz, das Erwachen des Bewußtseyns
im Menschen selbst und es ist dieß die an jedem Menschen
sich wiederholende Geschichte. Die Schlange setzt die Göttlichkeit darin, zu wissen was gut und böse ist und diese Erkenntniß ist es in der That, welche dem Menschen dadurch zu
Theil geworden, daß er mit der Einheit seines unmittelbaren
Seyns gebrochen, daß er von den verbotenen Früchten genossen. Die erste Reflexion des erwachenden Bewußtseyns war,
daß die Menschen bemerkten, daß sie nackt waren. Dieß ist
ein sehr naiver und gründlicher Zug. In der Schaam
nämlich liegt die Scheidung des Menschen von seinem natürlichen und sinnlichen Seyn. Die Thiere, welche zu dieser
Scheidung nicht vorschreiten, sind deshalb schaamlos. In dem
menschlichen Gefühl der Schaam ist dann auch der geistige

und sittliche Ursprung der Kleidung zu suchen; das blos phy-
sische Bedürfniß ist dagegen nur etwas Sekundäres. — Weiter folgt nun der sogenannte Fluch, den Gott auf den Menschen gelegt hat. Was darin hervorgehoben ist, bezieht sich
vornehmlich auf den Gegensatz des Menschen gegen die Natur.
Der Mann soll arbeiten im Schweiße seines Angesichts und
das Weib soll mit Schmerzen gebähren. Was hierbei näher
die Arbeit anbetrifft, so ist dieselbe eben so sehr das Resultat
der Entzweiung, als auch die Ueberwindung derselben. Das
Thier findet unmittelbar vor, was es zur Befriedigung seiner
Bedürfnisse braucht; der Mensch hingegen verhält sich zu den
Mitteln zur Befriedigung seiner Bedürfnisse, als einem durch
ihn Hervorgebrachten und Gebildeten. Auch in dieser Aeußerlichkeit verhält sich so der Mensch zu sich selbst. — Mit der
Vertreibung aus dem Paradies ist der Mythus noch nicht
beschlossen. Es heißt noch weiter: Gott sprach: Siehe Adam
ist worden wie unser einer, denn er weiß was gut und böse
ist. — Das Erkennen ist hier bezeichnet als das Göttliche
und nicht wie früher, als das was nicht seyn soll. Hierin
liegt dann auch die Widerlegung des Geredes, daß die Philosophie nur der Endlichkeit des Geistes angehöre; die Philosophie ist Erkennen und erst durch das Erkennen ist der ursprüngliche Beruf des Menschen, ein Ebenbild Gottes zu
seyn, realisirt worden. — Wenn es dann noch heißt, Gott
habe den Menschen aus dem Garten Eden vertrieben, damit
er nicht auch vom Baum des Lebens esse, so ist hiermit ausgesprochen, daß der Mensch nach seiner natürlichen Seite allerdings endlich und sterblich ist, unendlich aber im Erkennen.

Bekannte Lehre der Kirche ist es, daß der Mensch von
Natur böse sey und dieses Bösesеyn von Natur wird als Erbsünde bezeichnet. Dabei ist jedoch die äußerliche Vorstellung
aufzugeben, daß die Erbsünde nur in einem zufälligen Thun
der ersten Menschen ihren Grund habe. In der That liegt

es im Begriff des Geistes, daß der Mensch von Natur böse
ist und man hat sich nicht vorzustellen, daß dieß auch anders
seyn könnte. Insofern der Mensch als Naturwesen ist und
ch als solches verhält, so ist dieß ein Verhältniß, welches
nicht seyn soll. Der Geist soll frei und das was er ist, durch
sich selbst seyn. Die Natur ist für den Menschen nur der
Ausgangspunkt, den er umbilden soll. Der tiefen kirchlichen
Lehre von der Erbsünde steht die Lehre der modernen Auf=
klärung gegenüber, daß der Mensch von Natur gut sey und
also dieser getreu bleiben müsse. Das Heraustreten des Men=
schen aus seinem natürlichen Seyn, ist die Unterscheidung des=
selben, als eines selbstbewußten von einer äußerlichen Welt.
Dieser zum Begriff des Geistes gehörige Standpunkt der
Trennung ist es dann aber auch nicht, auf welchem der Mensch
bleiben soll. In diesen Standpunkt der Entzweiung fällt die
ganze Endlichkeit des Denkens und des Wollens. Der Mensch
macht sich hier Zwecke aus sich und nimmt aus sich den
Stoff seines Handelns. Indem er diese Zwecke auf die
höchste Spitze treibt, nur sich weiß und will in seiner Beson=
derheit mit Ausschluß des Allgemeinen, so ist er böse und die=
ses Böse ist seine Subjektivität. Wir haben hier dem ersten
Anschein nach ein gedoppeltes Böses; allein beide sind in der
That dasselbe. Der Mensch insofern er Geist ist, ist nicht ein
Naturwesen; insofern er als solches sich verhält und den
Zwecken der Begierde folgt, so will er dieses. Das natür=
liche Böse der Menschen ist also nicht wie das natürliche
Seyn der Thiere. Die Natürlichkeit hat dann näher diese
Bestimmung, daß der natürliche Mensch ein Einzelner als
solcher ist, denn die Natur liegt überhaupt in den Banden
der Vereinzelung. Insofern der Mensch somit seine Natür=
lichkeit will, so will er die Einzelnheit. Gegen dieses der na=
türlichen Einzelnheit angehörige Handeln aus Trieben und
Neigungen, tritt dann allerdings auch das Gesetz, oder die

allgemeine Bestimmung auf. Dieses Gesetz mag nun eine
äußere Gewalt seyn oder die Form göttlicher Autorität haben.
Der Mensch ist in der Knechtschaft des Gesetzes, so lange er in
seinem natürlichen Verhalten bleibt. In seinen Neigungen
und Gefühlen, hat nun der Mensch wohl auch über die selb-
stische Einzelnheit hinausreichende wohlwollende, sociale Neigungen, Mitleid, Liebe u. s. f. Insofern aber diese Neigungen unmittelbar sind, so hat der an sich allgemeine Inhalt
derselben doch die · Form der Subjektivität; Selbstsucht und
Zufälligkeit haben hier immer das Spiel.

§. 25.

Der Ausdruck von objektiven Gedanken bezeichnet die
Wahrheit, welche der absolute Gegenstand nicht blos das
Ziel der Philosophie seyn soll. Er zeigt aber überhaupt · sogleich einen Gegensatz und zwar denjenigen, um dessen Bestimmung und Gültigkeit das Interesse des philosophischen Standpunkts jetziger Zeit und die Frage um die Wahrheit und um
die Erkenntniß derselben sich dreht. Sind die Denkbestimmungen mit einem festen Gegensatze behaftet, d. i. sind sie nur endlicher Natur, so sind sie der Wahrheit, die absolut an und
für sich ist, unangemessen, so kann . die Wahrheit nicht in das
Denken eintreten. Das Denken nur endliche Bestimmungen
hervorbringend und in solchen sich bewegend, heißt Verstand
(im genauern Sinne des Wortes). Näher ist die Endlichkeit der Denkbestimmungen auf die gedoppelte Weise aufzufassen, die eine, daß sie nur subjektiv sind und den bleibenden
Gegensatz am Objektiven haben, die andere, daß sie als beschränkten Inhaltes überhaupt sowohl gegen einander als
noch mehr gegen das Absolute im Gegensatze verharren. Die
dem Denken zur Objektivität gegebnen Stellungen
sollen als nähere Einleitung, um die Bedeutung und den
Standpunkt, welcher hier der Logik gegeben ist, zu erläutern
und herbeizuführen, nun betrachtet werden.

In meiner Phänomenologie des Geistes, welche deswegen bei ihrer Herausgabe als der erste Theil des Systems der Wissenschaft bezeichnet worden, ist der Gang genommen, von der ersten, einfachsten Erscheinung des Geistes, dem unmittelbaren Bewußtseyn, anzufangen und die Dialektik desselben bis zum Standpunkte der philosophischen Wissenschaft zu entwickeln, dessen Nothwendigkeit durch diesen Fortgang aufgezeigt wird. Es konnte hiefür aber nicht beim Formellen des bloßen Bewußtseyns stehen geblieben werden; denn der Standpunkt des philosophischen Wissens ist zugleich in sich der gehaltvollste und konkreteste, somit als Resultat hervorgehend setzte er auch die konkreten Gestalten des Bewußtseyns, wie z. B. der Moral, Sittlichkeit, Kunst, Religion voraus. Die Entwickelung des Gehalts, der Gegenstände eigenthümlicher Theile der philosophischen Wissenschaft, fällt daher zugleich in jene zunächst nur auf das Formelle beschränkt scheinende Entwickelung des Bewußtseyns; hinter dessen Rücken jene Entwickelung so zu sagen, vorgehen muß, insofern sich der Inhalt als das Ansich zum Bewußtseyn verhält. Die Darstellung wird dadurch verwickelter, und was den konkreten Theilen angehört, fällt zum Theil schon mit in jene Einleitung. — Die hier vorzunehmende Betrachtung hat noch mehr das Unbequeme, nur historisch und räsonnirend sich verhalten zu können; sie soll aber vornehmlich zu der Einsicht mitwirken, daß die Fragen, die man in der Vorstellung über die Natur des Erkennens, über Glauben und so ferner vor sich hat, und für ganz konkret hält, sich in der That auf einfache Gedankenbestimmungen zurückführen, die aber erst in der Logik ihre wahrhafte Erledigung erhalten.

A.

Erſte Stellung des Gedankens zur Objektivität.

§. 26.

Die erſte Stellung iſt das unbefangene Verfahren, wel=
ches noch ohne das Bewußtſeyn des Gegenſatzes des Denkens in
und gegen ſich den Glauben enthält, daß durch das Nach=
denken die Wahrheit erkannt, das, was die Objekte wahr=
haft ſind, vor das Bewußtſeyn gebracht werde. In dieſem
Glauben geht das Denken geradezu an die Gegenſtände, repro=
ducirt den Inhalt der Empfindungen und Anſchauungen aus
ſich zu einem Inhalte des Gedankens und iſt in ſolchem als der
Wahrheit befriedigt. Alle anfängliche Philoſophie, alle Wiſſen=
ſchaften, ja ſelbſt das tägliche Thun und Treiben des Bewußt=
ſeyns lebt in dieſem Glauben.

§. 27.

Dieſes Denken kann wegen der Bewußtloſigkeit über ſeinen
Gegenſatz eben ſowohl ſeinem Gehalte nach ächtes ſpekulatives
Philoſophiren ſeyn, als auch in endlichen Denkbeſtimmungen
d. i. in dem noch unaufgelöſten Gegenſatze verweilen.
Hier in der Einleitung kann es nur das Intereſſe ſeyn, dieſe
Stellung des Denkens nach ſeiner Grenze zu betrachten, und
daher das letztere Philoſophiren zunächſt vorzunehmen. —
Dieſes in ſeiner beſtimmteſten und uns am nächſten liegenden
Ausbildung war die vormalige Metaphyſik, wie ſie vor
der kantiſchen Philoſophie bei uns beſchaffen war. Dieſe Me=
taphyſik iſt jedoch nur in Beziehung auf die Geſchichte der Phi=
loſophie etwas Vormaliges; für ſich iſt ſie überhaupt immer
vorhanden, die bloße Verſtandes=Anſicht der Vernunft=
Gegenſtände. Die nähere Betrachtung ihrer Manier und ihres
Hauptinhaltes hat daher zugleich dieß nähere präſente Intereſſe.

§. 28.

Diese Wissenschaft betrachtete die Denkbestimmungen als die Grundbestimmungen der Dinge; sie stand durch diese Voraussetzung, daß das, was ist, damit daß es gedacht wird, an sich erkannt werde, höher als das spätere kritische Philosophiren. Aber 1) wurden jene Bestimmungen in ihrer Abstraktion als für sich geltend und als fähig genommen, Prädikate des Wahren zu seyn. Jene Metaphysik setzte überhaupt voraus, daß die Erkenntniß des Absoluten in der Weise geschehen könne, daß ihm Prädikate beigelegt werden, und untersuchte weder die Verstandesbestimmungen ihrem eigenthümlichen Inhalte und Werthe nach, noch auch diese Form, das Absolute durch Beilegung von Prädikaten zu bestimmen.

Solche Prädikate sind z. B. Daseyn, wie in dem Satze: Gott hat Daseyn; Endlichkeit oder Unendlichkeit, in der Frage, ob die Welt endlich oder unendlich ist; einfach, zusammengesetzt, in dem Satze: die Seele ist einfach; — ferner das Ding ist Eines, ein Ganzes u. s. f. — Es wurde nicht untersucht, ob solche Prädikate an und für sich etwas Wahres seyen, noch ob die Form des Urtheils Form der Wahrheit seyn könne.

Zusatz. Die Voraussetzung der alten Metaphysik war die des unbefangenen Glaubens überhaupt, daß das Denken das Ansich der Dinge erfasse, daß die Dinge, was sie wahrhaft sind, nur als gedachte sind. Das Gemüth des Menschen und die Natur, sind der sich stets verwandelnde Proteus und es ist eine sehr nahe liegende Reflexion, daß die Dinge, wie sie sich unmittelbar präsentiren, nicht an sich sind. — Der hier erwähnte Standpunkt der alten Metaphysik ist das Gegentheil dessen, was die kritische Philosophie zum Resultat hatte. Man kann wohl sagen, daß nach diesem Resultat der Mensch blos auf Spreu und Träbern würde angewiesen seyn.

Was nun aber näher das Verfahren jener alten Metaphyſik anbetrifft, ſo iſt darüber zu bemerken, daß dieſelbe nicht
über das blos verſtändige Denken hinausging. Sie nahm
die abſtrakten Denkbeſtimmungen unmittelbar auf und ließ
dieſelben dafür gelten, Prädikate des Wahren zu ſeyn. Wenn
vom Denken die Rede iſt, ſo muß man das endliche, blos
verſtändige Denken, vom unendlichen, vernünftigen,
unterſcheiden. Die Denkbeſtimmungen, ſo wie ſie ſich unmittelbar, vereinzelt vorfinden, ſind endliche Beſtimmungen.
Das Wahre aber iſt das in ſich Unendliche, welches durch
Endliches ſich nicht ausdrücken und zum Bewußtſeyn bringen
läßt. Der Ausdruck unendliches Denken kann als auffallend erſcheinen, wenn man die Vorſtellung der neueren Zeit,
als ſey das Denken immer beſchränkt, feſthält. Nun aber iſt
in der That das Denken ſeinem Weſen nach in ſich unendlich. Endlich heißt formell ausgedrückt, dasjenige was ein
Ende hat, was iſt, aber da aufhört, wo es mit ſeinem Andern zuſammenhängt und ſomit durch dieſes beſchränkt wird.
Das Endliche beſteht alſo in Beziehung auf ſein Anderes,
welches ſeine Negation iſt und ſich als deſſen Gränze darſtellt.
Das Denken aber iſt bei ſich ſelbſt, verhält ſich zu ſich ſelbſt
und hat ſich ſelbſt zum Gegenſtand. Indem ich einen Gedanken zum Gegenſtand habe, bin ich bei mir ſelbſt. Ich, das
Denken, iſt demnach unendlich, darum, weil es ſich im Denken zu einem Gegenſtand verhält, der es ſelbſt iſt. Gegenſtand überhaupt, iſt ein Anderes, ein Negatives gegen mich.
Denkt das Denken ſich ſelbſt, ſo hat es einen Gegenſtand,
der zugleich keiner iſt, d. h. ein aufgehobener, ideeller. Das
Denken als ſolches, in ſeiner Reinheit hat alſo keine
Schranke in ſich. Endlich iſt das Denken nur, inſofern es
bei beſchränkten Beſtimmungen ſtehen bleibt, die demſelben als
ein Letztes gelten. Das unendliche oder ſpekulative Denken
dagegen, beſtimmt gleichfalls, aber beſtimmend, begränzend, hebt

es diesen Mangel wieder auf. Die Unendlichkeit ist nicht, wie in der gewöhnlichen Vorstellung, als ein abstraktes Hinaus und Immer-weiter-hinaus aufzufassen, sondern in der einfachen Weise, wie solches vorher angegeben wurde.

Das Denken der alten Metaphysik war endliches Denken, denn dieselbe bewegte sich in solchen Denkbestimmungen, deren Schranke ihr als etwas Festes galt, welches nicht wieder negirt wurde. So wurde z. B. gefragt: hat Gott Daseyn? und das Daseyn wurde hierbei als ein rein Positives, als ein Letztes und Vortreffliches betrachtet. Wir werden aber später sehen, daß Daseyn keineswegs ein blos Positives ist, sondern eine Bestimmung, die zu niedrig für die Idee und Gottes nicht würdig ist. — Man fragte ferner nach der Endlichkeit oder Unendlichkeit der Welt. Hier wird die Unendlichkeit der Endlichkeit fest gegenübergestellt und es ist doch leicht einzusehen, daß wenn beide einander gegenüber gestellt werden, die Unendlichkeit, die doch das Ganze seyn soll, nur als eine Seite erscheint und durch das Endliche begränzt ist. — Eine begränzte Unendlichkeit ist aber selbst nur ein Endliches. In demselben Sinn hat man gefragt: ob die Seele einfach oder zusammengesetzt sey? Also auch die Einfachheit galt als eine letzte Bestimmung, fähig das Wahre zu fassen. Einfach ist aber eine so arme abstrakte und einseitige Bestimmung wie Daseyn, eine Bestimmung, von welcher wir später sehen werden, daß dieselbe als selbst unwahr, unfähig ist das Wahre zu fassen. Wird die Seele nur als einfach betrachtet, so wird sie durch solche Abstraktion als einseitig und endlich bestimmt.

Die alte Metaphysik hatte also das Interesse zu erkennen, ob Prädikate der erwähnten Art ihren Gegenständen beizulegen seyen. Diese Prädikate aber sind beschränkte Verstandesbestimmungen, die nur eine Schranke, aber nicht das Wahre ausdrücken. — Hierbei ist dann besonders noch zu bemerken, wie das Verfahren darin bestand, daß dem zu erkennenden Gegen-

stand, so z. B: Gott, Prädikate beigelegt worden. Dieß ist
dann aber eine äußerliche Reflexion über den Gegenstand, denn
die Bestimmungen (die Prädikate) sind in meiner Vorstellung
fertig und werden dem Gegenstand nur äußerlich beigelegt. Dahingegen muß die wahrhafte Erkenntniß eines Gegenstandes von
der Art seyn, daß derselbe sich aus sich selbst bestimmt und seine
Pärdikate nicht äußerlich erhält. Verfährt man nun in der Weise
des Prädicirens, so hat der Geist dabei das Gefühl der Uner-
schöpflichkeit durch solche Prädikate. Die Orientalen nennen
demnach auf diesem Standpunkt ganz richtig Gott den Viel-
namigen, den Unendlichnamigen. Das Gemüth befriedigt sich
in keiner jener endlichen Bestimmungen und die orientalische Erkenntniß besteht demnach in einem rastlosen Aufsuchen solcher
Prädikate. Bei den endlichen Dingen ist es nun allerdings der
Fall, daß dieselben durch endliche Prädikate bestimmt werden
müssen und hier ist der Verstand mit seiner Thätigkeit am rechten
Platz. Er, der selbst Endliche, erkennt auch nur die Natur des
Endlichen. Nenne ich z. B. eine Handlung einen Diebstahl,
so ist dieselbe dadurch ihrem wesentlichen Inhalt nach bestimmt
und dieß zu erkennen, ist dem Richter genug. Ebenso verhalten
sich die endlichen Dinge als Ursache und Wirkung, als
Kraft und Aeußerung und indem sie nach diesen Bestimmungen gefaßt werden, so sind sie ihrer Endlichkeit nach erkannt.
Aber Vernunftgegenstände können durch solche endliche Prädikate
nicht bestimmt werden und das Bestreben, dieß zu thun, war der
Mangel der alten Metaphysik.

§. 29.

Dergleichen Prädikate sind für sich ein beschränkter Inhalt, und zeigen sich schon als der Fülle der Vorstellung
(von Gott, Natur, Geist u. s. f.) nicht angemessen und sie keineswegs erschöpfend. Alsdann sind sie dadurch, daß sie Prädikate Eines
Subjekts seyen, miteinander verbunden, durch ihren Inhalt aber

verschieden, so daß sie gegeneinander von außen her aufgenommen werden.

Den ersten Mangel suchten die Orientalen z. B. bei der Bestimmung Gottes durch die vielen Namen, die sie ihm beilegten, abzuhelfen; zugleich aber sollten der Namen unendlich viele seyn.

§. 30.

2) Ihre Gegenstände waren zwar Totalitäten, welche an und für sich der Vernunft, dem Denken des in sich konkreten Allgemeinen angehören, — Seele, Welt, Gott, — aber die Metaphysik nahm sie aus der Vorstellung auf, legte sie als fertige gegebene Subjekte bei der Anwendung der Verstandesbestimmungen darauf zu Grunde, und hatte nur an jener Vorstellung den Maaßstab, ob die Prädikate passend und genügend seyen oder nicht.

§. 31.

Die Vorstellungen von Seele, Welt, Gott scheinen zunächst dem Denken einen festen Halt zu gewähren. Außerdem aber, daß ihnen der Charakter besonderer Subjektivität beigemischt ist, und sie hiernach eine sehr verschiedene Bedeutung haben können, so bedürfen sie es vielmehr erst durch das Denken die feste Bestimmung zu erhalten. Dieß drückt jeder Satz aus, als in welchem erst durch das Prädikat (d. i. in der Philosophie durch die Denkbestimmung) angegeben werden soll, was das Subjekt d. i. die anfängliche Vorstellung sey.

In dem Satze: Gott ist ewig u. s. f. wird mit der Vorstellung: Gott angefangen; aber was er ist, wird noch nicht gewußt; erst das Prädikat sagt aus, was er ist. Es ist deswegen im Logischen, wo der Inhalt ganz allein in der Form des Gedankens bestimmt wird, nicht nur überflüssig diese Bestimmungen zu Prädikaten von Sätzen, deren Subjekt Gott oder das vage Absolute wäre, zu machen, sondern es würde auch den Nachtheil haben an einen andern Maaßstab als die Natur des Gedankens selbst ist, zu erinnern. — Ohnehin ist die Form des Sates oder bestimmter des Urtheils ungeschickt, das Konkrete, — und das Wahre ist konkret, — und Spekulative auszudrücken; das Urtheil ist durch seine Form einseitig und insofern falsch.

Zusatz. Diese Metaphysik war kein freies und objektives Denken; da sie das Objekt sich nicht frei aus sich selbst bestimmen ließ, sondern dasselbe als fertig voraussetzte. — Was das freie Denken anbetrifft, so dachte die griechische Philosophie frei, die Scholastik aber nicht, da diese ihren Inhalt gleichfalls als einen gegebenen und zwar von der Kirche gegebenen aufnahm. — Wir Modernen sind durch unsere ganze Bildung in Vorstellungen eingeweiht, welche zu überschreiten höchst schwierig ist, da diese Vorstellungen den tiefsten Inhalt haben. Unter den alten Philosophen müssen wir uns Menschen vorstellen, die ganz in sinnlicher Anschauung stehen und weiter keine Voraussetzung haben als den Himmel droben und die Erde umher, denn die mythologischen Vorstellungen waren auf die Seite geworfen. Der Gedanke ist in dieser sachlichen Umgebung frei und in sich zurückgezogen, frei von allem Stoff, rein bei sich. Dieses reine Beisichseyn gehört zum freien Denken, dem in's Freie-ausschiffen, wo nichts unter uns und über uns ist, und wir in der Einsamkeit mit uns allein dastehen.

§. 32.

3) Diese Metaphysik wurde **Dogmatismus**, weil sie nach der Natur der endlichen Bestimmungen annehmen mußte, daß von zwei entgegengesetzten Behauptungen, dergleichen jene Säte waren, die eine wahr, die andere aber falsch seyn müsse.

Zusatz. Der Dogmatismus hat zunächst seinen Gegensatz am **Skepticismus.** Die alten Skeptiker nannten überhaupt eine jede Philosophie dogmatisch, insofern dieselbe bestimmte Lehrsäte aufstellt. In diesem weitern Sinne gilt auch

die eigentlich spekulative Philosophie dem Skepticismus für
dogmatisch. Das Dogmatische im engern Sinn besteht dann
aber darin, daß einseitige Verstandesbestimmungen mit Ausschluß
der entgegengesetzten festgehalten werden. Es ist dieß überhaupt
das strenge Entweder — oder und es heißt demgemäß z. B.
die Welt ist entweder endlich oder unendlich, aber nur eines
von beiden. Das Wahrhafte, das Spekulative ist dagegen gerade dieses, welches keine solche einseitige Bestimmung an sich
hat und dadurch nicht erschöpft wird, sondern als Totalität diejenigen Bestimmungen in sich vereinigt enthält, welche dem
Dogmatismus in ihrer Trennung als ein Festes und Wahres
gelten. — Es ist in der Philosophie häufig der Fall, daß die
Einseitigkeit sich neben die Totalität stellt, mit der Behauptung
ein Besonderes, Festes gegen sie zu seyn. In der That aber ist
das Einseitige nicht ein Festes und für sich Bestehendes, sondern
dasselbe ist im Ganzen als aufgehoben enthalten. Der Dogmatismus der Verstandesmetaphysik besteht darin einseitige Gedankenbestimmungen in ihrer Isolirung festzuhalten, wohingegen der
Idealismus der spekulativen Philosophie das Princip der Totalität hat und sich als übergreifend über die Einseitigkeit der abstrakten Verstandesbestimmungen erweist. So wird der Idealismus sagen: Die Seele ist weder nur endlich, noch nur unendlich, sondern sie ist wesentlich sowohl das Eine als auch das
Andere, und hiermit weder das Eine noch das Andere,
d. h. solche Bestimmungen in ihrer Isolirung sind ungültig
und sie gelten nur als aufgehoben. — Auch in unserm
gewöhnlichen Bewußtseyn kömmt schon der Idealismus vor.
Wir sagen demgemäß von den sinnlichen Dingen, sie seyen
veränderlich, d. h. es komme ihnen das Seyn zu, wie das
Nichtseyn. — Hartnäckiger sind wir rücksichtlich der Verstandesbestimmungen. Diese als Denkbestimmungen, gelten für ein
Festeres, ja für ein absolut Festes. Wir betrachten dieselben als
durch einen unendlichen Abgrund von einander getrennt, so daß

die einander gegenüberstehenden Bestimmungen sich nie zu erreichen vermögen. Der Kampf der Vernunft besteht darin, dasjenige, was der Verstand fixirt hat, zu überwinden.

§. 33.

Den ersten Theil dieser Metaphysik in ihrer geordneten
Gestalt machte die Ontologie aus, — die Lehre von den
abstrakten Bestimmungen des Wesens. Für diese in
ihrer Mannichfaltigkeit und endlichem Gelten mangelt es an einem Princip; sie müssen darum empirisch und zufälligerweise aufgezählt, und ihr näherer Inhalt kann nur auf die
Vorstellung, auf die Versicherung, daß man sich bei einem Worte gerade dieß denke, etwa auch auf die Etymologie
gegründet werden. Es kann dabei blos um die mit dem Sprachgebrauch übereinstimmende Richtigkeit der Analyse und empirische Vollständigkeit, nicht um die Wahrheit und Nothwendigkeit solcher Bestimmungen an und für sich zu thun seyn.

Die Frage, ob Seyn, Daseyn, oder Endlichkeit, Einfachheit, Zusammensetzung u. s. f. an und für sich wahre Begriffe seyen, muß auffallend seyn, wenn man meint, es könne
blos von der Wahrheit eines Satzes die Rede seyn und
nur gefragt werden, ob ein Begriff einem Subjekte
mit Wahrheit beizulegen sey (wie man es nannte) oder
nicht; die Unwahrheit hänge von dem Widerspruche ab, der
sich zwischen dem Subjekte der Vorstellung und dem von demselben zu prädicirenden Begriffe fände. Allein der Begriff
als Konkretes und selbst jede Bestimmtheit überhaupt ist wesentlich in sich selbst eine Einheit unterschiedener Bestimmungen. Wenn die Wahrheit also weiter nichts wäre, als der
Mangel des Widerspruchs, so müßte bei jedem Begriffe zuerst
betrachtet werden, ob er nicht für sich einen solchen innern
Widerspruch enthalte.

§. 34.

Der zweite Theil war die rationelle Psychologie

oder Pneumatologie, welche die metaphysische Natur der
Seele nämlich des Geistes als eines Dinges betrifft.

Die Unsterblichkeit wurde in der Sphäre aufgesucht, wo
Zusammensetzung, Zeit, qualitative Veränderung,
quantitatives Zu= oder Abnehmen ihre Stelle haben.

Zusatz. Rationell hieß die Psychologie im Gegensatz
der empirischen Betrachtungsweise der Aeußerungen der Seele.
Die rationelle Psychologie betrachtete die Seele nach ihrer me=
taphysischen Natur, wie sie bestimmt wird durch das abstrakte
Denken. Sie wollte die innere Natur der Seele erkennen, wie
sie an sich, wie sie für den Gedanken ist. — Heut zu Tage
wird in der Philosophie wenig von der Seele gesprochen, son=
dern vornehmlich vom Geist. Der Geist unterscheidet sich von
der Seele, welche gleichsam das Mittlere zwischen der Leiblich=
keit und dem Geist, oder das Band zwischen beiden ist. Der
Geist als Seele ist in die Leiblichkeit versenkt und die Seele ist
das Belebende des Körpers.

Die alte Metaphysik betrachtete die Seele als Ding. Ding
aber ist ein sehr zweideutiger Ausdruck. Unter Ding verstehen
wir zunächst ein unmittelbar Existirendes, ein Solches, das wir
uns sinnlich vorstellen und in diesem Sinn hat man von der
Seele gesprochen. Man hat demgemäß gefragt, wo die Seele
ihren Sitz habe. Als einen Sitz habend ist aber die Seele im
Raum und wird sinnlich vorgestellt. Eben so gehört es zur
Auffassung der Seele als eines Dinges, wenn danach gefragt
wird, ob dieselbe einfach oder zusammengesetzt ist. Diese Frage
interessirte besonders in Beziehung auf die Unsterblichkeit der
Seele, insofern dieselbe als durch die Einfachheit der Seele be=
dingt betrachtet wurde. Nun aber ist in der That die abstrakte
Einfachheit eine Bestimmung, die dem Wesen der Seele so we=
nig entspricht als die der Zusammengesetztheit.

Was das Verhältniß der rationellen zur empirischen Psy=
chologie anbetrifft, so steht die erstere dadurch höher als die letz=

tere, daß sie es sich zur Aufgabe macht, den Geist durch das
Denken zu erkennen und das Gedachte auch zu beweisen, während die empirische Psychologie von der Wahrnehmung ausgeht
und nur aufzählt und beschreibt, was diese an die Hand giebt.
Allein wenn man den Geist denken will, so muß man gegen
seine Besonderheiten gar nicht so spröde seyn.   Der Geist ist
Thätigkeit, in dem Sinn, in welchem schon die Scholastiker von
Gott sagten, er sey absolute Aktuosität. Indem nun aber der
Geist thätig ist, so liegt darin, daß er sich äußert. Man hat des-
halb den Geist nicht als ein prozeßloses ens zu betrachten, wie
solches in der alten Metaphysik geschehen, welche die prozeßlose
Innerlichkeit des Geistes von seiner Aeußerlichkeit trennte. Der
Geist ist wesentlich in seiner konkreten Wirklichkeit, in seiner
Energie zu betrachten und zwar so, daß die Aeußerungen der-
selben als durch seine Innerlichkeit bestimmt erkannt werden.

§. 35.

Der dritte Theil, die Kosmologie handelte von der
Welt, ihrer Zufälligkeit, Nothwendigkeit, Ewigkeit, Begrenzt-
seyn in Raum und Zeit; den formellen Gesetzen in ihren Veränderungen, ferner von der Freiheit des Menschen, und dem
Ursprunge des Bösen.

Als absolute Gegensätze gelten hiebei vornehmlich: Zufälligkeit und Nothwendigkeit; äußerliche und innerliche Nothwendigkeit; wirkende und Endursachen, oder die Kausalität
überhaupt und Zweck; Wesen oder Substanz und Erscheinung;
Form und Materie; Freiheit und Nothwendigkeit; Glückseligkeit und Schmerz; Gutes und Böses.

Zusatz. Die Kosmologie hatte sowohl die Natur als
auch den Geist, in seinen äußerlichen Verwicklungen, in seiner
Erscheinung, also überhaupt das Daseyn, den Inbegriff des Endlichen zum Gegenstand. Dieselbe betrachtete aber diesen ihren
Gegenstand nicht als ein konkretes Ganzes, sondern nur nach
abstrakten Bestimmungen. Es wurden z. B. hier die Fragen

verhandelt, ob Zufall in der Welt herrsche oder Nothwendigkeit,
ob die Welt ewig sey oder erschaffen? Ein Hauptinteresse dieser Disciplin bildete demnächst die Aufstellung sogenanter allgemeiner kosmologischer Gesetze, wie z. B. dieß, daß es in der
Natur keinen Sprung gebe. Sprung heißt hier so viel als qua-
litativer Unterschied und qualitative Veränderung, welche als unvermittelt erscheinen, während dagegen das (quantitative) All-
mählige sich als ein Vermitteltes darstellt.

In Beziehung auf den Geist, wie solcher in der Welt erscheint, waren es dann vornehmlich die Fragen nach der Freiheit des Menschen und nach dem Ursprung des Bösen, welche
in der Kosmologie verhandelt wurden. Dieß sind nun allerdings
Fragen vom höchsten Interesse. Um dieselben jedoch auf eine
genügende Weise zu beantworten, dazu gehört vor allen Dingen,
daß man die abstrakten Verstandesbestimmungen nicht als ein
Letztes festhält, in dem Sinn, als ob jede der beiden Bestimmungen eines Gegensatzes für sich ein Bestehen hätte und in
ihrer Isolirung als ein Substantielles und Wahrhaftes zu betrachten wäre. Dieß war jedoch der Standpunkt der alten Metaphysik, wie überhaupt, so auch bei den kosmologischen Erörterungen, welche um deswillen ihrem Zweck, die Erscheinungen der
Welt zu begreifen, nicht zu entsprechen vermochten. So wurde
z. B. der Unterschied von Freiheit und Nothwendigkeit in Betrachtung gezogen und wurden diese Bestimmungen in der Art
auf die Natur und auf den Geist angewendet, daß man jene in
ihren Wirkungen als der Nothwendigkeit unterworfen, diesen aber
als frei betrachtete. Dieser Unterschied ist nun allerdings wesentlich und im Innersten des Geistes selbst begründet; Freiheit
jedoch und Nothwendigkeit, als einander abstrakt gegenüberstehend,
gehören nur der Endlichkeit an und gelten nur auf ihrem Boden. Eine Freiheit, die keine Nothwendigkeit in sich hätte, und
eine bloße Nothwendigkeit ohne Freiheit, dieß sind abstrakte und
somit unwahre Bestimmungen. Die Freiheit ist wesentlich kon-

tret, auf ewige Weiſe in ſich beſtimmt und ſomit zugleich nothwendig. Wenn von Nothwendigkeit geſprochen wird, ſo pflegt
man darunter zunächſt nur Determination von außen zu verſte-
hen, wie z. B. in der endlichen Mechanik ein Körper ſich nur
bewegt, wenn er durch einen andern Körper geſtoßen wird und
zwar in der Richtung, welche ihm durch dieſen Stoß ertheilt
wird. Dieß iſt jedoch eine blos äußerliche Nothwendigkeit, nicht
die wahrhaft innere, denn dieſe iſt die Freiheit. — Eben ſo
verhält es ſich mit dem Gegenſatz des Guten und Böſen,
dieſem Gegenſatz der in ſich vertieften modernen Welt. Betrachten wir das Böſe als ein Feſtes für ſich, das nicht das
Gute iſt, ſo iſt dieß inſofern ganz richtig und der Gegenſatz anzuerkennen, als deſſen Scheinbarkeit und Relativität nicht ſo genommen werden darf, als ſeyen Böſes und Gutes im Abſoluten
Eines, wie man denn wohl neuerdings geſagt hat, böſe werde
etwas erſt durch unſere Anſicht. Das Falſche aber iſt, daß man
das Böſe als ein feſtes Poſitives anſieht, während es das Negative iſt, welches kein Beſtehen für ſich hat, ſondern nur für
ſich ſeyn will und in der That nur der abſolute Schein der
Negativität in ſich iſt.

§. 36.

Der vierte Theil, die natürliche oder rationelle
Theologie, betrachtete den Begriff Gottes oder deſſen Möglichkeit, die Beweiſe von ſeinem Daſeyn und ſeine Eigenſchaften.

a) Bei dieſer verſtändigen Betrachtung Gottes kommt es
vornehmlich darauf an, welche Prädikate zu dem paſſen oder
nicht paſſen, was wir uns unter Gott vorſtellen. Der
Gegenſatz von Realität und Negation kommt hier als abſolut
vor; daher bleibt für den Begriff, wie ihn der Verſtand
nimmt, am Ende nur die leere Abſtraktion des unbeſtimmten
Weſens, der reinen Realität oder Poſitivität, das todte
Produkt der modernen Aufklärung. b) Das Beweiſen des
endlichen Erkennens, zeigt überhaupt die verkehrte Stellung,

daß ein objektiver Grund von Gottes Seyn angegeben werden soll, welches somit sich als ein durch ein anderes Vermitteltes darstellt. Dieß Beweisen, das die Verstandes-
Identität zur Regel hat, ist von der Schwierigkeit befangen,
den Uebergang vom Endlichen zum Unendlichen zu machen. So konnte es entweder Gott von der positiv bleibenden Endlichkeit der daseyenden Welt nicht befreien, so daß er
sich als die unmittelbare Substanz derselben bestimmen mußte
(Pantheismus); — oder er blieb als ein Objekt dem Subjekt
gegenüber, somit auf diese Weise ein Endliches (Dualismus). c) Die Eigenschaften, da sie doch bestimmte und
verschiedene seyn sollen, sind eigentlich in dem abstrakten Begriffe der reinen Realität, des unbestimmten Wesens unterge-
gangen. Insofern aber noch die endliche Welt als ein wahres Seyn und Gott ihr gegenüber in der Vorstellung bleibt,
so stellt sich auch die Vorstellung verschiedener Verhältnisse
desselben zu jener ein, welche als Eigenschaften bestimmt, einerseits als Verhältnisse zu endlichen Zuständen, selbst endlicher Art (z. B. gerecht, gütig, mächtig, weise u. s. f.) seyn
müssen, andererseits aber zugleich unendlich seyn sollen. Dieser Widerspruch läßt auf diesem Standpunkte nur die nebu-
lose Auflösung durch quantitative Steigerung zu, sie ins Bestimmungslose, in den sensum eminentiorem zu treiben. Hiedurch aber wird die Eigenschaft in der That zu nichte gemacht und ihr blos ein Name gelassen.

    Zusatz. Es war in diesem Theil der alten Metaphysik
darum zu thun, festzustellen, wie weit es die Vernunft für sich
in der Erkenntniß Gottes bringen könne. Gott zu erkennen
durch die Vernunft ist nun allerdings die höchste Aufgabe der
Wissenschaft. Die Religion enthält zunächst Vorstellungen von
Gott; diese Vorstellungen, wie solche im Glaubensbekenntniß
zusammengestellt sind, werden uns von Jugend auf als Lehren
der Religion mitgetheilt, und insofern das Individuum an diese

Lehren glaubt und sie ihm die Wahrheit sind, so hat es, was es als Christ braucht. Die Theologie aber ist die Wissenschaft dieses Glaubens. Giebt die Theologie blos eine äußerliche Aufzählung und Zusammenstellung der Religionslehren, so ist sie noch nicht Wissenschaft. Auch durch die heut zu Tage so beliebte blos historische Behandlung ihres Gegenstandes (wie z. B. dadurch, daß erzählt wird, was dieser und jener Kirchenvater gesagt hat) erhält die Theologie noch nicht den Charakter der Wissenschaftlichkeit. Dieß geschieht erst dadurch, daß zum begreifenden Denken fortgeschritten wird, welches das Geschäft der Philosophie ist. Die wahrhafte Theologie ist so wesentlich zugleich Religions=Philosophie und dieß war sie auch im Mittelalter.

Was dann näher die rationelle Theologie der alten Metaphysik anbetrifft, so war dieselbe nicht Vernunftwissenschaft, sondern Verstandeswissenschaft von Gott und ihr Denken bewegte sich nur in abstrakten Gedankenbestimmungen. — Indem hier der Begriff Gottes abgehandelt wurde, so war es die Vorstellung von Gott, welche den Maaßstab für die Erkenntniß bildete. Das Denken aber hat sich frei in sich zu bewegen, wobei jedoch sogleich zu bemerken ist, daß das Resultat des freien Denkens mit dem Inhalt der christlichen Religion übereinstimmt, da diese Offenbarung der Vernunft ist. Zu solcher Uebereinstimmung kam es indeß nicht bei jener rationellen Theologie. Indem diese sich daran begab, die Vorstellung von Gott durch das Denken zu bestimmen, so ergab sich als Begriff Gottes nur das Abstraktum von Positivität oder Realität überhaupt, mit Ausschluß der Negation und Gott wurde demgemäß definirt als das allerrealste Wesen. Nun aber ist leicht einzusehen, daß dieses allerrealste Wesen dadurch, daß die Negation von demselben ausgeschlossen wird, gerade das Gegentheil von dem ist, was es seyn soll und was der Verstand an ihm zu haben meint. Anstatt das Reichste und schlechthin Erfüllte

zu ſeyn, iſt daſſelbe, um ſeiner abſtrakten Auffaſſung willen, vielmehr das Allerärmſte und ſchlechthin Leere. Das Gemüth verlangt mit Recht einen konkreten Inhalt, ein ſolcher aber iſt nur
dadurch vorhanden, daß er die Beſtimmtheit d. h. die Negation
in ſich enthält. Wird der Begriff Gottes blos als der des abſtrakten oder allerrealſten Weſens aufgefaßt, ſo wird Gott dadurch für uns zu einem bloßen Jenſeits und von einer Erkenntniß deſſelben kann dann weiter nicht die Rede ſeyn, denn wo
keine Beſtimmtheit iſt, da iſt auch keine Erkenntniß möglich.
Das reine Licht iſt die reine Finſterniß.

Das zweite Intereſſe dieſer rationellen Theologie betraf die
Beweiſe vom Daſeyn Gottes. Die Hauptſache dabei iſt, daß
das Beweiſen, wie daſſelbe vom Verſtand genommen wird, Abhängigkeit einer Beſtimmung von einer andern iſt. Man hat
bei dieſem Beweiſen ein Vorausgeſetztes, ein Feſtes, aus dem
ein Anderes folgt. Es wird hier alſo die Abhängigkeit einer
Beſtimmung von einer Vorausſetzung aufgezeigt. Soll nun das
Daſeyn Gottes auf dieſe Weiſe bewieſen werden, ſo erhält dieß
den Sinn, daß das Seyn Gottes von andern Beſtimmungen
abhängen ſoll, daß dieſe alſo den Grund vom Seyn Gottes
ausmachen. Hier ſieht man denn ſogleich, daß etwas Schiefes herauskommen muß, denn Gott ſoll gerade ſchlechthin
der Grund von Allem und hiermit nicht abhängig von Anderem
ſeyn. Man hat in dieſer Beziehung in der neuern Zeit geſagt,
Gottes Daſeyn ſey nicht zu beweiſen, ſondern müſſe unmittelbar
erkannt werden. Die Vernunft verſteht indeß unter Beweiſen
etwas ganz Anderes als der Verſtand und auch der geſunde
Sinn thut dieß. Das Beweiſen der Vernunft hat zwar auch
zu ſeinem Ausgangspunkt ein Anderes als Gott, allein es läßt
in ſeinem Fortgang dieß Andere nicht als ein Unmittelbares und
Seyendes, ſondern indem es daſſelbe als ein Vermitteltes und
Geſetztes aufzeigt, ſo ergiebt ſich dadurch zugleich, daß Gott als
der die Vermittelung in ſich aufgehoben Enthaltende, wahrhaft

Unmittelbare, Ursprüngliche und auf sich Beruhende zu betrachten ist. — Sagt man: betrachtet die Natur, sie wird Euch auf
Gott führen, Ihr werdet einen absoluten Endzweck finden —
so ist damit nicht gemeint, daß Gott ein Vermitteltes sey, sondern daß nur wir den Gang machen von einem Andern zu
Gott, in der Art, daß Gott als die Folge, zugleich der absolute
Grund jenes Ersten ist, daß also die Stellung sich verkehrt und
dasjenige, was als Folge erscheint, sich auch als Grund zeigt
und was erst als Grund sich darstellte, zur Folge herabgesetzt
wird. Dieß ist dann auch der Gang des vernünftigen Beweisens.

Werfen wir nach der bisher angestellten Erörterung noch
einen Blick auf das Verfahren dieser Metaphysik überhaupt, so
ergiebt sich uns, wie dasselbe darin bestand, daß sie die Vernunftgegenstände in abstrakte, endliche Verstandesbestimmungen
faßte und die abstrakte Identität zum Princip machte. Diese
Verstandesunendlichkeit aber, dieß reine Wesen, ist selbst nur ein
Endliches, denn die Besonderheit ist davon ausgeschlossen, beschränkt und negirt dieselbe. Diese Metaphysik anstatt zur konkreten Identität zu kommen, beharrte auf der abstrakten; aber
ihr Gutes war das Bewußtseyn, daß der Gedanke allein die
Wesenheit des Seyenden sey. Den Stoff zu dieser Metaphysik
gaben die frühern Philosophen und namentlich die Scholastiker.
In der spekulativen Philosophie ist der Verstand zwar ein Moment, aber ein Moment, bei welchem nicht stehen geblieben wird.
Plato ist kein solcher Metaphysiker und Aristoteles noch weniger, obgleich man gewöhnlich das Gegentheil glaubt.

B.

Zweite Stellung des Gedankens zur Objektivität.

I. Empirismus.

§. 37.

Das Bedürfniß Theils eines konkreten Inhalts gegen die abstrakten Theorien des Verstandes, der nicht für sich selbst aus seinen Allgemeinheiten zur Besonderung und Bestimmung fortgehen kann, Theils eines festen Halts gegen die Möglichkeit, auf dem Felde und nach der Methode der endlichen Bestimmungen Alles beweisen zu können, führte zunächst auf den Empirismus, welcher statt in dem Gedanken selbst das Wahre zu suchen, dasselbe aus der Erfahrung, der äußern und innern Gegenwart, zu holen geht.

Zusatz. Der Empirismus verdankt seinen Ursprung dem im vorstehenden §. angegebenen Bedürfniß eines konkreten Inhalts und eines festen Halts, welchem Bedürfniß die abstrakte Verstandesmetaphysik nicht zu genügen vermag. Was hierbei das Konkrete des Inhalts anbetrifft, so ist es überhaupt darum zu thun, daß die Gegenstände des Bewußtseyns als in sich bestimmt und als Einheit unterschiedener Bestimmungen gewußt werden. Nun aber ist, wie wir gesehen haben, dieß bei der Verstandesmetaphysik, nach dem Princip des Verstandes, keineswegs der Fall. Das blos verständige Denken ist auf die Form des abstrakt Allgemeinen beschränkt und vermag nicht zur Besonderung dieses Allgemeinen fortzuschreiten. So begab sich z. B. die alte Metaphysik daran, durch das Denken auszumitteln, was das Wesen oder die Grundbestimmung der Seele sey und es hieß dann, die Seele sey einfach. Diese der Seele zugeschriebene Einfachheit hat hier die Bedeutung der abstrakten Einfachheit, mit Ausschließung des Unterschiedes, welcher, als Zusammengesetztheit, als die Grundbestimmung des Leibes und dann weiter der Materie überhaupt betrachtet wurde. Nun aber ist die abstrakte Einfachheit eine sehr dürftige Bestimmung, wodurch das Reichthum der Seele, und dann weiter des Geistes keineswegs zu erfassen ist. Indem so das abstrakt metaphysische Denken sich als unzureichend erwies, sah man sich genöthigt, zur empirischen Psychologie seine Zuflucht zu nehmen. Eben so verhält es sich mit der rationellen Physik. Wenn hier z. B. gesagt wurde, daß der Raum unendlich sey, daß die Natur keinen Sprung thue u. s. w., so ist dieß durchaus unbefriedigend der Fülle und dem Leben der Natur gegenüber.

§. 38.

Der Empirismus hat diese Quelle einerseits mit der Metaphysik selbst gemein, als welche für die Beglaubigung ihrer Definitionen, — der Voraussetzungen so wie des bestimmtern Inhalts, ebenfalls die Vorstellungen d. h. den zunächst von der Erfahrung herrührenden Inhalt zur Gewähr hat. Anderntheils ist die einzelne Wahrnehmung von der Erfahrung unterschieden, und der Empirismus erhebt den der Wahrnehmung, dem Gefühl und der Anschauung angehörigen Inhalt in die Form allgemeiner Vorstellungen, Säße und Geseße ꝛc. Dieß geschieht jedoch nur in dem Sinne, daß diese allgemeinen Bestimmungen (z. B. Kraft) keine weitere Bedeutung und Gültigkeit für sich haben sollen als die aus der Wahrnehmung genommene, und kein als in der Erscheinung nachzuweisender Zusammenhang Berechtigung haben soll. Den festen Halt nach der subjektiven Seite hat das empirische Erkennen darin, daß das Bewußtseyn in der Wahrnehmung seine eigene unmittelbare Gegenwart und Gewißheit hat.

Es liegt im Empirismus dieß große Princip, daß was wahr ist, in der Wirklichkeit seyn und für die Wahrnehmung da seyn muß. Dieß Princip ist dem Sollen entgegengesetzt, womit die Reflexion sich aufbläht und gegen die Wirklichkeit und Gegenwart mit einem Jenseits verächtlich thut, welches nur in dem subjektiven Verstande seinen Sitz und Daseyn haben soll. Wie der Empirismus erkennt (§. 7.) auch die Philosophie nur das was ist; sie weiß nicht solches, was nur seyn soll und somit nicht da ist. — Nach der subjektiven Seite ist ebenso das wichtige Princip der Freiheit anzuerkennen, welches im Empirismus liegt, daß nämlich der Mensch, was er in seinem Wissen gelten lassen soll, selbst sehen, sich selbst darin präsent wissen soll. — Die konsequente Durchführung des Empirismus, insofern er dem Inhalte nach sich auf Endliches beschränkt, läugnet aber das Uebersinnliche überhaupt oder wenigstens die Erkenntniß und Bestimmtheit desselben, und läßt dem Denken nur die Abstraktion und formelle Allgemeinheit und Identität zu. — Die Grundtäuschung im wissenschaftlichen Empirismus ist immer diese, daß er die metaphysischen Kategorien von Materie, Kraft, ohnehin von Einem, Vielem, Allgemeinheit und Unendlichem u. s. f. gebraucht, ferner am Faden solcher Kategorien weiter fortschließt, dabei die Formen des Schließens voraussetzt und anwendet, und bei allem nicht weiß, daß er so selbst Metaphysik enthält und treibt, und jene Kategorien und deren Verbindungen auf eine völlig unkritische und bewußtlose Weise gebraucht.

Zusatz. Vom Empirismus erging der Zuruf: Laßt das Herumtreiben in leeren Abstraktionen, schaut auf eure Hände, erfaßt das Hier des Menschen und der Natur, genießt die Gegenwart — und es ist nicht zu verkennen, daß hierin ein wesentlich berechtigtes Moment enthalten ist. Das Hier, die Gegenwart, das Dießeits sollte mit der leeren Jenseitigkeit, mit den Spinnengeweben und Nebelgestalten des abstrakten Verstandes vertauscht werden. Hiermit wird dann auch der in der alten Metaphysik vermißte feste Halt, d. h. die unendliche Bestimmung gewonnen. Der Verstand klaubt nur endliche Bestimmungen heraus; diese sind an sich haltlos und wankend und das auf denselben errichtete Gebäude stürzt in sich zusammen. Eine unendliche Bestimmung zu finden war überhaupt der Trieb der Vernunft; es war aber noch nicht an der Zeit, dieselbe im Denken zu finden. So faßte denn dieser Trieb die Gegenwart auf, das Hier, das Dieses, welches die unendliche Form an sich hat, wenn auch nicht in der wahrhaften Existenz dieser Form. Das Aeußerliche ist an sich das Wahre, denn das Wahre ist wirklich und muß existiren. Die unendliche Bestimmtheit also, die die Vernunft sucht, ist in der Welt, wenn gleich in sinnlich einzelner Gestalt nicht in ihrer Wahrheit. — Näher ist nun die Wahrnehmung die Form, worin begriffen werden sollte und dieß ist der Mangel des Empirismus. Die Wahrnehmung als solche ist immer ein Einzelnes und Vorübergehendes: dabei bleibt jedoch das Erkennen nicht stehen, sondern dasselbe sucht in dem wahrgenommenen Einzelnen das Allgemeine und Bleibende auf und dieß ist der Fortgang von der bloßen Wahrnehmung zur Erfahrung. — Um Erfahrungen zu machen, bedient sich der Empirismus vornehmlich der Form der Analyse. In der Wahrnehmung hat man ein mannichfach Konkretes, dessen Bestimmungen auseinandergelegt werden sollen, wie eine Zwiebel, deren Häute man ablöst. Diese Zergliederung hat also den Sinn, daß man die zusammengewachsenen Bestimmungen auflöst, zerlegt und nichts hinzuthut als die subjektive Thätigkeit des Zerlegens. Die Analyse ist jedoch der Fortgang von der Unmittelbarkeit der Wahrnehmung zum Gedanken, insofern die Bestimmungen, welche der analysirte Gegenstand in sich vereinigt enthält, dadurch, daß sie getrennt werden, die Form der Allgemeinheit erhalten. Der Empirismus, indem er die Gegenstände analysirt, befindet sich im Irrthum, wenn er meint, er lasse dieselben wie sie sind, da er doch in der That das Konkrete in ein Abstraktes verwandelt. Hierdurch

geschieht es zugleich, daß das Lebendige getödtet wird, denn lebendig ist nur das Konkrete, Eine. Gleichwohl muß jene Scheidung geschehen, um zu begreifen, und der Geist selbst ist die
Scheidung in sich. Dieß ist jedoch nur die eine Seite und
die Hauptsache besteht in der Vereinigung des Geschiedenen.
Indem die Analyse auf dem Standpunkt der Scheidung stehen
bleibt, so gilt von derselben jenes Wort des Dichters:

Encheiresin naturae nennt's die Chemie,
Spottet ihrer selbst und weiß nicht wie.
Hat die Theile in ihrer Hand,
Fehlt leider nur das geistige Band.

Die Analyse geht vom Konkreten aus und hat in diesem
Material viel vor dem abstrakten Denken der alten Metaphysik
voraus. Dieselbe setzt die Unterschiede fest und dieß ist von großer
Wichtigkeit; diese Unterschiede sind dann aber selbst nur wieder
abstrakte Bestimmungen, d. h. Gedanken. Indem nun diese
Gedanken als dasjenige gelten, was die Gegenstände an sich
sind, so ist dieß wieder die Voraussetzung der alten Metaphysik,
daß nämlich im Denken das Wahrhafte der Dinge liege.

Vergleichen wir jetzt weiter den Standpunkt des Empirismus mit dem der alten Metaphysik, rücksichtlich des Inhalts,
so hatte, wie wir früher gesehen haben, die letztere zu ihrem Inhalt jene allgemeinen Vernunftgegenstände, Gott, die Seele und
die Welt überhaupt; dieser Inhalt war aus der Vorstellung
aufgenommen und das Geschäft der Philosophie bestand darin,
denselben auf die Form der Gedanken zurückzuführen. In ähnlicher Weise verhielt es sich mit der scholastischen Philosophie;
für diese bildeten die Dogmen der christlichen Kirche den vorausgesetzten Inhalt, um dessen nähere Bestimmung und Systematisirung durch das Denken es zu thun war. — Von ganz anderer Art ist der vorausgesetzte Inhalt des Empirismus. Dieß ist
der sinnliche Inhalt der Natur und der Inhalt des endlichen Geistes. Hier hat man also endlichen Stoff vor sich und in der

alten Metaphysik den unendlichen. Dieser unendliche Inhalt wurde dann durch die endliche Form des Verstandes verendlicht. Beim Empirismus haben wir dieselbe Endlichkeit der Form und außerdem ist auch noch der Inhalt endlich. Die Methode ist übrigens insofern bei beiden Weisen des Philosophirens dieselbe, als bei beiden von Voraussetzungen, als etwas Festem, ausgegangen wird. Für den Empirismus ist überhaupt das Aeußerliche das Wahre und wenn dann auch ein Uebersinnliches zugegeben wird, so soll doch eine Erkenntniß desselben nicht statt finden können, sondern man sich lediglich an das der Wahrnehmung Angehörige zu halten haben. Dieser Grundsatz aber in seiner Durchführung hat dasjenige gegeben, was man später als Ma = terialismus bezeichnet hat. Diesem Materialismus gilt die Materie als solche als das wahrhaft Objektive. Materie aber ist selbst schon ein Abstraktum, welches als solches nicht wahrzunehmen ist. Man kann deshalb sagen, es giebt keine Materie, denn wie sie existirt, ist sie immer ein Bestimmtes, Konkretes. Gleichwohl soll das Abstraktum der Materie die Grundlage für alles Sinnliche seyn — das Sinnliche überhaupt, die absolute Vereinzelung in sich und daher das Außereinanderseyende. Indem nun dieß Sinnliche für den Empirismus ein Gegebenes ist und bleibt, so ist dieß eine Lehre der Unfreiheit, denn die Freiheit besteht gerade darin, daß ich kein absolut Anderes gegen mich habe, sondern abhänge von einem Inhalt, der ich selbst bin. Weiter sind auf diesem Standpunkt Vernunft und Unvernunft nur subjektiv, d. h. wir haben uns das Gegebene gefallen zu lassen, so wie es ist und wir haben kein Recht danach zu fragen, ob und inwiefern dasselbe in sich vernünftig ist.

§. 39.

Ueber dieß Princip ist zunächst die richtige Reflexion gemacht worden, daß in dem, was Erfahrung genannt wird und von bloßer einzelner Wahrnehmung einzelner Thatsachen zu unterscheiden ist, sich zwei Elemente finden, — das eine der für sich vereinzelte unendlich mannichfaltige Stoff, — das andere die Form, die Bestimmungen der Allgemeinheit und Nothwendigkeit. Die Empirie zeigt wohl viele etwa unzählbar viele gleiche Wahrnehmungen auf; aber etwas ganz Anderes ist noch die Allgemeinheit als die große Menge. Ebenso gewährt die Empirie wohl Wahrnehmungen von auf einander-folgenden Veränderungen oder von nebeneinander-liegenden Gegenständen, aber nicht einen Zusammenhang der Nothwendigkeit. Indem nun die Wahrnehmung die Grundlage dessen, was für Wahrheit gelte, bleiben soll, so erscheint die Allgemeinheit und Nothwendigkeit als etwas Unberechtigtes, als eine subjektive Zufälligkeit, eine bloße Gewohnheit, deren Inhalt so oder anders beschaffen seyn kann.

Eine wichtige Konsequenz hievon ist, daß in dieser empirischen Weise die rechtlichen und sittlichen Bestimmungen und Gesetze, so wie der Inhalt der Religion als etwas Zufälliges erscheinen und deren Objektivität und innere Wahrheit aufgegeben ist.

Der humesche Skepticismus, von dem die obige Reflexion vornehmlich ausgeht, ist übrigens vom griechischen Skepticismus sehr wohl zu unterscheiden. Der humesche legt die Wahrheit des Empirischen, des Gefühls, der Anschauung zu Grunde, und bestreitet die allgemeinen Bestimmungen und Gesetze von da aus, aus dem Grunde, weil sie nicht eine Berechtigung durch die sinnliche Wahrnehmung haben. Der alte Skepticismus war soweit entfernt, das Gefühl, die Anschauung zum Princip der Wahrheit zu machen, daß er sich vielmehr zu allererst gegen das Sinnliche kehrte. (Ueber den modernen Skepticismus in seiner Vergleichung mit dem alten s. Schellings und Hegels Krit. Journal der Philosophie 1802. I. Bd. 1. St.)

II. Kritische Philosophie.

§. 40.

Die kritische Philosophie hat es mit dem Empirismus gemein, die Erfahrung für den einzigen Boden der Erkenntnisse anzunehmen, welche sie aber nicht für Wahrheiten, sondern nur für Erkenntnisse von Erscheinungen gelten läßt.

Zunächst wird von dem Unterschiede der Elemente ausgegangen, die sich in der Analyse der Erfahrung finden, des sinnlichen Stoffes und der allgemeinen Beziehungen desselben. Indem sich hiemit die im vorhergehenden §. angeführte Reflexion verbindet, daß in der Wahrnehmung für sich nur Einzelnes und nur solches was geschehe enthalten sey, wird zugleich bei dem Faktum beharrt, daß die Allgemeinheit und Nothwendigkeit als eben so wesentliche Bestimmungen sich in dem, was Erfahrung genannt wird, vorfinden. Weil dieses Element nun nicht aus dem Empirischen als solchem herstammt, so gehört es der Spontaneität des Denkens an oder ist a priori. — Die Denkbestimmungen oder Verstandesbegriffe machen die Objektivität der Erfahrungs-Erkenntnisse aus. Sie enthalten überhaupt Beziehungen, und es formiren sich daher durch sie synthetische Urtheile a priori (d. i. ursprüngliche Beziehungen Entgegengesetzter).

Daß sich in der Erkenntniß die Bestimmungen der Allgemeinheit und Nothwendigkeit finden, dieß Faktum stellt der humesche Skepticismus nicht in Abrede. Etwas Anderes als ein vorausgesetztes Faktum ist es in der Kantischen Philosophie auch nicht; man kann nach der gewöhnlichen Sprache in den Wissenschaften sagen, daß sie nur eine andere Erklärung jenes Faktums aufgestellt habe.

§. 41.

Die kritische Philosophie unterwirft nun den Werth der in der Metaphysik — übrigens auch in den andern Wissen-

schaften und im gewöhnlichen Vorstellen — gebrauchten Ver=
standesbegriffe zunächst der Untersuchung. Diese Kritik geht
jedoch nicht auf den Inhalt und das bestimmte Verhältniß
dieser Denkbestimmungen gegen einander selbst ein, sondern be=
trachtet sie nach dem Gegensatz von Subjektivität und Ob=
jektivität überhaupt. Dieser Gegensatz, wie er hier genommen
wird, bezieht sich (s. vorherg. §.) auf den Unterschied der Ele=
mente innerhalb der Erfahrung. Die Objektivität heißt
hier das Element von Allgemeinheit und Nothwendig=
keit, d. i. von den Denkbestimmungen selbst, — dem sogenann=
ten Apriorischen. Aber die kritische Philosophie erweitert den
Gegensatz so, daß in die Subjektivität das Gesammte
der Erfahrung d. h. jene beide Elemente zusammen fällt, und
derselben nichts gegenüber bleibt, als das Ding=an=sich.

Die nähern Formen des Apriorischen, d. i. des Den=
kens und zwar desselben als der seiner Objektivität ungeachtet
nur subjektiven Thätigkeit ergeben sich auf folgende Weise, —
einer Systematisirung, welche übrigens nur auf psychologisch=
historischen Grundlagen beruht.

Zusatz 1. Es ist dadurch, daß die Bestimmungen der
alten Metaphysik der Untersuchung unterworfen worden sind, ohne
Zweifel ein sehr wichtiger Schritt geschehen. Das unbefangene
Denken erging sich ohne Arg in jenen Bestimmungen, die sich
geradezu und von selbst machten. Es wurde dabei nicht daran
gedacht, inwiefern diese Bestimmungen für sich Werth und Gül=
tigkeit hätten. Früher ist bereits bemerkt worden, das freie
Denken sey ein solches, welches keine Voraussetzungen habe.
Das Denken der alten Metaphysik war deshalb kein freies,
weil dasselbe seine Bestimmungen ohne Weiteres als ein Vor=
aussetzendes, als ein a priori gelten ließ, welches die Reflexion
nicht selbst geprüft hatte. Die kritische Philosophie machte es
sich dagegen zur Aufgabe, zu untersuchen, inwieweit überhaupt
die Formen des Denkens fähig seyen, zur Erkenntniß der Wah=

heit zu verhelfen. Näher sollte nun das Erkenntnißvermögen vor dem Erkennen untersucht werden. Hierin liegt nun allerdings das Richtige, daß die Formen des Denkens selbst zum Gegenstand des Erkennens gemacht werden müssen, allein es schleicht sich auch bald das Mißverständniß ein, vor dem Erkennen schon erkennen, oder nicht eher in's Wasser gehen zu wollen, bevor man schwimmen gelernt hat. Allerdings sollen die Formen des Denkens nicht ununtersucht gebraucht werden, aber dieß Untersuchen ist selbst schon ein Erkennen. Es muß also die Thätigkeit der Denkformen und ihre Kritik im Erkennen vereinigt seyn. Die Denkformen müssen an und für sich betrachtet werden; sie sind der Gegenstand und die Thätigkeit des Gegenstandes selbst; sie selbst untersuchen sich, müssen an ihnen selbst sich ihre Gränze bestimmen und ihren Mangel aufzeigen. Dieß ist dann diejenige Thätigkeit des Denkens, welche demnächst als Dialektik in besondere Betrachtung gezogen werden wird und von welcher hier nur vorläufig zu bemerken ist, daß dieselbe nicht als von außen an die Denkbestimmungen gebracht, sondern vielmehr als denselben selbst innewohnend zu betrachten ist.

Das Nächste in der kantischen Philosophie ist also dieß, daß das Denken selbst sich untersuchen soll, inwiefern es zu erkennen fähig sey. Heutiges Tages ist man nun über die kantische Philosophie hinausgekommen und ein Jeder will weiter seyn. Weiterseyn ist jedoch ein gedoppeltes, ein Vorwärts= und ein Rückwärts=weiter. Viele unserer philosophischen Bestrebungen sind, bei Lichte besehen nicht Anderes als das Verfahren der alten Metaphysik, ein unkritisches Dahindenken, so wie es eben Jedem gegeben ist.

Zusatz 2. Kants Untersuchung der Denkbestimmungen leidet wesentlich an dem Mangel, daß dieselben nicht an und für sich, sondern nur unter dem Gesichtspunkt betrachtet werden, ob sie subjektiv oder objektiv seyen. Unter dem Objek-

tiven versteht man im Sprachgebrauch des gemeinen Lebens
das außer uns Vorhandene und durch die Wahrnehmung von
außen an uns Gelangende. Kant stellte nun von den Denkbestimmungen (wie z. B. Ursache und Wirkung) in Abrede, daß
denselben Objektivität in dem hier erwähnten Sinn zukomme,
d. h. daß dieselben in der Wahrnehmung gegeben seyen
und betrachtete dieselben dagegen als unserm Denken selbst
oder der Spontaneität des Denkens angehörig und in diesem Sinn als subjektiv. Nun aber nennt Kant gleichwohl das
Gedachte und näher das Allgemeine und Nothwendige, das Objektive, und das nur Empfundene das Subjektive. Der vorher
erwähnte Sprachgebrauch erscheint hiermit als auf den Kopf gestellt und man hat Kant deshalb den Vorwurf der Sprachver-
wirrung gemacht; jedoch mit großem Unrecht. Es verhält sich
damit näher folgendermaßen. Dem gemeinen Bewußtseyn erscheint das demselben Gegenüberstehende, sinnlich Wahrnehmbare
(z. B. dieses Thier, dieser Stern u. s. w.) als das für sich Bestehende, Selbstständige und die Gedanken gelten demselben dagegen
als das Unselbstständige und von einem Andern Abhängige.
Nun aber ist in der That das sinnlich Wahrnehmbare das eigentlich Unselbstständige und Sekundaire und die Gedanken sind
dagegen das wahrhaft Selbstständige und Primitive. In diesem
Sinn hat Kant das Gedankenmäßige (das Allgemeine und Nothwendige) das Objektive genannt und zwar mit vollem Recht.
Andererseits ist das sinnlich Wahrnehmbare insofern allerdings
das Subjektive, als dasselbe seinen Halt nicht in sich selbst
hat und eben so flüchtig und vorübergehend ist, als dem Gedanken der Charakter der Dauer und des innern Bestandes zukömmt.
Die hier erwähnte und durch Kant geltend gemachte Bestimmung
des Unterschiedes zwischen dem Objektiven und Subjektiven, finden wir denn auch heut zu Tage im Sprachgebrauch des höher
gebildeten Bewußtseyns; so wird z. B. von der Beurtheilung
eines Kunstwerkes gefordert, daß dieselbe objektiv und nicht sub-

jektiv seyn soll und darunter wird dann verstanden, daß dieselbe nicht von zufälliger, partikulairer Empfindung und Stimmung des Augenblicks ausgehen, sondern die allgemeine und im Wesen der Kunst begründeten Gesichtspunkte ins Auge fassen soll. In demselben Sinne wird bei einer wissenschaftlichen Beschäftigung zwischen einem Objektiven und einem subjektiven Interesse unterschieden werden können.

Ferner ist nun aber auch die kantische Objektivität des Denkens insofern selbst nur wieder subjektiv, als nach Kant die Gedanken, obschon allgemeine und nothwendige Bestimmungen, doch nur unsere Gedanken und von dem, was das Ding an sich ist, durch eine unübersteigbare Kluft unterschieden sind. Dagegen ist die wahre Objektivität des Denkens diese, daß die Gedanken nicht blos unsere Gedanken, sondern zugleich das An-sich der Dinge und des Gegenständlichen überhaupt sind. — Objektiv und subjektiv sind bequeme Ausdrücke, deren man sich mit Geläufigkeit bedient und bei deren Gebrauch gleichwohl sehr leicht Verwirrung entsteht. Nach der bisherigen Erörterung hat die Objektivität eine dreifache Bedeutung. Zunächst die Bedeutung des äußerlich Vorhandenen, im Unterschied vom nur Subjektiven, Gemeinten, Erträumten u. s. f.; zweitens die von Kant festgestellte Bedeutung des Allgemeinen und Nothwendigen im Unterschied von dem unserer Empfindung angehörigen Zufälligen, Partikulairen und Subjektiven und drittens die vorher zuletzt erwähnte Bedeutung des gedachten An-sich, dessen was da ist, im Unterschied von dem nur durch uns Gedachten und somit noch von der Sache selbst oder an sich Unterschiedenen.

§. 42.

a) Das theoretische Vermögen, die Erkenntniß als solche.

Als den bestimmten Grund der Verstandesbegriffe giebt diese Philosophie die ursprüngliche Identität des Ich im

Denken — (transcendentale Einheit des Selbstbewußtseyns) an. Die durch Gefühl und die Anschauung gegebenen Vorstellungen sind ihrem Inhalte nach, ein Mannichfaltiges, und eben so sehr durch ihre Form, durch das Außereinander der Sinnlichkeit, in ihren beiden Formen, Raum und Zeit, welche als Formen (das Allgemeine) des Anschauens, selbst a priori sind. Dieses Mannichfaltige des Empfindens und Anschauens, indem Ich dasselbe auf sich bezieht und in sich als in Einem Bewußtseyn vereinigt (reine Apperception), wird hiemit in Identität, in eine ursprüngliche Verbindung gebracht. Die bestimmten Weisen dieses Beziehens sind die reinen Verstandesbegriffe, die Kategorien.

Bekanntlich hat es die kantische Philosophie sich mit der Auffindung der Kategorien sehr bequem gemacht. Ich, die Einheit des Selbstbewußtseyns, ist ganz abstrakt und völlig unbestimmt; wie ist also zu den Bestimmungen des Ich, den Kategorien, zu kommen? Glücklicherweise finden sich in der gewöhnlichen Logik die verschiedenen Arten des Urtheils bereits empirisch angegeben vor. Urtheilen aber ist Denken eines bestimmten Gegenstandes. Die verschiedenen schon fertig aufgezählten Urtheilsweisen liefern also die verschiedenen Bestimmungen des Denkens. — Der Fichte'schen Philosophie bleibt das tiefe Verdienst, daran erinnert zu haben, daß die Denkbestimmungen in ihrer Nothwendigkeit aufzuzeigen, daß sie wesentlich abzuleiten seyen. — Diese Philosophie hätte auf die Methode die Logik abzuhandeln doch wenigstens die Wirkung gehabt haben sollen, daß die Denkbestimmungen überhaupt oder das übliche logische Material, die Arten der Begriffe, der Urtheile, der Schlüsse, nicht mehr nur aus der Beobachtung genommen und so blos empirisch aufgefaßt, sondern aus dem Denken selbst abgeleitet würden. Wenn das Denken irgend etwas zu beweisen fähig seyn soll, wenn die Logik fodern muß, daß Beweise gegeben werden, und wenn sie das Beweisen lehren will, so muß sie doch vor allem ihren eigenthümlichsten Inhalt zu beweisen, dessen Nothwendigkeit einzusehen, fähig seyn.

Zusatz 1. Kant's Behauptung also ist, daß die Denkbestimmungen ihre Quelle im Ich haben und daß demnach Ich die Bestimmungen der Allgemeinheit und Nothwendigkeit giebt. — Betrachten wir, was wir zunächst vor uns haben, so ist es überhaupt ein Mannigfaltiges; die Kategorieen sind dann Einfachheiten, auf welche dieses Mannigfaltige sich bezieht. Das Sinnliche dagegen ist das Außereinander, das Außersichseyende; dieß ist die eigentliche Grundbestimmung desselben. So hat z. B. Jetzt nur Seyn in Beziehung auf ein Vorher und ein Nachher. Eben so ist das Roth nur vorhanden, insofern demselben Gelb und Blau entgegensteht. Dieß Andere aber ist außer dem Sinnlichen und dieses ist nur, insofern es das Andere nicht ist und nur insofern das Andere ist. — Gerade umgekehrt wie mit dem außereinander und außer sich seyendem Sinnlichen, verhält es sich mit dem Denken oder dem Ich. Dieses ist das ursprünglich Identische, mit sich Einige und schlechthin bei sich Seyende. Sage ich Ich, so ist dieß die abstrakte Beziehung auf sich selbst und was in diese Einheit gesetzt wird, das wird von derselben inficirt und in sie verwandelt. Ich ist somit gleichsam der Schmelztiegel und das Feuer, wodurch die gleichgültige Mannigfaltigkeit verzehrt und auf Einheit reducirt wird. Dieß ist es dann, was Kant reine Apperception nennt, zum Unterschied von der gewöhnlichen Apperception, welche das Mannigfaltige als solches in sich aufnimmt, wohingegen die reine Apperception als die Thätigkeit des Vermeinigens zu betrachten ist. — Hiermit ist nun allerdings die Natur alles Bewußtseyns richtig ausgesprochen. Das Streben der Menschen geht überhaupt dahin, die Welt zu erkennen, sie sich anzueignen und zu unterwerfen und zu dem Ende muß die Realität der Welt gleichsam zerquetscht d. h. idealisirt werden. Zugleich ist dann aber zu bemerken, daß es nicht die

subjektive Thätigkeit des Selbstbewußtseyns ist, welche die abso=
lute Einheit in' die Mannigfaltigkeit hineinbringt. Diese Iden=
tität ist vielmehr' das Absolute, das Wahrhafte selbst. Es ist
dann gleichsam die Güte des Absoluten, die Einzelheiten zu ih=
rem Selbstgenuß zu entlassen' und dieses selbst treibt sie in die
absolute Einheit zurück.

Zusatz 2. Solche Ausdrücke wie **transcendentale
Einheit des Selbstbewußtseyns** sehen sehr schwer aus,
als ob da etwas Ungeheures hinter dem Berge halte, aber die
Sache ist einfacher. Was Kant unter dem **Transcendenta=
len** versteht, dieß ergiebt sich aus dem Unterschied desselben vom
Transcendenten. Das **Transcendente** nämlich ist über=
haupt dasjenige, was über die Bestimmtheit des Verstandes hin=
ausschreitet und in diesem Sinn kömmt dasselbe zunächst in der
Mathematik vor. So wird z. B. in der Geometrie gesagt, man
müsse sich die Peripherie des Kreises als aus unendlich viel un=
endlich kleinen geraden Linien bestehend vorstellen. Hier werden
also Bestimmungen, die dem Verstand als schlechthin verschieden
gelten (das Gerade und das Krumme) ausdrücklich als identisch
gesetzt. Ein solches Transcendentes ist nun auch das mit sich
identische und in sich unendliche Selbstbewußtseyn, im Unterschied
von dem durch endlichen Stoff bestimmten gemeinen Bewußt=
seyn. Kant bezeichnete indeß jene Einheit des Selbstbewußtseyns
nur als **transcendental** und verstand darunter, daß dieselbe
nur subjektiv sey und nicht auch den Gegenständen selbst, wie
sie an sich sind, zukomme.

Zusatz 3. Daß die Kategorien nur als uns an=
gehörig (als subjektiv) zu betrachten seyen, muß dem natürlichen
Bewußtseyn als sehr bizarr vorkommen und es liegt darin al=
lerdings etwas Schiefes. So viel ist indeß richtig, daß die Ka=
tegorien in der unmittelbaren Empfindung nicht enthalten sind.
Betrachten wir z. B. ein Stück Zucker; dieses ist hart, weiß,
süß u. s. w. Wir sagen nun, alle diese Eigenschaften sind in

einem Gegenstand vereinigt und diese Einheit ist nicht in
der Empfindung. Eben so verhält es sich, wenn wir zwei Begebenheiten als im Verhältniß von Ursache und Wirkung zu
einander stehend betrachten; was hier wahrgenommen wird, das
sind die vereinzelten beiden Begebenheiten, welche in der Zeit
nach einander folgen. Daß aber die eine die Ursache und die
andere die Wirkung ist (der Kausalnexus zwischen beiden), dieß
wird nicht wahrgenommen, sondern ist blos für unser Denken
vorhanden. Ob nun schon die Kategorien (wie z. B. Einheit,
Ursache und Wirkung u. s. w.) dem Denken als solchem zukommen, so folgt daraus doch keineswegs, daß dieselben deshalb
blos ein Unsriges und nicht auch Bestimmungen der Gegenstände selbst wären. Dieß soll nun aber nach Kant's Auffassung
der Fall seyn und seine Philosophie ist subjektiver Idealismus, insofern Ich (das erkennende Subjekt) sowohl die
Form als auch den Stoff des Erkennens liefere — jenen als
denkend und diesen als empfindend. — Nach dem Inhalt
dieses subjektiven Idealismus ist in der That nicht die Hand
umzukehren. Man kann etwa zunächst meinen, es werde den Gegenständen dadurch, daß ihre Einheit in das Subjekt verlegt
wird, die Realität entzogen. Blos dadurch indeß, daß ihnen
das Seyn zukäme, gewönnen weder die Gegenstände noch wir
etwas. Es kömmt auf den Inhalt an, darauf ob dieser ein
wahrer ist. Damit daß die Dinge blos sind, ist denselben
noch nicht geholfen. Ueber das Seyende kömmt die Zeit und
wird dasselbe demnächst auch nicht seyend. — Man könnte
auch sagen, der Mensch könne nach dem subjektiven Idealismus
sich viel auf sich einbilden. Allein wenn seine Welt, die Masse
sinnlicher Anschauungen ist, so hat er nicht Ursache, auf eine solche
Welt stolz zu seyn. Auf jenen Unterschied von Subjektivität und
Objektivität kommt also überhaupt nichts an, sondern der Inhalt
ist es, worauf es ankömmt und dieser ist ebensowohl subjektiv als
auch objektiv. Objektiv, im Sinn der bloßen Existenz, ist auch ein

Verbrechen, aber eine in sich nichtige Existenz, welche denn auch
als solche in der Strafe zum Daseyn kömmt.

§. 43.

Einerseits ist es durch die Kategorien, daß die bloße Wahrnehmung zur Objektivität, zur Erfahrung erhoben wird, andererseits aber sind diese Begriffe als Einheiten blos des subjektiven Bewußtseyns durch den gegebenen Stoff bedingt, für sich
leer und haben ihre Anwendung und Gebrauch allein in der
Erfahrung, deren anderer Bestandtheil, die Gefühls- und An-
schauungs-Bestimmungen, ebenso nur ein Subjektives ist.

Zusatz. Von den Kategorien zu behaupten, daß dieselben für sich leer seyen, ist insofern unbegründet, als dieselben
jedenfalls daran, daß sie bestimmt sind, ihren Inhalt haben.
Nun ist zwar der Inhalt der Kategorien allerdings nicht ein
sinnlich wahrnehmbarer, nicht ein räumlich-zeitlicher, allein dieß
ist nicht als ein Mangel, sondern vielmehr als ein Vorzug
derselben zu betrachten. Dieß findet dann auch schon im gewöhnlichen Bewußtseyn seine Anerkennung und zwar in der Art,
daß man z. B. von einem Buch oder von einer Rede in dem
Maaße mehr sagt, dieselben seyen inhaltsvoll, als darin mehr
Gedanken, allgemeine Resultate u. s. f. zu finden sind — so wie
man dann auch umgekehrt ein Buch, etwa näher einen Roman,
darum noch nicht als inhaltsvoll gelten läßt, weil eine große
Menge von vereinzelten Begebenheiten, Situationen und dergl.
darin aufgehäuft ist. Hiermit ist also auch von dem gewöhnlichen
Bewußtseyn ausdrücklich anerkannt, daß zum Inhalt mehr
gehört als der sinnliche Stoff: dieses Mehr aber sind die Gedanken und hier zunächst die Kategorien. — Hierbei ist dann
noch zu bemerken, daß die Behauptung, die Kategorien seyen für
sich leer, allerdings insofern einen richtigen Sinn hat, als bei
denselben und ihrer Totalität (der logischen Idee) nicht stehen
zu bleiben, sondern zu den realen Gebieten der Natur und des
Geistes fortzuschreiten ist, welches Fortschreiten jedoch nicht so

aufgefaßt werden darf, als käme dadurch zur logischen Idee von
außen ein derselben fremder Inhalt, sondern so, daß es die
eigne Thätigkeit der logischen Idee ist, sich zur Natur und zum
Geist weiter zu bestimmen und zu entfalten.

§. 44.

Die Kategorien sind daher unfähig Bestimmungen des Absoluten zu seyn, als welches nicht in einer Wahrnehmung gegeben ist, und der Verstand oder die Erkenntniß durch die Kategorien ist darum unvermögend die Dinge an sich zu erkennen.

Das Ding an sich (— und unter dem Ding wird auch
der Geist, Gott, befaßt) drückt den Gegenstand aus, insofern
von Allem, was er für das Bewußtseyn ist, von allen Gefühls-
bestimmungen, wie von allen bestimmten Gedanken desselben
abstrahirt wird. Es ist leicht zu sehen, was übrig bleibt,
— das völlige Abstraktum, das ganz Leere, bestimmt
nur noch als Jenseits; das Negative der Vorstellung,
des Gefühls, des bestimmten Denkens u.s.f. Eben so einfach aber ist die Reflexion, daß dieß Caput mortuum selbst
nur das Produkt des Denkens ist, eben des zur reinen Abstraktion fortgegangenen Denkens, des leeren Ich, das diese
leere Identität seiner selbst sich zum Gegenstande macht.
Die negative Bestimmung, welche diese abstrakte Identität
als Gegenstand erhält, ist gleichfalls unter den kantischen
Kategorien aufgeführt, und ebenso etwas ganz Bekanntes, wie
jene leere Identität. — Man muß sich hiernach nur wundern,
so oft wiederholt gelesen zu haben, man wisse nicht, was das
Ding-an-sich sey; und es ist nichts leichter als dieß zu
wissen.

§. 45.

Es ist nun die Vernunft, das Vermögen des Unbedingten, welche das Bedingte dieser Erfahrungskenntnisse ein-
sieht. Was hier Vernunftgegenstand heißt, das Unbedingte
oder Unendliche, ist nichts anders als das Sich-selbst-Gleiche,

oder es ist die (§. 42.) erwähnte ursprüngliche Identität
des Ich im Denken. Vernunft heißt dieß abstrakte Ich
oder Denken, welches diese reine Identität sich zum Gegen=
stande oder Zweck macht. Vergl. Anm. z. vorh. §. Dieser
schlechthin bestimmungslosen Identität sind die Erfahrungs=
Erkenntnisse unangemessen, weil sie überhaupt von bestimm=
tem Inhalte sind. Indem solches Unbedingte für das Absolute
und Wahre der Vernunft (für die Idee) angenommen wird,
so werden somit die Erfahrungskenntnisse für das Unwahre, für
Erscheinungen erklärt.

    Zusatz. Erst durch Kant ist der Unterschied zwischen
Verstand und Vernunft bestimmt hervorgehoben und in der Art
festgestellt worden, daß jener das Endliche und Bedingte, diese
aber das Unendliche und Unbedingte zum Gegenstand hat. Ob
es nun schon als ein sehr wichtiges Resultat der kantschen Phi=
losophie anzuerkennen ist, daß dieselbe die Endlichkeit der blos
auf Erfahrung beruhenden Verstandeserkenntniß geltend gemacht
und den Inhalt derselben als Erscheinung bezeichnet hat, so
ist doch bei diesem negativen Resultat nicht stehen zu bleiben
und die Unbedingtheit der Vernunft nicht blos auf die abstrakte,
den Unterschied ausschließende Identität mit sich zu reduciren.
Indem die Vernunft auf solche Weise blos als das Hinaus=
schreiten über das Endliche und Bedingte des Verstandes be=
trachtet wird, so wird dieselbe hiermit in der That selbst zu ei=
nem Endlichen und Bedingten herabgesetzt, denn das wahrhaft
Unendliche ist nicht ein bloßes Jenseits des Endlichen, sondern
es enthält dasselbe als aufgehoben in sich selbst. Dasselbe gilt
dann auch von der Idee, welche Kant zwar insofern wieder zu
Ehren gebracht hat, daß er dieselbe im Unterschied von abstrak=
ten Verstandesbestimmungen oder gar blos sinnlichen Vorstellun=
gen (dergleichen man im gemeinen Leben wohl auch schon Idee
zu nennen pflegt) der Vernunft vindicirt hat, rücksichtlich deren
er aber gleichfalls beim Negativen und beim bloßen Sollen

stehen geblieben ist. — Was dann noch die Auffassung der den Inhalt der Erfahrungserkenntniß bildenden Gegenstände unseres unmittelbaren Bewußtseyns als bloßer Erscheinungen anbetrifft, so ist dieß jedenfalls als ein sehr wichtiges Resultat der kantschen Philosophie zu betrachten. Dem gemeinen (d. h. dem sinnlich-verständigen) Bewußtseyn gelten die Gegenstände, von denen er weiß, in ihrer Vereinzelung als selbstständig und auf sich beruhend und indem dieselben sich als auseinander bezogen und durch einander bedingt erweisen, so wird diese gegenseitige Abhängigkeit derselben von einander als etwas den Gegenständen Aeußerliches und nicht zu ihrem Wesen Gehöriges betrachtet. Dagegen muß nun allerdings behauptet werden, daß die Gegenstände, von denen wir unmittelbar wissen, bloße Erscheinungen sind, d. h. daß dieselben den Grund ihres Seyns nicht in sich selbst, sondern in einem Andern haben. Dabei kömmt es dann aber weiter darauf an, wie dieses Andere bestimmt wird. Nach der kantschen Philosophie sind die Dinge, von denen wir wissen, nur Erscheinungen für uns und das An sich derselben bleibt für uns ein uns unzugängliches Jenseits. An diesem subjektiven Idealismus, wonach dasjenige, was den Inhalt unseres Bewußtseyns bildet, ein nur Unsriges, nur durch uns Gesetztes ist, hat das unbefangene Bewußtseyn mit Recht Anstoß genommen. Das wahre Verhältniß ist in der That dieses, daß die Dinge, von denen wir unmittelbar wissen, nicht nur für uns sondern an sich bloße Erscheinungen sind, und daß dieses die eigne Bestimmung der hiermit endlichen Dinge ist, den Grund ihres Seyns nicht in sich selbst, sondern in der allgemeinen göttlichen Idee zu haben. Diese Auffassung der Dinge ist dann gleichfalls als Idealismus, jedoch im Unterschied von jenem subjektiven Idealismus der kritischen Philosophie als absoluter Idealismus zu bezeichnen, welcher absolute Idealismus, obschon über das gemein realistische Bewußtseyn hinausgehend, doch der Sache nach so wenig blos als ein Eigenthum

der Philosophie zu betrachten ist, daß derselbe vielmehr die
Grundlage alles religiösen Bewußtseyns bildet, insofern nämlich
auch dieses den Inbegriff alles dessen, was da ist, überhaupt die
vorhandene Welt, als von Gott erschaffen und regiert betrachtet.

<h3 style="text-align:center">§. 46.</h3>

Es tritt aber das Bedürfniß ein, diese Identität oder das
leere Ding=an=sich zu erkennen. Erkennen heißt nun
nichts anderes als einen Gegenstand nach seinem bestimmten
Inhalte zu wissen. Bestimmter Inhalt aber enthält mannichfaltigen Zusammenhang in ihm selbst und begründet Zusammenhang mit vielen andern Gegenständen. Für diese Bestimmung jenes Unendlichen oder Dings=an=sich hätte diese Vernunft nichts als die Kategorien; indem sie diese dazu gebrauchen will, wird sie überfliegend (transcendent).

Hier tritt die zweite Seite der Vernunftkritik ein;
und diese zweite ist für sich wichtiger als die erste. Die erste
ist nämlich die oben vorgekommene Ansicht, daß die Kategorien in der Einheit des Selbstbewußtseyns ihre Quelle
haben; daß somit die Erkenntniß durch dieselbe in der That
nichts Objektives enthalte, und die ihnen zugeschriebene Objektivität (§. 40. 41.) selbst nur etwas Subjektives sey.
Wird nur hierauf gesehen, so ist die kantische Kritik blos ein
subjektiver (platter) Idealismus, der sich nicht auf den
Inhalt einläßt, nur die abstrakten Formen der Subjektivität
vor sich hat, und zwar einseitigerweise bei der erstern, der
Subjektivität, als letzter schlechthin affirmativer Bestimmung
stehen bleibt. Bei der Betrachtung aber der sogenannten
Anwendung, welche die Vernunft von den Kategorien für
die Erkenntniß ihrer Gegenstände macht, kommt der Inhalt
der Kategorien wenigstens nach einigen Bestimmungen zur
Sprache, oder wenigstens läge darin eine Veranlassung, wodurch er zur Sprache kommen könnte. Es hat ein besonderes Interesse zu sehen, wie Kant diese Anwendung der

Kategorien auf das Unbedingte d. h. die Metaphysik beurtheilt; dieß Verfahren soll hier mit Wenigem angeführt und kritisirt werden.

§. 47.

α) Das erste Unbedingte, welches betrachtet wird, ist (f. oben §. 34.) die Seele. — In meinem Bewußtseyn finde Ich mich immer α) als das bestimmende Subjekt, β) als ein Singuläres, oder abstrakt=einfaches, γ) als das in allem Mannichfaltigen desjenigen, dessen ich mir bewußt bin, ein und dasselbe, — als identisches, δ) als ein mich als denkendes von allen Dingen außer mir unterscheidendes.

Das Verfahren der vormaligen Metaphysik wird nun richtig angegeben, daß sie an die Stelle dieser empirischen Bestimmungen, Denkbestimmungen, die entsprechenden Kategorien setze, wodurch diese vier Säze entstehen, α) die Seele ist Substanz, β) sie ist einfache Substanz, γ) sie ist den verschiedenen Zeiten ihres Daseyns nach numerisch=identisch; δ) sie steht im Verhältnisse zum Räumlichen.

An diesem Uebergange wird der Mangel bemerklich gemacht, daß zweierlei Bestimmungen mit einander verwechselt werden, (Paralogismus), nämlich empirische Bestimmungen mit Kategorien, daß es etwas unberechtigtes sey, aus jenen auf diese zu schließen, überhaupt an die Stelle der erstern die andern zu setzen.

Man sieht, daß diese Kritik nichts anderes ausdrückt, als die oben §. 39. angeführte Hume'sche Bemerkung, daß die Denkbestimmungen überhaupt, — Allgemeinheit und Nothwendigkeit, — nicht in der Wahrnehmung angetroffen werden, daß das Empirische seinem Inhalte wie seiner Form nach verschieden sey von der Gedankenbestimmung.

Wenn das Empirische die Beglaubigung des Gedankens ausmachen sollte, so wäre für diesen allerdings erforderlich in Wahrnehmungen genau nachgewiesen werden zu können. —

Daß von der Seele nicht die Substantialität, Einfachheit, Identität mit sich, und die in der Gemeinschaft mit der materiellen Welt sich erhaltende Selbstständigkeit, behauptet werden könne, dieß wird in der kantischen Kritik der metaphysischen Psychologie allein darauf gestellt, daß die Bestimmungen, welche uns das Bewußtseyn über die Seele erfahren läßt, nicht genau dieselben Bestimmungen sind, welche das Denken hiebei producirt. Nach der obigen Darstellung aber läßt auch Kant das Erkennen überhaupt, ja selbst das Erfahren, darin bestehen, daß die Wahrnehmungen gedacht werden, d. h. die Bestimmungen, welche zunächst dem Wahrnehmen angehören, in Denkbestimmungen verwandelt werden. — Immer ist es für einen guten Erfolg der kantischen Kritik zu achten, daß das Philosophiren über den Geist von dem Seelendinge, von den Kategorien und damit von den Fragen über die Einfachheit oder Zusammengesetztheit, Materialität u. s. f. der Seele, befreit worden ist. — Der wahrhafte Gesichtspunkt aber von der Unzulässigkeit solcher Formen wird selbst für den gewöhnlichen Menschenverstand doch nicht der seyn, daß sie Gedanken sind, sondern vielmehr, daß solche Gedanken an und für sich nicht die Wahrheit enthalten. — Wenn Gedanke und Erscheinung einander nicht vollkommen entsprechen, so hat man zunächst die Wahl das Eine oder das Andere für das Mangelhafte anzusehen. In dem kantischen Idealismus, sofern er das Vernünftige betrifft, wird der Mangel auf die Gedanken geschoben, so daß diese darum unzulänglich seyen, weil sie nicht dem Wahrgenommenen und einem auf den Umfang des Wahrnehmens sich beschränkenden Bewußtseyn adäquat, die Gedanken nicht als in solchem angetroffen werden. Der Inhalt des Gedankens für sich selbst kommt hier nicht zur Sprache.

Zusatz. Paralogismen sind überhaupt fehlerhafte Schlüsse, deren Fehler näher darin besteht, daß man in den beiden Prämissen ein und dasselbe Wort im verschiedenen Sinn anwendet. Auf solchen Paralogismen soll nach Kant das Verfahren der alten Metaphysik in der rationellen Psychologie beruhen, insofern nämlich hier blos empirische Bestimmungen der Seele, als derselben an und für sich zukommend betrachtet werden. — Es ist übrigens ganz richtig, daß dergleichen Prädikate wie Einfachheit, Unveränderlichkeit u. s. w. der Seele nicht beizulegen sind, jedoch nicht aus dem von Kant dafür angegebenen Grunde, weil die Vernunft dadurch die ihr angewiesene Gränze überschreiten würde, sondern darum, weil dergleichen abstrakte Verstandesbestimmungen für die Seele zu schlecht sind und dieselbe noch etwas ganz Anderes ist als das blos Einfache, Unveränderliche u. s. w. So ist z. B. die Seele allerdings einfache Identität mit sich, aber zugleich ist dieselbe, als thätig, sich in sich selbst unterscheidend, wohingegen das nur d. h. das abstrakt Einfache eben als solches zugleich das Todte ist. — Daß Kant durch seine Polemik gegen die alte Metaphysik jene Prädikate von der Seele und vom Geist entfernt hat, ist als ein großes Resultat zu betrachten, aber das Warum? ist bei ihm ganz verfehlt.

§. 48.

β) Bei dem Versuche der Vernunft, das Unbedingte des zweiten Gegenstandes (§. 35.), der Welt, zu erkennen, geräth sie in Antinomien, d. h. in die Behauptung zweier entgegengesetzter Sätze über denselben Gegenstand, und zwar so, daß jeder dieser Sätze mit gleicher Nothwendigkeit behauptet werden muß. Hieraus ergiebt sich, daß der weltliche Inhalt, dessen Bestimmungen in solchen Widerspruch gerathen, nicht an sich, sondern nur Erscheinung seyn könne. Die Auflösung ist, daß der Widerspruch nicht in den Gegenstand an und für sich fällt, sondern allein der erkennenden Vernunft zukommt.

Hier kommt es zur Sprache, daß der Inhalt selbst, näm-

lich die Kategorien für ſich, es ſind, welche den Widerſpruch
herbeiführen. Dieſer Gedanke, daß der Widerſpruch, der am
Vernünftigen durch die Verſtandesbeſtimmungen geſetzt wird,
weſentlich und nothwendig iſt, iſt für einen der wichtig-
ſten und tiefſten Fortſchritte der Philoſophie neuerer Zeit zu
achten. So tief dieſer Geſichtspunkt iſt, ſo trivial iſt die Auf-
löſung; ſie beſteht nur in einer Zärtlichkeit für die weltlichen
Dinge. Das weltliche Weſen ſoll es nicht ſeyn, welches den
Makel des Widerſpruchs an ihm habe, ſondern derſelbe nur
der denkenden Vernunft, dem Weſen des Geiſtes, zukommen. Man wird wohl dawider nichts haben, daß die erſcheinende Welt dem betrachtenden Geiſte Widerſprüche
zeige, — erſcheinende Welt iſt ſie, wie ſie für den ſubjektiven
Geiſt, für Sinnlichkeit und Verſtand, iſt. Aber wenn
nun das weltliche Weſen mit dem geiſtigen Weſen verglichen wird, ſo kann man ſich wundern, mit welcher Unbefan-
genheit die demüthige Behauptung aufgeſtellt und nachgeſpro-
chen worden, daß nicht das weltliche Weſen, ſondern das denkende Weſen, die Vernunft, das in ſich widerſprechende ſey.
Es hilft nichts, daß die Wendung gebraucht wird, die Vernunft gerathe nur durch die Anwendung der Kategorien in den Widerſpruch. Denn es wird dabei behauptet,
dieſes Anwenden ſey nothwendig, und die Vernunft habe
für das Erkennen keine andern Beſtimmungen als die Kategorien. Erkennen iſt in der That beſtimmendes und be-
ſtimmtes Denken; iſt die Vernunft nur leeres, unbeſtimmtes
Denken, ſo denkt ſie nichts. Wird aber am Ende die Vernunft auf jene leere Identität reducirt (ſ. im folg. §.) ſo
wird auch ſie am Ende glücklich noch von dem Widerſpruche
befreit durch die leichte Aufopferung alles Inhaltes und Ge-
haltes.

Es kann ferner bemerkt werden, daß die Ermangelung einer tiefern Betrachtung der Antinomie zunächſt noch veran-

laßte, daß Kant nur vier Antinomien anführt. Er kam auf
diese, indem er wie bei den sogenannten Paralogismen die
Kategorientafel voraussetzte, wobei er die späterhin so beliebt
gewordene Manier anwendete, statt die Bestimmungen eines
Gegenstandes aus dem Begriffe abzuleiten, denselben blos unter ein sonst fertiges Schema zu setzen. Das weitere Be-
dürftige in der Ausführung der Antinomien habe ich gelegent-
lich in meiner Wissenschaft der Logik aufgezeigt. — Die
Hauptsache, die zu bemerken ist, ist, daß nicht nur in den vier
besondern aus der Kosmologie genommenen Gegenständen die
Antinomie sich befindet, sondern vielmehr in allen Gegenständen aller Gattungen, in allen Vorstellungen, Begriffen
und Ideen. Dieß zu wissen und die Gegenstände in dieser
Eigenschaft zu erkennen, gehört zum Wesentlichen der philosophischen Betrachtung; diese Eigenschaft macht das aus, was
weiterhin sich als das dialektische Moment des Logischen
bestimmt.

Zusatz. Auf dem Standpunkt der alten Metaphysik
wurde angenommen, daß wenn das Erkennen in Widersprüche
gerathe, so sey dieses nur eine zufällige Verirrung und beruhe
auf einem subjektiven Fehler im Schließen und Raisonniren.
Nach Kant hingegen liegt es in der Natur des Denkens selbst
in Widersprüche (Antinomien) zu verfallen, wenn dasselbe das
Unendliche erkennen will. Ob nun schon, wie in der Anmerkung zum obigen §. erwähnt worden, das Aufzeigen der Antinomien insofern als eine sehr wichtige Förderung der philosophischen Erkenntniß zu betrachten ist, als dadurch der starre
Dogmatismus der Verstandesmetaphysik beseitigt und auf die
dialektische Bewegung des Denkens hingewiesen worden ist, so
muß doch dabei zugleich bemerkt werden, daß Kant auch hier
bei dem blos negativen Resultat der Nichterkennbarkeit des An-
sich der Dinge stehen geblieben und nicht zur Erkenntniß der
wahren und positiven Bedeutung der Antinomien hindurch ge-

drungen, ist. Die wahre und positive Bedeutung der Antino=
mien besteht nun überhaupt darin, daß alles Wirkliche entgegen=
gesetzte Bestimmungen in sich enthält und daß somit das Er=
kennen und näher das Begreifen eines Gegenstandes eben nur
so viel heißt, sich dessen als einer konkreten Einheit entgegenge=
setzter Bestimmungen bewußt zu werden. Während nun, wie
früher gezeigt wurde, die alte Metaphysik bei Betrachtung der
Gegenstände, um deren metaphysische Erkenntniß es zu thun
war, so zu Werke ging, daß abstrakte Verstandesbestimmungen
mit Ausschluß der denselben entgegengesetzten, zur Anwendung
gebracht werden, so hat Kant dagegen nachzuweisen gesucht, wie
den auf solche Weise sich ergebenden Behauptungen immer mit
gleicher Berechtigung und gleicher Nothwendigkeit andere Be=
hauptungen des entgegengesetzten Inhalts gegenüber zu stellen
sind. Kant hat sich beim Aufzeigen dieser Antinomien auf die
Kosmologie der alten Metaphysik beschränkt und bei seiner Po=
lemik gegen dieselbe unter Zugrundlegung des Schema's der
Kategorien vier Antinomien herausgebracht. Die erste betrifft
die Frage: ob die Welt als nach Raum und Zeit begränzt zu
denken sey oder nicht? Bei der zweiten Antinomie handelt es
sich um das Dilemma, ob die Materie als in's Unendliche
theilbar oder aber als aus Atomen bestehend zu betrachten sey?
Die dritte Antinomie bezieht sich auf den Gegensatz der Frei=
heit und Nothwendigkeit, insofern nämlich, als die Frage auf=
geworfen wird: ob in der Welt Alles als durch den Kausal=
nexus bedingt angesehen werden müsse, oder ob auch freie We=
sen d. h. absolute Anfangspunkte der Aktion in der Welt anzu=
nehmen seyen. Hierzu kömmt dann endlich noch als vierte
Antinomie das Dilemma, ob die Welt überhaupt eine Ursache
habe oder nicht. — Das Verfahren, welches Kant bei seiner
Erörterung über diese Antinomien beobachtet, ist nun zunächst
dieses, daß er die darin enthaltenen entgegengesetzten Bestim=
mungen als Thesis und Antithesis einander gegenüberstellt und

beide zu beweisen, d. h. als nothwendige Ergebnisse des Nach=
denkens darüber darzustellen sucht, wobei er sich ausdrücklich da=
gegen verwahrt, als habe er Blendwerke gesucht, um etwa einen
Advokaten=Beweis zu führen. Nun aber sind in der That die
Beweise, welche Kant für seine Thesen und Antithesen beibringt,
als bloße Scheinbeweise zu betrachten, da dasjenige, was bewie=
sen werden soll, immer schon in den Voraussetzungen enthalten
ist, von denen ausgegangen wird und nur durch das weitschwei=
fige, apagogische Verfahren der Schein einer Vermittelung her=
vorgebracht wird. Gleichwohl bleibt die Aufstellung dieser Anti=
nomien insofern immer ein sehr wichtiges und anerkennenswerthes
Resultat der kritischen Philosophie, als dadurch (wenn auch zunächst
nur subjektiv und unmittelbar) die thatsächliche Einheit jener
Bestimmungen ausgesprochen ist, welche vom Verstand in ihrer
Trennung festgehalten werden. So ist z. B. in der ersten der
vorher erwähnten kosmologischen Antinomien dieß enthalten, daß
der Raum und die Zeit nicht nur als kontinuirlich, sondern auch als
diskret zu betrachten sind, wohingegen in der alten Metaphysik
bei der bloßen Kontinuität stehen geblieben und demgemäß die
Welt als dem Raum und der Zeit nach unbegränzt betrach=
tet wurde. Es ist ganz richtig, daß über jeden bestimmten
Raum und eben so über jede bestimmte Zeit hinausgegangen
werd en kann, allein es ist nicht minder richtig, daß Raum und
Zeit nur durch ihre Bestimmtheit (d. h. als hier und jetzt)
wirklich sind und daß diese Bestimmtheit in ihrem Begriff liegt.
Dasselbe gilt dann auch von den übrigen vorher angeführten Antino=
mien, so z. B. von der Antinomie der Freiheit und Nothwen=
digkeit, mit welcher es sich, näher betrachtet, so verhält, daß
dasjenige, was der Verstand unter Freiheit und Nothwendigkeit
versteht, in der That nur ideelle Momente der wahren Freiheit
und der wahren Nothwendigkeit sind und daß diesen beiden
in ihrer Trennung keine Wahrheit zukömmt.

§. 49.

γ) Der dritte Vernunftgegenstand, ist Gott; (§. 36.) welcher erkannt, d. i. denkend bestimmt werden soll. Für den Verstand ist nun gegen die einfache Identität alle Bestimmung nur eine Schranke, eine Negation als solche; somit ist alle Realität nur schrankenlos d. i. unbestimmt zu nehmen, und Gott wird als Inbegriff aller Realitäten oder als das allerrealste Wesen zum einfachen Abstraktum, und für die Bestimmung bleibt nur die ebenso schlechthin abstrakte Bestimmtheit, das Seyn, übrig. Abstrakte Identität, welche auch hier der Begriff genannt wird, und Seyn sind die zwei Momente, deren Vereinigung es ist, die von der Vernunft gesucht wird; sie ist das Ideal der Vernunft.

§. 50.

Diese Vereinigung läßt zwei Wege oder Formen zu; es kann nämlich von dem Seyn angefangen und von da zum Abstraktum des Denkens übergegangen, oder umgekehrt kann der Uebergang vom Abstraktum aus zum Seyn bewerkstelligt werden.

Was jenen Anfang mit dem Seyn betrifft, so stellt sich das Seyn, als das Unmittelbare, dar als ein unendlich vielfach bestimmtes Seyn, eine erfüllte Welt. Diese kann näher bestimmt werden als eine Sammlung von unendlich vielen Zufälligkeiten überhaupt (im kosmologischen Beweise) oder als eine Sammlung von unendlich vielen Zwecken und zweckmäßigen Verhältnissen (im physikotheologischen Beweise). — Dieses erfüllte Seyn denken heißt ihm die Form von Einzelnheiten und Zufälligkeiten abstreifen, und es als ein allgemeines, an und für sich nothwendiges und nach allgemeinen Zwecken sich bestimmendes und thätiges Seyn, welches von jenem ersten verschieden ist, fassen; — als Gott. — Der Hauptsinn der Kritik dieses Ganges ist, daß derselbe ein Schließen, ein Uebergang ist. Indem nämlich die Wahrnehmungen und deren Aggregat, die Welt, an ihnen als solchen, nicht die Allgemeinheit zeigen, zu welcher das Denken jenen Inhalt reinigt, so werde hiemit diese Allgemeinheit nicht durch jene empirische Weltvorstellung berechtigt. Dem Aufsteigen des Gedankens von der empirischen Weltvorstellung zu Gott wird somit der hume'sche Standpunkt entgegengesetzt, (wie bei den Paralogismen s. §. 47.) — der Standpunkt, der es für unzulässig erklärt die Wahrnehmungen zu denken, d. i. das Allgemeine und Nothwendige aus denselben herauszuheben.

Weil der Mensch denkend ist, wird es eben so wenig der gesunde Menschenverstand als die Philosophie sich je nehmen lassen, von und aus der empirischen Weltanschauung sich zu Gott zu erheben. Dieses Erheben hat nichts anderes zu seiner Grundlage, als die denkende, nicht blos sinnliche, thierische Betrachtung der Welt. Für das Denken und nur für das Denken ist das Wesen, die Substanz, die allgemeine Macht und Zweckbestimmung der Welt. Die sogenannten Beweise vom Daseyn Gottes sind nur als die Beschreibungen und Analysen des Ganges des Geistes in sich anzusehen, der ein denkender ist und das Sinnliche denkt. Das Erheben des Denkens über das Sinnliche, das Hinausgehen desselben über das Endliche zum Unendlichen, der Sprung, der mit Abbrechung der Reihen des Sinnlichen ins Uebersinnliche gemacht werde, alles dieses ist das Denken selbst, dieß Uebergehen ist nur Denken. Wenn solcher Uebergang nicht gemacht werden soll, so heißt dieß, es soll nicht gedacht werden. In der That machen die Thiere solchen Uebergang nicht; sie bleiben bei der sinnlichen Empfindung und Anschauung stehen; sie haben deswegen keine Religion. Es ist sowohl überhaupt als insbesondere über die Kritik dieses Erhebens des Denkens zweierlei zu bemerken. Erstens wenn dasselbe in die Form von Schlüssen (sogenannten Beweisen vom Daseyn Gottes) gebracht ist, so ist

der Ausgangspunkt allerdings die Weltanschauung, auf
irgend eine Weise als ein Aggregat von Zufälligkeiten oder
von Zwecken und zweckmäßigen Beziehungen bestimmt. Dieser Ausgangspunkt kann scheinen, im Denken, insofern es
Schlüsse macht, als feste Grundlage und ganz so empirisch, wie dieser Stoff zunächst ist, zu bleiben und belassen zu werden. Die Beziehung des Ausgangspunktes
auf den Endpunkt, zu welchem fortgegangen wird, wird so als
nur affirmativ vorgestellt als ein Schließen von einem,
das sey und bleibe, auf ein anderes, das ebenso auch
sey. Allein es ist der große Irrthum, die Natur des Denkens nur in dieser Verstandesform erkennen zu wollen. Die
empirische Welt denken heißt vielmehr wesentlich ihre empirische Form umändern und sie in ein Allgemeines verwandeln;
das Denken übt zugleich eine negative Thätigkeit auf jene
Grundlage aus; der wahrgenommene Stoff, wenn er durch
Allgemeinheit bestimmt wird, bleibt nicht in seiner ersten
empirischen Gestalt. Es wird der innere Gehalt des Wahrgenommenen mit Entfernung und Negation der Schale
herausgehoben (vergl. §. 13. u. 23.). Die metaphysischen
Beweise vom Daseyn Gottes sind darum mangelhafte Ausle-
gungen und Beschreibungen der Erhebung des Geistes von
der Welt zu Gott, weil sie das Moment der Negation,
welches in dieser Erhebung enthalten ist, nicht ausdrücken oder
vielmehr nicht herausheben, denn darin daß die Welt zufällig ist, liegt es selbst, daß sie nur ein Fallendes, Erscheinendes, an und für sich Nichtiges ist. Der Sinn der Erhebung des Geistes ist, daß der Welt zwar Seyn zukomme,
das aber nur Schein ist, nicht das wahrhafte Seyn, nicht
absolute Wahrheit, daß diese vielmehr jenseits jener Erscheinung nur in Gott ist, Gott nur das wahrhafte Seyn ist.
Indem diese Erhebung Uebergang und Vermittlung ist,
so ist sie eben so sehr Aufheben des Uebergangs und

der Vermittlung, denn das wodurch Gott vermittelt scheinen könnte, die Welt, wird vielmehr für das Nichtige erklärt; nur die Nichtigkeit des Seyns der Welt ist das Band der Erhebung, so daß das was als das Vermittelnde ist verschwindet, und damit in dieser Vermittlung selbst die Vermittlung aufgehoben wird. — Es ist vornehmlich jenes nur als affirmativ gefaßte Verhältniß als Verhältniß zwischen zwei Seyenden, an das sich Jacobi hält, indem er das Beweisen des Verstandes bekämpft; er macht demselben den gerechten Vorwurf, daß damit Bedingungen (die Welt) für das Unbedingte aufgesucht werden, daß das Unendliche (Gott) auf solche Weise als begründet und abhängig vorgestellt werde. Allein jene Erhebung, wie sie im Geiste ist, korrigirt selbst diesen Schein; ihr ganzer Gehalt vielmehr ist die Korrektion dieses Scheins. Aber diese wahrhafte Natur des wesentlichen Denkens, in der Vermittlung die Vermittlung selbst aufzuheben, hat Jacobi nicht erkannt, und daher fälschlich den richtigen Vorwurf, den er dem nur reflektirenden Verstande macht, für einen das Denken überhaupt, damit auch das vernünftige Denken treffenden Vorwurf gehalten.

Zur Erläuterung von dem Uebersehen des negativen Moments kann beispielsweise der Vorwurf angeführt werden, der dem Spinozismus gemacht wird, daß er Pantheismus und Atheismus sey. Die absolute Substanz Spinoza's ist freilich noch nicht der absolute Geist, und es wird mit Recht gefodert, daß Gott als absoluter Geist bestimmt werden müsse. Wenn aber Spinoza's Bestimmung so vorgestellt wird, daß er Gott mit der Natur, mit der endlichen Welt vermische und die Welt zu Gott mache, so wird dabei vorausgesetzt, daß die endliche Welt wahrhafte Wirklichkeit, affirmative Realität besitze. Mit dieser Voraussetzung wird freilich mit einer Einheit Gottes und der Welt „Gott

schlechthin verendlicht und zur bloßen endlichen, äußerlichen
Mannichfaltigkeit der Existenz herabgesetzt. Abgesehen davon,
daß Spinoza Gott nicht definirt, daß er die Einheit Gottes
und der Welt, sondern daß er die Einheit des Denkens und
der Ausdehnung (der materiellen Welt) sey, so liegt es schon
in dieser Einheit, selbst auch wenn sie auf jene erste ganz
ungeschickte Weise genommen wird, daß in dem spinozischen
Systeme vielmehr die Welt nur als ein Phänomen, dem nicht
wirkliche Realität zukomme, bestimmt wird, so daß dieses
System vielmehr als Akosmismus anzusehen ist. Eine
Philosophie, welche behauptet, daß Gott und nur Gott
ist, dürfte wenigstens nicht für Atheismus ausgegeben werden. Schreibt man doch den Völkern, welche den Affen, die
Kuh, steinerne, eherne Statuen u. s. f. als Gott verehren, noch
Religion zu. Aber im Sinne der Vorstellung geht es noch
vielmehr gegen den Mann, ihre eigene Voraussetzung aufzugeben, daß dieß ihr Aggregat von Endlichkeit, welches Welt
genannt wird, wirkliche Realität habe. Daß es, wie sie sich
etwa ausdrücken könnte, keine Welt gebe, so etwas anzunehmen hält man leicht für ganz unmöglich oder wenigstens
für viel weniger möglich, als daß es einem in den Kopf
kommen könne, daß es keinen Gott gebe. Man glaubt
und dieß eben nicht zur eignen Ehre viel leichter, daß ein
System Gott leugne, als daß es die Welt leugne; man findet viel begreiflicher, daß Gott geleugnet werde, als daß die
Welt geleugnet werde.

Die zweite Bemerkung betrifft die Kritik des Gehalts,
den jene denkende Erhebung zunächst gewinnt. Dieser Gehalt, wenn er nur in den Bestimmungen der Substanz der
Welt, des nothwendigen Wesens derselben, einer zweckmäßig einrichtenden und dirigirenden Ursache u. s. f.
besteht, ist freilich dem nicht angemessen, was unter Gott
verstanden wird oder verstanden werden soll. Allein abgesehen

von der Manier eine Vorstellung von Gott vorauszusetzen, und nach solcher Voraussetzung ein Resultat zu beurtheilen, so haben jene Bestimmungen schon großen Werth und sind nothwendige Momente in der Idee Gottes. Um in diesem Wege den Gehalt in seiner wahrhaften Bestimmung, die wahrhafte Idee Gottes vor das Denken zu bringen, dafür muß freilich der Ausgangspunkt nicht von untergeordnetem Inhalte aus genommen werden. Die blos zufälligen Dinge der Welt sind eine sehr abstrakte Bestimmung. Die organischen Gebilde und deren Zweckbestimmungen gehören dem höhern Kreise, dem Leben, an. Allein außerdem, daß die Betrachtung der lebendigen Natur und der sonstigen Beziehung der vorhandenen Dinge auf Zwecke, durch Geringfügigkeit von Zwecken ja durch selbst kindische Anführungen von Zwecken und deren Beziehungen verunreinigt werden kann, so ist die nur lebendige Natur selbst in der That noch nicht dasjenige, woraus die wahrhafte Bestimmung der Idee Gottes gefaßt werden kann: Gott ist mehr als lebendig, er ist Geist. Die geistige Natur ist allein der würdigste und wahrhafteste Ausgangspunkt für das Denken des Absoluten, insofern das Denken sich einen Ausgangspunkt nimmt und den nächsten nehmen will.

§. 51.

Der andere Weg der Vereinigung, durch die das Ideal zu Stande kommen soll, geht vom Abstraktum des Denkens aus fort zur Bestimmung, für die nur das Seyn übrig bleibt; — ontologischer Beweis vom Daseyn Gottes. Der Gegensatz, der hier abstrakt subjektiv vorkommt, ist der des Denkens und Seyns, da im ersten Wege das Seyn den beiden Seiten gemeinschaftlich ist, und der Gegensatz nur den Unterschied von dem Vereinzelten und Allgemeinen betrifft. Was der Verstand diesem andern Wege entgegenstellt, ist an sich dasselbe, was so eben angeführt worden, daß nämlich

wie in dem Empirischen sich das Allgemeine nicht vorfinde, so
sey ebenso umgekehrt im Allgemeinen das Bestimmte nicht enthalten, und das Bestimmte ist hier das Seyn. Oder das Seyn
könne nicht aus dem Begriffe abgeleitet und heraus analysirt
werden.

Die kantische Kritik des ontologischen Beweises hat ohne
Zweifel auch dadurch eine so unbedingt günstige Auf= und
Annahme gefunden, daß Kant zur Verdeutlichung, welch ein
Unterschied sey zwischen Denken und Seyn, das Beispiel von
den hundert Thalern gebraucht hat, die dem Begriffe
nach gleich hundert seyen, ob sie nur möglich oder wirklich
seyen; aber für meinen Vermögenszustand mache dieß einen
wesentlichen Unterschied aus. — Nichts kann so einleuchtend
seyn, als daß dergleichen, was ich mir denke oder vorstelle,
darum noch nicht wirklich ist, — der Gedanke, daß Vorstellen oder auch der Begriff zum Seyn nicht hinreicht. —
Abgesehen davon, daß es nicht mit Unrecht eine Barbarei genannt werden könnte dergleichen wie hundert Thaler einen
Begriff zu nennen, so sollten doch wohl zunächst diejenigen,
die immer und immer gegen die philosophische Idee wiederholen, daß Denken und Seyn verschieden seyen, endlich voraussetzen, den Philosophen sey dieß gleichfalls nicht
unbekannt; was kann es in der That für eine trivialere
Kenntniß geben? Alsdenn aber müßte bedacht werden, daß
wenn von Gott die Rede ist, dieß ein Gegenstand anderer
Art sey als hundert Thaler und irgend ein besonderer Begriff, Vorstellung oder wie es Namen haben wolle. In der
That ist alles Endliche dieß und nur dieß, daß das Daseyn desselben von seinem Begriffe verschieden
ist. Gott aber soll ausdrücklich das seyn, das nur „als
existirend gedacht" werden kann, wo der Begriff das
Seyn in sich schließt. Diese Einheit des Begriffs und des
Seyns ist es, die den Begriff Gottes ausmacht. — Es ist

dieß freilich noch eine formale Beſtimmung von Gott, die deswegen in der That nur die Natur des Begriffes ſelbſt enthält. Daß aber dieſer ſchon in ſeinem ganz abſtrakten Sinne das Seyn in ſich ſchließe, iſt leicht einzuſehen. Denn der Begriff, wie er ſonſt beſtimmt werde, iſt wenigſtens die durch Aufhebung der Ve rmittlung hervorgehende, ſomit ſelbſt unmittelbare Beziehung auf ſich ſelbſt; das Seyn iſt aber nichts Anderes als dieſes. — Es müßte, kann man wohl ſagen, ſonderbar zugehen, wenn dieß Innerſte des Gei= ſtes, der Begriff, oder auch wenn Ich oder vollends die kon= krete Totalität, welche Gott iſt, nicht einmal ſo reich wäre, um eine ſo arme Beſtimmung wie Seyn iſt, ja welche die allerärmſte, die abſtrakteſte, iſt, in ſich zu enthalten. Es kann für den Gedanken dem Gehalte nach nichts Geringeres geben als Seyn. Nur dieß mag noch geringer ſeyn, was man ſich etwa beim Seyn zunächſt vorſtellt, nämlich eine äußer= liche ſinnliche Exiſtenz, wie die des Papiers, das ich hier vor mir habe; von einer ſinnlichen Exiſtenz eines beſchränk= ten, vergänglichen Dinges aber wird man ohnehin nicht ſpre= chen wollen. — Uebrigens vermag die triviale Bemerkung der Kritik: daß der Gedanke und das Seyn verſchieden ſeyen, dem Menſchen etwa den Gang ſeines Geiſtes vom Gedan= ken Gottes aus zu der Gewißheit, daß er iſt, höchſtens zu ſtören aber nicht zu benehmen. Dieſer Uebergang, die abſo= lute Unzertrennlichkeit des Gedankens Gottes von ſeinem Seyn iſt es auch, was in der Anſicht des unmittelbaren Wiſſens oder Glaubens in ſein Recht wieder hergeſtellt worden iſt, wovon nachher.

§. ·52.

Dem Denken bleibt auf dieſe Weiſe auf ſeiner höchſten Spitze die Beſtimmtheit etwas äußerliches; es bleibt nur ſchlechthin abſtraktes Denken, welches hier immer Ver= nunft heißt. Dieſe, iſt hiemit das Reſultat, liefert nichts als

die formelle Einheit zur Vereinfachung und Systematisi=
rung der Erfahrungen, ist ein Kanon, nicht ein Organon
der Wahrheit, vermag nicht eine Doktrin des Unendlichen
sondern nur eine Kritik der Erkenntniß zu liefern. Diese
Kritik besteht in ihrer letzten Analyse in der Versicherung,
daß das Denken in sich nur die unbestimmte Einheit und
die Thätigkeit dieser unbestimmten Einheit sey.

Zusatz. Kant hat zwar die Vernunft als das Ver=
mögen des Unbedingten aufgefaßt, wenn dieselbe indeß blos auf
die abstrakte Identität reducirt wird, so liegt darin zugleich das
Verzichten auf ihre Unbedingtheit und die Vernunft ist dann in
der That nichts Anderes als leerer Verstand. Unbedingt ist die
Vernunft nur dadurch, daß dieselbe nicht von außen durch einen
ihr fremden Inhalt bestimmt wird, sondern vielmehr sich selbst
bestimmt und hiermit in ihrem Inhalt bei sich selbst ist. Nun
aber besteht nach Kant die Thätigkeit der Vernunft ausdrücklich
nur darin, den durch die Wahrnehmung gelieferten Stoff durch
Anwendung der Kategorien zu systematisiren d. h. in eine äußer=
liche Ordnung zu bringen und ihr Princip ist dabei blos das
der Widerspruchslosigkeit.

§. 53.

b) Die praktische Vernunft wird als der sich selbst
und zwar auf allgemeine Weise bestimmende d. i. denkende
Wille gefaßt. Sie soll imperative, objektive Gesetze der Frei=
heit geben, d. i. solche, welche sagen, was geschehen soll.
Die Berechtigung, hier das Denken als objektiv bestim=
mende Thätigkeit (— d. i. in der That eine Vernunft)
anzunehmen, wird darein gesetzt, daß die praktische Freiheit durch
Erfahrung bewiesen d. i. in der Erscheinung des Selbst=
bewußtseyns nachgewiesen werden könne. Gegen diese Erfahrung
im Bewußtseyn rekurrirt alles, was der Determinismus ebenso
aus der Erfahrung dagegen vorbringt, insbesondere die skeptische
(auch hume'sche) Induktion von der unendlichen Verschie=

benheit desjenigen, was für Recht und Pflicht unter den Menschen gilt, d. i. der objektiv seyn sollenden Gesetze der Freiheit.

§. 54.

Für das, was das praktische Denken sich zum Gesetz mache,
für das Kriterium des Bestimmens seiner in sich selbst ist
wieder nichts Anderes vorhanden, als dieselbe abstrakte Identität des Verstandes, daß kein· Widerspruch in dem Bestimmen
Statt finde; — die praktische Vernunft kommt damit über
den Formalismus nicht hinaus, welcher das letzte der theoretischen Vernunft seyn soll.

Aber diese praktische Vernunft setzt die allgemeine Bestimmung, das Gute, nicht nur in sich, sondern ist erst eigentlicher praktisch in der Forderung, daß das Gute weltliches Daseyn, äußerliche Objektivität habe d. i. daß der Gedanke nicht
blos subjektiv, sondern objektiv überhaupt sey. Von diesem
Postulate der praktischen Vernunft nachher.

Zusatz. Was Kant der theoretischen Vernunft abgesprochen — die freie Selbstbestimmung — das hat derselbe der
praktischen Vernunft ausdrücklich vindicirt. Es ist vornämlich
diese Seite . der kantschen Philosophie, welche derselben große
Gunst erworben hat und zwar mit vollem Recht. Um das Verdienst, welches Kant in dieser Hinsicht gebührt, zu würdigen, hat
man sich zunächst diejenige Gestalt der praktischen Philosophie
und näher der Moralphilosophie, welche derselbe als herrschend
vorfand, zu vergegenwärtigen. Es war dieß überhaupt das System des Eudaemonismus, von welchem auf die Frage nach
der Bestimmung des Menschen die Antwort ertheilt wurde,
daß derselbe sich seine Glückseligkeit zum Ziel zu setzen
habe. Indem nun unter der Glückseligkeit die Befriedigung des
Menschen in seinen besondern Neigungen, Wünschen, Bedürfnissen u. s. w. verstanden wurde, so war hiermit das Zufällige
und Partikulaire zum Princip des Willens und seiner Bethätigung gemacht. Diesem alles festen Halts in sich entbehrenden

und aller Willkühr und Laune Thür und Thor öffnenden Eu=
daemonismus hat dann Kant die praktische Vernunft entgegenge=
stellt und damit die Forderung einer allgemeinen und für Alle
gleich verbindlichen Bestimmung des Willens ausgesprochen.
Während, wie in den vorhergehenden §§. bemerkt worden, die
theoretische Vernunft nach Kant blos das negative Vermögen des
Unendlichen und, ohne eigenen positiven Inhalt, darauf beschränkt
seyn soll, das Endliche der Erfahrungserkenntniß einzusehen, so
hat derselbe dagegen die positive Unendlichkeit der praktischen
Vernunft ausdrücklich anerkannt und zwar in der Art, daß er
dem Willen das Vermögen zuschreibt, auf allgemeine Weise,
d. h. denkend, sich selbst zu bestimmen. Dieß Vermögen be=
sitzt nun zwar der Wille allerdings und es ist von hoher Wich=
tigkeit zu wissen, daß der Mensch nur insofern frei ist als er
dasselbe besitzt und in seinem Handeln sich desselben bedient, al=
lein es ist mit diesem Anerkenntniß die Frage nach dem In=
halt des Willens oder der praktischen Vernunft noch nicht
beantwortet. Wenn dann gesagt wird, der Mensch solle das
Gute zum Inhalt seines Willens machen, so rekurrirt sofort
die Frage nach dem Inhalt d. h. nach der Bestimmtheit dieses
Inhalts und mit dem bloßen Princip der Uebereinstimmung des
Willens mit sich selbst, so wie mit der Forderung, die Pflicht
um der Pflicht willen zu thun, kömmt man nicht von der Stelle.

§. 55.

c) Der reflektirenden Urtheilskraft wird das Prin=
cip eines anschauenden Verstandes zugeschrieben, d. i.
worin das Besondere, welches für das Allgemeine (die
abstrakte Identität) zufällig sey und davon nicht abgeleitet
werden könne, durch dieß Allgemeine selbst bestimmt werde; —
was in den Produkten der Kunst und der organischen Natur
erfahren werde.

Die Kritik der Urtheilskraft hat das Ausgezeichnete,
daß Kant in ihr die Vorstellung, ja den Gedanken der Idee

ausgesprochen hat. Die Vorstellung eines intuitiven Verstandes, innerer Zweckmäßigkeit u. s. f. ist das Allgemeine zugleich als an ihm selbst konkret gedacht. In diesen Vorstellungen allein zeigt daher die kantische Philosophie sich spekulativ. Viele, namentlich Schiller, haben an der Idee des Kunstschönen, der konkreten Einheit des Gedankens und der sinnlichen Vorstellung, den Ausweg aus den Abstraktionen des trennenden Verstandes gefunden; andere an der Anschauung und dem Bewußtseyn der Lebendigkeit überhaupt, es sey natürlicher oder intellektueller Lebendigkeit — Das Kunstprodukt, wie die lebendige Individualität sind zwar beschränkt in ihrem Inhalte; aber die auch dem Inhalte nach umfassende Idee stellt Kant in der postulirten Harmonie der Natur oder Nothwendigkeit mit dem Zwecke der Freiheit, in dem als realisirt gedachten Endzwecke der Welt auf.. Aber die Faulheit des Gedankens, wie es genannt werden kann, hat bei dieser höchsten Idee an dem Sollen einen zu leichten Ausweg, gegen die wirkliche Realisirung des Endzwecks an dem Geschiedenseyn des Begriffs und der Realität festzuhalten. Die Gegenwart hingegen der lebendigen Organisationen und des Kunstschönen zeigt auch für den Sinn und die Anschauung schon die Wirklichkeit des Ideals. Die kantischen Reflexionen über diese Gegenstände wären daher besonders geeignet, das Bewußtseyn in das Fassen und Denken der konkreten Idee einzuführen.

§. 56.

Hier ist der Gedanke eines andern Verhältnisses vom Allgemeinen des Verstandes zum Besondern der Anschauung aufgestellt, als in der Lehre von der theoretischen und praktischen Vernunft zu Grunde liegt. Es verknüpft sich damit aber nicht die Einsicht, daß jenes das wahrhafte, ja die Wahrheit selbst ist. Vielmehr wird diese Einheit nur aufgenommen wie sie in endlichen Erscheinungen zur Existenz kommt, und wird in

der Erfahrung aufgezeigt. Solche Erfahrung zunächst im
Subjekte gewährt Theils das Genie, das Vermögen ästheti=
sche Ideen zu produciren, d. i. Vorstellungen der freien Ein=
bildungskraft, die einer Idee dienen und zu denken geben,
ohne daß solcher Inhalt in einem Begriffe ausgedrückt wäre
oder sich darin ausdrücken ließe; Theils das Geschmacks=
urtheil, das Gefühl der Zusammenstimmung der An=
schauungen oder Vorstellungen in ihrer Freiheit, zum Ver=
stande in seiner Gesetzmäßigkeit.

§. 57.

Das Princip der reflektirenden Urtheilskraft ferner für die
lebendigen Naturprodukte wird als der Zweck bestimmt,
der thätige Begriff, das in sich bestimmte und bestimmende
Allgemeine. Zugleich wird die Vorstellung der äußerlichen
oder endlichen Zweckmäßigkeit entfernt, in welcher der
Zweck für das Mittel und das Material, worin er sich realisirt,
nur äußerliche Form ist. Wohingegen im Lebendigen der
Zweck in der Materie immanente Bestimmung und Thätigkeit
ist, und alle Glieder ebenso sich gegenseitig Mittel als Zweck sind.

§. 58.

Wenn nun gleich in solcher Idee das Verstandesverhältniß
von Zweck und Mittel, von Subjektivität und Objektivität auf=
gehoben ist, so wird nun doch wieder im Widerspruch hiemit der
Zweck für eine Ursache erklärt, welche nur als Vorstellung
d. h. als ein Subjektives existire und thätig sey; hiemit denn
auch die Zweckbestimmung nur für ein unserem Verstande an=
gehöriges Princip der Beurtheilung erklärt.

Nachdem es einmal Resultat der kritischen Philosophie ist,
daß die Vernunft nur Erscheinungen erkennen könne, so
hätte man doch wenigstens für die lebendige Natur eine Wahl
zwischen zwei gleich subjektiven Denkweisen, und nach
der kantischen Darstellung selbst eine Verbindlichkeit, die Na=
turprodukte nicht blos nach den Kategorien von Qualität, Ur=

sache und Wirkung, Zusammensetzung, Bestandtheilen u. s. f.
zu erkennen. Das Princip der innern Zweckmäßigkeit,
in wissenschaftlicher Anwendung festgehalten und entwickelt,
würde eine ganz andere, höhere Betrachtungsweise herbeige-
führt haben.

§. 59.

Die Idee nach diesem Princip in ihrer ganzen Unbeschränkt-
heit wäre, daß die von der Vernunft bestimmte Allgemeinheit,
— der absolute Endzweck, das Gute, in der Welt verwirklicht
würde, und zwar durch ein drittes, die diesen Endzweck selbst
setzende und ihn realisirende Macht, — Gott, in welchem, der
absoluten Wahrheit, hiemit jene Gegensätze von Allgemeinheit
und Einzelnheit, von Subjektivität und Objektivität aufgelöst
und für unselbstständig und unwahr erklärt sind.

§. 60.

Allein das Gute, — worin der Endzweck der Welt gesetzt
wird, ist von vorn herein nur als unser Gutes, als das moralische Gesetz unserer praktischen Vernunft bestimmt; so daß
die Einheit weiter nicht geht, als auf die Uebereinstimmung des
Weltzustands und der Weltereignisse mit unserer Moralität *).
Außerdem daß selbst mit dieser Beschränkung der Endzweck,
das Gute, ein bestimmungloses Abstraktum ist, wie auch das,
was Pflicht seyn soll. Näher wird gegen diese Harmonie der
Gegensatz, der in ihrem Inhalte als unwahr gesetzt ist, wieder
erweckt und behauptet, so daß die Harmonie als ein nur Sub=

---

*) In den eignen Worten von Kants Kritik der Urtheilskraft S. 427.
Endzweck ist blos ein Begriff unserer praktischen Vernunft und kann aus
keinen Datis der Erfahrung zu theoretischer Beurtheilung der Natur gefolgert, noch auf Erkenntniß derselben bezogen werden. Es ist kein
Gebrauch von diesem Begriffe möglich als lediglich für die praktische Vernunft nach moralischen Gesetzen, und der Endzweck der Schöpfung
ist diejenige Beschaffenheit der Welt, die zu dem, was wir allein nach Gesetzen bestimmt angeben können, nämlich dem Endzwecke unserer reinen
praktischen Vernunft, und zwar sofern sie praktisch seyn soll, übereinstimmt.

jektives bestimmt wird, — als ein solches, das nur seyn soll,
d. i. das zugleich nicht Realität hat; — als ein Geglaub=
tes , dem nur subjektive Gewißheit, nicht Wahrheit, d. i. nicht
jene der Idee entsprechende Objektivität zukomme. — Wenn
dieser Widerspruch dadurch verdeckt zu werden scheint, daß die
Realisirung der Idee in die Zeit, in eine Zukunft, wo die
Idee auch seye, verlegt wird, so ist solche sinnliche Bedingung,
wie die Zeit, das Gegentheil vielmehr von einer Auflösung des
Widerspruchs, und die entsprechende Verstandesvorstellung, der
unendliche Progreß, ist unmittelbar nichts als der perenni=
rend gesetzte Widerspruch selbst.

Es kann noch eine allgemeine Bemerkung über das Re=
sultat gemacht werden, welches sich aus der kritischen Philo=
sophie für die Natur des Erkennens ergeben, und zu einem
der Vorurtheile d. i. allgemeinen Voraussetzungen der Zeit
erhoben hat.

In jedem dualistischen System, insbesondere aber im kan=
tischen giebt sich sein Grundmangel durch die Inkonsequenz
das zu vereinen, was einen Augenblick vorher als selbst=
ständig somit als unvereinbar erklärt worden ist, zu erken=
nen. Wie so eben das Vereinte für das Wahrhafte erklärt
worden ist, so wird sogleich vielmehr für das Wahrhafte erklärt,
daß die beiden Momente, denen in der Vereinung als
ihrer Wahrheit das Für=sich=bestehen abgesprochen worden ist,
nur so, wie sie getrennte sind, Wahrheit und Wirklichkeit ha=
ben. Es fehlt bei solchem Philosophiren das einfache Be=
wußtseyn, daß mit diesem Herüber= und Hinübergehen selbst
jede dieser einzelnen Bestimmungen für unbefriedigend erklärt
wird, und der Mangel besteht in der einfachen Unvermögen=
heit, zwei Gedanken, — und es sind der Form nach nur
zwei vorhanden, — zusammen zu bringen. Es ist darum
die größte Inkonsequenz einerseits zuzugeben, daß der Verstand
nur Erscheinungen erkennt, und andererseits dieß Erkennen

als etwas Absolutes zu behaupten, indem man sagt: das Erkennen könne nicht weiter, dieß sey die natürliche, absolute Schranke des menschlichen Wissens. Die natürlichen Dinge sind beschränkt, und nur natürliche Dinge sind sie, insofern sie nichts von ihrer allgemeinen Schranke wissen, insofern ihre Bestimmtheit nur eine Schranke für uns ist, nicht für sie. Als Schranke, Mangel wird etwas nur gewußt, ja empfunden, indem man zugleich darüber hinaus ist. Die lebendigen Dinge haben das Vorrecht des Schmerzens vor den leblosen; selbst für jene wird eine einzelne Bestimmtheit zur Empfindung eines Negativen, weil sie als lebendig die Allgemeinheit der Lebendigkeit, die über das Einzelne hinaus ist, in ihnen haben, in dem Negativen ihrer selbst sich noch erhalten und diesen Widerspruch als in ihnen existirend empfinden. Dieser Widerspruch ist nur in ihnen, insofern beides in dem Einen Subjekt ist, die Allgemeinheit ihres Lebensgefühls, und die gegen dasselbe negative Einzelnheit. Schranke, Mangel des Erkennens ist ebenso nur als Schranke, Mangel bestimmt, durch die Vergleichung mit der vorhandenen Idee des Allgemeinen, eines Ganzen und Vollendeten. Es ist daher nur Bewußtlosigkeit nicht einzusehen, daß eben die Bezeichnung von Etwas als einem Endlichen oder Beschränkten den Beweis von der wirklichen Gegenwart des Unendlichen, Unbeschränkten enthält, daß das Wissen von Gränze nur seyn kann, insofern das Unbegränzte diesseits im Bewußtseyn ist.

Ueber jenes Resultat vom Erkennen kann noch die weitere Bemerkung angeschlossen werden, daß die kantische Philosophie auf die Behandlung der Wissenschaften keinen Einfluß hat haben können. Sie läßt die Kategorien und die Methode des gewöhnlichen Erkennens ganz unangefochten. Wenn in wissenschaftlichen Schriften damaliger Zeit zuweilen der Anlauf mit Sätzen der kantischen

Philosophie genommen ist, so zeigt sich im Verfolge der Abhandlung selbst, daß jene Sätze nur ein überflüssiger Zierrath
waren und derselbe empirische Inhalt aufgetreten wäre, wenn
jene etlichen ersten Blätter weggelassen worden wären *).

Was die nähere Vergleichung der kantischen Philosophie
mit dem metaphysicirenden Empirismus betrifft, so
hält sich zwar der unbefangene Empirismus an die sinnliche Wahrnehmung, aber läßt ebenso eine geistige Wirklichkeit, eine übersinnliche Welt zu, wie auch ihr Inhalt beschaffen sey, ob er aus dem Gedanken, aus der Phantasie
u. s. f. abstamme. Der Form nach hat dieser Inhalt die
Beglaubigung, wie der sonstige Inhalt des empirischen Wissens in der Autorität der äußern Wahrnehmung, in geistiger
Autorität. Aber der reflektirende und die Konsequenz
sich zum Princip machende Empirismus, bekämpft solchen
Dualismus des letzten, höchsten Inhalts, und negirt die Selbstständigkeit des denkenden Princips und einer in ihm sich ent-
wickelnden geistigen Welt. Der Materialismus, Natu-
ralismus ist das konsequente System des Empirismus.
— Die kantische Philosophie stellt diesem Empirismus das
Princip des Denkens und der Freiheit schlechthin gegenüber,
und schließt sich dem ersten Empirismus an, ohne im geringsten aus dessen allgemeinem Princip heraus zu treten. Die
eine Seite ihres Dualismus bleibt die Welt der Wahrnehmung und des über sie reflektirenden Verstandes. Diese Welt
wird zwar für eine Welt von Erscheinungen ausgegeben.
Dieß ist jedoch ein bloßer Titel, eine nur formelle Bestim-

---

*) Sogar im „Handbuche der Metrik von Herrmann," ist der
Anfang mit Paragraphen kantischer Philosophie gemacht; ja in §. 8.
wird gefolgert, daß das Gesetz des Rhythmus 1) ein objektives, 2) ein
formales, 3) ein a priori bestimmtes Gesetz seyn müsse. Man
vergleiche nun mit diesen Foderungen und den weiter folgenden Principien
von Kausalität und Wechselwirkung, die Abhandlung der Versmaße selbst,
auf welche jene formelle Principien nicht den geringsten Einfluß ausüben.

mung, denn Quelle, Gehalt und Betrachtungsweise bleiben
ganz dieselben. Die andere Seite ist dagegen die Selbstftän=
digkeit des sich erfassenden Denkens, das Princip der Freiheit,
welches sie mit der vormaligen, gewöhnlichen Metaphysik ge=
mein hat, aber alles Inhaltes entleert und ihm keinen wieder
zu verschaffen vermag. Dieß Denken, hier Vernunft ge=
nannt, wird als aller Bestimmung beraubt, aller Autorität
enthoben. Die Hauptwirkung, welche die kantische Philosophie
gehabt hat, ist gewesen, das Bewußtseyn dieser absoluten In=
nerlichkeit erweckt zu haben, die, ob sie um ihrer Abstraktion
willen zwar aus sich zu nichts sich entwickeln und keine Be=
stimmungen weder Erkenntnisse noch moralische Gesetze her=
vorbringen kann, doch schlechthin sich weigert etwas, das den
Charakter einer Aeußerlichkeit hat, in sich gewähren und
gelten zu lassen. Das Princip der Unabhängigkeit der
Vernunft, ihrer absoluten Selbftständigkeit in sich, ist von
nun an als allgemeines Princip der Philosophie, wie als ei=
nes der Vorurtheile der Zeit, anzusehen.

Zusatz 1. Der kritischen Philosophie gebührt das große
negative Verdienst die Ueberzeugung geltend gemacht zu haben,
daß die Verstandesbestimmungen der Endlichkeit angehören und
daß die innerhalb derselben sich bewegende Erkenntniß nicht zur
Wahrheit gelangt. Allein die Einseitigkeit dieser Philosophie
besteht dann darin, daß die Endlichkeit jener Verstandesbestim=
mungen darein gesetzt wird; daß dieselben blos unserem subjekti=
ven Denken angehören, für welches das Ding an sich ein absolutes
Jenseits bleiben soll. In der That liegt jedoch die Endlichkeit
der Verstandesbestimmungen nicht in ihrer Subjektivität, son=
dern dieselben sind an sich endlich und ihre Endlichkeit ist an
ihnen selbst aufzuzeigen. Nach Kant ist dagegen dasjenige, was
wir denken, falsch, darum weil wir es denken. — Als ein fer=
nerer Mangel dieser Philosophie ist es zu betrachten, daß dieselbe
nur eine historische Beschreibung des Denkens und eine bloße

Herzählung der Momente des Bewußtſeyns giebt. Dieſe Her=
zählung iſt nun zwar in der Hauptſache allerdings richtig, allein
es iſt dabei von der Nothwendigkeit des ſo empiriſch Aufgefaß=
ten nicht die Rede. Als Reſultat der über die verſchiedenen
Stufen des Bewußtſeyns angeſtellten Reflexionen, wird dann
ausgeſprochen, daß der Inhalt deſſen, wovon wir wiſſen, nur
Erſcheinung ſey. Dieſem Reſultat iſt inſofern beizuſtimmen, als
das endliche Denken allerdings es nur mit Erſcheinungen zu
thun hat. Allein mit dieſer Stufe der Erſcheinung iſt es noch
nicht abgemacht, ſondern es giebt noch ein höheres Land, wel=
ches indeß für die kantiſche Philoſophie ein unzugängliches Jen=
ſeits bleibt.

Zuſatz 2. Während in der kantiſchen Philoſophie zu=
nächſt nur formeller Weiſe das Princip aufgeſtellt iſt, daß das
Denken ſich aus ſich ſelbſt beſtimme, das Wie und Inwie=
fern dieſer Selbſtbeſtimmung des Denkens von Kant aber noch
nicht nachgewieſen worden iſt, ſo iſt es dagegen Fichte, welcher
dieſen Mangel erkannt und indem er die Forderung einer De=
duktion der Kategorien ausgeſprochen, zugleich den Verſuch ge=
macht hat, eine ſolche auch wirklich zu liefern. Die fichteſche
Philoſophie macht das Ich zum Ausgangspunkt der philoſophi=
ſchen Entwickelung und die Kategorien ſollen ſich als das Re=
ſultat ſeiner Thätigkeit ergeben. Nun aber erſcheint das Ich
hier nicht wahrhaft als freie, ſpontane Thätigkeit, da daſſelbe
als erſt durch einen Anſtoß von außen erregt betrachtet wird;
gegen dieſen Anſtoß ſoll dann das Ich reagiren und erſt durch
dieſe Reaktion ſoll es zum Bewußtſeyn über ſich ſelbſt gelan=
gen. — Die Natur des Anſtoßes bleibt hierbei ein unerkanntes
Draußen und das Ich iſt immer ein Bedingtes, welches ein
Anderes ſich gegenüber hat. Sonach bleibt alſo auch Fichte bei
dem Reſultat der kantiſchen Philoſophie ſtehen, daß nur das
Endliche zu erkennen ſey, während das Unendliche über das
Denken hinausgehe. Was bei Kant das Ding an ſich heißt,

das ist bei Fichte der Anstoß von außen, dieses Abstraktum eines Andern als Ich, welches keine andere Bestimmung hat als die des Negativen oder des Nicht=Ich überhaupt. Ich wird hierbei betrachtet als in Relation mit dem Nicht=Ich stehend, durch welches erst seine Thätigkeit des sich Bestimmens erregt wird und zwar in der Art, daß Ich nur die kontinuirliche Thätigkeit des sich vom Anstoß Befreiens ist, ohne daß es jedoch zur wirklichen Befreiung kommt, da mit dem Aufhören des Anstoßes das Ich selbst, dessen Seyn nur seine Thätigkeit ist, aufhören würde zu seyn. Ferner ist nun der Inhalt, den die Thätigkeit des Ich hervorbringt, kein anderer als der gewöhnliche Inhalt der Erfahrung, nur mit dem Zusatz, daß dieser Inhalt bloß Erscheinung sey.

C.

Dritte Stellung des Denkens zur Objektivität.

Das unmittelbare Wissen.

§. 61.

In der kritischen Philosophie wird das Denken so aufgefaßt, daß es subjektiv und dessen letzte, unüberwindliche Bestimmung die abstrakte Allgemeinheit, die formelle Identität sey; das Denken wird so der Wahrheit als in sich konkreter Allgemeinheit entgegengesetzt. In dieser höchsten Bestimmung des Denkens, welche die Vernunft sey, kommen die Kategorien nicht in Betracht. — Der entgegengesetzte Standpunkt
ist, das Denken als Thätigkeit nur des Besondern aufzufassen
und es auf diese Weise gleichfalls für unfähig zu erklären,
Wahrheit zu fassen.

§. 62.

Das Denken als Thätigkeit des Besondern hat nur die
Kategorien zu seinem Produkte und Inhalte. Diese, wie sie
der Verstand festhält, sind beschränkte Bestimmungen, Formen
des Bedingten, Abhängigen, Vermittelten. Für das
darauf beschränkte Denken ist das Unendliche, das Wahre, nicht;
es kann keinen Uebergang zu demselben machen. (gegen die Beweise vom Daseyn Gottes). Diese Denkbestimmungen werden
auch Begriffe genannt; und einen Gegenstand begreifen
heißt insofern nichts als ihn in der Form eines Bedingten
und Vermittelten fassen, somit insofern er das Wahre, Unendliche, Unbedingte ist, ihn in ein Bedingtes und Vermitteltes
verwandeln und auf solche Weise, statt das Wahre denkend zu
fassen, es vielmehr in Unwahres verkehren.

Dieß ist die einzige einfache Polemik, welche der Stand-

punkt vorbringt, der das nur unmittelbare Wissen von Gott
und von dem Wahren behauptet. Früher sind von Gott die
sogenannten anthropopathischen Vorstellungen aller Art als
endlich und, daher des Unendlichen unwürdig entfernt worden,
und er war dadurch bereits zu einem erklecklich leeren Wesen
gediehen. Aber die Denkbestimmungen wurden im Allgemei=
nen noch nicht unter dem Anthropopathischen befaßt; vielmehr
galt das Denken dafür, daß es den Vorstellungen des Abso=
luten die Endlichkeit abstreife, — nach dem oben bemerkten
Vorurtheile aller Zeiten, daß man erst durch das Nachdenken
zur Wahrheit gelange. Nun sind zuletzt auch die Denkbe=
stimmungen überhaupt für Anthropopathismus, und das Den=
ken für die Thätigkeit, nur zu verendlichen, erklärt wor=
den. — In der VII. Beilage zu den Briefen über Spinoza
hat Jacobi diese Polemik am bestimmtesten vorgetragen,
welche er übrigens aus Spinoza's Philosophie selbst geschöpft
und für die Bekämpfung des Erkennens überhaupt angewen=
det hat. Von dieser Polemik wird das Erkennen nur als
Erkennen des Endlichen aufgefaßt, als das denkende Fortge=
hen durch Reihen von Bedingtem zu Bedingtem, in
denen jedes, was Bedingung, selbst wieder nur ein Bedingtes
ist; — durch bedingte Bedingungen. Erklären und
Begreifen heißt hienach, Etwas als vermittelt durch ein
Anderes aufzeigen; somit ist aller Inhalt nur ein beson=
derer, abhängiger und endlicher; das Unendliche,
Wahre, Gott liegt außer dem Mechanismus solchen Zusam=
menhangs, auf welchem das Erkennen eingeschränkt sey. —
Es ist wichtig, daß indem die kantische Philosophie die End=
lichkeit der Kategorien vornämlich nur in die formelle Be=
stimmung ihrer Subjektivität gesetzt hat, in dieser Pole=
mik die Kategorien nach ihrer Bestimmtheit zur Sprache kom=
men, und die Kategorie als solche für endlich erkannt wird. —
Jacobi hat insbesondere die glänzenden Erfolge der Wissen=

schaften, die sich auf die Natur beziehen, (der sciences exac-
tes) im Erkennen der natürlichen Kräfte und Geseße vor
Augen gehabt. Immanent auf diesem Boden des Endli=
chen läßt sich freilich das Unendliche nicht finden; wie denn
Lalande gesagt hat, daß er den ganzen Himmel durchsucht,
aber Gott nicht gefunden habe, (vergl. Anm. zu §. 60.). Als
leßtes Resultat ergab sich auf diesem Boden das Allgemeine
als das unbestimmte Aggregat des äußerlichen Endlichen,
die Materie; und Jacobi sah mit Recht keinen andern
Ausgang auf dem Wege des bloßen Fortgehens in Ver=
mittlungen.

§. 63.

Zugleich wird behauptet, daß die Wahrheit für den
Geist ist, so sehr daß es die Vernunft allein ist, durch welche
der Mensch besteht, und daß sie das Wissen von Gott ist.
Weil aber das vermittelte Wissen nur auf endlichen Inhalt ein=
geschränkt seyn soll, so ist die Vernunft unmittelbares Wis=
sen, Glaube.

Wissen, Glauben, Denken, Anschauen sind die
auf diesem Standpunkte vorkommenden Kategorien, die, in=
dem sie als bekannt vorausgesezt werden, nur zu häufig
nach bloßen psychologischen Vorstellungen und Unterscheidun=
gen willkührlich gebraucht werden; was ihre Natur und Be=
griff ist, dieß worauf es allein ankäme, wird nicht untersucht.
So findet man das Wissen sehr gewöhnlich dem Glauben
entgegengesezt, während zugleich Glauben als unmittelbares
Wissen bestimmt, hiemit sogleich auch für ein Wissen aner=
kannt wird. Es wird sich auch wohl als empirische Thatsache
finden, daß das im Bewußtseyn ist, was man glaubt, daß
man somit wenigstens davon weiß; auch daß, was man
glaubt, als etwas Gewisses im Bewußtseyn ist, daß man
es also weiß. — So wird ferner vornehmlich Denken dem
unmittelbaren Wissen und Glauben, und insbesondere dem

Anschauen entgegengesetzt. Wird das Anschauen als intellektuell bestimmt, so kann dieß nichts als denkendes Anschauen heißen, wenn man anders unter dem Intellektuellen hier, wo Gott der Gegenstand ist, etwa nicht auch Phantasievorstellungen und Bilder verstehen will. Es geschieht in der Sprache dieses Philosophirens, daß Glauben auch in Beziehung auf die gemeinen Dinge der sinnlichen Gegenwart gesagt wird. Wir glauben, sagt Jacobi, daß wir einen Körper haben, wir glauben an die Existenz der sinnlichen Dinge. Allein wenn vom Glauben an das Wahre und Ewige die Rede ist, davon, daß Gott in dem unmittelbaren Wissen, Anschauen geoffenbart, gegeben sey, so sind dieß keine sinnlichen Dinge, sondern ein in sich allgemeiner Inhalt, nur Gegenstände für den denkenden Geist. Auch indem die Einzelnheit als Ich, die Persönlichkeit, insofern nicht ein empirisches Ich, eine besondere Persönlichkeit verstanden wird, vornehmlich indem die Persönlichkeit Gottes vor dem Bewußtseyn ist, so ist von reiner, d. i. der in sich allgemeinen Persönlichkeit die Rede; eine solche ist Gedanke und kommt nur dem Denken zu. — Reines Anschauen ferner ist nur ganz dasselbe, was reines Denken ist. Anschauen, Glauben drücken zunächst die bestimmten Vorstellungen aus, die wir mit diesen Worten im gewöhnlichen Bewußtseyn verbinden; so sind sie vom Denken freilich verschieden und dieser Unterschied ist ungefähr jedem verständlich. Aber nun sollen auch Glauben und Anschauen in höherem Sinn, sie sollen als Glauben an Gott, als intellektuelles Anschauen Gottes, genommen werden, d. h. es soll gerade von dem abstrahirt werden, was den Unterschied von Anschauen, Glauben und vom Denken ausmacht. Es ist nicht zu sagen, wie Glauben und Anschauen in diese höhere Region versetzt noch vom Denken verschieden seyen. Man meint mit solchen leer gewordenen Unterschieden sehr Wichtiges gesagt und behauptet zu haben

und Bestimmungen zu bestreiten, welche mit den behaupteten dieselben sind. — Der Ausdruck Glauben jedoch führt den besondern Vortheil mit sich, daß er an den christlich-religiösen
Glauben erinnert, diesen einzuschließen oder gar leicht dasselbe
zu seyn scheint, so daß dieses gläubige Philosophiren wesentlich
fromm und christlich-fromm aussieht und auf den Grund dieser Frömmigkeit hin sich die Freiheit giebt, um so mehr mit
Prätension und Autorität seine beliebigen Versicherungen zu
machen. Man muß sich aber vom Scheine nicht über das,
was sich durch die bloße Gleichheit der Worte einschleichen
kann, täuschen lassen, und den Unterschied wohl festhalten.
Der christliche Glaube schließt eine Autorität der Kirche in
sich, der Glaube aber jenes philosophirenden Standpunktes ist
vielmehr nur die Autorität der eignen subjektiven Offenbarung.
Ferner ist jener christliche Glaube ein objektiver, in sich reicher
Inhalt, ein System der Lehre und der Erkenntniß; der Inhalt dieses Glaubens aber ist so unbestimmt in sich, daß er
jenen Inhalt zwar wohl auch etwa zuläßt, aber eben so sehr
auch den Glauben, daß der Dalailama, der Stier, der Affe
u. s. f. Gott ist, in sich begreift, und daß er für sich ch auf
den Gott überhaupt, das höchste Wesen, einschränkt.
Der Glaube selbst in jenem philosophisch-seynsollenden Sinne
ist nichts als das trockne Abstraktum des unmittelbaren
Wissens; eine ganz formelle Bestimmung, die nicht mit der
geistigen Fülle des christlichen Glaubens, weder nach der Seite
des gläubigen Herzens und des ihm inwohnenden heiligen
Geistes, noch nach der Seite der inhaltsvollen Lehre, zu verwechseln noch für diese Fülle zu nehmen ist.

Mit dem, was hier Glauben und unmittelbares Wissen
heißt, ist übrigens ganz dasselbe, was sonst Eingebung, Offenbarung des Herzens, ein von Natur in den Menschen einge-
pflanzter Inhalt, ferner insbesondere auch gesunder Menschenverstand, common sense, Gemeinsinn, genannt worden ist.

Alle diese Formen machen auf die gleiche Weise die Unmittel=
barkeit, wie sich ein Inhalt im Bewußtseyn findet, eine That=
sache in diesem ist, zum Princip.

§. 64.

Das, was dieses unmittelbare Wissen weiß, ist, daß das
Unendliche, Ewige, Gott, das in unserer Vorstellung ist, auch
ist, — daß im Bewußtseyn mit dieser Vorstellung unmittel=
bar und unzertrennlich die Gewißheit ihres Seyns verbunden ist.

Es kann der Philosophie am wenigsten in Sinn kommen,
diesen Sätzen des unmittelbaren Wissens widersprechen zu
wollen; sie könnte sich vielmehr Glück wünschen, daß diese
ihre alten Sätze, welche sogar ihren ganzen allgemeinen In=
halt ausdrücken, auf solche freilich unphilosophische Weise ge=
wissermaßen ebenfalls zu allgemeinen Vorurtheilen der Zeit
geworden sind. Vielmehr kann man sich nur darüber wun=
dern, daß man meinen konnte, der Philosophie seyen diese
Sätze entgegengesetzt, — die Sätze: daß das, was für wahr
gehalten wird, dem Geiste immanent (§. 63.) und daß für
den Geist Wahrheit sey (ebendas.). In formeller Rücksicht
ist insbesondere der Satz interessant, daß nämlich mit dem
Gedanken Gottes sein Seyn, mit der Subjektivität,
die der Gedanke zunächst hat, die Objektivität unmittelbar
und unzertrennlich verknüpft ist. Ja die Philosophie des un=
mittelbaren Wissens geht in ihrer Abstraktion so weit, daß
nicht nur mit dem Gedanken Gottes allein, sondern auch in
der Anschauung mit der Vorstellung meines Körpers und
der äußerlichen Dinge die Bestimmung ihrer Existenz
ebenso unzertrennlich verbunden sey. — Wenn die Philosophie
solche Einheit zu beweisen, d. i. zu zeigen bestrebt ist, daß es
in der Natur des Gedankens oder der Subjektivität selbst
liege, unzertrennlich von dem Seyn oder der Objektivität zu
seyn, so möchte es mit solchen Beweisen eine Bewandniß ha=
ben, welche es wollte, die Philosophie muß auf allen Fall

9 *

damit ganz zufrieden seyn, daß behauptet und gezeigt wird, daß ihre Säze auch Thatsachen des Bewußtseyns sind, hiemit mit der Erfahrung übereinstimmen. — Der Unterschied zwischen dem Behaupten des unmittelbaren Wissens und zwischen der Philosophie läuft allein darauf hinaus, daß das unmittelbare Wissen sich eine ausschließende Stellung giebt, oder allein darauf, daß es sich dem Philosophiren entgegenstellt. — Aber auch in der Weise der Unmittelbarkeit ist jener Satz, um den, wie man sagen kann, sich das ganze Interesse der neuen Philosophie dreht, sogleich von deren Urheber ausgesprochen worden: Cogito, ergo sum. Man muß von der Natur des Schlusses etwa nicht viel mehr wissen, als daß in einem Schlusse: Ergo, vorkomme, um jenen Satz für einen Schluß anzusehen; wo wäre der medius terminus? und ein solcher gehört doch wohl wesentlicher zum Schlusse, als das Wort: Ergo. Will man aber, um den Namen zu rechtfertigen, jene Verbindung bei Descartes einen unmittelbaren Schluß nennen, so heißt diese überflüssige Form nichts Anderes, als eine durch nichts vermittelte Verknüpfung unterschiedener Bestimmungen. Dann aber ist die Verknüpfung des Seyns mit unsern Vorstellungen, welche der Satz des unmittelbaren Wissens ausdrückt, nicht mehr und nicht weniger ein Schluß. — Aus Herrn Hotho's Dissertation über die Cartesische Philosophie, die im Jahre 1826 erschienen ist, entnehme ich die Citate, in denen auch Descartes selbst ausdrücklich sich darüber erklärt, daß der Satz: cogito, ergo sum, kein Schluß ist; die Stellen sind Respons. ad II. Object. De Methodo IV. Ep. I. 118. Aus ersterer Stelle führe ich die nähern Ausdrücke an; Descartes sagt zunächst, daß wir denkende Wesen seyn, sey prima quaedam notio quae ex nullo syllogismo concluditur, und fährt fort: neque cum quis dicit: ego cogito, ergo sum sive existo, existentiam ex cogitatione per syllogismum deducit. Da Descartes weiß, was zu einem Schlusse gehört, so fügt er hinzu, daß, wenn bei jenem Satz eine Ableitung durch einen Schluß Statt finden sollte, so gehörte hiezu der Obersatz: illud omne, quod cogitat, est sive existit. Dieser letztere Satz sey aber ein solcher, den man erst aus jenem ersten Satze vielmehr ableite.

Die Ausdrücke Descartes über den Satz der Unzertrennlichkeit meiner als Denkenden vom Seyn, daß in der einfachen Anschauung des Bewußtseyns dieser Zusammenhang enthalten und angegeben, daß dieser Zusammenhang schlechthin Erstes, Princip, das Gewisseste und Evidenteste sey, so daß kein Skepticismus so enorm vorgestellt werden könne, um dieß nicht zuzulassen, — sind so sprechend und bestimmt, daß die modernen Sätze Jacobi's und Anderer über diese unmittelbare Verknüpfung nur für überflüssige Wiederholungen gelten können.

§. 65.

Dieser Standpunkt begnügt sich nicht damit, von dem vermittelten Wissen gezeigt zu haben, daß es isolirt genommen für die Wahrheit ungenügend sey, sondern seine Eigenthümlichkeit besteht darin, daß das unmittelbare Wissen nur isolirt genommen, mit Ausschließung der Vermittlung, die Wahrheit zum Inhalte habe. — In solchen Ausschließungen selbst giebt sich sogleich der genannte Standpunkt als ein Zurückfallen in den metaphysischen Verstand kund, in das Entweder — Oder desselben, damit in der That selbst in das Verhältniß der äußerlichen Vermittlung, das auf dem Festhalten an Endlichem, d. i. einseitigen Bestimmungen beruht, über die jene Ansicht fälschlich sich hinausgesetzt zu haben meint. Doch lassen wir diesen Punkt unentwickelt; das ausschließend unmittelbare Wissen wird nur als eine Thatsache behauptet, und hier in der Einleitung ist es nur nach dieser äußerlichen Reflexion aufzunehmen. An sich kommt es auf das Logische des Gegensatzes von Unmit-

telbarkeit und Vermittlung an. Aber jener Standpunkt weist
es ab, die Natur der Sache, d. i. den Begriff zu betrachten,
denn eine solche Betrachtung führt auf Vermittlung und gar auf
Erkenntniß. Die wahrhafte-Betrachtung, die des Logischen, hat
ihre Stelle innerhalb der Wissenschaft selbst zu finden.

Der ganze zweite Theil der Logik, die Lehre von dem
Wesen, ist Abhandlung der wesentlichen sich setzenden Ein=
heit der Unmittelbarkeit und der Vermittlung.

§. 66.

Wir bleiben hiemit dabei stehen, daß das unmittelbare
Wissen als Thatsache genommen werden soll. Hiemit aber
ist die Betrachtung auf das Feld der Erfahrung, auf ein
psychologisches Phänomen geführt. — In dieser Rücksicht
ist anzuführen, daß es zu den gemeinsten Erfahrungen gehört,
daß Wahrheiten, von welchen man sehr wohl weiß, daß sie Re=
sultat der verwickeltsten höchst vermittelten Betrachtungen sind,
sich demjenigen, dem solche Erkenntniß geläufig geworden, un=
mittelbar in seinem Bewußtseyn präsentiren. Der Mathema=
tiker wie jeder in einer Wissenschaft Unterrichtete hat Auflösun=
gen unmittelbar gegenwärtig, zu denen eine sehr verwickelte Ana=
lysis geführt hat; jeder gebildete Mensch hat eine Menge von
allgemeinen Gesichtspunkten und Grundsätzen unmittelbar gegen=
wärtig in seinem Wissen, welche nur aus vielfachem Nachdenken
und langer Lebenserfahrung hervorgegangen sind. Die Geläu=
figkeit, zu der wir es in irgend einer Art von Wissen, auch Kunst,
technischer Geschicklichkeit gebracht haben, besteht eben darin,
solche Kenntnisse, Arten der Thätigkeit, im vorkommenden Falle
unmittelbar in seinem Bewußtseyn, ja selbst in einer nach
Außen gehenden Thätigkeit und in seinen Gliedern zu haben. —
In allen diesen Fällen schließt die Unmittelbarkeit des Wissens
nicht nur die Vermittlung desselben nicht aus, sondern sie sind
so verknüpft, daß das unmittelbare Wissen sogar Produkt und
Resultat des vermittelten Wissens ist.

Eine eben so triviale Einsicht ist die Verknüpfung von unmittelbarer Existenz mit der Vermittlung derselben; Keime, Eltern sind eine unmittelbare, anfangende Existenz in Ansehung der Kinder u. s. f., welche Erzeugte sind. Aber die Keime, Eltern, so sehr sie als existirend überhaupt unmittelbar sind, sind sie gleichfalls Erzeugte, und die Kinder, u. s. f. der Vermittlung ihrer Existenz unbeschadet, sind nun unmittelbar, denn sie sind. Daß Ich in Berlin bin, diese meine unmittelbare Gegenwart, ist vermittelt durch die gemachte Reise hieher, u. s. f.

§. 67.

Was aber das unmittelbare Wissen von Gott, vom Rechtlichen, vom Sittlichen betrifft, — und hieher fallen auch die sonstigen Bestimmungen von Instinkt, eingepflanzten, angebornen Ideen, Gemeinsinn, von natürlicher Vernunft u. s. f., — welche Form man dieser Ursprünglichkeit gebe, so ist die allgemeine Erfahrung, daß, damit das, was darin enthalten ist, zum Bewußtseyn gebracht werde, wesentlich Erziehung, Entwicklung, (auch zur platonischen Erinnerung) erforderlich sey; — (die christliche Taufe, obgleich ein Sakrament, enthält selbst die fernere Verpflichtung einer christlichen Erziehung) d. i. daß Religion, Sittlichkeit, so sehr sie ein Glauben, unmittelbares Wissen sind, schlechthin bedingt durch die Vermittlung seyen, welche Entwicklung, Erziehung, Bildung heißt.

Bei der Behauptung angeborner Ideen und bei dem Widerspruch gegen dieselbe ist ein ähnlicher Gegensatz ausschließender Bestimmungen herrschend gewesen, als der hier betrachtete, nämlich der Gegensatz von der, wie es ausgedrückt werden kann, wesentlichen unmittelbaren Verknüpfung gewisser allgemeiner Bestimmungen mit der Seele, und von einer andern Verknüpfung, die auf äußerliche Weise geschähe und durch gegebene Gegenstände und Vorstellungen vermittelt wäre. Man machte der Behauptung angeborner

Ideen den empirischen Einwurf, daß alle Menschen diese
Ideen haben, z. B. den Satz des Widerspruchs in ihrem Be=
wußtseyn haben, ihn wissen müßten, als welcher Satz mit an=
dern dergleichen unter die angebornen Ideen gerechnet wurde.
Man kann diesem Einwurf einen Mißverstand zuschreiben, in=
sofern die gemeinten Bestimmungen als angeborne darum
nicht auch schon in der Form von Ideen, Vorstellungen von
Gewußtem seyn sollen. Aber gegen das unmittelbare Wissen
ist dieser Einwurf ganz treffend, denn es behauptet ausdrück=
lich seine Bestimmungen insofern als sie im Bewußtseyn seyen.
— Wenn der Standpunkt des unmittelbaren Wissens etwa
zugiebt, daß insbesondere für den religiösen Glauben eine
Entwicklung und eine christliche oder religiöse Erziehung noth=
wendig sey, so ist es ein Belieben, dieß bei dem Reden von
dem Glauben wieder ignoriren zu wollen, oder es ist die Ge=
dankenlosigkeit nicht zu wissen, daß mit der zugegebenen Noth=
wendigkeit einer Erziehung eben die Wesentlichkeit der Ver=
mittlung ausgesprochen ist.

Zusatz. «Wenn in der platonischen Philosophie gesagt
wird, daß wir uns der Ideen erinnern, so hat dieß den Sinn,
daß die Ideen an sich im Menschen sind und nicht (wie die
Sophisten behaupteten) als etwas dem Menschen Fremdes von
außen an denselben gelangen. Durch diese Auffassung des Er=
kennens als Erinnerung ist jedoch die Entwicklung dessen,
was an sich im Menschen nicht ausgeschlossen und diese Ent=
wicklung ist nichts Anderes als Vermittelung. Eben so verhält
es sich mit den bei Descartes und den schottischen Philosophen
vorkommenden angebornen Ideen, welche gleichfalls zunächst
nur als an sich und in der Weise der Anlage im Menschen
vorhanden zu betrachten sind.

§. 68.

In den angeführten Erfahrungen ist sich auf das berufen,
was sich als mit dem unmittelbaren Wissen verbunden zeigt.

Wenn diese Verbindung etwa zunächst als nur ein äußerlicher empirischer Zusammenhang genommen wird, so erweist er sich für die empirische Betrachtung selbst als wesentlich und unzertrennlich, weil er konstant ist. Aber ferner, wenn nach der Erfahrung dieses unmittelbare Wissen für sich selbst genommen wird, insofern es Wissen von Gott und vom Göttlichen ist, so wird solches Bewußtseyn allgemein als ein Erheben über das Sinnliche, Endliche, wie über die unmittelbaren Begierden und Neigungen des natürlichen Herzens beschrieben, — ein Erheben, welches in den Glauben an Gott und Göttliches übergeht und in demselben endigt, so daß dieser Glaube ein unmittelbares Wissen und Fürwahrhalten ist, aber nichts desto weniger jenen Gang der Vermittlung zu seiner Voraussetzung und Bedingung hat.

Es ist schon bemerkt worden, daß die sogenannten Beweise vom Daseyn Gottes, welche von dem endlichen Seyn ausgehen, diese Erhebung ausdrücken und keine Erfindungen einer künstelnden Reflexion, sondern die eignen, nothwendigen Vermittlungen des Geistes sind, wenn sie auch in der gewöhnlichen Form jener Beweise nicht ihren vollständigen und richtigen Ausdruck haben.

§. 69.

Der (§. 64.) bezeichnete Uebergang von der subjektiven Idee zum Seyn ist es, welcher für den Standpunkt des unmittelbaren Wissens das Hauptinteresse ausmacht, und wesentlich als ein ursprünglicher, vermittlungsloser Zusammenhang behauptet wird. Ganz ohne Rücksicht auf empirisch=scheinende Verbindungen genommen, zeigt gerade dieser Mittelpunkt in ihm selbst die Vermittlung, und zwar in ihrer Bestimmung, wie sie wahrhaft ist, nicht als eine Vermittlung mit und durch ein Aeußerliches, sondern als sich in sich selbst beschließend.

§. 70.

Die Behauptung dieses Standpunkts ist nämlich, daß wed
die Idee als ein blos subjektiver Gedanke, noch blos e
Seyn für sich das Wahre ist; — das Seyn nur für sich, e
Seyn nicht der Idee, ist das sinnliche endliche Seyn der We
Damit wird also unmittelbar behauptet, daß die Idee nur ve
mittelst des Seyns, und umgekehrt das Seyn nur vermi
telst der Idee, das Wahre ist. Der Satz des unmittelbar
Wissens will mit Recht nicht die unbestimmte leere Unmittelba
keit, das abstrakte Seyn oder reine Einheit für sich, sondern d
Einheit der Idee mit dem Seyn. Es ist aber Gedankenlos
keit nicht zu sehen, daß die Einheit unterschiedener Bestim
mungen, nicht blos rein unmittelbare, d. i. ganz unbestimm
und leere Einheit, sondern daß eben darin gesetzt ist, daß d
eine der Bestimmungen nur durch die andere vermittelt, Wah
heit hat — oder wenn man will jede nur durch die andere m
der Wahrheit vermittelt ist. — Daß die Bestimmung d
Vermittlung in jener Unmittelbarkeit selbst enthalten ist,
hiemit als Faktum aufgezeigt, gegen welches der Verstan
dem eigenen Grundsatze des unmittelbaren Wissens gemäß, nich
einzuwenden haben darf. Es ist nur gewöhnlicher abstrakt
Verstand, der die Bestimmungen von Unmittelbarkeit und v
Vermittlung, jede für sich, als absolut nimmt, und an ihn
etwas Festes von Unterscheidung zu haben meint; so erzeugt
sich die überwindliche Schwierigkeit, sie zu vereinigen; — e
Schwierigkeit, welche eben so sehr, wie gezeigt, im Faktum ni
vorhanden ist als sie im spekulativen Begriffe verschwindet.

§. 71.

Die Einseitigkeit dieses Standpunkts bringt Bestimmung
und Folgen mit sich, deren Hauptzüge nach der geschehenen E
örterung der Grundlage noch bemerklich zu machen sind. Vo
erste, weil nicht die Natur des Inhalts, sondern das Fa
tum des Bewußtseyns als das Kriterium der Wahrheit au

gestellt wird, so ist das subjektive Wissen, und die Versicherung, daß Ich in meinem Bewußtseyn einen gewissen Inhalt vorfinde, die Grundlage dessen, was als wahr ausgegeben wird. Was ich in meinem Bewußtseyn vorfinde, wird dabei dazu gesteigert, in dem Bewußtseyn Aller sich vorzufinden und für die Natur des Bewußtseyns selbst ausgegeben.

Vormals wurde unter den sogenannten Beweisen vom Daseyn Gottes der Consensus gentium aufgeführt, auf den sich auch schon Cicero beruft. Der Consensus gentium ist eine bedeutende Autorität, und der Uebergang davon, daß ein Inhalt sich in dem Bewußtseyn Aller finde, dazu, daß er in der Natur des Bewußtseyns selbst liege und ihm nothwendig sey, liegt nahe bei der Hand. Es lag in dieser Kategorie allgemeiner Uebereinstimmung das wesentliche, dem ungebildetsten Menschensinne nicht entgehende Bewußtseyn, daß das Bewußtseyn des Einzelnen zugleich ein Besonderes, Zufälliges ist. Wenn die Natur dieses Bewußtseyns nicht selbst untersucht, d. i. das Besondere, Zufällige desselben nicht abgesondert wird, als durch welche mühsame Operation des Nachdenkens das an- und für-sich Allgemeine desselben allein herausgefunden werden kann, so kann nur die Uebereinstimmung Aller über einen Inhalt ein respektables Vorurtheil begründen, daß derselbe zur Natur des Bewußtseyns selbst gehöre. Für das Bedürfniß des Denkens, das, was sich als allgemein vorhanden zeigt, als nothwendig zu wissen, ist der Consensus gentium allerdings nicht genügend, aber auch innerhalb der Annahme, daß jene Allgemeinheit des Faktums ein befriedigender Beweis wäre, ist er um der Erfahrung willen, daß es Individuen und Völker gebe, bei denen sich der Glaube an Gott nicht vorfinde, als ein Beweis dieses Glaubens aufgegeben worden *). Kürzer und bequemer aber giebt

*) Um in der Erfahrung den Atheismus und den Glauben an Gott mehr oder weniger ausgebreitet zu finden, kommt es darauf an, ob man

es nichts, als die bloße Versicherung zu machen zu haben, daß Ich einen Inhalt in meinem Bewußtseyn mit der Gewißheit seiner Wahrheit finde, und daß daher diese Gewißheit nicht mir als besonderem Subjekte, sondern der Natur des Geistes selbst angehöre.

§ 72.

Daraus, daß das unmittelbare Wissen das Kriterium der Wahrheit seyn soll, folgt fürs zweite, daß aller Aberglaube und Götzendienst für Wahrheit erklärt wird, und daß der unrechtlichste und unsittlichste Inhalt des Willens gerechtfertigt

mit der Bestimmung von einem Gott überhaupt, zufrieden ist, oder ob eine bestimmtere Erkenntniß desselben gefodert wird. Von den chinesischen und indischen u. s. f. Götzen wenigstens nicht, eben so wenig von den afrikanischen Fetischen, auch von den griechischen Göttern selbst wird in der christlichen Welt nicht zugegeben werden, daß solche Götzen Gott sind; wer an solche glaubt, glaubt daher nicht an Gott. Wird dagegen die Betrachtung gemacht, daß in solchem Glauben an Götzen doch an sich der Glaube an Gott überhaupt, wie im besondern Individuum die Gattung liege, so gilt der Götzendienst auch für einen Glauben, nicht nur an einen Götzen, sondern an Gott. Umgekehrt haben die Athenienser die Dichter und Philosophen, welche den Zeus u. s. f. nur für Wolken u. s. f. hielten und etwa nur einen Gott überhaupt behaupteten, als Atheisten behandelt. — Es kommt nicht darauf an, was an sich in einem Gegenstande enthalten sey, sondern was davon für das Bewußtseyn heraus ist. Jede, die gemeinste sinnliche Anschauung des Menschen wäre, wenn man die Verwechslung dieser Bestimmungen gelten läßt, Religion, weil allerdings an sich in jeder solchen Anschauung, in jedem Geistigen, das Princip enthalten ist, welches entwickelt und gereinigt sich zur Religion steigert. Ein anderes aber ist der Religion fähig zu seyn, (und jenes Ansich drückt die Fähigkeit und Möglichkeit aus) ein anderes, Religion zu haben. — So haben in neuern Zeiten wieder Reisende, (z. B. die Capitäne Roß und Parry) Völkerschaften (Eskimaur) gefunden, denen sie alle Religion absprachen, sogar so etwas von Religion, was man noch in afrikanischen Zauberern (den Goëten Herodots) finden möchte. Nach einer ganz andern Seite hin sagt ein Engländer, der die ersten Monate des letztverflossenen Jubeljahrs in Rom zubrachte, in seiner Reisebeschreibung von den heutigen Römern, daß das gemeine Volk bigott, daß aber die, die lesen und schreiben können, sämmtlich Atheisten seyen. — Der Vorwurf des Atheismus ist übrigens in neuern Zeiten wohl vornämlich darum seltener geworden, weil der Gehalt und die Foderung über Religion sich auf ein minimum reducirt hat (s. §. 73.).

ist. Dem Indier gilt nicht aus sogenanntem vermitteltem Wissen, aus Raisonnements und Schlüssen, die Kuh, der Affe oder der Brahmin, der Lama als Gott, sondern er glaubt daran. Die natürlichen Begierden und Neigungen aber legen von selbst ihre Interessen ins Bewußtseyn, die unmoralischen Zwecke finden sich ganz unmittelbar in demselben; der gute oder böse Charakter drückte das bestimmte Seyn des Willens aus, welches in den Interessen und Zwecken gewußt, und zwar am unmittelbarsten gewußt wäre.

§. 73.

Endlich soll das unmittelbare Wissen von Gott sich nur darauf erstrecken, daß Gott ist, nicht was Gott ist; denn das letztere würde eine Erkenntniß seyn und auf vermitteltes Wissen führen. Damit ist Gott als Gegenstand der Religion ausdrücklich auf den Gott überhaupt, auf das unbestimmte Uebersinnliche beschränkt, und die Religion ist in ihrem Inhalte auf ihr minimum reducirt.

Wenn es wirklich nöthig wäre, nur so viel zu bewirken, daß der Glaube, es seye ein Gott, noch erhalten werde, oder gar, daß solcher Glaube zu Stande komme, so wäre sich nur über die Armuth der Zeit zu verwundern, welche das Dürftigste des religiösen Wissens für einen Gewinn halten läßt, und dahin gekommen ist, in ihrer Kirche zu dem Altar zurückzukehren, der sich längst in Athen befand, welcher dem unbekannten Gotte! gewidmet war.

§. 74.

Noch ist die allgemeine Natur der Form der Unmittelbarkeit kurz anzugeben. Es ist nämlich diese Form selbst, welche, weil sie einseitig ist, ihren Inhalt selbst einseitig und damit endlich macht. Dem Allgemeinen giebt sie die Einseitigkeit einer Abstraktion, so daß Gott zum bestimmungslosen Wesen wird; Geist aber kann Gott nur heißen, insofern er als sich in sich selbst mit sich vermittelnd gewußt wird.

Nur so ist er konkret, lebendig und Geist; das Wissen von Gott als Geist enthält eben damit Vermittlung in sich. — Dem Besondern giebt die Form der Unmittelbarkeit die Bestim= mung, zu seyn, sich auf sich zu beziehen. Das Besondere ist aber eben dieß, sich auf Anderes außer ihm zu beziehen; durch jene Form wird das Endliche als absolut gesetzt. Da sie als ganz abstrakt gegen jeden Inhalt gleichgültig und eben damit jeden Inhalts empfänglich ist, so kann sie abgötti= schen und unmoralischen eben so gut sanktioniren als den ent= gegengesetzten Inhalt. Nur diese Einsicht in denselben, daß er nicht selbstständig, sondern durch ein Anderes vermittelt ist, setzt ihn auf seine Endlichkeit und Unwahrheit herab. Solche Einsicht, weil der Inhalt die Vermittlung mit sich führt, ist ein Wissen, welches Vermittlung enthält. Für das Wahre kann nur ein Inhalt erkannt werden, insofern er nicht mit einem Andern vermittelt, nicht endlich ist, also sich mit sich selbst ver= mittelt, und so in Eins Vermittlung und unmittelbare Bezie= hung auf sich selbst ist. — Jener Verstand, der sich von dem endlichen Wissen, der Verstandes=Identität der Meta= physik und der Aufklärung, losgemacht zu haben meint, macht selbst unmittelbar wieder diese Unmittelbarkeit, d. i. die abstrakte Beziehung=auf=sich, die abstrakte Identität zum Princip und Kriterium der Wahrheit. Abstraktes Denken (die Form der reflektirenden Metaphysik) und abstraktes An= schauen (die Form des unmittelbaren Wissens) sind ein und dasselbe.

Zusatz. Indem die Form der Unmittelbarkeit als der Form der Vermittelung entgegengesetzt festgehalten wird, so ist dieselbe hiermit einseitig und diese Einseitigkeit theilt sich jedem Inhalt mit, welcher nur auf diese Form zurückgeführt wird. Die Unmittelbarkeit ist überhaupt abstrakte Beziehung auf sich und somit zugleich abstrakte Identität, abstrakte Allgemeinheit. Wenn dann das an und für sich Allgemeine nur in der Form der Unmittelbarkeit genommen wird, so ist dasselbe nur das abstrakt Allgemeine und Gott erhält von diesem Standpunkt aus die Bedeutung des schlechthin bestimmungslosen Wesens. Spricht man dann noch von Gott als Geist, so ist dieß nur ein leeres Wort, denn der Geist ist als Bewußtseyn und Selbstbewußtseyn jedenfalls Unterscheidung seiner von sich selbst und von einem Anderen und hiermit sogleich Vermittelung.

§. 75.

Die Beurtheilung dieser dritten Stellung, die dem Denken zur Wahrheit gegeben wird, hat nur auf eine Weise vorgenommen werden können, welche dieser Standpunkt unmittelbar in ihm selbst angiebt und zugesteht. Es ist hiemit als faktisch falsch aufgezeigt worden, daß es ein unmittelbares Wissen gebe, ein Wissen welches ohne Vermittlung es sey mit Anderem oder in ihm selbst mit sich sey. Gleichfalls ist es für faktische Unwahrheit erklärt worden, daß das Denken nur an durch Anderes vermittelten Bestimmungen, — endlichen und bedingten, — fortgehe, und daß sich nicht ebenso in der Vermittlung diese Vermittlung selbst aufhebe. Von dem Faktum aber solchen Erkennens, das weder in einseitiger Unmittelbarkeit noch in einseitiger Vermittlung fortgeht, ist die Logik selbst und die ganze Philosophie das Beispiel.

§. 76.

In Beziehung auf den Ausgangspunkt, die oben sogenannte unbefangene Metaphysik, das Princip des unmittelbaren Wissens betrachtet, so ergiebt sich aus der Vergleichung, daß dasselbe zu jenem Anfang, den diese Metaphysik in der neuern Zeit als cartesische Philosophie genommen hat, zurückgekehrt ist. In beiden ist behauptet:

1) Die einfache Untrennbarkeit des Denkens und Seyns des Denkenden, — Cogito ergo sum, ist ganz dasselbe, daß mir im Bewußtseyn das Seyn, Realität, Existenz des Ich unmittelbar geoffenbaret sey; (Cartesius erklärt zugleich ausdrücklich

Princ. phil. I. 9, daß er unter Denken das Bewußtseyn
überhaupt als solches verstehe,) und daß jene Untrennbarkeit die
schlechthin erste (nicht vermittelte, bewiesene,) und gewisseste
Erkenntniß sey.

2) Ebenso die Unzertrennlichkeit der Vorstellung von Gott
und seiner Existenz, so daß diese in der Vorstellung Gottes
selbst enthalten ist, jene Vorstellung schlechthin nicht ohne die
Bestimmung der Existenz, diese somit eine nothwendige und
ewige ist *).

3) Was das gleichfalls unmittelbare Bewußtseyn von der
Existenz äußerer Dinge betrifft, so heißt dasselbe nichts Anderes als das sinnliche Bewußtseyn; daß wir ein solches haben
ist die geringste der Erkenntnisse; es hat allein Interesse zu
wissen, daß dieß unmittelbare Wissen von dem Seyn der äußerlichen Dinge Täuschung und Irrthum, und, in dem Sinnlichen als solchem keine Wahrheit ist, das Seyn dieser äußerlichen Dinge vielmehr ein zufälliges, vorübergehendes, ein Schein

---

*) Cart. Princ. phil. I. 15. magis hoc (ens summe perfectum existere)
credet, si attendat, nullius alterius rei ideam apud se inveniri, in qua
eodem modo necessariam existentiam contineri animadvertat; — intelli-
get, illam ideam exhibere veram et immutabilem naturam, quaeque non
potest non existere, cum necessaria existentia in ea continea-
tur. Eine darauf folgende Wendung, die wie eine Vermittlung und Beweis lautet, thut dieser ersten Grundlage keinen Eintrag. — Bei Spinoza
ist es ganz dasselbe, daß Gottes Wesen, d. i. die abstrakte Vorstellung,
die Existenz in sich schließe. Die erste Definition Spinoza's ist die von
Causa sui, daß sie ein solches sey, cujus essentia involvit existentiam;
sive id, cujus natura non potest concipi, nisi existens; — die Untrennbarkeit des Begriffs vom Seyn ist die Grundbestimmung und Voraussetzung. Aber welcher Begriff ist es, dem diese Untrennbarkeit vom
Seyn zukommt? nicht der von endlichen Dingen, denn diese sind eben
solche, deren Existenz eine zufällige und erschaffene ist. — Daß bei
Spinoza die 11te Proposition: daß Gott nothwendig existire, mit einem
Beweise folgt, ebenso die 20ste: daß Gottes Existenz und sein Wesen ein
und dasselbe sind, — ist ein überflüssiger Formalismus des Beweisens.
Gott ist die (und zwar einzige) Substanz, die Substanz aber ist Causa
sui, also existirt Gott nothwendig — heißt nichts Anderes, als daß Gott
dieß ist, dessen Begriff und Seyn unzertrennlich ist.

ist, — daß sie wesentlich dieß sind, nur eine Existenz zu haben, die von ihrem Begriff, Wesen trennbar ist.

§. 77.

Unterschieden sind aber beide Standpunkte:

1) Die cartesische Philosophie geht von diesen unbewiese= nen und für unbeweisbar angenommenen Voraussetzungen fort zu weiterer entwickelter Erkenntniß, und hat auf diese Weise den Wissenschaften der neuen Zeit den Ursprung gegeben. Der moderne Standpunkt dagegen ist zu dem, für sich wichtigen Re= sultate gekommen (§. 62.), daß das Erkennen, welches an end= lichen Vermittlungen fortgehe, nur Endliches erkenne und keine Wahrheit enthalte; und verlangt an das Bewußtseyn von Gott, daß es bei jenem und zwar ganz abstrakten Glauben stehen bleibe *).

2) Der moderne Standpunkt ändert dabei einerseits nichts an der von Cartesius eingeleiteten Methode des gewöhnlichen wissenschaftlichen Erkennens, und führt die daraus entsprungenen Wissenschaften des Empirischen und Endlichen ganz auf dieselbe Weise fort, — andererseits aber verwirft dieser Standpunkt diese Methode, und damit, weil er keine andere kennt, alle Metho= den für das Wissen von dem, was seinem Gehalte nach unend= lich ist; er überläßt sich darum der wilden Willkür der Ein= bildungen und Versicherungen, einem Moralitäts=Eigendünkel und Hochmuth des Empfindens, oder einem maaßlosen Gutdün= ken und Raisonnement, welches sich am stärksten gegen Philoso= phie und Philosopheme erklärt. Die Philosophie gestattet näm= lich nicht ein bloßes Versichern, noch Einbilden, noch beliebiges Hin= und Herdenken des Raisonnements.

§. 78.

Der Gegensatz von einer selbstständigen Unmittelbarkeit

---

*) Anselmus sagt dagegen: Negligentiae mihi videtur, si post= quam confirmati sumus in fide, non studemus, quod credimus, in= telligere (Tractat. cur Deus homo). — Anselm hat dabei an dem kon= kreten Inhalte der christlichen Lehre eine ganz andere schwere Aufgabe für das Erkennen, als das, was jener moderne Glaube enthält.

des Inhalts oder Wissens und einer dagegen eben so selbstständigen Vermittlung, die mit jener unvereinbar sey, ist zunächst deswegen bei Seite zu setzen, weil er eine bloße Voraussetzung und beliebige Versicherung ist. Eben so sind alle andere Voraussetzungen oder Vorurtheile bei dem Eintritt in die Wissenschaft aufzugeben, sie mögen aus der Vorstellung oder dem Denken genommen seyn; denn es ist die Wissenschaft, in welcher alle dergleichen Bestimmungen erst untersucht, und was an ihnen und ihren Gegensätzen sey, erkannt werden soll.

Der Skepticismus, als eine durch alle Formen des Erkennens durchgeführte, negative Wissenschaft, würde sich als eine Einleitung darbieten, worin die Nichtigkeit solcher Voraussetzungen dargethan würde. Aber er würde nicht nur ein unerfreulicher, sondern auch darum ein überflüssiger Weg seyn, weil das Dialektische selbst ein wesentliches Moment der affirmativen Wissenschaft ist, wie sogleich bemerkt werden wird. Uebrigens hätte er die endlichen Formen auch nur empirisch und unwissenschaftlich zu finden und als gegeben aufzunehmen. Die Forderung eines solchen vollbrachten Skepticismus ist dieselbe mit der, daß der Wissenschaft das Zweifeln an Allem, d. i. die gänzliche Voraussetzungslosigkeit an Allem vorangehen solle. Sie ist eigentlich in dem Entschluß, rein denken zu wollen, durch die Freiheit vollbracht, welche von Allem abstrahirt und ihre reine Abstraktion, die Einfachheit des Denkens, erfaßt.

Näherer Begriff und Eintheilung der Logik.

§. 79.

Das Logische hat der Form nach drei Seiten: α) die abstrakte oder verständige, β) die dialektische oder negativ-vernünftige, γ) die spekulative oder positiv-vernünftige.

Diese drei Seiten machen nicht drei Theile der Logik

aus, sondern sind Momente jedes Logisch-Reellen, das ist jedes Begriffes oder jedes Wahren überhaupt. Sie können sämmtlich unter das erste Moment, das Verständige, gesetzt, und dadurch abgesondert, auseinander gehalten werden, aber so werden sie nicht in Wahrheit betrachtet. — Die Aufgabe, die hier von den Bestimmungen des Logischen gemacht ist, so wie die Eintheilung, ist hier ebenfalls nur anticipirt und historisch.

§. 80.

a) Das Denken, als Verstand, bleibt bei der festen Bestimmtheit und der Unterschiedenheit derselben gegen andere stehen; ein solches beschränktes Abstraktes gilt ihm als für sich bestehend und seyend.

Zusatz. Wenn vom Denken überhaupt, oder näher vom Begreifen die Rede ist, so pflegt man häufig dabei blos die Thätigkeit des Verstandes vor Augen zu haben. Nun ist zwar allerdings das Denken zunächst verständiges Denken, allein dasselbe bleibt dabei nicht stehen und der Begriff ist nicht bloße Verstandesbestimmung. — Die Thätigkeit des Verstandes besteht überhaupt darin, ihrem Inhalt die Form der Allgemeinheit zu ertheilen, und zwar ist das durch den Verstand gesetzte Allgemeine ein abstrakt Allgemeines, welches als solches dem Besondern gegenüber festgehalten, dadurch aber auch zugleich selbst wieder als Besonderes bestimmt wird. Indem der Verstand sich zu seinen Gegenständen trennend und abstrahirend verhält, so ist derselbe hiermit das Gegentheil von der unmittelbaren Anschauung und Empfindung, die als solche durchweg mit Konkretem zu thun hat und dabei stehen bleibt.

Auf diesen Gegensatz des Verstandes und der Empfindung beziehen sich jene, so oft wiederholten Vorwürfe, welche dem Denken überhaupt gemacht zu werden pflegen, und welche darauf hinaus gehen, daß das Denken hart und einseitig sey und daß dasselbe in seiner Konsequenz zu verderblichen und zerstörenden

Resultaten führe. Auf solche Vorwürfe, insofern dieselben ihrem Inhalt nach berechtigt sind, ist zunächst zu erwiedern, daß dadurch nicht das Denken überhaupt, und näher das vernünftige, sondern nur das verständige Denken getroffen wird. Das Weitere ist dann aber, daß vor allen Dingen auch dem blos verständigen Denken sein Recht und sein Verdienst zugestanden werden muß, welches überhaupt darin besteht, daß sowohl auf dem theoretischen als auch auf dem praktischen Gebiet es ohne Verstand zu keiner Festigkeit und Bestimmtheit kommt. Was hierbei zunächst das Erkennen anbetrifft, so beginnt dasselbe damit, die vorhandenen Gegenstände in ihren bestimmten Unterschieden aufzufassen, und es werden so z. B. bei Betrachtung der Natur Stoffe, Kräfte, Gattungen u. s. w. unterschieden und in dieser ihrer Isolirung für sich fixirt. Das Denken verfährt hierbei als Verstand, und das Princip desselben ist die Identität, die einfache Beziehung auf sich. Diese Identität ist es dann auch, durch welche im Erkennen zunächst der Fortgang von der einen Bestimmung zur andern bedingt wird. So ist namentlich in der Mathematik die Größe die Bestimmung, an welcher mit Hinweglassung aller andern fortgegangen wird. Man vergleicht demgemäß in der Geometrie Figuren mit einander, indem man das Identische daran hervorhebt. Auch in andern Gebieten des Erkennens, so z. B. in der Jurisprudenz, geht man zunächst an der Identität fort. Indem hier aus der einen Bestimmung auf eine andere Bestimmung geschlossen wird, so ist dieß Schließen nichts Anderes als ein Fortgang nach dem Princip der Identität. — Wie im Theoretischen, so ist auch im Praktischen der Verstand nicht zu entbehren. Zum Handeln gehört wesentlich Charakter und ein Mensch von Charakter ist ein verständiger Mensch, der als solcher bestimmte Zwecke vor Augen hat und diese mit Festigkeit verfolgt. Wer etwas Großes will, der muß sich, wie Göthe sagt, zu beschränken wissen. Wer dagegen Alles will, der will in der That nichts, und bringt es zu nichts. Es giebt eine

Menge interessanter Dinge in der Welt; spanische Poesie, Chemie, Politik, Musik, das ist Alles sehr interessant und man kann es keinem übel nehmen, der sich dafür interessirt; um aber als ein Individuum in einer bestimmten Lage etwas zu Stande zu bringen, muß man sich an etwas Bestimmtes halten und seine Kraft nicht nach vielen Seiten hin zersplittern. Eben so ist es bei jedem Beruf darum zu thun, daß derselbe mit Verstand verfolgt wird. So hat z. B. der Richter sich an das Gesetz zu halten, demselben gemäß sein Urtheil zu fällen, und sich nicht durch dieses und jenes abhalten, keine Entschuldigungen gelten zu lassen, ohne rechts und links zu blicken. — Weiter ist nun überhaupt der Verstand ein wesentliches Moment der Bildung. Ein gebildeter Mensch begnügt sich nicht mit Nebulosem und Unbestimmtem, sondern faßt die Gegenstände in ihrer festen Bestimmtheit, wohingegen der Ungebildete unsicher hin und her schwankt, und es oft viele Mühe kostet, sich mit einem solchen über das, wovon die Rede ist, zu verständigen und ihn dazu zu bringen, den bestimmten Punkt, um den es sich handelt, unverrückt im Auge zu behalten. —

Während nun ferner, früherer Erörterung zufolge, das Logische überhaupt nicht blos in dem Sinn einer subjektiven Thätigkeit, sondern vielmehr als das schlechthin Allgemeine und hiermit zugleich Objektive aufzufassen ist, so findet dieß auch auf den Verstand, diese erste Form des Logischen, seine Anwendung. Der Verstand ist hiernach als demjenigen entsprechend zu betrachten, was man die Güte Gottes nennt, insofern darunter dieß verstanden wird, daß die endlichen Dinge sind, daß sie ein Bestehen haben. So erkennt man z. B. in der Natur die Güte Gottes darin, daß die verschiedenen Klassen und Gattungen, sowohl der Thiere als auch der Pflanzen, mit Allem versehen sind, dessen sie bedürfen, um sich zu erhalten und zu gedeihen. Eben so verhält es sich dann auch mit dem Menschen, mit den Individuen und mit ganzen Völkern, welche gleichfalls das zu ih-

rem Bestand und zu ihrer Entwickelung Erforderliche, Theils al
ein unmittelbar Vorhandnes) (wie z. B. Klima, Beschaffenhei
und Produkte des Landes u. s. w.) vorfinden, Theils als An
lage, Talent u. s. w. besitzen. In solcher Weise aufgefaßt, zeig
sich nun überhaupt der Verstand in allen Gebieten der gegen
ständlichen Welt, und es gehört wesentlich zur Vollkommenhei
eines Gegenstandes, daß in demselben das Princip des Verstan
des zu seinem Recht kommt. So ist z. B. der Staat unvoll
kommen, wenn es in demselben noch nicht zu einer bestimmte
Unterscheidung der Stände und Berufe gekommen ist, und wen
die dem Begriffe nach verschiedenen politischen und obrigkeitli
chen Funktionen noch nicht in derselben Weise zu besondern Or
ganen herausgebildet sind, wie z. B. in dem entwickelten animal
lischen Organismus dieß mit den verschiedenen Funktionen de
Empfindung, der Bewegung, der Verdauung u. s. w. der Fa
ist. — Aus der bisherigen Erörterung ist nun ferner zu ent
nehmen, daß auch in solchen Gebieten und Sphären der Beth
tigung, die nach der gewöhnlichen Vorstellung dem Verstand a
fernsten zu liegen scheinen, dieser gleichwohl nicht fehlen dar
und daß in dem Maaße, als dieß der Fall ist, solches als ei
Mangel betrachtet werden muß. Dieß gilt namentlich von de
Kunst, von der Religion und von der Philosophie. So zeig
sich z. B. in der Kunst der Verstand darin, daß die dem Begri
nach verschiedenen Formen des Schönen auch in diesem ihre
Unterschied festgehalten und zur Darstellung gebracht werden. —
Dasselbe gilt dann auch von den einzelnen Kunstwerke
Es gehört demgemäß zur Schönheit und Vollendung ein
dramatischen Dichtung, daß die Charaktere der verschiedenen Pe
sonen in ihrer Reinheit und Bestimmtheit durchgeführt, und eb
so, daß die verschiedenen Zwecke und Interessen, um die es si
handelt, klar und entschieden dargelegt werden. — Was hie
nächst das religiöse Gebiet anbetrifft, so besteht z. B. (abgeseh
von der sonstigen Verschiedenheit des Inhalts und der Auffa

sung) der Vorzug der griechischen vor der nordischen Mythologie wesentlich auch darin, daß in der erstern die einzelnen Göttergestalten zur plastischen Bestimmtheit herausgebildet sind, während dieselben in der letztern im Nebel trüber Unbestimmtheit durch einander fließen. — Daß endlich auch die Philosophie den Verstand nicht zu entbehren vermag, bedarf nach der bisherigen Erörterung kaum noch einer besondern Erwähnung. Zum Philosophiren gehört vor allen Dingen, daß ein jeder Gedanke in seiner vollen Präcision aufgefaßt wird, und daß man es nicht bei Vagem und Unbestimmtem bewenden läßt. —

Ferner pflegt nun aber auch gesagt zu werden, der Verstand dürfe nicht zu weit gehen, und darin liegt das Richtige, daß das Verständige allerdings nicht ein Letztes, sondern vielmehr endlich und näher von der Art ist, daß dasselbe auf die Spitze getrieben in sein Entgegengesetztes umschlägt. Es ist die Weise der Jugend, sich in Abstraktionen herumzuwerfen, wohingegen der lebenserfahrene Mensch sich auf das abstrakte Entweder—Oder nicht einläßt, sondern sich an das Konkrete hält.

§. 81.

ß) Das dialektische Moment ist das eigene Sich-Aufheben, solcher endlichen Bestimmungen und ihr Uebergehen in ihre entgegengesetzte.

1) Das Dialektische vom Verstande, für sich abgesondert genommen, macht insbesondere in wissenschaftlichen Begriffen aufgezeigt den Skepticismus aus; er enthält die bloße Negation als Resultat des Dialektischen. 2) Die Dialektik wird gewöhnlich als eine äußere Kunst betrachtet, welche durch Willkühr eine Verwirrung in bestimmten Begriffen und einen bloßen Schein von Widersprüchen in ihnen hervorbringt, so daß nicht diese Bestimmungen, sondern dieser Schein ein Nichtiges und das Verständige dagegen vielmehr das Wahre sey. Oft ist die Dialektik auch weiter nichts, als ein subjektives Schaukelsystem von hin- und herübergehendem Raison-

nement, wo der Gehalt fehlt und die Blöße durch solchen
Scharfsinn bedeckt wird, der solches Raisonnement erzeugt. —
In ihrer eigenthümlichen Bestimmtheit ist die Dialektik vielmehr die eigene, wahrhafte Natur der Verstandesbestimmungen, der Dinge und des Endlichen überhaupt. Die Reflexion
ist zunächst das Hinausgehen über die isolirte Bestimmtheit
und ein Beziehen derselben, wodurch diese in Verhältniß gesetzt, übrigens in ihrem isolirten Gelten erhalten wird. Die
Dialektik dagegen ist dieß immanente Hinausgehen, worin
die Einseitigkeit und Beschränktheit der Verstandesbestimmungen sich als das, was sie ist, nämlich als ihre Negation, darstellt. Alles Endliche ist dieß, sich selbst aufzuheben. Das
Dialektische macht daher die bewegende Seele des wissenschaftlichen Fortgehens aus; und ist das Princip, wodurch allein
immanenter Zusammenhang und Nothwendigkeit
in den Inhalt der Wissenschaft kommt, so wie in ihm überhaupt die wahrhafte nicht äußerliche Erhebung über das Endliche liegt.

Zusatz 1. Das Dialektische gehörig aufzufassen und zu
erkennen, ist von der höchsten Wichtigkeit. Es ist dasselbe überhaupt das Princip aller Bewegung, alles Lebens und aller Bethätigung in der Wirklichkeit. Eben so ist das Dialektische auch
die Seele alles wahrhaft wissenschaftlichen Erkennens. In unserm gewöhnlichen Bewußtseyn erscheint das Nicht-Stehenblei-
ben bei den abstrakten Verstandesbestimmungen als bloße Billigkeit, nach dem Sprichwort: leben und leben-lassen, so daß
das Eine gilt und auch das Andere. Das Nähere aber ist,
daß das Endliche nicht bloß von außen her beschränkt wird, sondern durch seine eigne Natur sich aufhebt und durch sich selbst
in sein Gegentheil übergeht. So sagt man z. B. der Mensch
ist sterblich, und betrachtet dann das Sterben als etwas, das nur
in äußern Umständen seinen Grund hat, nach welcher Betrachtungsweise es zwei besondere Eigenschaften des Menschen sind,

lebendig und auch sterblich zu seyn. Die wahrhafte Auffassung
aber ist diese, daß das Leben als solches den Keim des Todes
in sich trägt, und daß überhaupt das Endliche sich in ch selbst
widerspricht und dadurch sich aufhebt — Die Dialektik ist nun
ferner nicht mit der bloßen Sophistik zu verwechseln, deren
Wesen gerade darin besteht, einseitige und abstrakte Bestimmungen in ihrer Isolirung für sich geltend zu machen, je nachdem
solches das jedesmalige Interesse des Individuums und seiner
besondern Lage mit sich bringt. So ist es z. B. in Beziehung
auf das Handeln ein wesentliches Moment, daß ich existire und
daß ich die Mittel zur Existenz habe. Wenn ich dann aber
diese Seite, dieses Princip meines Wohles für sich heraushebe
und die Folge daraus ableite, daß ich stehlen oder daß ich mein
Vaterland verrathen darf, so ist dieß eine Sophisterei. — Eben
so ist in meinem Handeln meine subjektive Freiheit, in dem
Sinn, daß bei dem, was ich thue, ich mit meiner Einsicht und
Ueberzeugung bin, ein wesentliches Princip. Raisonnire ich aber
aus diesem Princip allein, so ist dieß gleichfalls Sophisterei,
und werden damit alle Grundsätze der Sittlichkeit über den Haufen geworfen. — Die Dialektik ist von solchem Thun wesentlich
verschieden, denn diese geht gerade darauf aus, die Dinge an
und für sich zu betrachten, wobei sich sodann die Endlichkeit der
einseitigen Verstandesbestimmungen ergiebt. — Uebrigens ist die
Dialektik in der Philosophie nichts Neues. Unter den Alten
wird Platon als der Erfinder der Dialektik genannt, und zwar
insofern mit Recht, als in der platonischen Philosophie die Dialektik zuerst in freier wissenschaftlicher und damit zugleich objektiver Form vorkommt. Bei Sokrates hat das Dialektische,
in Uebereinstimmung mit dem allgemeinen Charakter seines Philosophirens, noch eine vorherrschend subjektive Gestalt, nämlich die
der Ironie. Sokrates richtete seine Dialektik einmal gegen das
gewöhnliche Bewußtseyn überhaupt, und sodann insbesondere gegen die Sophisten. Bei seinen Unterredungen pflegte er dann

den Schein anzunehmen, als wolle er sich näher über die Sache, von welcher die Rede war, unterrichten; er that in dieser Beziehung allerhand Fragen, und führte so die, mit denen er sich unterredete, auf das Entgegengesetzte von dem, was ihnen zunächst als das Richtige erschienen war. Wenn z. B. die Sophisten sich Lehrer nannten, so brachte Sokrates durch eine Reihe von Fragen den Sophisten Protagoras dahin, zugeben zu müssen, daß alles Lernen blos Erinnerung sey. — Platon zeigt dann in seinen strenger wissenschaftlichen Dialogen durch die dialektische Behandlung überhaupt die Endlichkeit aller festen Verstandesbestimmungen. So leitet er z. B. im Parmenides vom Einen das Viele ab, und zeigt demungeachtet, wie das Viele nur dieß ist, sich als das Eine zu bestimmen. In solcher großen Weise hat Platon die Dialektik behandelt. —. In der neuern Zeit ist es vornämlich Kant gewesen, der die Dialektik wieder in Erinnerung gebracht und dieselbe aufs Neue in ihre Würde eingesetzt hat, und zwar durch die bereits (§. 48.) besprochene Durchführung der sogenannten Antinomieen der Vernunft, bei denen es sich keineswegs um ein bloßes Hin- und Hergehen an Gründen und um ein blos subjektives Thun, sondern vielmehr darum handelt, aufzuzeigen, wie eine jede abstrakte Verstandesbestimmung, nur so genommen, wie sie sich selbst giebt, unmittelbar in ihr Entgegengesetztes umschlägt. — Wie sehr nun auch der Verstand sich gegen die Dialektik zu sträuben pflegt, so ist dieselbe doch gleichwohl keineswegs als blos für das philosophische Bewußtseyn vorhanden zu betrachten, sondern es findet sich vielmehr dasjenige, um was es sich hierbei handelt, auch schon in allem sonstigen Bewußtseyn und in der allgemeinen Erfahrung. Alles, was uns umgiebt, kann als ein Beispiel des Dialektischen betrachtet werden. Wir wissen, daß alles Endliche, anstatt ein Festes und Letztes zu seyn, vielmehr veränderlich und vergänglich ist, und dieß ist nichts Anderes, als die Dialektik des Endlichen, wodurch dasselbe, als an sich das Andere seiner selbst, auch über aus, was es unmittelbar ist, hinausgetrieben wird und in sein Entgegengesetztes umschlägt. Wenn früher (§. 80.) gesagt wurde, der Verstand sey als dasjenige zu betrachten, was in der Vorstellung von der Güte Gottes enthalten ist, so ist nunmehr von der Dialektik in demselben (objektiven) Sinn zu bemerken, daß das Princip derselben der Vorstellung von der Macht Gottes entspricht. Wir sagen, daß alle Dinge (d. h. alles Endliche als solches) zu Gericht gehen, und haben hiermit die Anschauung der Dialektik, als der allgemeinen unwiderstehlichen Macht, vor welcher nichts, wie sicher und fest dasselbe sich auch dünken möge, zu bestehen vermag. Mit dieser Bestimmung ist dann allerdings die Tiefe des göttlichen Wesens, der Begriff Gottes noch nicht erschöpft; wohl aber bildet dieselbe ein wesentliches Moment in allem religiösen Bewußtseyn. — Weiter macht sich nun auch die Dialektik in allen besondern Gebieten und Gestaltungen der natürlichen und der geistigen Welt geltend. So z. B. in der Bewegung der Himmelskörper. Ein Planet steht jetzt an diesem Ort; ist aber an sich, dieß auch an einem andern Ort zu seyn, und bringt dieß sein Andersseyn zur Existenz dadurch, daß er sich bewegt. Eben so erweisen sich die physikalischen Elemente als dialektisch und der meteorologische Proceß ist die Erscheinung ihrer Dialektik. Dasselbe Princip ist es, welches die Grundlage aller übrigen Naturprocesse bildet und wodurch zugleich die Natur über sich selbst hinausgetrieben wird. Was das Vorkommen der Dialektik in der geistigen Welt, und näher auf dem Gebiet des Rechtlichen und Sittlichen anbetrifft, so braucht hier nur daran erinnert zu werden, wie, allgemeiner Erfahrung zufolge, das Aeußerste eines Zustandes oder eines Thuns in sein Entgegengesetztes umzuschlagen pflegt, welche Dialektik dann auch vielfältig in Sprüchwörtern ihre Anerkennung findet. So heißt es z. B. summum jus summa injuria, womit ausgesprochen ist, daß das abstrakte Recht auf seine Spitze getrieben in Unrecht umschlägt. Eben so ist es bekannt, wie im Politischen die

Extreme der Anarchie und des Despotismus einander gegenseitig herbeizuführen pflegen. Das Bewußtseyn der Dialektik im Gebiet des Sittlichen in seiner individuellen Gestalt finden wir in jenen allbekannten Sprichwörtern: Hochmuth kommt vor dem Fall — Allzuscharf macht schartig u. s. w. — Auch die Empfindung, die leibliche sowohl als die geistige, hat ihre Dialektik. Es ist bekannt, wie die Extreme des Schmerzes und der Freude in einander übergehen; das von Freude erfüllte Herz erleichtert sich in Thränen und die innigste Wehmuth pflegt unter Umständen sich durch Lächeln anzukündigen.

Zusatz 2. Der Skepticismus darf nicht blos als eine Zweifelslehre betrachtet werden, vielmehr ist derselbe seiner Sache, d. h. der Nichtigkeit alles Endlichen, schlechthin gewiß. Wer nur zweifelt, der steht noch in der Hoffnung, daß sein Zweifel gelöst werden könne, und daß das eine oder das andere Bestimmte, wozwischen er hin und herschwankt, sich als ein Festes und Wahrhaftes ergeben werde. Dahingegen ist der eigentliche Skepticismus die vollkommne Verzweiflung an allem Festen des Verstandes, und die sich daraus ergebende Gesinnung ist die der Unerschütterlichkeit und des Insichberuhens. Dieß ist der hohe, antike Skepticismus, wie wir ihn namentlich beim Sextus Empirikus dargestellt finden und wie derselbe als Komplement zu den dogmatischen Systemen der Stoiker und Epikuräer, in der spätern Römerzeit seine Ausbildung erhalten hat. Mit diesem hohen antiken Skepticismus ist nicht jene bereits früher (§. 39.) erwähnte moderne, theils der kritischen Philosophie voran, theils aus dieser hervorgegangene Skepticismus zu verwechseln, welcher blos darin besteht, die Wahrheit und Gewißheit des Uebersinnlichen zu leugnen, und dagegen das Sinnliche und in der unmittelbaren Empfindung Vorhandene als dasjenige zu bezeichnen, woran wir uns zu halten haben. —

Wenn übrigens der Skepticismus noch heut zu Tage häufig als ein unwiderstehlicher Feind alles positiven Wissens über-

haupt und somit auch der Philosophie, insofern es bei dieser um
positive Erkenntniß zu thun ist, betrachtet wird, so ist dagegen
zu bemerken, daß es in der That blos das endliche, abstrakt verständige Denken ist, welches den Skepticismus zu fürchten hat
und demselben nicht zu widerstehen vermag, wohingegen die Philosophie das Skeptische als ein Moment in sich enthält, nämlich als das Dialektische. Die Philosophie bleibt dann aber bei
dem blos negativen Resultat der Dialektik nicht stehen, wie dieß
mit dem Skepticismus der Fall ist. Dieser verkennt sein Resultat, indem er dasselbe als bloße, d. h. als abstrakte Negation
festhält. Indem die Dialektik zu ihrem Resultat das Negative
hat, so ist dieses, eben als Resultat, zugleich das Positive, denn
es enthält dasjenige, woraus es resultirt, als aufgehoben in sich,
und ist nicht ohne dasselbe. Dieß aber ist die Grundbestimmung
der dritten Form des Logischen, nämlich des Spekulativen
oder Positiv-Vernünftigen. —

§. 82.

γ) Das Spekulative oder Positiv-Vernünftige
faßt die Einheit der Bestimmungen in ihrer Entgegensetzung auf,
das Affirmative, das in ihrer Auflösung und ihrem Uebergehen enthalten ist.

1) Die Dialektik hat ein positives Resultat, weil sie
einen bestimmten Inhalt hat, oder weil ihr Resultat
wahrhaft nicht das leere, abstrakte Nichts, sondern die
Negation von gewissen Bestimmungen ist, welche im Resultate eben deswegen enthalten sind, weil dieß nicht ein unmittelbares Nichts, sondern ein Resultat ist. 2) Dieß
Vernünftige ist daher, ob wohl ein gedachtes auch abstraktes,
zugleich ein Konkretes; weil es nicht einfache, formelle
Einheit, sondern Einheit unterschiedener Bestimmungen ist. Mit bloßen Abstraktionen oder formellen Gedanken
hat es darum überhaupt die Philosophie ganz und gar nicht
zu thun, sondern allein mit konkreten Gedanken. 3) In der

Wenn heut zu Tage vom Mystischen die Rede ist, so gilt dieß
in der Regel als gleichbedeutend mit dem Geheimnißvollen und
Unbegreiflichen, und dieß Geheimnißvolle und Unbegreifliche wird
dann, je nach Verschiedenheit der sonstigen Bildung und Sin-
nesweise, von den Einen als das Eigentliche und Wahrhafte,
von den Andern aber als das dem Aberglauben und der Täuschung Angehörige betrachtet. Hierüber ist zunächst zu bemerken,
daß das Mystische allerdings ein Geheimnißvolles ist, jedoch nur
für den Verstand und zwar einfach um deswillen, weil die abstrakte Identität das Princip des Verstandes, das Mystische aber
(als gleichbedeutend mit dem Spekulativen) die konkrete Einheit
derjenigen Bestimmungen ist, welche dem Verstand nur in ihrer
Trennung und Entgegensetzung für wahr gelten. Wenn dann
diejenigen, welche das Mystische als das Wahrhafte anerkennen,
es gleichfalls dabei bewenden lassen, daß dasselbe ein schlechthin
Geheimnißvolles sey, so wird damit ihrerseits nur ausgesprochen,
daß das Denken für sie gleichfalls nur die Bedeutung des abstrakten Identischsetzens hat, und daß man um deswillen, um
zur Wahrheit zu gelangen, auf das Denken verzichten, oder, wie
auch gesagt zu werden pflegt, daß man die Vernunft gefangen
nehmen müsse. Nun aber ist, wie wir gesehen haben, das abstrakt verständige Denken so wenig ein Festes und Letztes, daß
dasselbe sich vielmehr als das beständige Aufheben seiner selbst
und als das Umschlagen in sein Entgegengesetztes erweist, wohingegen das Vernünftige als solches gerade darin besteht, die
Entgegengesetzten als ideelle Momente, in sich zu enthalten.
Alles Vernünftige ist somit zugleich als mystisch zu bezeichnen,
womit jedoch nur so viel gesagt ist, daß dasselbe über den Verstand hinausgeht, und keineswegs, daß dasselbe überhaupt als
dem Denken unzugänglich und unbegreiflich zu betrachten sey.

§. 83.

Die Logik zerfällt in drei Theile:

I. In die Lehre von dem Seyn.

II. Die Lehre von dem Wesen.

III. Die Lehre von dem Begriffe und der Idee.

Nämlich in die Lehre von dem Gedanken:

I. In seiner Unmittelbarkeit, — dem Begriffe an sich.

II. In seiner Reflexion und Vermittlung, — dem Fürsichseyn und Schein des Begriffes.

III. In seinem Zurückgekehrtseyn in sich selbst und seinem entwickelten Bei-sich-seyn, — dem Begriffe an und für sich.

Zusatz. Die hier angegebene Eintheilung der Logik ist, eben so wie die ganze bisherige Erörterung über das Denken, als eine bloße Anticipation zu betrachten, und die Rechtfertigung, oder der Beweis derselben, kann sich erst aus der durchgeführten Abhandlung des Denkens selbst ergeben; denn beweisen heißt in der Philosophie so viel als aufzeigen, wie der Gegenstand durch und aus sich selbst sich zu dem macht, was er ist. — Das Verhältniß, worin die hier genannten drei Hauptstufen des Gedankens oder der logischen Idee zu einander stehen, ist überhaupt so aufzufassen, daß erst der Begriff das Wahre, und näher die Wahrheit des Seyns und des Wesens ist, welche beiden, in ihrer Isolirung für sich festgehalten, hiermit zugleich als unwahr zu betrachten sind, — das Seyn, weil es nur erst das Unmittelbare, und das Wesen, weil dasselbe nur erst das Vermittelte ist. Es könnte hierbei zunächst die Frage aufgeworfen werden, warum, wenn dem so ist, mit dem Unwahren und nicht sofort mit dem Wahren angefangen wird? Darauf dient zur Antwort, daß die Wahrheit, eben als solche, sich zu bewähren hat, welche Bewährung hier, innerhalb des Logischen, darin besteht, daß der Begriff sich als das durch und mit sich selbst Vermittelte, und hiermit zugleich als das wahrhaft Unmittelbare erweist. In konkreter und realer Gestalt zeigt sich

das hier erwähnte Verhältniß der drei Stufen der logischen
Idee in der Art, daß Gott, der die Wahrheit ist, in dieser sei=
ner Wahrheit, d. h. als absoluter Geist, nur insofern von uns
erkannt wird, als wir zugleich die von ihm erschaffene Welt,
die Natur und den endlichen Geist, in ihrem Unterschied von
Gott, als unwahr anerkennen.

Erfte Abtheilung der Logik.

Die Lehre vom Seyn.

§. 84.

Das Seyn ift der Begriff nur an fich, die Beftimmungen deffelben find feyende, in ihrem Unterfchiede Andre gegeneinander, und ihre weitere Beftimmung (die Form des Dialektifchen) ift ein Uebergehen in Anderes. Diefe Fortbeftimmung ift in Einem ein Herausfetzen und damit Entfalten des an fich feyenden Begriffs, und zugleich das Infichgehen des Seyns, ein Vertiefen deffelben in fich felbft. Die Explikation des Begriffs in der Sphäre des Seyns wird eben fo fehr die Totalität des Seyns, als damit die Unmittelbarkeit des Seyns oder die Form des Seyns als folchen aufgehoben wird.

§. 85.

Das Seyn felbft, fo wie die folgenden Beftimmungen nicht nur des Seyns, fondern die logifchen Beftimmungen überhaupt, können als Definitionen des Abfoluten, als die metaphyfifchen Definitionen Gottes angefehen werden; näher jedoch immer nur die erfte einfache Beftimmung einer Sphäre, und dann die dritte, als welche die Rückkehr aus der Differenz zur einfachen Beziehung auf fich ift. Denn Gott metaphyfich definiren, heißt deffen Natur in Gedanken als folchen ausdrücken; die Logik aber umfaßt alle Gedanken, wie fie noch in der Form von Gedanken find. Die zweiten Beftimmungen, als welche eine Sphäre in ihrer Differenz find, dagegen find die Definitionen des Endlichen. Wenn aber die Form von Definitionen gebraucht würde, fo würde fie dieß enthalten, daß ein

das hier erwähnte Verhältniß der drei Stufen der logischen
Idee in der Art, daß Gott, der die Wahrheit ist, in dieser sei=
ner Wahrheit, d. h. als absoluter Geist, nur insofern von uns
erkannt wird, als wir zugleich die von ihm erschaffene Welt,
die Natur und den endlichen Geist, in ihrem Unterschied von
Gott, als unwahr anerkennen.

Erste Abtheilung der Logik.
Die Lehre vom Seyn.

§. 84.

Das Seyn ist der Begriff nur an sich, die Bestimmungen desselben sind seyende, in ihrem Unterschiede Andre gegeneinander, und ihre weitere Bestimmung (die Form des Dialektischen) ist ein Uebergehen in Anderes. Diese Fortbestimmung ist in Einem ein Heraussetzen und damit Entfalten des an sich seyenden Begriffs, und zugleich das Insichgehen des Seyns, ein Vertiefen desselben in sich selbst. Die Explikation des Begriffs in der Sphäre des Seyns wird eben so sehr die Totalität des Seyns, als damit die Unmittelbarkeit des Seyns oder die Form des Seyns als solchen aufgehoben wird.

§. 85.

Das Seyn selbst, so wie die folgenden Bestimmungen nicht nur des Seyns, sondern die logischen Bestimmungen überhaupt, können als Definitionen des Absoluten, als die metaphysischen Definitionen Gottes angesehen werden; näher jedoch immer nur die erste einfache Bestimmung einer Sphäre, und dann die dritte, als welche die Rückkehr aus der Differenz zur einfachen Beziehung auf sich ist. Denn Gott metaphysisch definiren, heißt dessen Natur in Gedanken als solchen ausdrücken; die Logik aber umfaßt alle Gedanken, wie sie noch in der Form von Gedanken sind. Die zweiten Bestimmungen, als welche eine Sphäre in ihrer Differenz sind, dagegen sind die Definitionen des Endlichen. Wenn aber die Form von Definitionen gebraucht würde, so würde sie dieß enthalten, daß ein

Substrat der Vorstellung vorschwebt; denn auch das Abso=
lute, als welches Gott im Sinne und in der Form des Ge=
dankens ausdrücken soll, bleibt im Verhältnisse zu seinem Prä=
dikate, dem bestimmten und wirklichen Ausdruck in Gedanken,
nur ein gemeinter Gedanke, ein für sich unbestimmtes Sub=
strat. Weil der Gedanke, die Sache, um die es hier allein zu
thun ist, nur im Prädikate enthalten ist, so ist die Form eines
Satzes, wie jenes Subjekt, etwas völlig Ueberflüssiges (vergl.
§. 31. u. unten Kap. vom Urtheile).

Zusatz. Eine jede Sphäre der logischen Idee erweist
sich als eine Totalität von Bestimmungen und als eine Darstel=
lung des Absoluten. So auch das Seyn, welches die drei Stu=
fen der Qualität, der Quantität und des Maaßes in sich
enthält. Die Qualität ist zunächst die mit dem Seyn iden=
tische Bestimmtheit, dergestalt, daß etwas aufhört, das zu seyn,
was es ist, wenn es seine Qualität verliert. Die Quantität
ist dagegen die dem Seyn äußerliche, für dasselbe gleichgültige
Bestimmtheit. So bleibt z. B. ein Haus das was es ist, es
mag größer oder kleiner seyn, und Roth bleibt Roth, es mag
dasselbe heller oder dunkler seyn. Die dritte Stufe des Seyns,
das Maaß, ist die Einheit der beiden ersten, die qualitative
Quantität. Alle Dinge haben ihr Maaß, d. h. sie sind quanti=
tativ bestimmt und ihr so oder so groß seyn ist für dieselben
gleichgültig, zugleich hat aber auch diese Gleichgültigkeit ihre
Gränze, bei deren Ueberschreitung durch ein weiteres Mehr oder
Weniger die Dinge aufhören das zu seyn, was sie waren. Vom
Maaß aus ergiebt sich dann der Fortgang zur zweiten Haupt=
sphäre der Idee, zum Wesen. —

Die hier genannten drei Formen des Seyns sind, eben weil
es die ersten sind, zugleich die ärmsten, d. h. abstraktesten.
Das unmittelbare, sinnliche Bewußtseyn ist, insofern sich dasselbe
zugleich denkend verhält, vornämlich auf die abstrakten Bestim=
mungen der Qualität und der Quantität beschränkt. Dieß sinn=

liche Bewußtseyn pflegt als das konkreteste und damit zugleich reichste betrachtet zu werden; dieß ist es jedoch nur dem Stoff nach, wohingegen dasselbe, in Hinsicht auf seinen Gedankeninhalt, in der That das ärmste und abstrakteste ist.

A.

Q u a l i t ä t.

a. S e y n.

§. 86.

Das reine Seyn macht den Anfang, weil es sowohl reiner Gedanke, als das unbestimmte einfache Unmittelbare ist, der erste Anfang aber nichts vermitteltes und weiter bestimmtes seyn kann.

Alle Zweifel und Erinnerungen, die gegen das Anfangen der Wissenschaft mit dem abstrakten leeren Seyn gemacht werden könnten, erledigen sich durch das einfache Bewußtseyn dessen, was die Natur des Anfangs mit sich bringt. Seyn kann bestimmt werden, als Ich = Ich, als die absolute In = differenz oder Identität u. s. f. Im Bedürfnisse, entweder mit einem schlechthin Gewissen, d. i. der Gewißheit seiner selbst, oder mit einer Definition oder Anschauung des absoluten Wahren anzufangen, können diese und andere dergleichen Formen dafür angesehen werden, daß sie die Ersten seyn müssen. Aber indem innerhalb jeder dieser Formen bereits Vermittlung ist, so sind sie nicht wahrhaft die Ersten; die Vermittlung ist ein Hinausgegangenseyn aus einem Ersten zu einem Zweiten und Hervorgehen aus Unterschiedenen. Wenn Ich = Ich, oder auch die intellektuelle Anschauung wahrhaft als nur das Erste genommen wird, so ist es in dieser reinen Unmittelbarkeit nichts anderes als Seyn, so wie das reine Seyn umgekehrt als nicht mehr dieses abstrakte, sondern in sich die Vermittlung enthaltende Seyn, reines Denken oder Anschauen ist.

Wird Seyn als Prädikat des Absoluten ausgesagt, so giebt dieß die erste Definition desselben: Das Absolute ist das Seyn. Es ist dieß die (im Gedanken) schlechthin anfängliche, abstrakteste und dürftigste. Sie ist die Definition der Eleaten, aber zugleich auch das Bekannte, daß Gott der Inbegriff aller Realitäten ist. Es soll nämlich von der Beschränktheit, die in jeder Realität ist, abstrahirt werden, so daß Gott nur das Reale in aller Realität, das Allerrealste sey. Indem Realität bereits eine Reflexion enthält, so ist dieß unmittelbarer in dem ausgesprochen, was Jakobi von dem Gotte des Spinoza sagt, daß er das Principium des Seyns in allem Daseyn sey.

Zusatz 1. Wir haben, wenn angefangen wird zu denken, nichts als den Gedanken in seiner reinen Bestimmungslosigkeit, denn zur Bestimmung gehört schon Eines und ein Anderes; im Anfang aber haben wir noch kein Anderes. Das Bestimmungslose, wie wir es hier haben, ist das Unmittelbare, nicht die vermittelte Bestimmungslosigkeit, nicht die Aufhebung aller Bestimmtheit, sondern die Unmittelbarkeit der Bestimmungslosigkeit, die Bestimmungslosigkeit vor aller Bestimmtheit, das Bestimmungslose als Allererstes. Dieß aber nennen wir das Seyn. Dieses ist nicht zu empfinden, nicht anzuschauen und nicht vorzustellen, sondern es ist der reine Gedanke und als solcher macht es den Anfang. Auch das Wesen ist ein Bestimmungsloses, aber das Bestimmungslose, welches als bereits durch die Vermittelung gegangen, die Bestimmung schon als aufgehoben in sich enthält.

Zusatz 2. Die verschiedenen Stufen der logischen Idee finden wir in der Geschichte der Philosophie in der Gestalt nach einander hervorgetretener philosophischer Systeme, deren jedes eine besondere Definition des Absoluten zu seiner Grundlage hat. So wie nun die Entfaltung der logischen Idee sich als ein Fortgang vom Abstrakten zum Konkreten erweist, eben so

sind dann auch, in der Geschichte der Philosophie die frühesten
Systeme die abstraktesten und damit zugleich die ärmsten. Das
Verhältniß aber der frühern zu den spätern philosophischen Sy=
stemen ist im Allgemeinen dasselbe, wie das Verhältniß der frü=
hern zu den spätern Stufen der logischen Idee, und zwar von
der Art, daß die frühern die spätern als aufgehoben in sich
enthalten. Dieß ist die wahre Bedeutung der in der Geschichte
der Philosophie vorkommenden und so oft mißverstandenen Wi=
derlegung des einen philosophischen Systems durch ein anderes,
und näher des frühern durch die spätern. Wenn vom Wider=
legen einer Philosophie die Rede ist, so pflegt dieß zunächst nur
im abstrakt negativen Sinn genommen zu werden, dergestalt, daß
die widerlegte Philosophie überhaupt nicht mehr gilt, daß die=
selbe beseitigt und abgethan ist. Wenn dem so wäre, so müßte
das Studium der Geschichte der Philosophie als ein durchaus
trauriges Geschäft betrachtet werden, da dieses Studium lehrt,
wie alle im Verlauf der Zeit hervorgetretenen philosophischen
Systeme ihre Widerlegung gefunden haben. Nun aber muß,
eben so gut als zuzugeben ist, daß alle Philosophieen widerlegt
worden sind, zugleich auch behauptet werden, daß keine Philoso=
phie widerlegt worden ist, noch auch widerlegt zu werden vermag.
Letzteres ist in der gedoppelten Beziehung der Fall, als einmal
eine jede Philosophie, welche diesen Namen verdient, die Idee
überhaupt zu ihrem Inhalt hat, und als zweitens ein jedes phi=
losophisches System als die Darstellung eines besondern Momentes
oder einer besondern Stufe im Entwickelungsproceß der Idee zu
betrachten ist. Das Widerlegen einer Philosophie hat also nur
den Sinn, daß deren Schranke überschritten und daß das be=
stimmte Princip derselben zu einem ideellen Moment herabgesetzt
wird. Die Geschichte der Philosophie hat es somit, ihrem we=
sentlichen Inhalt nach, nicht mit Vergangenem, sondern mit
Ewigem und schlechthin Gegenwärtigem zu thun, und ist in ih=
rem Resultat nicht einer Galerie von Verirrungen des menschli=

chen Geistes, sondern vielmehr einem Pantheon von Göttergestalten zu vergleichen. Diese Göttergestalten aber sind die verschiedenen Stufen der Idee, wie solche in dialektischer Entwicklung
nach einander hervortreten. Während es nun der Geschichte der
Philosophie überlassen bleibt, näher nachzuweisen, in wie fern die
in derselben stattfindende Entfaltung ihres Inhalts mit der dialektischen Entfaltung der reinen logischen Idee einerseits übereinstimmt und andererseits von derselben abweicht, so ist hier zunächst nur zu erwähnen, daß der Anfang der Logik derselbe ist,
wie der Anfang der eigentlichen Geschichte der Philosophie. Diesen Anfang finden wir in der eleatischen und näher in der Philosophie des Parmenides, welcher das Absolute als das Seyn
auffaßt, indem er sagt: das Seyn nur ist und das Nichts ist
nicht. Es ist dieß um deswillen als der eigentliche Anfang der
Philosophie zu betrachten, weil die Philosophie überhaupt denkendes Erkennen, hier aber zuerst das reine Denken festgehalten
und sich selbst gegenständlich geworden ist.

Gedacht haben zwar die Menschen von Anfang an, denn
nur durch das Denken unterscheiden sie sich von den Thieren,
allein es haben Jahrtausende dazu gehört, bevor es dazu gekommen ist, das Denken in seiner Reinheit und dasselbe zugleich als
das schlechthin Objektive zu erfassen. Die Eleaten sind berühmt
als kühne Denker; zu dieser abstrakten Bewunderung gesellt
sich dann aber häufig die Bemerkung, diese Philosophen seyen
doch zu weit gegangen, indem dieselben bloß das Seyn als das
Wahre anerkannt und Allem, was sonst noch den Gegenstand
unseres Bewußtseyns bildet, die Wahrheit abgesprochen. Nun ist
es zwar ganz richtig, daß beim bloßen Seyn nicht stehen geblieben werden darf, allein es ist gedankenlos, den sonstigen Inhalt
unseres Bewußtseyns als gleichsam neben und außer dem
Seyn befindlich, oder als etwas zu betrachten, was es nur auch
giebt. Das wahre Verhältniß ist dagegen dieses, daß das Seyn
als solches nicht ein Festes und Letztes, sondern vielmehr als

dialektisch in sein Entgegengesetztes umschlägt, welches, gleichfalls unmittelbar genommen, das Nichts ist. Es bleibt somit dabei, daß das Seyn der erste reine Gedanke ist, und daß, womit auch sonst der Anfang gemacht werden mag (mit dem Ich = Ich, mit der absoluten Indifferenz, oder mit Gott selbst), dieß Sonstige zunächst nur ein Vorgestelltes, und nicht ein Gedachtes, und daß dasselbe seinem Gedankeninhalt nach eben nur das Seyn ist.

§. 87.

Dieses reine Seyn ist nun die reine Abstraktion, damit das absolut = negative, welches, gleichfalls unmittelbar genommen, das Nichts ist.

1) Es folgte hieraus die zweite Definition des Absoluten, daß es das Nichts ist; in der That ist sie darin enthalten, wenn gesagt wird, daß das Ding = an = sich das unbestimmte, schlechthin form = und damit inhaltslose ist; — oder auch, daß Gott nur das höchste Wesen und sonst weiter nichts ist, denn als solches ist er als eben dieselbe Negativität ausgesprochen; das Nichts, das die Buddhisten zum Princip von Allem, wie zum letzten Endzweck und Ziel von Allem machen, ist dieselbe Abstraktion. — 2) Wenn der Gegensatz in dieser Unmittelbarkeit als Seyn und Nichts ausgedrückt ist, so scheint es als zu auffallend, daß er nichtig sey, als daß man nicht versuchen sollte, das Seyn zu fixiren und es gegen den Uebergang zu bewahren. Das Nachdenken muß in dieser Hinsicht darauf verfallen, für das Seyn eine feste Bestimmung aufzusuchen, durch welche es von dem Nichts unterschieden wäre. Man nimmt es z. B. als das in allem Wechsel beharrende, die unendlich bestimmbare Materie u. s. f., oder auch ohne Nachdenken als irgend eine einzelne Existenz, das nächste beste Sinnliche oder Geistige. Aber alle solche weitern und konkretern Bestimmungen lassen das Seyn nicht mehr als das reine Seyn, wie es hier im Anfang unmittelbar ist. Nur in und um dieser reinen Unbestimmtheit willen ist es Nichts;

— ein Unsagbares; sein Unterschied von dem Nichts ist eine bloße Meinung. — Es ist gerade nur um das Be-wußtseyn über diese Anfänge zu thun, nämlich daß sie nichts als diese leere Abstraktionen, und jede von beiden so leer ist als die andere; der Trieb, in dem Seyn oder in beiden eine feste Bedeutung zu finden, ist diese Nothwendigkeit selbst, welche das Seyn und Nichts weiter führt, und ihnen eine wahre, d. i. konkrete Bedeutung gibt.   Dieses Fortgehen ist die logische Ausführung und der im Folgenden sich darstel-lende Verlauf.   Das Nachdenken, welches tiefere Bestim-mungen für sie findet, ist das logische Denken, durch wel-ches sich solche, nur nicht auf eine zufällige, sondern nothwen-dige Weise, hervorbringen. — Jede folgende Bedeutung, die sie erhalten, ist darum nur als eine nähere Bestimmung und wahrere Definition des Absoluten anzusehen; eine solche ist dann nicht mehr eine leere Abstraktion, wie Seyn und Nichts, vielmehr ein Konkretes, in dem beide, Seyn und Nichts, Momente sind. — Die höchste Form des Nichts für sich wäre die Freiheit, aber sie ist die Negativität, insofern sie sich zur höchsten Intensität in sich vertieft und selbst, und zwar absolute, Affirmation ist.

Zusatz. Seyn und Nichts sollen nur erst unter-schieden seyn, d. h. der Unterschied derselben ist nur erst an sich, aber er ist noch nicht gesetzt. Wenn wir überhaupt von einem Unterschied sprechen, so haben wir hiermit zwei, deren jedem eine Bestimmung zukömmt, die sich in dem andern nicht findet. Nun aber ist das Seyn eben nur das schlechthin Bestimmungs-lose, und dieselbe Bestimmungslosigkeit ist auch das Nichts. Der Unterschied dieser beiden ist somit nur ein gemeinter, der ganz abstrakte Unterschied, der zugleich kein Unterschied ist. Bei allem sonstigen Unterscheiden haben wir immer auch ein Gemeinsames, welches die Unterschiedenen unter sich befaßt. Sprechen wir z. B. von zwei verschiedenen Gattungen, so ist die Gattung das beiden Gemein-

schaftliche. Eben so sagen wir: Es giebt natürliche und geistige
Wesen. Hier ist das Wesen ein beiden Zukommendes. Beim
Seyn und Nichts dagegen ist der Unterschied in seiner Bodenlosigkeit, und eben darum ist es keiner, denn beide Bestimmungen sind dieselbe Bodenlosigkeit. Wollte man etwa sagen, Seyn
und Nichts seyen doch beide Gedanken und der Gedanke somit
das beiden Gemeinschaftliche, so würde dabei übersehen, daß das
Seyn nicht ein besonderer, bestimmter Gedanke, sondern vielmehr
der noch ganz unbestimmte, und eben um deswillen vom Nichts
nicht zu unterscheidende Gedanke ist. — Das Seyn stellt man
sich dann auch wohl vor als den absoluten Reichthum, und das
Nichts dagegen als die absolute Armuth. Betrachten wir aber
alle Welt, und sagen von ihr, Alles sey, und weiter nichts, so
lassen wir alles Bestimmte hinweg, und haben dann anstatt der
absoluten Fülle, nur die absolute Leerheit. Dasselbe findet dann
auch seine Anwendung auf die Definition Gottes, als des bloßen
Seyns, welcher Definition mit gleicher Berechtigung die Definition der Buddhisten gegenübersteht, daß Gott das Nichts sey, in
deren Konsequenz dann auch behauptet wird, daß der Mensch
dadurch zu Gott werde, daß er sich selbst vernichte.

§. 88.

Das Nichts ist als dieses unmittelbare, sich selbstgleiche,
ebenso umgekehrt dasselbe, was das Seyn ist. Die Wahrheit des Seyns, so wie des Nichts ist daher die Einheit beider; diese Einheit ist das Werden.

1) Der Satz: Seyn und Nichts ist Dasselbe, erscheint für die Vorstellung oder den Verstand als ein so
paradoxer Satz, daß sie ihn vielleicht nicht für ernstlich gemeint hält. In der That ist er auch von dem härtesten, was
das Denken sich zumuthet, denn Seyn und Nichts sind der
Gegensatz in seiner ganzen Unmittelbarkeit, d. h. ohne
daß in dem einen schon eine Bestimmung gesetzt wäre, welche
dessen Beziehung auf das Andere enthielte. Sie enthalten

aber diese Bestimmung, wie in dem vorhergehenden §. aufgezeigt ist, die Bestimmung, welche eben in beiden dieselbe ist.
Die Deduktion ihrer Einheit ist insofern ganz analytisch;
wie überhaupt der ganze Fortgang des Philosophirens, als
methodischer, d. h. als nothwendiger nichts anders ist, als
blos das Setzen desjenigen, was in einem Begriffe schon
enthalten ist. — Ebenso richtig, als die Einheit des Seyns
und Nichts, ist es aber auch, daß sie schlechthin verschieden sind, — das Eine nicht ist, was das Andere ist. Allein
weil der Unterschied hier sich noch nicht bestimmt hat, denn
eben Seyn und Nichts sind noch das Unmittelbare, — so ist
er, wie er an denselben ist, das Unsagbare, die bloße
Meinung. —

2) Es erfordert keinen großen Aufwand von Witz, den
Satz, daß Seyn und Nichts Dasselbe ist, lächerlich zu machen,
oder vielmehr Ungereimtheiten vorzubringen, mit der unwahren Versicherung, daß sie Konsequenzen und Anwendungen jenes Satzes seyen; z. B. es sey hirnach dasselbe, ob mein
Haus, mein Vermögen, die Luft zum Athmen, diese Stadt, die
Sonne, das Recht, der Geist, Gott sey oder nicht. In solchen Beispielen werden zum Theil besondere Zwecke, die
Nützlichkeit, die Etwas für mich hat, untergeschoben und
gefragt, ob es mir gleichgültig sey, daß die nützliche Sache
sey oder nicht sey. In der That ist die Philosophie eben diese
Lehre, den Menschen von einer unendlichen Menge endlicher
Zwecke und Absichten zu befreien, und ihn dagegen gleichgültig zu machen, so daß es ihm allerdings dasselbe sey, ob solche
Sachen sind oder nicht sind. Aber überhaupt, so wie von einem Inhalte die Rede ist, so ist damit ein Zusammenhang
mit andern Existenzen, Zwecken u. s. f. gesetzt, die als gültig vorausgesetzt sind; von solchen Voraussetzungen
ist es nun abhängig gemacht, ob das Seyn oder Nichtseyn
eines bestimmten Inhalts dasselbe sey oder auch

nicht. Es wird ein inhaltsvoller Unterschied dem leeren Unterschiede von Seyn und Nichts untergeschoben. — Zum Theil sind es aber an sich wesentliche Zwecke, absolute Existenzen und Ideen, die bloß unter die Bestimmung des Seyns oder Nichtseyns gesetzt werden. Solche konkrete Gegenstände sind noch etwas ganz anderes als nur Seyende oder auch Nichtseyende; dürftige Abstraktionen, wie Seyn und Nichts, — und sie sind, weil sie eben nur die Bestimmungen des Anfangs sind, die allerdürftigsten, die es giebt, — sind für die Natur jener Gegenstände ganz inadäquat; wahrhafter Inhalt ist längst über diese Abstraktionen selbst und deren Gegensaz hinaus. — Wenn überhaupt ein Konkretes dem Seyn und Nichts unterschoben wird, so geschieht der Gedankenlosigkeit ihr Gewöhnliches, ein ganz Anderes vor die Vorstellung zu bekommen und davon zu sprechen, als das, wovon die Rede ist, und hier ist bloß vom abstrakten Seyn und Nichts die Rede. —

3) Es kann leicht gesagt werden, daß man die Einheit des Seyns und Nichts nicht begreife. Der Begriff derselben aber ist in den vorhergehenden §§. angegeben, und er ist weiter nichts als dieß Angegebene; sie begreifen heißt nichts anderes, als dieses auffassen. Man versteht aber auch unter dem Begreifen noch etwas weiteres als den eigentlichen Begriff; es wird ein mannichfaltigeres reicheres Bewußtseyn, eine Vorstellung verlangt, so daß ein solcher Begriff als ein konkreter Fall vorgelegt werde, mit dem das Denken in seiner gewöhnlichen Praxis vertrauter wäre. Insofern das Nichtbegreifen-können nur die Ungewohnheit ausdrückt, abstrakte Gedanken ohne alle sinnliche Beimischung festzuhalten und spekulative Säze zu faßen, so ist weiter nichts zu sagen, als daß die Art des philosophischen Wissens allerdings verschieden ist von der Art des Wissens, an das man im gemeinen Leben gewöhnt ist, wie auch von der, die in andern Wissenschaften

herrscht. Heißt das Nicht-Begreifen aber nur, daß man sich
die Einheit des Seyns und Nichts nicht vorstellen könne,
so ist dieß in der That so wenig der Fall, daß jeder vielmehr
unendlich viele Vorstellungen von dieser Einheit hat, und daß
man solche Vorstellung nicht habe, kann nur dieses sagen wollen, daß man den vorliegenden Begriff nicht in irgend einer
jener Vorstellungen erkennt, und sie nicht als ein Beispiel davon weiß.   Das Beispiel davon, das am nächsten liegt, ist
das Werden. Jedermann hat eine Vorstellung vom Werden und wird ebenso zugeben, daß es Eine Vorstellung ist;
ferner, daß, wenn man sie analysirt, die Bestimmung von
Seyn, aber auch von dem schlechthin Andern desselben, dem
Nichts, darin enthalten ist; ferner, daß diese beiden Bestimmungen ungetrennt in dieser Einen Vorstellung sind; so daß
Werden somit Einheit des Seyns und Nichts ist. — Ein
gleichfalls nahe liegendes Beispiel ist der Anfang; die Sache
ist noch nicht in ihrem Anfang, aber er ist nicht bloß ihr
Nichts, sondern es ist schon auch ihr Seyn darin.. Der
Anfang ist selbst auch Werden, drückt jedoch schon die Rücksicht auf das weitere Fortgehen aus. — Man könnte, um
sich dem gewöhnlichern Gang der Wissenschaften zu bequemen,
die Logik mit der Vorstellung des rein gedachten Anfangs,
also des Anfangs als Anfangs beginnen, und diese Vorstellung analysiren; so würde man es sich vielleicht eher als Er-
gebniß der Analyse gefallen lassen, daß sich Seyn und Nichts
als in Einem ungetrennt zeigen.

    4) Es ist aber noch zu bemerken, daß der Ausdruck: Seyn
und Nichts ist dasselbe, oder: die Einheit des Seyns und
Nichts, — ebenso alle andere solche Einheiten, des Subjekts und Objekts u. s. f. mit Recht anstößig sind, weil das
Schiefe und Unrichtige darin liegt, daß die Einheit herausgehoben, und die Verschiedenheit zwar darin liegt (weil es
z. B. Seyn und Nichts ist, deren Einheit gesetzt ist), aber

diese Verschiedenheit nicht zugleich ausgesprochen und anerkannt ist, von ihr also nur ungehörigerweise abstrahirt, sie
nicht bedacht zu seyn scheint. In der That läßt sich eine spekulative Bestimmung nicht in Form eines solchen Satzes richtig ausdrücken; es soll die Einheit in der zugleich vorhandenen und gesetzten Verschiedenheit gefaßt werden. Werden ist der wahre Ausdruck des Resultats von Seyn und
Nichts, als die Einheit derselben; es ist nicht nur die Einheit des Seyns und Nichts, sondern ist die Unruhe in sich,
— die Einheit, die nicht bloß als Beziehung-auf-sich bewe-
gungslos, sondern durch die Verschiedenheit des Seyns und
Nichts, die in ihm ist, in sich gegen sich selbst ist. — Das
Daseyn dagegen ist diese Einheit, oder das Werden in
dieser Form der Einheit; darum ist das Daseyn einseitig
und endlich. Der Gegensatz ist als ob er verschwunden
wäre; er ist nur an sich in der Einheit enthalten, aber nicht
in der Einheit gesetzt.

5) Dem Satze, daß das Seyn das Uebergehen in Nichts,
und das Nichts das Uebergehen ins Seyn ist; — dem Satze
des Werdens steht der Satz: Aus Nichts wird Nichts,
Etwas wird nur aus Etwas, gegenüber, der Satz der Ewigkeit der Materie, des Pantheismus. Die Alten haben die
einfache Reflexion gemacht, daß der Satz: aus Etwas wird
Etwas, oder aus Nichts wird Nichts, das Werden in der That
aufhebt; denn das, woraus es wird, und das, was wird, sind
ein und dasselbe; es ist nur der Satz der abstrakten Verstan-
des-Identität vorhanden. Es muß aber als wunderbar auffallen, die Sätze: aus Nichts wird Nichts, oder aus Etwas
wird nur Etwas, auch in unseren Zeiten ganz unbefangen
vorgetragen zu sehen, ohne einiges Bewußtseyn, daß sie die
Grundlage des Pantheismus, sowie ohne Kenntniß davon, daß
die Alten die Betrachtung dieser Sätze erschöpft haben.

Zusatz. Das Werden ist der erste konkrete Gedanke,

und damit der erſte Begriff, wohingegen Seyn und Nichts leere
Abſtraktionen ſind. Sprechen wir vom Begriff des Seyns, ſo
kann derſelbe nur darin beſtehen, Werden zu ſeyn, denn als das
Seyn iſt es das leere Nichts, als dieſes aber das leere Seyn.
Im Seyn alſo haben wir das Nichts, und in dieſem das Seyn;
dieſes Seyn aber, welches im Nichts bei ſich bleibt, iſt das Werden. In der Einheit des Werdens darf der Unterſchied nicht
fortgelaſſen werden, denn ohne denſelben würde man wieder zum
abſtrakten Seyn zurückkehren. Das Werden iſt nur das Geſetztſeyn deſſen, was das Seyn ſeiner Wahrheit nach iſt. —

Man hört ſehr häufig behaupten, das Denken ſey dem
Seyn entgegengeſetzt. Bei ſolcher Behauptung wäre indeß zunächſt zu fragen, was unter dem Seyn verſtanden werde? Nehmen wir das Seyn auf, wie ſolches die Reflektion beſtimmt, ſo
können wir von demſelben nur ausſagen, es ſey daſſelbe das
ſchlechthin Identiſche und Affirmative. Betrachten wir nunmehr
das Denken, ſo kann es uns nicht entgehen, daß daſſelbe wenigſtens gleichfalls das ſchlechthin mit ſich Identiſche iſt. Beiden,
dem Seyn und dem Denken, kömmt ſomit dieſelbe Beſtimmung
zu. Dieſe Identität des Seyns und des Denkens iſt nun aber
nicht konkret zu nehmen, und ſomit nicht zu ſagen: der Stein
ſey als ſeyender daſſelbe was der denkende Menſch iſt. Ein Konkretes iſt noch etwas ganz Anderes, als die abſtrakte Beſtimmung als ſolche. Beim Seyn aber iſt von keinem Konkreten
die Rede, denn Seyn iſt gerade nur das ganz Abſtrakte. Hiernach iſt dann auch die Frage nach dem Seyn Gottes, welches
das in ſich unendlich Konkrete iſt, von geringem Intereſſe.

Das Werden iſt als die erſte konkrete, zugleich die erſte wahrhafte Gedankenbeſtimmung. In der Geſchichte der Philoſophie
iſt es das Syſtem des Herakleitos, welches dieſer Stufe der logiſchen Idee entſpricht. Wenn Herakleitos ſagt: Alles fließt
(πάντα ῥεῖ), ſo iſt damit das Werden als die Grundbeſtim-
mung alles deſſen, was da iſt, ausgeſprochen, wohingegen, wie

früher bemerkt wurde, die Eleaten das Seyn, das ſtarre pro-
ceßloſe Seyn als das allein Wahre auffaßten. Mit Beziehung
auf das Princip der Eleaten heißt es dann weiter bei Herakleitos: das Seyn iſt nicht mehr als das Nichtſeyn (οὐδὲν μᾶλλον
τὸ ὂν τοῦ μὴ ὄντος ἐςὶ), womit dann eben die Negativität des
abſtrakten Seyns und deſſen im Werden geſetzte Identität mit
dem in ſeiner Abſtraktion eben ſo haltloſen Nichts ausgeſprochen iſt. — Wir haben hieran zugleich ein Beiſpiel der wahrhaften Widerlegung eines philoſophiſchen Syſtems durch ein anderes, welche Widerlegung eben darin beſteht, daß das Princip
der widerlegten Philoſophie in ſeiner Dialektik aufgezeigt und
zum ideellen Moment einer höhern konkreten Form der Idee
herabgeſetzt wird. — Weiter iſt nun aber auch das Werden an
und für ſich noch eine höchſt arme Beſtimmung und hat daſſelbe
ſich in ſich weiter zu vertiefen und zu erfüllen. Eine ſolche Vertiefung des Werdens in ſich haben wir z. B. am Leben. Dieſes iſt ein Werden, allein der Begriff deſſelben iſt damit nicht
erſchöpft. In höherer Form noch finden wir das Werden im
Geiſte. Dieſer iſt auch ein Werden, aber ein intenſiveres, reicheres, als das blos logiſche Werden. Die Momente, deren
Einheit der Geiſt iſt, ſind nicht die bloßen Abſtrakta des Seyns
und des Nichts, ſondern das Syſtem der logiſchen Idee und der
Natur.

b. Daſeyn.

§. 89.

Das Seyn im Werden, als eins mit dem Nichts, ſo das
Nichts eins mit dem Seyn, ſind nur verſchwindende; das Werden fällt durch ſeinen Widerſpruch in ſich in die Einheit, in
der beide aufgehoben ſind, zuſammen; ſein Reſultat iſt ſomit
das Daſeyn.

Es iſt an dieſem erſten Beiſpiele ein für allemal an das
zu erinnern, was §. 82 und Anmerk. daſelbſt angegeben iſt;

was allein einen Fortgang und eine Entwicklung im Wissen
begründen kann, ist, die Resultate in ihrer Wahrheit festzuhalten. Wenn in irgend einem Gegenstande oder Begriff der
Widerspruch aufgezeigt wird (— und es ist überall gar nichts,
worin nicht der Widerspruch, d. i. entgegengesetzte Bestimmungen aufgezeigt werden können und müssen; — das Abstrahiren des Verstandes ist das gewaltsame Festhalten an Einer
Bestimmtheit, eine Anstrengung das Bewußtseyn der andern,
die darin liegt, zu verdunkeln und zu entfernen) — wenn
nun solcher Widerspruch erkannt wird, so pflegt man den
Schlußsatz zu machen: Also ist dieser Gegensatz Nichts; wie
Zeno zuerst von der Bewegung zeigte, daß sie sich widerspreche, daß sie also nicht sey, oder wie die Alten das Entstehen und Vergehen; die zwei Arten des Werdens, für
unwahre Bestimmungen mit dem Ausdrucke erkannten, daß das
Eine, d. i. das Absolute, nicht entstehe noch vergehe. Diese
Dialektik bleibt so bloß bei der negativen Seite des Resulta-
tes stehen, und abstrahirt von dem, was zugleich wirklich vorhanden ist, ein bestimmtes Resultat, hier ein reines Nichts,
aber Nichts, welches das Seyn; und eben so ein Seyn,
welches das Nichts in sich schließt. So ist 1) das Daseyn
die Einheit des Seyns und des Nichts, in der die Unmittelbarkeit dieser Bestimmungen und damit in ihrer Beziehung
ihr Widerspruch verschwunden ist, — eine Einheit, in der sie
nur noch Momente sind, 2) da das Resultat der aufgehobene Widerspruch ist, so ist es in der Form einfacher Einheit mit sich oder selbst als ein Seyn, aber ein Seyn mit
der Negation oder Bestimmtheit; es ist das Werden in der
Form des einen seiner Momente, des Seyns, gesetzt.

Zusatz. Auch in unserer Vorstellung ist dieß enthalten,
daß, wenn ein Werden ist, Etwas dabei heraus kömmt, und daß
somit das Werden ein Resultat hat. Hier entsteht dann aber
die Frage, wie das Werden dazu kömmt, nicht bloßes Werden

zu bleiben, sondern ein Resultat zu haben. „Die Antwort auf
diese Frage ergiebt sich aus dem, als was sich uns vorher das
Werden gezeigt hat. Das Werden enthält nämlich in sich das
Seyn und das Nichts, und zwar so, daß diese beiden schlechthin
in einander umschlagen und sich einander gegenseitig aufheben.
Hiermit erweist sich das Werden als das durchaus Rastlose, welches sich aber in dieser abstrakten Rastlosigkeit nicht zu erhalten vermag; denn indem Seyn und Nichts im Werden verschwinden, und nur dieses sein Begriff ist, so ist es hiermit selbst
ein Verschwindendes, ein Feuer gleichsam, welches in sich selbst erlischt,
indem es sein Material verzehrt. Das Resultat aber dieses
Processes ist nicht das leere Nichts, sondern das mit der Negation identische Seyn, welches wir Daseyn nennen, und als
dessen Bedeutung sich zunächst dieß erweist, geworden zu seyn.

§. 90.

α) Das Daseyn ist Seyn mit einer Bestimmtheit, die
als unmittelbare oder seyende Bestimmtheit ist, die Qualität.
Das Daseyn als in dieser seiner Bestimmtheit in sich reflektirt
ist Daseyendes, Etwas. — Die Kategorien, die sich an dem
Daseyn entwickeln, sind nur summarisch anzugeben.

Zusatz. Die Qualität ist überhaupt die mit dem
Seyn identische, unmittelbare Bestimmtheit, im Unterschied von
der demnächst zu betrachtenden Quantität, welche zwar gleichfalls Bestimmtheit des Seyns, jedoch nicht mehr mit demselben
unmittelbar identische, sondern gegen das Seyn gleichgültige,
demselben äußerliche Bestimmtheit ist. —; Etwas ist durch seine
Qualität das, was es ist, und indem es seine Qualität verliert,
so hört es damit auf, das zu seyn, was es ist. Weiter ist die
Qualität wesentlich nur eine Kategorie des Endlichen, die um
deswillen auch nur in der Natur und nicht in der geistigen Welt
ihre eigentliche Stelle hat. So sind z. B. in der Natur die sogenannten einfachen Stoffe, Sauerstoff, Stickstoff u. s. w. als
existirende Qualitäten zu betrachten. In der Sphäre des Gei-

stes dagegen kömmt die Qualität nur in einer untergeordneten
Weise vor, und nicht so, als ob dadurch irgend eine bestimmte
Gestalt des Geistes erschöpft würde. Betrachten wir z. B. den
subjektiven Geist, welcher den Gegenstand der Psychologie bildet,
so können wir zwar sagen, die logische Bedeutung dessen, was
man Charakter nennt, sey die der Qualität, welches jedoch
nicht so zu verstehen ist, als sey der Charakter eben so eine die Seele
durchdringende, und mit derselben unmittelbar identische Bestimmtheit, wie dieß in der Natur mit den vorher erwähnten einfachen
Stoffen der Fall ist. Dahingegen zeigt sich die Qualität bestimmter als solche auch am Geiste, insofern sich derselbe in einem unfreien, krankhaften Zustande befindet. Dieß ist namentlich der Fall mit dem Zustand der Leidenschaft und der zur Verrücktheit gesteigerten Leidenschaft. Von einem Verrückten, dessen
Bewußtseyn ganz von Eifersucht, Furcht u. s. w. durchdrungen
ist, kann man füglich sagen, sein Bewußtseyn sey als Qualität
bestimmt.

§. 91.

Die Qualität, als seyende Bestimmtheit gegenüber der
in ihr enthaltenen, aber von ihr unterschiedenen Negation, ist
Realität. Die Negation nicht mehr das abstrakte Nichts, sondern als ein Daseyn und Etwas, ist nur Form an diesem, sie
ist als Andersseyn. Die Qualität, indem dieß Andersseyn
ihre eigene Bestimmung, aber zunächst von ihr unterschieden ist,
— ist Seyn-für-anderes, — eine Breite des Daseyns, des
Etwas. Das Seyn der Qualität als solches, gegenüber dieser
Beziehung auf Anderes, ist das An-sich-seyn.

Zusatz. Die Grundlage aller Bestimmtheit ist die Negation (omnis determinatio est negatio — wie Spinoza sagt).
Das gedankenlose Meinen betrachtet die bestimmten Dinge als
nur positiv und hält dieselben unter der Form des Seyns fest.
Mit dem bloßen Seyn ist es indeß nicht abgethan, denn dieses
ist, wie wir früher gesehen haben, das schlechthin Leere und zu-

gleich Haltlose. Uebrigens liegt in der hier erwähnten Verwech=
selung des Daseyns, als des bestimmten Seyns, mit dem abstrak=
ten Seyn das Richtige, daß im Daseyn allerdings das Moment
der Negation gleichsam nur erst als eingehüllt enthalten ist, wel=
ches Moment der Negation dann erst im Für=sich=seyn frei her=
vortritt und zu seinem Rechte gelangt. — Betrachten wir nun
ferner das Daseyn als seyende Bestimmtheit, so haben wir an
demselben dasjenige, was man unter Realität versteht. Man
spricht so z. B. von der Realität eines Plans oder einer Absicht
und versteht dann darunter, daß dergleichen nicht mehr ein nur
Inneres, Subjektives, sondern ins Daseyn herausgetreten sey.
In demselben Sinn, kann dann auch der Leib die Realität der
Seele und dies Recht die Realität der Freiheit oder, ganz all=
gemein, die Welt die Realität des göttlichen Begriffs genannt
werden. Weiter pflegt nun aber auch von der Realität noch in
einem andern Sinn gesprochen, und darunter dieß verstanden zu
werden, daß Etwas sich seiner wesentlichen Bestimmung oder sei=
nem Begriff gemäß verhält. So z. B., wenn gesagt wird: dieß
ist eine reelle Beschäftigung, oder dieß ist ein reeller Mensch. Hier
ist es nicht das unmittelbare, äußere Daseyn, um welches es sich
handelt, sondern vielmehr die Uebereinstimmung eines Daseyen=
den mit seinem Begriff. So aufgefaßt ist dann aber die Rea=
lität auch nicht weiter von der Idealität, die wir zunächst als
Fürsichseyn kennen lernen werden, unterschieden.

§. 92.

β) Das von der Bestimmtheit als unterschieden festgehal=
tene Seyn, das Ansichseyn, wäre nur die leere Abstraktion
des Seyns. Im Daseyn ist die Bestimmtheit eins mit dem
Seyn, welche zugleich als Negation gesetzt, Gränze, Schranke
ist. Daher ist das Andersseyn nicht ein gleichgültiges außer ihm,
sondern sein eigenes Moment. Etwas ist durch seine Qualität
erstlich endlich, und zweitens veränderlich, so daß die End=
lichkeit und Veränderlichkeit seinem Seyn angehört.

Zuſatz. Die Negation iſt im Daſeyn mit dem Seyn noch unmitelbar identiſch, und dieſe Negation iſt das, was wir Gränze heißen. Etwas iſt nur in ſeiner Gränze und durch ſeine Gränze das, was es iſt. Man darf ſomit die Gränze nicht als dem Daſeyn bloß äußerlich betrachten, ſondern dieſelbe geht vielmehr durch das ganze Daſeyn hindurch. Die Auffaſſung der Gränze als einer blos äußerlichen Beſtimmung des Daſeyns, hat ihren Grund in der Verwechſelung der quantitativen mit der qualitativen Gränze. Hier iſt zunächſt von der qualitativen Gränze die Rede. Betrachten wir z. B. ein Grundſtück, welches drei Morgen groß iſt, ſo iſt dieß ſeine quantitative Gränze. Weiter iſt nun aber auch dieſes Grundſtück eine Wieſe und nicht Wald oder Teich, und dieß iſt ſeine qualitative Gränze. — Der Menſch, inſofern er wirklich ſeyn will, muß er daſeyn, und zu dem Ende muß er ſich begränzen. Wer gegen das Endliche zu ekel iſt, der kömmt zu gar keiner Wirklichkeit, ſondern er verbleibt im Abſtrakten und verglimmt in ſich ſelbſt.

Betrachten wir nunmehr näher, was wir an der Gränze haben, ſo finden wir, wie dieſelbe einen Widerſpruch in ſich enthält, und ſich ſomit als dialektiſch erweiſt. Die Gränze macht nämlich einerſeits die Realität des Daſeyns aus, und andererſeits iſt ſie deſſen Negation. Weiter iſt nun aber die Gränze als die Negation des Etwas nicht ein abſtraktes Nichts überhaupt, ſondern ein ſeyendes Nichts, oder dasjenige, was wir ein Anderes heißen. Beim Etwas fällt uns ſogleich das Andere ein, und wir wiſſen, daß es nicht nur Etwas, ſondern auch noch Anderes giebt. Nun aber iſt das Andere nicht ein Solches, welches wir nur ſo finden, dergeſtalt, daß Etwas auch ohne daſſelbe gedacht werden könnte, ſondern Etwas iſt an ſich das Andere ſeiner ſelbſt und dem Etwas wird im Andern ſeine Gränze objektiv. Fragen wir nunmehr nach dem Unterſchied zwiſchen dem Etwas und dem Andern, ſo zeigt es ſich, daß beide daſſelbe ſind,

welche Identität dann auch im Lateinischen durch die Bezeichnung
beider als aliud-aliud ausgedrückt ist. Das Andere, dem Etwas gegenüber, ist selbst ein Etwas; und wir sagen demgemäß:
Etwas Anderes; eben so ist andererseits das erste Etwas dem
gleichfalls als Etwas bestimmten Anderen gegenüber selbst ein
Anderes. Wenn wir sagen: Etwas Anderes — so stellen wir
uns zunächst vor, Etwas, für sich genommen, sey nur Etwas, und
die Bestimmung, ein Anderes zu seyn, komme demselben nur
durch eine bloß äußerliche Betrachtung zu. Wir meinen so z. B. der
Mond, welcher etwas Anderes ist als die Sonne, könnte wohl
auch seyn, wenn die Sonne nicht wäre. In der That aber hat
der Mond (als Etwas) sein Anderes an ihm selbst, und dieß
macht seine Endlichkeit aus. Platon sagt: Gott hat die Welt
aus der Natur des Einen und des Andern (τοῦ ἑτέρου) gemacht; diese hat er zusammengebracht und daraus ein Drittes
gebildet, welches von der Natur des Einen und des Andern ist. —
Hiermit ist überhaupt die Natur des Endlichen ausgesprochen,
welches als Etwas dem Andern nicht gleichgültig gegenübersteht,
sondern an sich das Andere seiner selbst ist und hiermit sich verändert. In der Veränderung zeigt sich der innere Widerspruch,
mit welchem das Daseyn von Haus aus behaftet ist, und welcher dasselbe über sich hinaus treibt. Für die Vorstellung erscheint das Daseyn zunächst als einfach positiv und zugleich als
innerhalb seiner Gränze ruhig beharrend; wir wissen dann zwar
auch, daß alles Endliche (und ein solches ist das Daseyn) der
Veränderung unterworfen ist. Allein diese Veränderlichkeit des
Daseyns erscheint der Vorstellung als eine bloße Möglichkeit,
deren Realisirung nicht in ihm selbst begründet ist. In der That
aber liegt es im Begriff des Daseyns sich zu verändern, und die
Veränderung ist nur die Manifestation dessen, was das Daseyn
an sich ist. Das Lebendige stirbt, und zwar einfach um desswil-
len, weil es als solches den Keim des Todes in sich selbst
trägt. —

§. 93.

Etwas wird ein Anderes, aber das Andere iſt ſelbſt ein Etwas, alſo wird es gleichfalls ein Anderes und ſofort ins Unendliche.

§. 94.

Dieſe Unendlichkeit iſt die ſchlechte oder negative Unendlichkeit, indem ſie nichts iſt, als die Negation des Endlichen, welches aber ebenſo wieder entſteht, ſomit eben ſo ſehr nicht aufgehoben iſt, — oder dieſe Unendlichkeit drückt nur das Sollen des Aufhebens des Endlichen aus. Der Progreß ins Unendliche bleibt bei dem Ausſprechen des Widerſpruchs ſtehen, den das Endliche enthält, daß es ſowohl Etwas iſt als ſein Anderes, und iſt das perennirende Fortſetzen des Wechſels dieſer einander herbeiführenden Beſtimmungen.

Zuſatz. Wenn wir die Momente des Daſeyns, Etwas und Anderes, auseinander fallen laſſen, ſo haben wir dieſes: Etwas wird ein Anderes, und dieſes Andere iſt ſelbſt ein Etwas, welches als ſolches ſich dann gleichfalls verändert, und ſofort ins Unendliche. Die Reflexion meint hier zu etwas ſehr Hohem, ja zum Höchſten gekommen zu ſeyn. Dieſer Progreß ins Unendliche iſt nun aber nicht das wahrhaft Unendliche, welches vielmehr darin beſteht, in ſeinem Anderen bei ſich ſelbſt zu ſeyn, oder als Proceß ausgeſprochen in ſeinem Andern zu ſich ſelbſt zu kommen. Es iſt von großer Wichtigkeit, den Begriff der wahren Unendlichkeit gehörig zu faſſen und nicht bloß bei der ſchlechten Unendlichkeit des unendlichen Progreſſes ſtehen zu bleiben. Wenn von der Unendlichkeit des Raumes und der Zeit die Rede iſt, ſo iſt es zunächſt der unendliche Progreß, an welchem man ſich zu halten pflegt. Man ſagt ſo z. B., dieſe Zeit — jetzt — und über dieſe Gränze wird dann fortwährend hinausgegangen, rückwärts und vorwärts. Eben ſo iſt es mit dem Raume, über deſſen Unendlichkeit von erbaulichen Aſtronomen viele leere Deklamationen vorgebracht werden. Es pflegt dann

wohl auch behauptet zu werden, das Denken müsse erliegen, wenn
es sich an die Betrachtung dieser Unendlichkeit begebe. So viel
ist nun allerdings richtig, daß wir es zuletzt bleiben lassen, in
solcher Betrachtung weiter und immer weiter vorzuschreiten, jedoch nicht um der Erhabenheit, sondern um der Langweiligkeit
dieses Geschäfts willen. Langweilig ist das sich Ergehen in der
Betrachtung dieses unendlichen Progresses um deswillen, weil
hier fortwährend dasselbe wiederhohlt wird. Eine Gränze wird
gesetzt, darüber wird hinausgegangen, dann abermals eine Gränze,
und so fort ins Endlose. Wir haben hier also nichts, als eine
oberflächliche Abwechselung, die immer im Endlichen stehen bleibt.
Wenn man meint, durch das Hinausschreiten in jene Unendlichkeit sich vom Endlichen zu befreien, so ist dieß in der That nur
die Befreiung der Flucht. Der Fliehende aber ist noch nicht
frei, denn er ist im Fliehen noch durch dasjenige bedingt, wovor
er flieht. Sagt man dann weiter, das Unendliche sey nicht zu
erreichen, so ist dieß ganz richtig, aber nur um deswillen, weil
die Bestimmung, etwas abstrakt Negatives zu seyn, in dasselbe
gelegt wird. Die Philosophie treibt sich nicht mit solchem Leeren und bloß Jenseitigen herum. Das, womit die Philosophie
es zu thun hat, ist immer ein Konkretes und schlechthin Gegen-
wärtiges. — Man hat wohl auch die Aufgabe der Philosophie
so gestellt, daß dieselbe die Frage zu beantworten habe, wie das
Unendliche sich dazu entschließe, aus sich selbst herauszugehen.
Auf diese Frage, welcher die Voraussetzung eines festen Gegensatzes von Unendlichem und Endlichem zu Grunde liegt, ist nur
zu antworten, daß dieser Gegensatz ein Unwahres, und daß das
Unendliche in der That ewig aus sich heraus und ewig auch
nicht aus sich heraus ist. — Wenn wir übrigens sagen: das Unendliche sey das Nichtendliche, so haben wir damit in der That das
Wahre schon ausgesprochen, denn das Nichtendliche ist, da das
Endliche selbst das erste Negative ist, das Negative der Nega-

tion, die mit sich identische Negation, und somit zugleich wahre Affirmation. —

Die hier besprochene Unendlichkeit der Reflexion ist nur der Versuch, die wahre Unendlichkeit zu erreichen, ein unglückseliges Mittelding. Es ist dieß überhaupt derjenige Standpunkt der Philosophie, welcher in der neuern Zeit in Deutschland geltend gemacht worden ist: Das Endliche soll hier nur aufgehoben werden, und das Unendliche soll nicht bloß ein Negatives, sondern auch ein Positives seyn. In diesem Sollen liegt immer die Ohnmacht, daß etwas anerkannt wird als berechtigt, und daß sich dasselbe doch nicht geltend zu machen vermag. Die kantsche und die fichtesche Philosophie sind rücksichtlich des Ethischen auf diesem Standpunkt des Sollens stehen geblieben. Die perennirende Annäherung an das Vernunftgesetz ist das Aeußerste, wozu man auf diesem Wege gelangt. Man hat dann auf dieses Postulat auch die Unsterblichkeit der Seele begründet.

§. 95.

γ) Was in der That vorhanden ist, ist, daß Etwas zu Anderem, und das Andere überhaupt zu Anderem wird. Etwas ist im Verhältniß zu einem Anderen, selbst schon ein Anderes gegen dasselbe; somit da das, in welches es übergeht, ganz dasselbe ist, was das, welches übergeht, — beide haben keine weitere, als eine und dieselbe Bestimmung, ein Anderes zu seyn, — so geht hiermit Etwas in seinem Uebergehen in Anderes nur mit sich selbst zusammen, und diese Beziehung im Uebergehen und im Andern auf sich selbst ist die wahrhafte Unendlichkeit. Oder negativ betrachtet; was verändert wird, ist das Andere; es wird das Andere des Anderen. So ist das Seyn, aber als Negation der Negation wieder hergestellt und ist das Fürsichseyn.

Der Dualismus, welcher den Gegensatz von Endlichem und Unendlichem unüberwindlich macht, macht die einfache Betrachtung nicht, daß auf solche Weise sogleich das Unendliche nur das Eine der Beiden ist, daß es hiermit zu einem nur Besondern gemacht wird, wozu das Endliche das andere Besondere ist. Ein solches Unendliches, welches nur ein Besonderes ist, neben dem Endlichen ist, an diesem eben damit seine Schranke, Gränze hat, ist nicht das, was es seyn soll, nicht das Unendliche, sondern ist nur endlich. — In solchem Verhältnisse, wo das Endliche Hüben, das Unendliche Drüben, das erste diesseits, das andere jenseits gestellt ist, wird dem Endlichen die gleiche Würde des Bestehens und der Selbstständigkeit mit dem Unendlichen zugeschrieben; das Seyn des Endlichen wird zu einem absoluten Seyn gemacht; es steht in solchem Dualismus fest für sich. Vom Unendlichen so zu sagen berührt, würde es vernichtigt; aber es soll vom Unendlichen nicht berührt werden können, es soll ein Abgrund, eine unübersteigbare Kluft zwischen beiden sich befinden, das Unendliche schlechthin drüben, und das Endliche hüben verharren. Indem die Behauptung von dem festen Beharren des Endlichen dem Unendlichen gegenüber über alle Metaphysik hinweg zu seyn meint, steht sie ganz nur auf dem Boden der ordinärsten Verstandes-Metaphysik. Es geschieht hier dasselbe, was der unendliche Progreß ausdrückt; das einemal wird zugegeben, daß das Endliche nicht an und für sich sey, daß ihm nicht selbstständige Wirklichkeit, nicht absolutes Seyn zukomme, daß es nur ein Vorübergehendes ist; das andremal wird dieß sogleich vergessen, und das Endliche dem Unendlichen nur gegenüber, schlechthin getrennt von demselben und der Vernichtung entnommen als selbstständig für sich beharrend vorgestellt. — Indem das Denken auf solche Weise sich zum Unendlichen zu erheben meint, so widerfährt ihm das Gegentheil, — zu einem Unendlichen zu kommen, das nur ein Endliches ist, und das Endliche, welches von ihm verlassen worden, vielmehr immer beizubehalten, zu einem Absoluten zu machen.

Wenn man nach der angeſtellten Betrachtung der Richtigkeit des Verſtandes-Gegenſtandes vom Endlichen und Unendlichen (womit, Plato's Philebus mit Nutzen verglichen
werden kann) auch hier leicht auf den Ausdruck verfallen kann,
daß das Unendliche und Endliche hiermit Eins ſey, daß das
Wahre, die wahrhafte Unendlichkeit als Einheit des Unendlichen und Endlichen beſtimmt und ausgeſagt werde, ſo enthält
ſolcher Ausdruck zwar Richtiges, aber er iſt eben ſo ſehr ſchief
und falſch wie vorhin, von der Einheit des Seyns und
Nichts bemerkt worden iſt. Er führt ferner auf den gerechten Vorwurf von der Verendlichung der Unendlichkeit, von
einem endlichen Unendlichen. Denn in jenem Ausdruck erſcheint das Endliche als belaſſen; es wird nicht ausdrücklich
als aufgehoben ausgedrückt. — Oder, indem darauf reflektirt würde, daß es als eins mit dem Unendlichen geſetzt,
allerdings nicht bleiben könnte, was es außer dieſer Einheit
zwar und wenigſtens an ſeiner Beſtimmung etwas litte (wie
das Kali mit der Säure verbunden von ſeinen Eigenſchaften
verliert), ſo widerführe eben dieß dem Unendlichen, das als
das Negative ſeinerſeits gleichfalls an dem Andern abgeſtumpft
würde. In der That geſchieht ſolches auch dem abſtrakten,
einſeitigen Unendlichen des Verſtandes. Aber das wahrhafte
Unendliche verhält ſich nicht bloß wie die einſeitige Säure;
ſondern es erhält ſich; die Negation der Negation iſt nicht
eine Neutraliſation; das Unendliche iſt das Affirmative, und
nur das Endliche das Aufgehobene.

Im Fürſichſeyn iſt die Beſtimmung der Idealität eingetreten. Das Daſeyn zunächſt nur nach ſeinem Seyn oder
ſeiner Affirmation aufgefaßt, hat Realität (§. 91.), ſomit
iſt auch die Endlichkeit zunächſt in der Beſtimmung der Realität. Aber die Wahrheit des Endlichen iſt vielmehr ſeine
Idealität. Eben ſo ſehr iſt auch das Verſtandes-Unend-
liche, welches neben das Endliche geſtellt, ſelbſt nur eins der

beiden Endlichen ist, ein unwahres, ein ideelles. Diese Idealität des Endlichen ist der Hauptsatz der Philosophie, und jede
wahrhafte Philosophie ist deswegen Idealismus. Es kommt
allein darauf ein, nicht das für das Unendliche zu nehmen,
was in seiner Bestimmung selbst sogleich zu einem Besondern
und Endlichen gemacht wird. — Auf diesen Unterschied ist
deswegen hier weitläufiger aufmerksam gemacht worden; der
Grundbegriff der Philosophie, das wahrhafte Unendliche, hängt
davon ab. Dieser Unterschied erledigt sich durch die ganz einfachen, darum vielleicht unscheinbaren, aber unwiderleglichen
Reflexionen, die im §. enthalten sind.

c. Fürsichseyn.
§. 96.

α) Das Fürsichseyn als Beziehung auf sich selbst ist Unmittelbarkeit, und als Beziehung des Negativen auf sich
selbst ist es Fürsichseyendes, das Eins, — das in sich selbst Un-
terschiedslose damit das Andere aus sich Ausschließende.

Zusatz. Das Fürsichseyn ist die vollendete Qualität, und
enthält als solche das Seyn und das Daseyn als seine ideellen
Momente in sich. Als Seyn ist das Fürsichseyn einfache Beziehung auf sich und als Daseyn ist dasselbe bestimmt; diese
Bestimmtheit ist dann aber nicht mehr die endliche Bestimmtheit
des Etwas in seinem Unterschied vom Andern, sondern die unendliche den Unterschied in sich als aufgehoben enthaltende Bestimmtheit.

Das nächste Beispiel des Fürsichseyns haben wir am Ich.
Wir wissen uns, als daseyend, zunächst unterschieden von anderem Daseyenden, und auf dasselbe bezogen. Weiter wissen wir
dann aber auch diese Breite des Daseyns als zugespitzt gleichsam
zur einfachen Form des Fürsichseyns. Indem wir sagen: Ich,
so ist dieß der Ausdruck der unendlichen und zugleich negativen
Beziehung auf sich. Man kann sagen, daß der Mensch sich vom

Thier, und somit von der Natur überhaupt dadurch unterscheidet, daß er sich als Ich weiß, womit dann zugleich ausgesprochen ist, daß die natürlichen Dinge es nicht zum freien Fürsichseyn bringen, sondern als auf das Daseyn beschränkt immer nur Seyn für Anderes sind. — Weiter ist nun das Fürsichseyn überhaupt als Idealität aufzufassen, wohingegen das Daseyn früher als Realität bezeichnet wurde. Realität und Idealität werden häufig als ein Paar, mit gleicher Selbstständigkeit einander gegenüberstehende Bestimmungen betrachtet, und man sagt demgemäß, daß es außer der Realität auch eine Idealität gebe. Nun aber ist die Idealität nicht Etwas, das es außer und neben der Realität giebt, sondern der Begriff der Idealität besteht ausdrücklich darin, die Wahrheit der Realität zu seyn, d. h. die Realität als das gesetzt, was sie an sich ist, erweist sich selbst als Idealität. Man darf somit nicht glauben, der Idealität die nöthige Ehre erwiesen zu haben, wenn man nur einräumt, daß es mit der Realität noch nicht abgethan sey, sondern daß man außer derselben auch noch eine Idealität anzuerkennen habe. Eine solche Idealität, neben oder immerhin auch über der Realität, wäre in der That nur ein leerer Name. Einen Inhalt aber hat die Idealität nur, indem dieselbe Idealität von Etwas ist: dieses Etwas aber ist dann nicht bloß ein unbestimmtes Dieses oder Jenes, sondern das als Realität bestimmte Daseyn, welchem für sich festgehalten, keine Wahrheit zukömmt. Man hat nicht mit Unrecht den Unterschied der Natur und des Geistes so aufgefaßt, daß jene auf die Realität und dieser auf die Idealität als ihre Grundbestimmung zurückzuführen seyen. Nun aber ist die Natur eben nicht ein Festes und Fertiges für sich, welches somit auch ohne den Geist bestehen könnte, sondern dieselbe gelangt erst im Geist zu ihrem Ziel und ihrer Wahrheit, und eben so ist der Geist an seinem Theil nicht bloß ein abstraktes Jenseits der Natur, sondern derselbe ist nur wahrhaft und bewährt nur erst als Geist, insofern er die Natur

als aufgehoben in sich enthält. Es ist hierbei an die gedoppelte Bedeutung unseres deutschen Ausdrucks aufheben zu erinnern. Unter aufheben verstehen wir einmal so viel als hin-
wegräumen, negiren, und sagen demgemäß z. B. ein Gesetz, eine
Einrichtung u. s. w. seyen aufgehoben. Weiter heißt dann aber
auch aufheben so viel als aufbewahren; und wir sprechen in
diesem Sinn davon, daß etwas wohl aufgehoben sey. Dieser
sprachgebräuchliche Doppelsinn, wonach dasselbe Wort eine negative und eine positive Bedeutung hat, darf nicht als zufällig angesehen, noch etwa gar der Sprache zum Vorwurf gemacht werden, als zu Verwirrung Veranlassung gebend, sondern es ist
darin der über das bloß verständige Entweder — Oder hinaus-
schreitende speculative Geist unserer Sprache zu erkennen.

§. 97.

β) Die Beziehung des Negativen auf sich ist negative
Beziehung, also Unterscheidung des Eins von sich selbst, die Repulsion des Eins, d. i. Setzen Vieler Eins. Nach der Unmittelbarkeit des Fürsichseyenden sind diese Viele Seyende,
und die Repulsion der seyenden Eins wird, insofern ihre Repulsion gegeneinander als Vorhandener oder gegenseitiges
Ausschließen.

Zusatz. Wenn vom Eins die Rede ist, so pflegen uns
dabei zunächst die Vielen einzufallen. Hier entsteht dann die
Frage, wo die Vielen herkommen? In der Vorstellung findet
sich für diese Frage keine Antwort, da dieselbe die Vielen als
unmittelbar vorhanden betrachtet, und das Eins eben nur als
Eines unter den Vielen gilt. Dem Begriffe nach bildet dagegen
das Eins die Voraussetzung der Vielen und es liegt in dem
Gedanken des Eins, sich selbst als das Viele zu setzen. Das
für sich seyende Eins, als solches, ist nämlich nicht ein Bezieh-
ungsloses wie das Seyn, sondern es ist Beziehung so gut wie
das Daseyn; nun aber bezieht es sich nicht als Etwas auf ein
Anderes, sondern, als Einheit des Etwas und des Andern, ist es

Beziehung auf sich selbst und zwar ist diese Beziehung negative Beziehung. Hiermit erweist sich das Eins als das schlechthin mit sich selbst Unverträgliche, als das sich von selbst Abstoßende, und dasjenige, als was es sich setzt, ist das Viele. Wir können diese Seite im Proceß des Fürsichseyns mit dem bildlichen Ausdruck Repulsion bezeichnen. Von der Repulsion spricht man zunächst bei Betrachtung der Materie und versteht darunter eben dieß, daß die Materie als ein Vieles in einem jeden dieser vielen Eins sich als ausschließend gegen alle übrigen verhält. Man darf übrigens den Proceß der Repulsion nicht so auffassen, als sey Eins das Repellirende und die Vielen das Repellirte; vielmehr ist das Eins, wie vorher bemerkt wurde, eben nur dieß, sich von sich selbst auszuschließen und als das Viele zu setzen; ein jedes der Vielen aber ist selbst Eins, und indem es sich als solches verhält, so schlägt hiermit diese allseitige Repulsion um in ihr Entgegengesetztes — die Attraktion.

§. 98.

γ) Die Vielen sind aber das Eine was das Andere ist, jedes ist Eins oder auch Eins der Vielen; sie sind daher eins und dasselbe. Oder die Repulsion an ihr selbst betrachtet, so ist sie als negatives Verhalten der vielen Eins gegeneinander eben so wesentlich ihre Beziehung auf einander; und da diejenigen, auf welche sich das Eins in seinem Repelliren bezieht, Eins sind, so bezieht es sich in ihnen auf sich selbst. Die Repulsion ist daher eben so wesentlich Attraktion; und das ausschließende Eins oder das Fürsichseyn hebt sich auf. Die qualitative Bestimmtheit, welche im Eins ihr An- und für sich-Bestimmtseyn erreicht hat, ist hiermit in die Bestimmtheit als aufgehobene übergegangen, d. i. in das Seyn als Quantität.

Die atomistische Philosophie ist dieser Standpunkt, auf welchem sich das Absolute als Fürsichseyn, als Eins, und als

Viele Eins bestimmt: Als ihre Grundkraft ist auch die am
Begriffe des Eins sich zeigende Repulsion angenommen worden; nicht aber so die Attraktion, sondern der Zufall, d. i.
das Gedankenlose, soll sie zusammenbringen. Indem das
Eins als Eins firirt ist, so ist das Zusammenkommen desselben mit andern allerdings als etwas ganz Aeußerliches anzusehen. — Das Leere, welches als das andere Princip zu
dem Atomen angenommen wird, ist die Repulsion selbst, vorgestellt als das seyende Nichts zwischen den Atomen. — Die
neuere Atomistik, — und die Physik behält noch immer dieß
Princip bei, hat insofern die Atome aufgegeben, als sie sich
an kleine Theilchen, Moleküles hält; sie hat sich damit dem
sinnlichen Vorstellen näher gebracht, aber die denkende Bestimmung verlassen. — Indem ferner der Repulsivkraft eine
Attraktivkraft an die Seite gesetzt wird, so ist der Gegensatz
zwar vollständig gemacht, und man hat sich viel mit der
Entdeckung dieser sogenannten Naturkraft gewußt. Aber die
Beziehung beider aufeinander, was das Konkrete und Wahrhafte derselben ausmacht, wäre aus der trüben Verwirrung
zu reißen, in der sie auch noch in Kants metaphysischen An-
fangsgründen der Naturwissenschaft gelassen ist. —
Noch wichtiger als im Physischen ist in neuern Zeiten die
atomistische Ansicht im Politischen geworden. Nach derselben ist der Wille der Einzelnen als solcher das Princip
des Staates, das Attrahirende ist die Partikularität der Bedürfnisse, Neigungen, und das Allgemeine, der Staat selbst,
ist das äußerliche Verhältniß des Vertrags.

Zusatz 1. Die atomistische Philosophie bildet eine
wesentliche Stufe in der geschichtlichen Entwickelung der Idee
und das Princip dieser Philosophie ist überhaupt das Fürsichseyn in der Gestalt des Vielen. Wenn noch heut zu Tage die
Atomistik bei solchen Naturforschern, die von Metaphysik nichts
wissen wollen, in großer Gunst steht, so ist hier daran zu erin-

nern, daß man der Metaphysik, und näher der Zurückführung
der Natur auf Gedanken dadurch nicht entgeht, daß man sich der
Atomistik in die Arme wirft, da das Atom in der That selbst
ein Gedanke, und somit die Auffassung der Materie, als aus
Atomen bestehend, eine metaphysische Auffassung ist. Newton hat
zwar die Physik ausdrücklich gewarnt, sich vor der Metaphysik
zu hüten; zu seiner Ehre muß indeß bemerkt werden, daß er
selbst sich dieser Warnung keineswegs gemäß verhalten hat.
Reine, pure Physiker sind in der That nur die Thiere, da diese
nicht denken, wohingegen der Mensch, als ein denkendes Wesen,
ein geborner Metaphysiker ist. Dabei kömmt es dann nur darauf an, ob die Metaphysik, welche man zur Anwendung bringt,
von der rechten Art ist, und namentlich, ob es nicht, anstatt der
konkreten, logischen Idee, einseitige, vom Verstand firirte Gedankenbestimmungen sind, an welche man sich hält, und welche die
Grundlage unseres theoretischen sowohl als unseres praktischen
Thuns bilden.   Dieser Vorwurf ist es, welcher die atomistische
Philosophie trifft.   Die alten Atomistiker betrachteten (wie dieß
noch heut zu Tage häufig der Fall ist) Alles als ein Vieles,
und der Zufall sollte es denn seyn, welcher die im Leeren her-
umschwebenden Atome zusammen bringt. Nun aber ist die Beziehung der Vielen auf einander keineswegs eine bloß zufällige,
sondern diese Beziehung ist (wie vorher bemerkt wurde) in ihnen selbst begründet. Kant ist es, welchem das Verdienst gebührt, die Auffassung der Materie dadurch vervollständigt zu haben, daß er dieselbe als die Einheit von Repulsion und Attraktion betrachtet. Hierin liegt das Richtige, daß die Attraktion
allerdings als das andere im Begriff des Fürsichseyns enthaltene Moment anzuerkennen ist, und daß somit die Attraktion
eben so wesentlich zur Materie gehört als die Repulsion. Diese
sogenannte dynamische Construktion der Materie leidet dann aber
an dem Mangel, daß die Repulsion und die Attraktion ohne
Weiteres als vorhanden postulirt und nicht deducirt werden,

aus welcher Deduktion sich dann auch das Wie und Warum
ihrer bloß behaupteten Einheit ergeben haben würde. Wenn
übrigens Kant ausdrücklich eingeschärft hat, daß man die Materie nicht als für sich vorhanden, und dann (gleichsam beiläu-
fig) mit den beiden hier erwähnten Kräften ausgestattet, sondern
dieselbe als lediglich in deren Einheit bestehend zu betrachten
habe, und die deutschen Physiker sich eine Zeitlang diese reine
Dynamik haben gefallen lassen, so hat es die Mehrzahl dieser
Physiker in der neuern Zeit wieder bequemer gefunden, auf den
atomistischen Standpunkt zurück zu kehren, und, gegen die Warnung ihres Kollegen, des seeligen Kästner, die Materie als aus
unendlich kleinen Dingerchen, Atome genannt, bestehend zu betrachten, welche Atome dann durch das Spiel der an ihnen haf-
tenden Attraktiv — Repulsiv — oder auch sonstigen beliebigen
Kräfte mit einander in Beziehung gesetzt werden sollen. Dieß
ist dann gleichfalls eine Metaphysik, vor welcher, um ihrer Gedankenlosigkeit willen, sich zu hüten, allerdings hinlänglicher Grund
vorhanden wäre.

Zusatz 2. Der im vorstehenden §. angegebene Uebergang der Qualität in die Quantität, findet sich nicht in
unserem gewöhnlichen Bewußtseyn. Diesem gelten die Qualität
und die Quantität als ein Paar selbstständig neben einander
bestehende Bestimmungen, und es heißt demgemäß, die Dinge
seyen nicht nur qualitativ, sondern auch quantitativ bestimmt.
Wo diese Bestimmungen herkommen, und wie sich dieselben zu
einander verhalten, danach wird hier weiter nicht gefragt. Nun
aber ist die Quantität nichts Anderes, als die aufgehobene Qualität, und die hier betrachtete Dialektik der Qualität ist es, wodurch diese Aufhebung zu Stande kömmt. Wir hatten zunächst
das Seyn und als dessen Wahrheit ergab sich das Werden;
dieses bildete den Uebergang zum Daseyn, als dessen Wahrheit
wir die Veränderung erkannten. Die Veränderung aber zeigte
sich in ihrem Resultate als das der Beziehung auf Anderes und

dem Uebergang in dasselbe entnommene Fürsichseyn, welches Fürsichseyn dann endlich, in den beiden Seiten seines Processes, der
Repulsion und der Attraktion, sich als das Aufheben seiner selbst,
und somit der Qualität überhaupt, in der Totalität ihrer Momente, erwiesen hat.   Diese aufgehobene Qualität ist nun aber
weder ein abstraktes Nichts, noch das eben so abstrakte und bestimmungslose Seyn, sondern nur das gegen die Bestimmtheit
gleichgültige Seyn, und diese Gestalt des Seyns ist es, welche
auch in unserer gewöhnlichen Vorstellung als Quantität vorkömmt.   Wir betrachten demgemäß die Dinge zunächst unter
dem Gesichtspunkt ihrer Qualität, und diese gilt uns als die
mit dem Seyn des Dinges identische Bestimmtheit.   Schreiten
wir dann weiter zur Betrachtung der Quantität, so gewährt uns
diese sofort die Vorstellung der gleichgültigen, äußerlichen Bestimmtheit, dergestalt, daß ein Ding, obschon seine Quantität sich
ändert, und es größer oder kleiner wird, dennoch bleibt, was
es ist.

B.
Quantität.
a. Die reine Quantität.
§. 99.

Die Quantität ist das reine Seyn, an dem die Bestimmtheit nicht mehr als eins mit dem Seyn selbst, sondern
als aufgehoben oder gleichgültig gesetzt ist.

1) Der Ausdruck Größe ist insofern für Quantität nicht
passend, als er vornehmlich die bestimmte Quantität bezeichnet. 2) Die Mathematik pflegt die Größe als das zu definiren, was vermehrt oder vermindert werden kann; so
fehlerhaft diese Definition ist, indem sie das Definitum selbst
wieder enthält, so liegt doch dieß darin, daß die Größebestim-
mung eine solche ist, die als veränderlich und gleichgül-

tig gesetzt sey, so daß unbeschadet einer Veränderung derselben, einer vermehrten Extension oder Intension, die Sache
z. B. ein Haus, Roth nicht aufhöre Haus, Roth zu seyn.
3) Das Absolute ist reine Quantität, — dieser Standpunkt
fällt im Allgemeinen damit zusammen, daß dem Absoluten die
Bestimmung von Materie gegeben wird, an welcher die
Form zwar vorhanden, aber eine gleichgültige Bestimmung
sey. Auch macht die Quantität die Grundbestimmung des
Absoluten aus, wenn es so gefaßt wird, daß an ihm, dem ab-
solut-indifferenten, aller Unterschied nur quantitativ sey. —
Sonst können der reine Raum, die Zeit u. s. f. als Beispiele
der Quantität genommen werden, insofern das Reale als
gleichgültige Raum- oder Zeiterfüllung aufgefaßt werden soll.

Zusatz. Die in der Mathematik gewöhnliche Definition
der Größe, dasjenige zu seyn, was vermehrt oder vermindert
werden kann, scheint beim ersten Anblick einleuchtender und
plausibler zu seyn als die im vorstehenden §. enthaltene Begriffsbestimmung. Näher besehen, enthält dieselbe jedoch in der Form
der Voraussetzung und der Vorstellung dasselbe, was sich nur
auf dem Wege der logischen Entwickelung als Begriff der Quantität ergeben hat. Wenn nämlich von der Größe gesagt wird,
daß ihr Begriff darin bestehe, vermehrt oder vermindert werden
zu können, so ist eben damit ausgesprochen, daß die Größe (oder
richtiger die Quantität) — im Unterschied von der Qualität —
eine solche Bestimmung ist, gegen deren Veränderung die bestimmte Sache sich als gleichgültig verhält. Was dann den
oben gerügten Mangel der gewöhnlichen Definition der Quantität anbetrifft, so besteht derselbe näher darin, daß Vermehren
und Vermindern eben nur heißt die Größe anders bestimmen.
Hiermit wäre indeß die Quantität zunächst nur ein Veränderli-
ches überhaupt. Nun aber ist auch die Qualität veränderlich,
und der vorher erwähnte Unterschied der Quantität von der Qua-

tität ist dann durch das Vermehren oder Vermindern ausgedrückt, worin dieß liegt, daß, nach welcher Seite hin auch die
Größenbestimmung verändert werden mag, die Sache doch bleibt
was sie ist. — Hier ist dann noch zu bemerken, daß es in der
Philosophie überhaupt gar nicht bloß um richtige, und noch viel
weniger bloß um plausible, d. h. solche Definitionen zu thun ist,
deren Richtigkeit dem vorstellenden Bewußtseyn unmittelbar ein-
leuchtet, sondern vielmehr um bewährte, d. h. solche Definitionen, deren Inhalt nicht bloß als ein vorgefundener aufgenommen, sondern als ein im freyen Denken, und damit zugleich
in sich selbst begründeter erkannt wird.   Dieß findet seine Anwendung auf den vorliegenden Fall in der Art, daß, wie richtig und unmittelbar einleuchtend auch immerhin die in der Mathematik gewöhnliche Definition der Quantität seyn möchte, damit doch immer der Forderung noch nicht genügt seyn würde,
zu wissen, in wiefern dieser besondere Gedanke im allgemeinen
Denken begründet und hiermit nothwendig ist.   Hieran schließt
sich dann die weitere Betrachtung, daß, indem die Quantität,
ohne durch das Denken vermittelt zu seyn, unmittelbar aus der
Vorstellung aufgenommen wird, es sehr leicht geschieht, daß dieselbe hinsichtlich des Umfangs ihrer Gültigkeit überschätzt, ja
selbst zur absoluten Kategorie gesteigert wird.   Dieß ist in der
That dann der Fall, wenn nur solche Wissenschaften, deren Gegenstände dem mathematischen Kalkül unterworfen werden können, als exakte Wissenschaften anerkannt werden.   Hier zeigt
sich dann wieder jene früher (§. 98. Zusatz) erwähnte schlechte
Metaphysik, welche einseitige und abstrakte Verstandesbestimmungen an die Stelle der konkreten Idee setzt.   Es wäre in der
That übel beschaffen mit unserm Erkennen, wenn von solchen
Gegenständen, wie Freiheit, Recht, Sittlichkeit, ja Gott selbst,
darum, weil dieselben nicht gemessen und berechnet oder in einer
mathematischen Formel ausgedrückt werden können, wir uns,
mit Verzichtleistung auf eine exakte Erkenntniß, im Allgemeinen

bloß mit einer unbestimmten Vorstellung zu begnügen hätten,
und dann, was das Nähere oder Besondere derselben anbetrifft,
dem Belieben eines jeden Einzelnen überlassen bliebe, daraus zu
machen was es will. — Welche praktisch verderbliche Konsequenzen sich aus einer solchen Auffassung ergeben, ist unmittelbar einleuchtend. Näher betrachtet ist übrigens der hier erwähnte ausschließlich mathematische Standpunkt, auf welchem die Quantität, diese bestimmte Stufe der logischen Idee, mit dieser selbst
identificirt wird, kein anderer Standpunkt als der des Materialismus, wie denn auch solches in der Geschichte des wissenschaftlichen Bewußtseyns, namentlich in Frankreich seit der Mitte
des vorigen Jahrhunderts, seine volle Bestätigung findet. Das
Abstrakte der Materie ist eben dieß, an welchem die Form zwar
vorhanden ist, jedoch nur als eine gleichgültige und äußerliche
Bestimmung. — Man würde übrigens die hier angestellte Erörterung sehr mißverstehen, wenn man dieselbe so auffassen wollte,
als ob dadurch der Würde der Mathematik zu nahe getreten
oder als ob durch Bezeichnung der quantitativen Bestimmung
als bloß äußerlicher und gleichgültiger Bestimmung, der Trägheit und Oberflächlichkeit ein gutes Gewissen gemacht und behauptet werden sollte, man könne die quantitativen Bestimmungen
auf sich beruhen lassen oder brauche es wenigstens damit eben
so genau nicht zu nehmen. Die Quantität ist jedenfalls eine
Stufe der Idee, welcher als solcher auch ihr Recht werden muß,
zunächst als logischer Kategorie und sodann weiter auch in der
gegenständlichen Welt, sowohl in der natürlichen als auch in
der geistigen. Hier zeigt sich dann aber auch sogleich der Unterschied, daß bei Gegenständen der natürlichen Welt und bei
Gegenständen der geistigen Welt, die Größenbestimmung nicht
von gleicher Wichtigkeit ist. In der Natur nämlich als der
Idee in der Form des Anders- und zugleich des Außersichseyns, hat eben um deswillen auch die Quantität eine größere
Wichtigkeit als in der Welt des Geistes, dieser Welt der freien·

Innerlichkeit. Wir betrachten zwar auch den geistigen Inhalt unter dem quantitativen Gesichtspunkt, allein es leuchtet sofort ein,
daß wenn wir Gott als den Dreieinigen betrachten, die Zahl
drei hier eine viel untergeordnetere Bedeutung hat, als wenn
wir z. B. die drei Dimensionen des Raumes oder gar die drei
Seiten eines Dreiecks betrachten, dessen Grundbestimmung eben nur
die ist, eine von drei Linien begränzte Fläche zu seyn. Weiter
findet sich dann auch innerhalb der Natur der erwähnte Unterschied einer größern und geringern Wichtigkeit der quantitativen
Bestimmung, und zwar in der Art, daß in der unorganischen
Natur die Quantität, so zu sagen, eine wichtigere Rolle spielt als
in der organischen.   Unterscheiden wir dann noch innerhalb der
unorganischen Natur das mechanische Gebiet von dem im engern
Sinn physikalischen und chemischen, so zeigt sich hier abermals derselbe Unterschied und die Mechanik ist anerkanntermaaßen diejeni-
nige wissenschaftliche Disciplin, in welcher die Hülfe der Mathematik am wenigsten entbehrt, ja in welcher ohne dieselbe fast
kein Schritt gethan werden kann, und welche dann auch um
deswillen nächst der Mathematik selbst als die exakte Wissenschaft par excellence betrachtet zu werden pflegt, wobei dann
wiederum an die obige Bemerkung hinsichtlich des Zusammenfallens
des materialistischen und des ausschließlich mathematischen Standpunkts zu erinnern ist. — Es muß übrigens nach Allem, was
hier ausgeführt wurde, gerade für eine exakte und gründliche
Erkenntniß als eines der störendsten Vorurtheile bezeichnet werden, wenn, wie dieß häufig geschieht, aller Unterschied und alle
Bestimmtheit des Gegenständlichen bloß im Quantitativen gesucht wird. Allerdings ist z. B. der Geist mehr als die Natur,
das Thier ist mehr als die Pflanze, allein man weiß auch sehr
wenig von diesen Gegenständen und ihrem Unterschied, wenn man
bloß bei solchem Mehr oder Weniger stehen bleibt und nicht dazu fortschreitet, dieselben in ihrer eigenthümlichen, hier zunächst
qualitativen Bestimmtheit aufzufassen.

§. 100.

Die Quantität zunächst in ihrer unmittelbaren Beziehung auf sich, oder in der Bestimmung der durch die Attraktion ge=setzten Gleichheit mit sich selbst, ist kontinuirliche, in der an=dern in ihr enthaltenen Bestimmung des Eins ist sie d i s k r e t e Größe. Jene Quantität ist aber eben sowohl diskret, denn sie ist nur Kontinuität d e s V i e l e n; diese eben so kontinuirlich, ihre Kontinuität ist das Eins als D a s s e l b e der vielen Eins, d i e E i n h e i t.

1) Die kontinuirliche und diskrete Größe müssen daher nicht insofern als Arten angesehen werden, als ob die Be=stimmung der einen der andern nicht zukomme, sondern sie unterscheiden sich nur dadurch, daß d a s s e l b e G a n z e das einemal unter der einen, das andremal unter der andern sei=ner Bestimmungen gesetzt ist. 2) Die Antinomie des Raums, der Zeit oder der Materie, in Ansehung ihrer Theilbarkeit ins Unendliche, oder aber ihres Bestehens aus Untheilbaren ist nichts Anderes, als die Behauptung der Quantität das eine=mal als kontinuirlicher, das anderemal als diskreter. Werden Raum, Zeit u. s. w. nur mit der Bestimmung kontinuirlicher Quantität gesetzt, so sind sie theilbar ins Unendliche; mit der Bestimmung diskreter Größe aber sind sie an sich ge=theilt und bestehen aus untheilbaren Eins; das Eine ist so einseitig als das andere.

Zusatz. Die Quantität, als nächstes Resultat des Für=sichseyns, enthält die beiden Seiten seines Processes, die Repul=sion und die Attraktion, als ideelle Momente in sich, und ist demnach sowohl kontinuirlich, als auch diskret. Ein jedes dieser beiden Momente enthält auch das andere in sich, und es giebt somit weder eine bloß kontinuirliche, noch eine bloß diskrete Größe. Wenn gleichwohl von beiden als zwei besonderen, einan=der gegenüberstehenden Arten der Größe gesprochen wird, so ist dieß bloß das Resultat unserer abstrahirenden Reflexion, welche

bei Betrachtung bestimmter Größen das eine Mal von dem ei=
nen, und das andere Mal von dem andern der im Begriff der
Quantität in untrennbarer Einheit enthaltenen Momente ab=
sieht.   Man sagt so z. B., der Raum, den dieses Zimmer ein=
nimmt, ist eine kontinuirliche Größe, und diese hundert Men=
schen, die darin versammelt sind, bilden eine diskrete Größe.
Nun aber ist der Raum kontinuirlich und diskret zugleich, und
wir sprechen demgemäß von Raumpunkten und theilen den Raum
dann auch ein, z. B. eine gewisse Länge in so und so viel Fuß,
Zoll u. s. w., welches nur unter der Voraussetzung geschehen kann,
daß der Raum an sich auch diskret ist.

Eben so ist dann auch andererseits die aus hundert Menschen
bestehende diskrete Größe zugleich kontinuirlich und das denselben
Gemeinschaftliche, die Gattung Mensch, welche durch alle Ein=
zelne hindurch geht und dieselben unter einander verbindet, ist
es, worin die Kontinuität dieser Größe begründet ist.

b. Das Quantum.

§. 101.

Die Quantität wesentlich gesetzt mit der ausschließenden
Bestimmtheit, die in ihr enthalten ist, ist Quantum; begränzte
Quantität.

Zusatz. Das Quantum ist das Daseyn der Quanti=
tät, wohingegen die reine Quantität dem Seyn und der (dem=
nächst zu betrachtende) Grad dem Fürsichseyn entsprechen. —
Was das Nähere des Fortganges von der reinen Quantität
zum Quantum anbetrifft, so ist derselbe darin begründet, daß
während in der reinen Quantität der Unterschied, als Unterschied
von Kontinuität und Diskretion, nur erst an sich vorhanden ist,
im Quantum dagegen der Unterschied gesetzt wird, und zwar so,
daß nunmehr die Quantität überhaupt als unterschieden oder
begränzt erscheint.   Hiermit zerfällt dann aber auch zugleich das
Quantum in eine unbestimmte Menge von Quantis oder be=

ſtimmten Größen. Eine jede dieſer beſtimmten Größen, als unterſchieden von der anderen, bildet eine Einheit, ſo wie dieſelbe
andererſeits für ſich allein betrachtet ein Vieles iſt. So aber
iſt das Quantum als Zahl beſtimmt.

§. 102.

Das Quantum hat ſeine Entwicklung und vollkommene
Beſtimmtheit in der Zahl, die als ihr Element das Eins nach
dem Momente der Diskretion die Anzahl, nach dem der Kontinuität die Einheit, als ſeine qualitativen Momente in ſich
enthält.

In der Arithmetik pflegen die Rechnungsarten als
zufällige Weiſen, die Zahlen zu behandeln, aufgeführt zu werden. Wenn in ihnen eine Rothwendigkeit, und damit ein
Verſtand liegen ſoll, ſo muß derſelbe in einem Princip, und
dieß kann nur in den Beſtimmungen liegen, die in dem Begriffe der Zahl ſelbſt enthalten ſind; dieß Prinrip ſoll hier
kurz aufgezeigt werden. — Die Beſtimmungen des Begriffs
der Zahl ſind die Anzahl und die Einheit, und die Zahl
ſelbſt iſt die Einheit beider. Die Einheit aber auf empiriſche
Zahlen angewendet, iſt nur die Gleichheit derſelben; ſo muß
das Princip der Rechnungsarten ſeyn, Zahlen in das Verhältniß von Einheit und Anzahl zu ſetzen und die Gleichheit
dieſer Beſtimmungen hervorzubringen.

Indem die Eins oder die Zahlen ſelbſt gleichgültig gegen einander ſind, ſo erſcheint die Einheit, in welche ſie ver-
ſetzt werden, überhaupt als ein äußerliches Zuſammenfaſſen.
Rechnen iſt darum überhaupt Zählen, und der Unterſchied
der Arten zu rechnen liegt allein in der qualitativen Beſchaffenheit der Zahlen, die zuſammengezählt werden, und für
die Beſchaffenheit iſt die Beſtimmung von Einheit und Anzahl das Princip.

Rumeriren iſt das erſte, die Zahl überhaupt machen, ein Zuſammenfaſſen von beliebig vielen Eins. — Eine

Rechnungsart aber ist das Zusammenzählen von solchen, die schon Zahlen, nicht mehr das bloße Eins sind.

Die Zahlen sind unmittelbar und zuerst ganz unbestimmt Zahlen überhaupt, ungleich daher überhaupt; das Zusammenfassen oder Zählen von solchen ist Addiren.

Die nächste Bestimmung ist, daß die Zahlen gleich überhaupt sind, damit machen sie Eine Einheit aus, und es ist eine Anzahl solcher vorhanden; solche Zahlen zu zählen ist das Multipliciren; — wobei es gleichgültig ist, wie die Bestimmungen von Anzahl und Einheit an die beiden Zahlen, die Faktoren, vertheilt, welche für die Anzahl und welche dagegen für die Einheit genommen wird.

Die dritte Bestimmtheit ist endlich die Gleichheit der Anzahl und der Einheit. Das Zusammenzählen so bestimmter Zahlen ist das Erheben in die Potenz — und zunächst in das Quadrat. — Das weitere Potenziren ist das formelle wieder in die unbestimmte Anzahl ausgehende Fortsetzen der Multiplikation der Zahl mit sich selbst. — Da in dieser dritten Bestimmung die vollkommene Gleichheit des einzigen vorhandenen Unterschieds, der Anzahl und der Einheit, erreicht ist, so kann es nicht mehrere als diese drei Rechnungsarten geben. — Dem Zusammenzählen entspricht das Auflösen der Zahlen nach denselben Bestimmtheiten. Es giebt daher neben den drei angeführten Arten, welche insofern die positiven genannt werden können, auch drei negative.

Zusatz. Da die Zahl überhaupt das Quantum in seiner vollkommenen Bestimmtheit ist, so bedienen wir uns desselben nicht nur zur Bestimmung der sogenannten diskreten, sondern eben so auch der sogenannten kontinuirlichen Größen. Die Zahl muß deshalb auch in der Geometrie zu Hülfe genommen werden, wo es sich darum handelt, bestimmte Figurationen des Raums und deren Verhältnisse anzugeben.

c. Der Grad.

§. 103.

Die Gränze ist mit dem Ganzen des Quantums selbst identisch; als in sich vielfach ist sie die extensive, aber als in sich einfache Bestimmtheit, die intensive Größe oder der Grad.

Der Unterschied der kontinuirlichen und diskreten Größen von den extensiven und intensiven besteht darin, daß die erstern auf die Quantität überhaupt gehen, diese aber auf die Gränze oder Bestimmtheit derselben als solcher. — Gleichfalls sind die extensive und intensive Größe auch nicht zwei Arten, deren jede eine Bestimmtheit enthielte, welche die andere nicht hätte; was extensive Größe ist, ist eben so sehr als intensive, und umgekehrt.

Zusatz. Die intensive Größe oder der Grad ist dem Begriff nach von der extensiven Größe oder dem Quantum verschieden, und es muß deshalb als unzulässig bezeichnet werden, wenn man, wie dieß häufig geschieht, diesen Unterschied nicht anerkennt und beide Formen der Größe ohne Weiteres identificirt. Es ist dieß namentlich der Fall in der Physik, wenn hier z. B. der Unterschied der specifischen Schwere dadurch erklärt wird, daß man sagt, ein Körper, dessen specifische Schwere noch einmal so groß ist als die eines andern, enthalte innerhalb desselben Raumes noch einmal so viel materielle Theile (Atome) als der andere. Eben so verhält es sich mit der Wärme und mit dem Licht, wenn die verschiedenen Grade der Temperatur und der Helligkeit durch ein Mehr oder Weniger von Wärme- oder Lichtpartikeln (oder Molekülen) erklärt werden sollen. Die Physiker, welche sich solcher Erklärungen bedienen, pflegen zwar, wenn ihnen die Unstatthaftigkeit derselben vorgehalten wird, sich damit auszureden, es solle damit über das (bekanntermaaßen unerkennbare) Ansich solcher Phänomene kei-

neswegs entſchieden werden, und man bediene ſich der erwähnten Ausdrücke nur um der größern Bequemlichkeit willen.
Was hierbei zunächſt die größere Bequemlichkeit anbetrifft, ſo
ſoll ſich dieſelbe auf die leichtere Anwendung des Kalküls beziehen; es iſt indeß nicht einzuſehen, warum nicht intenſive Größen,
welche ja gleichfalls an der Zahl ihren beſtimmten Ausdruck haben,
eben ſo bequem zu berechnen ſeyn ſollen, als extenſive Größen.
Bequemer noch wäre es freilich, ſich ſowohl des Rechnens als
auch des Denkens ſelbſt gänzlich zu entſchlagen. Weiter iſt
dann noch gegen die erwähnte Ausrede zu bemerken, daß, indem
man ſich auf Erklärungen dieſer Art einläßt, man jedenfalls
das Gebiet der Wahrnehmung und der Erfahrung über-
ſchreitet und ſich auf das Gebiet der Metaphyſik und der
(bei anderer Gelegenheit für müßig, ja verderblich erklärten)
Spekulation begiebt. In der Erfahrung wird es ſich allerdings
finden, daß, wenn von zwei mit Thalern gefüllten Beuteln der
eine noch einmal ſo ſchwer iſt als der andere, dieß um deswillen
der Fall iſt, weil der eine dieſer Beutel zwei hundert und der
andere nur hundert Thaler enthält. Dieſe Geldſtücke kann man
ſehen und überhaupt mit den Sinnen wahrnehmen; dahingegen
liegen Atome, Moleküle u. dgl. außerhalb des Bereichs der ſinnlichen Wahrnehmung, und es iſt Sache des Denkens, über deren
Zuläſſigkeit und Bedeutung zu entſcheiden. Nun aber iſt es
(wie früher, §. 98. Zuſatz, erwähnt wurde) der abſtrakte Verſtand, welcher das im Begriff des Fürſichſeyns enthaltene Moment des Vielen in der Geſtalt der Atome fixirt und als ein
Letztes feſthält, und derſelbe abſtrakte Verſtand iſt es dann auch,
welcher, im vorliegenden Fall, eben ſo ſehr in Widerſpruch mit
der unbefangenen Anſchauung als mit dem wahrhaften konkreten
Denken, die extenſive Größe als die einzige Form der Quantität betrachtet, und da, wo intenſive Größen ſich finden, dieſe in
ihrer eigenthümlichen Beſtimmtheit nicht anerkannt, ſondern dieſelben, geſtützt auf eine in ſich haltloſe Hypotheſe, gewaltſamer

Weise auf extensive Größen zurück zu führen sich bemüht. Wenn unter den Vorwürfen, welche man der neuern Philosophie gemacht hat, besonders häufig auch der vernommen worden ist, daß dieselbe Alles auf Identität zurück führe, und man derselben dann auch wohl den Spottnamen der Identitätsphilosophie gegeben hat, so ist aus der hier angestellten Erörterung zu entnehmen, daß es grade die Philosophie ist, welche darauf dringt, dasjenige zu unterscheiden, was sowohl dem Begriff als auch der Erfahrung nach verschieden ist, wohingegen es Empiriker von Profession sind, welche die abstrakte Identität zum höchsten Princip des Erkennens erheben, und deren Philosophie deshalb füglicher als Identitätsphilosophie zu bezeichnen wäre. Uebrigens ist es ganz richtig, daß so wenig es bloß kontinuirliche und bloß diskrete Größen, es eben so wenig auch bloß intensive und bloß extensive Größen giebt, und daß somit die beiden Bestimmungen der Quantität nicht als selbstständige Arten einander gegenüberstehen. Eine jede intensive Größe ist auch extensiv, und eben so verhält es sich auch umgekehrt. So ist z. B. ein gewisser Temperaturgrad eine intensive Größe, welcher als solcher auch eine ganz einfache Empfindung entspricht; gehen wir dann ans Thermometer, so finden wir, wie diesem Temperaturgrad eine gewisse Ausdehnung der Quecksilbersäule korrespondirt, und diese extensive Größe verändert sich zugleich mit der Temperatur, als der intensiven Größe. Eben so verhält es sich dann auch auf dem Gebiet des Geistes; ein intensiverer Charakter reicht weiter mit seiner Wirkung als ein minder intensiver.

§. 104.

Im Grade ist der Begriff des Quantums gesetzt. Er ist die Größe als gleichgültig für sich und einfach, so daß sie aber die Bestimmtheit, wodurch sie Quantum ist, schlechthin außer ihr in andern Größen hat. In diesem Widerspruch, daß die fürsichseyende gleichgültige Gränze die absolute Aeußerlichkeit ist, ist der unendliche quantitative Progreß ge-

setzt, — eine Unmittelbarkeit, die unmittelbar in ihr Gegentheil, in das Vermitteltseyn (das Hinausgehen über das
so eben gesetzte Quantum), und umgekehrt, umschlägt.

Die Zahl ist Gedanke, aber der Gedanke als ein sich
vollkommen äußerliches Seyn. Sie gehört nicht der Anschauung an, weil sie Gedanke ist, aber ist der die Aeußerlichkeit
der Anschauung zu seiner Bestimmung habende Gedanke. —
Das Quantum kann daher nicht nur ins Unendliche vermehrt oder vermindert werden, es selbst ist durch seinen Begriff dieses Hinausschicken über sich. Der unendliche quantitative Progreß ist ebenfalls die gedankenlose Wiederholung
eines und desselben Widerspruchs, der das Quantum überhaupt und in seiner Bestimmtheit gesetzt, der Grad, ist. Ueber
den Ueberfluß, diesen Widerspruch in der Form des unendlichen Progresses auszusprechen, sagt mit Recht Zeno bei Aristoteles: es ist dasselbe, etwas einmal sagen, und es immer sagen.

Zusatz 1. Wenn nach der früher (§. 99.) erwähnten,
in der Mathematik gewöhnlichen Definition, die Größe als dasjenige bezeichnet wird, was vermehrt und vermindert werden kann,
und auch gegen die Richtigkeit der hierbei zu Grunde liegenden Anschauung nichts einzuwenden ist, so bleibt doch zunächst noch die
Frage übrig, wie wir dazu kommen, ein solches Vermehr= oder
Verminderbares anzunehmen. Wollte man zur Beantwortung dieser Frage sich einfach auf die Erfahrung berufen, so
würde dieß um deswillen nicht genügen, weil, abgesehen davon,
daß wir dann bloß die Vorstellung und nicht den Gedanken der
Größe hätten, diese sich bloß als eine Möglichkeit (des Ver-
mehrt= und Vermindertwerdens) erweisen, und uns die Einsicht
in die Nothwendigkeit dieses sich so Verhaltens fehlen würde.
Dahingegen hat sich auf dem Wege unserer logischen Entwickelung nicht nur die Quantität als eine Stufe des sich selbst
bestimmenden Denkens ergeben, sondern es hat sich auch gezeigt,

daß es im Begriff der Quantität liegt, schlechthin über sich hinauszuschicken, und daß wir somit hier nicht bloß mit einem Möglichen, sondern mit einem Nothwendigen zu thun haben.

Zusatz 2. Der quantitative unendliche Progreß ist es vornämlich, an welchen der reflektirende Verstand sich zu halten pflegt, wenn es demselben um die Unendlichkeit überhaupt zu thun ist. Nun aber gilt von dieser Form des unendlichen Progresses zunächst dasselbe, was früher über den qualitativ unendlichen Progreß bemerkt wurde, daß nämlich dieselbe nicht der Ausdruck der wahren, sondern nur jener schlechten Unendlichkeit ist, welche über das bloße Sollen nicht hinauskömmt, und somit in der That im Endlichen stehen bleibt. Was dann näher die quantitative Form dieses endlichen Progresses anbetrifft, welche Spinoza mit Recht als eine bloß eingebildete Unendlichkeit (infinitum imaginationis) bezeichnet, so haben nicht selten auch Dichter (namentlich Haller und Klopstock) sich dieser Vorstellung bedient, um dadurch nicht nur die Unendlichkeit der Natur, sondern auch Gottes selbst zu veranschaulichen. Wir finden z. B. bei Haller eine berühmte Beschreibung der Unendlichkeit Gottes, worin es heißt:

> Ich häufe ungeheure Zahlen,
> Gebirge Millionen auf,
> Ich setze Zeit auf Zeit
> Und Welt auf Welt zu Hauf,
> Und wenn ich von der grausen Höh
> Mit Schwindel wieder nach Dir seh:
> Ist alle Macht der Zahl,
> Vermehrt zu Tausendmal,
> Noch nicht ein Theil von Dir.

Hier haben wir also zunächst jenes beständige Hinausschicken der Quantität und näher der Zahl über sich selbst, welches Kant als schauderhaft bezeichnet, worin indeß das eigentlich Schauderhafte nur die Langweiligkeit seyn dürfte, daß beständig eine Gränze gesetzt und wieder aufgehoben wird, und man somit

nicht von der Stelle kommt. Weiter fügt nun aber der genannte Dichter zu jener Beschreibung der schlechten Unendlichkeit treffend noch als Schluß hinzu:

Ich zieh sie ab, und du liegst ganz vor mir —

womit dann eben ausgesprochen wird, daß das wahrhaft Unendliche nicht als ein bloßes Jenseits des Endlichen zu betrachten
ist, und daß wir, um zum Bewußtseyn desselben zu gelangen,
auf jenen progressus in infinitum zu verzichten haben.

Zusatz 3. Pythagoras hat bekanntlich in Zahlen phi-
losophirt, und die Grundbestimmung der Dinge als Zahl aufgefaßt. Diese Auffassung muß dem gewöhnlichen Bewußtseyn
auf den ersten Anblick als durchaus paradox, ja als verrückt erscheinen, und es entsteht deshalb die Frage, was von derselben
zu halten ist. Um diese Frage zu beantworten, ist zunächst daran
zu erinnern, daß die Aufgabe der Philosophie überhaupt darin
besteht, die Dinge auf Gedanken und zwar auf bestimmte Gedanken zurückzuführen. Nun aber ist die Zahl allerdings ein
Gedanke, und zwar derjenige Gedanke, welcher dem Sinnlichen
am nächsten steht, oder bestimmter ausgedrückt, der Gedanke des
Sinnlichen selbst, insofern wir darunter überhaupt das Außereinander und das Viele verstehen. Wir erkennen somit in dem
Versuch: das Universum als Zahl aufzufassen, den ersten Schritt
zur Metaphysik. Pythagoras steht in der Geschichte der Philosophie bekanntlich zwischen den jonischen Philosophen und den
Eleaten. Während nun die Ersteren, wie schon Aristoteles bemerkt, noch dabei stehen blieben, das Wesen der Dinge als ein
Materielles (als eine ὕλη) zu betrachten, die Letztern aber, und
näher Parmenides, zum reinen Denken, in der Form des Seyns,
fortgeschritten sind, so ist es die pythagoräische Philosophie, deren
Princip gleichsam die Brücke zwischen dem Sinnlichen und Uebersinnlichen bildet. Hieraus ergiebt es sich dann auch, was von
der Ansicht solcher zu halten ist, die da meinen, Pythagoras sey
offenbar zu weit gegangen, indem er das Wesen der Dinge als

bloße Zahlen aufgefaßt, und dann bemerken, zählen könne man allerdings die Dinge, dawider sey nichts einzuwenden, aber die Dinge seyen dann doch noch mehr als bloße Zahlen. Was hierbei das den Dingen zugeschriebene Mehr anbetrifft, so ist zwar bereitwillig zuzugeben, daß die Dinge mehr sind als bloße Zahlen, nur kömmt es darauf an, was unter diesem Mehr verstanden wird. Das gemeine sinnliche Bewußtseyn wird seinem Standpunkt gemäß keinen Anstand nehmen, die hier aufgeworfene Frage durch Verweisung auf die sinnliche Wahrnehmbarkeit zu beantworten, und somit zu bemerken, die Dinge seyen doch nicht bloß zählbar, sondern außerdem auch noch sichtbar, riechbar, fühlbar u. s. w. Der der pythagoräischen Philosophie gemachte Vorwurf würde sich hiermit, nach unserer modernen Weise ausgedrückt, darauf reduciren, daß dieselbe zu idealistisch sey. Nun aber verhält es sich in der That gerade umgekehrt, wie schon aus demjenigen zu entnehmen ist, was vorher über die historische Stellung der pythagoräischen Philosophie bemerkt wurde. Wenn nämlich zugegeben werden muß, daß die Dinge mehr als bloße Zahlen sind, so ist dieß so zu verstehen, daß der bloße Gedanke der Zahl noch nicht hinreicht, um das bestimmte Wesen oder den Begriff der Dinge dadurch auszusprechen. Anstatt somit zu behaupten, Pythagoras sey mit seiner Zahlenphilosophie zu weit gegangen, so wäre vielmehr umgekehrt zu sagen, daß derselbe noch nicht weit genug gegangen ist, und zwar sind es bereits die Eleaten gewesen, welche den nächsten Schritt zum reinen Denken gethan haben. — Weiter giebt es dann aber auch, wo nicht Dinge, so doch Zustände von Dingen, und überhaupt Naturphänomene, deren Bestimmtheit wesentlich auf bestimmten Zahlen und Zahlenverhältnissen beruht. Dieß ist namentlich der Fall mit dem Unterschied der Töne und ihrem harmonischen Zusammenstimmen, von welchem Phänomen bekanntlich erzählt wird, daß durch dessen Wahrnehmung Pythagoras zuerst veranlaßt worden sey das Wesen der Dinge als Zahl aufzufassen. Ob es nun schon

von entschiedenem wissenschaftlichem Interesse ist, diejenigen Erscheinungen, denen bestimmte Zahlen zu Grunde liegen, auch auf
dieselben zurückzuführen, so ist es doch auf keine Weise zulässig,
die Bestimmtheit des Gedankens überhaupt als bloß numerische
Bestimmtheit zu betrachten. Man kann sich zwar zunächst veranlaßt finden, die allgemeinsten Gedankenbestimmungen an die
ersten Zahlen zu knüpfen, und demgemäß sagen, Eins sey das
Einfache und Unmittelbare, Zwei der Unterschied und die Vermittelung, und Drei die Einheit dieser beiden. Diese Verbindungen sind indeß ganz äußerlich und in den genannten Zahlen
als solchen liegt es nicht, der Ausdruck gerade dieser bestimmten
Gedanken zu seyn. Je weiter man übrigens in dieser Weise
vorschreitet, um so mehr zeigt sich die bloße Willkühr in der
Verbindung bestimmter Zahlen mit bestimmten Gedanken. Man
kann so z. B. 4 als die Einheit von 1 und 3 und der damit
verknüpften Gedanken betrachten, allein 4 ist auch eben so gut
die Verdoppelung von 2, und eben so ist 9 nicht bloß das Quadrat von 3, sondern auch die Summe von 8 und 1, von 7 und
2 u. s. w. Wenn noch heut zu Tage gewisse geheime Gesell-
schaften auf allerhand Zahlen und Figuren ein großes Gewicht
legen, so ist dieß einerseits als ein harmloses Spiel, und andererseits als ein Zeichen von Unbehülflichkeit im Denken zu betrachten. Man sagt dann auch wohl, hinter dergleichen stecke
ein tiefer Sinn, und man könne sich viel dabei denken. In
der Philosophie kommt es indeß nicht darauf an, daß man sich
etwas denken kann, sondern darauf, daß man wirklich denkt
und das wahrhafte Element des Gedankens ist nicht in willkürlich gewählten Symbolen, sondern nur im Denken selbst zu
suchen.

§. 105.

Dieses sich selbst in seiner fürsichseyenden Bestimmtheit
Aeußerlichseyn des Quantums macht seine Qualität aus;
es ist in demselben eben es selbst und auf sich bezogen. Es ist

die Aeußerlichkeit, d. i. das Quantitative, und das Fürsichseyn, das Qualitative, darin vereinigt. — Das Quantum an ihm selbst so gesetzt, ist das quantitative Verhältniß, — Bestimmtheit, welche eben so, sehr ein unmittelbares Quantum, der Exponent, als Vermittlung ist, nämlich die Beziehung irgend eines Quantums auf ein anderes, — die beiden Seiten des Verhältnisses, die zugleich nicht nach ihrem unmittelbaren Werthe gelten, sondern deren Werth nur in dieser Beziehung ist.

Zusatz. Der quantitative unendliche Progreß erscheint zunächst als ein fortwährendes Hinausschicken der Zahl über sich selbst. Näher betrachtet erweist sich jedoch die Quantität als in diesem Progreß zu sich selbst zurückkehrend, denn was dem Gedanken nach darin enthalten ist, das ist überhaupt das Bestimmtseyn der Zahl durch die Zahl, und dieß giebt das quantitative Verhältniß. Sagen wir z. B. 2:4, so haben wir hiermit zwei Größen, die nicht in ihrer Unmittelbarkeit als solche gelten, sondern bei denen es nur um ihre gegenseitige Beziehung auf einander zu thun ist. Diese Beziehung aber (der Exponent des Verhältnisses) ist selbst eine Größe, die sich dadurch von den auf einander bezogenen Größen unterscheidet, daß mit ihrer Veränderung das Verhältniß selbst sich ändert, wohingegen das Verhältniß sich gegen die Veränderung seiner beiden Seiten als gleichgültig verhält, und dasselbe bleibt, so lange nur der Exponent sich nicht verändert. Wir können deshalb auch an die Stelle von 2:4, 3:6 setzen, ohne daß das Verhältniß sich ändert, denn der Exponent 2 bleibt in beiden Fällen derselbe.

§. 106.

Die Seiten des Verhältnisses sind noch unmittelbare Quanta, und die qualitative und die quantitative Bestimmung einander noch äußerlich. Nach ihrer Wahrheit aber, daß das Quantitative selbst Beziehung auf sich in seiner Aeußerlichkeit

ist, oder das Fürsichseyn und die Gleichgültigkeit der Bestimmtheit vereinigt sind, ist es das Maaß.

Zusatz. Die Quantität hat sich vermittelst der bisher
betrachteten dialektischen Bewegung durch ihre Momente, als
Rückkehr zur Qualität erweisen. Als Begriff der Quantität
hatten wir zunächst die aufgehobene Qualität, d. h. die nicht mit
dem Seyn identische, sondern dagegen gleichgültige nur äußerliche Bestimmtheit. Dieser Begriff ist es dann auch, welcher
(wie früher bemerkt wurde) der in der Mathematik gewöhnlichen Definition der Größe, dasjenige zu seyn, was vermehrt und
vermindert werden kann, zu Grunde liegt. Wenn nun nach dieser Definition es zunächst so scheinen kann, als sey die Größe
nur das Veränderliche überhaupt (denn vermehren sowohl als
auch vermindern heißt eben nur die Größe anders bestimmen)
— hiermit aber dieselbe von dem seinem Begriff nach gleichfalls ver-
änderlichen Daseyn (der zweiten Stufe der Qualität) nicht unterschieden wäre, so mußte der Inhalt jener Definition dahin
vervollständigt werden, daß wir an der Quantität ein Veränder-
liches haben, welches ohngeachtet seiner Veränderung doch dasselbe bleibt. Der Begriff der Quantität erweist sich hiermit als
einen Widerspruch in sich enthaltend und dieser Widerspruch ist
es, welcher die Dialektik der Quantität ausmacht. Das Resultat dieser Dialektik ist nun aber nicht die bloße Rückkehr zur
Qualität, so als ob diese das Wahre, die Qualität dagegen
das Unwahre wäre, sondern die Einheit und Wahrheit dieser
beiden, die qualitative Quantität — oder das Maaß. —
Hierbei kann dann noch bemerkt werden, daß, wenn wir
uns bei Betrachtung der gegenständlichen Welt mit quantitativen Bestimmungen beschäftigen, es in der That immer schon das Maaß ist, welches wir als Ziel solcher Beschäftigung vor Augen haben, wie solches dann auch in unserer Sprache dadurch angedeutet ist, daß wir das Ermitteln
quantitativer Bestimmungen und Verhältnisse als ein Messen

bezeichnen. Man mißt so z. B. die Länge verschiedener Sai-
ten, welche in Schwingung versetzt werden, unter dem Gesichtspunkt des diesem Längenunterschied entsprechenden qualitativen
Unterschieds der durch die Schwingung hervorgebrachten Töne.
Eben so wird in der Chemie die Quantität mit einander in
Verbindung gebrachter Stoffe ermittelt, um die solche Verbindungen bedingenden Maaße, d. h. diejenigen Quantitäten,
welche bestimmten Qualitäten zu Grunde liegen, zu erkennen.
Auch in der Statistik haben die Zahlen, mit welchen man sich
beschäftigt, nur ein Interesse wegen der dadurch bedingten qualitativen Resultate. Bloße Zahlenermittelungen als solche, ohne den
hier angegebenen leitenden Gesichtspunkt, gelten dagegen mit
Recht als eine leere Curiosität, welche weder ein theoretisches noch
ein praktisches Interesse zu befriedigen vermag.

C.
Das Maaß.

§. 107.

Das Maaß ist das qualitative Quantum, zunächst als unmittelbares, ein Quantum, an welches ein Daseyn oder eine
Qualität gebunden ist.

Zusatz. Das Maaß, als die Einheit der Qualität
und der Quantität, ist hiermit zugleich das vollendete Seyn.
Wenn wir vom Seyn sprechen, so erscheint dasselbe zunächst als
das ganz Abstrakte und Bestimmungslose; nun aber ist das Seyn
wesentlich dieß, sich selbst zu bestimmen, und seine vollendete Bestimmtheit erreicht dasselbe im Maaß. Man kann das Maaß
auch als eine Definition des Absoluten betrachten, und es ist
demgemäß gesagt worden, Gott sey das Maaß aller Dinge.
Diese Anschauung ist es denn auch, welche den Grundton mancher
althebräischen Gesänge bildet, in welchen die Verherrlichung Gottes
im Wesentlichen darauf hinausläuft, daß er es sey, welcher Al-

lem feine Grenze gefetzt, dem Meer und dem feften Lande,
den Flüffen und den Bergen und ebenfo den verfchiedenen Arten
von Pflanzen und von Thieren. — „Im religiöfen Bewußtfeyn
der Griechen finden wir die Göttlichkeit des Maaßes, in näherer
Beziehung auf das Sittliche, als Nemefis vorgeftellt. In
diefer Vorftellung liegt dann überhaupt, daß alles Menfchliche —
Reichthum, Ehre, Macht und eben fo Freude, Schmerz u. f. w. —
fein beftimmtes Maaß hat, deffen Ueberfchreitung zum Ver-
derben und zum Untergang führt. — Was nunmehr weiter das
Vorkommen des Maaßes in der gegenftändlichen Welt anbetrifft,
fo finden wir zunächft in der Natur folche Exiftenzen, deren
wefentlichen Inhalt das Maaß bildet. Dies ift namentlich der
Fall mit dem Sonnenfyftem, welches wir überhaupt als das
Reich der freien Maaße zu betrachten haben. Schreiten wir
dann weiter vor in der Betrachtung der unorganifchen Natur,
fo tritt hier das Maaß in fo fern gleichfam in den Hintergrund,
als hier vielfältig die vorhandenen qualitativen und quantitativen Beftimmungen fich als gleichgültig gegen einander erweifen.
So ift z. B. die Qualität eines Felfen oder eines Flußes nicht
an eine beftimmte Größe gebunden. Bei näherer Betrachtung
finden wir indeß, daß auch Gegenftände, wie die genannten, nicht
fchlechthin maaßlos find, denn das Waffer in einem Fluß und
die einzelnen Beftandtheile eines Felfen, erweifen fich bei der
chemifchen Unterfuchung wieder als Qualitäten, die durch quantitative Verhältniffe der in denfelben enthaltenen Stoffe bedingt
find. Entfchiedener in die unmittelbare Anfchauung fallend tritt
dann aber das Maaß wieder in der organifchen Natur hervor.
Die verfchiedenen Gattungen der Pflanzen und Thiere haben
fowohl im Ganzen als auch in ihren einzelnen Theilen ein ge-
wiffes Maaß, wobei noch der Umftand zu bemerken ift, daß die
unvollkommneren, der unorganifchen Natur näher ftehenden organifchen Gebilde, fich von den höheren zum Theil durch die größere Unbeftimmtheit ihres Maaßes unterfcheiden. So finden wir

z. B. unter den Petrefacten sogenannte Ammonshörner, die nur durch das Mikroskop zu erkennen sind, und andere bis zur Größe eines Wagenrades. Dieselbe Unbestimmtheit des Maaßes zeigt sich auch bei manchen Pflanzen, die auf einer niederen Stufe der organischen Ausbildung stehen; wie dies z. B. bei den Farrenkräutern der Fall ist.

§. 108.

In sofern im Maaß Qualität und Quantität nur in unmittelbarer Einheit sind, so tritt ihr Unterschied auf eine eben so unmittelbare Weise an ihnen hervor. Das specifische Quantum ist in sofern theils bloßes Quantum und das Daseyn ist einer Vermehrung und Verminderung fähig, ohne daß das Maaß, welches in sofern eine Regel ist, dadurch aufgehoben wird, theils aber ist die Veränderung des Quantums auch eine Veränderung der Qualität.

Zusatz. Die im Maaß vorhandene Identität der Qualität und der Quantität ist nur erst an sich, aber noch nicht gesetzt. Hierin liegt, daß diese beiden Bestimmungen, deren Einheit das Maaß ist, sich auch eine jede für sich geltend machen, dergestalt, daß einerseits die quantitativen Bestimmungen des Daseyns verändert werden können, ohne daß dessen Qualität dadurch afficirt wird, daß aber auch andererseits dieß gleichgültige Vermehren und Vermindern seine Grenze hat, durch deren Ueberschreitung die Qualität verändert wird. So ist z. B. der Temperaturgrad des Wassers zunächst gleichgültig in Beziehung auf dessen tropfbare Flüssigkeit: es tritt dann aber beim Vermehren oder Vermindern der Temperatur des tropfbar flüssigen Wassers ein Punkt ein, wo dieser Cohäsionszustand sich qualitativ ändert und das Wasser einerseits in Dampf und andererseits in Eis verwandelt wird. Wenn eine quantitative Veränderung statt findet, so erscheint dies zunächst als etwas ganz Unbefangenes, allein es steckt noch etwas Anderes dahinter, und diese scheinbar unbefangene Veränderung des Quanti-

tativen ist gleichsam eine List, wodurch das Qualitative ergriffen
wird. Die hierin liegende Antinomie des Maaßes haben bereits
die Griechen unter mancherlei Einkleidungen veranschaulicht.
So z. B. in der Frage, ob ein Waizenkorn einen Haufen Waizen, oder in jener andern, ob das Ausreißen eines Haares aus
dem Schweif eines Pferdes einen Kahlschweif mache? Wenn
man im Hinblick auf die Natur der Quantität, als gleichgültiger und äußerlicher Bestimmtheit des Seyns, vorerst geneigt seyn
wird jene Fragen verneinend zu beantworten, so wird man doch
demnächst zugeben müssen, daß dieses gleichgültige Vermehren
und Vermindern auch seine Grenze hat und daß hierbei endlich
ein Punkt erreicht wird, wo durch das fortgesetzte Hinzufügen
immer nur eines Waizenkorns ein Haufe Waizen und durch
das fortgesetzte Ausziehen immer nur eines Haares ein Kahlschweif entsteht. Eben so wie mit diesen Beispielen, verhält es
sich mit jener Erzählung von einem Bauer, welcher die Last
seines munter einherschreitenden Esels so lange um ein Loth
nach dem andern vermehrte, bis daß derselbe endlich unter der
unerträglich gewordenen Last zusammensank. Man würde sehr
Unrecht thun, wenn man dergleichen bloß für ein müßiges Schul-
geschwätz erklären wollte, da es sich dabei in der That um Gedanken handelt, mit denen vertraut zu seyn auch in praktischer
und näher in sittlicher Beziehung von großer Wichtigkeit ist.
So findet z. B. in Beziehung auf die Ausgaben, welche wir
machen, zunächst ein gewisser Spielraum statt, innerhalb dessen
es auf ein Mehr und Weniger nicht ankommt; wird dann aber
nach der einen oder nach der andern Seite hin das durch die
jedesmaligen individuellen Verhältnisse bestimmte Maaß überschritten, so macht sich die qualitative Natur des Maaßes (in
derselben Weise wie bei dem vorher erwähnten Beispiel der verschiedenen Temperatur des Wassers) geltend und dasjenige, was
so eben noch als gute Wirthschaft zu betrachten war, wird zu
Geiz oder zu Verschwendung. — Dasselbe findet dann auch

seine Anwendung auf die Politik; und zwar in der Art, daß die Verfassung eines Staates eben sowohl als unabhängig, als auch als abhängig von der Größe seines Gebiets, von der Zahl seiner Bewohner und anderen solchen quantitativen Bestimmungen angesehen werden muß. Betrachten wir z. B. einen Staat mit einem Gebiet von tausend Quadratmeilen und einer Bevölkerung von vier Millionen Einwohnern, so wird man zunächst unbedenklich zuzugeben haben, daß ein Paar Quadratmeilen Gebiet oder ein Paar Tausend Einwohner mehr oder weniger auf die Verfassung eines solchen Staats keinen wesentlichen Einfluß haben können. Dahingegen ist dann aber auch eben so wenig zu verkennen, daß in der fortgesetzten Vergrößerung oder Verkleinerung eines Staats endlich ein Punkt eintritt, wo, abgesehen von allen anderen Umständen, schon um dieser quantitativen Veränderung willen, auch das Qualitative der Verfassung nicht mehr unverändert bleiben kann. Die Verfassung eines kleinen Schweizerkantons paßt nicht für ein großes Reich und eben so unpassend war die Verfassung der römischen Republik in ihrer Uebertragung auf kleine deutsche Reichsstädte.

§. 109.

Das Maaßlose ist zunächst dieß Hinausgehen eines Maaßes durch seine quantitative Natur über seine Qualitätsbestimmtheit. Da aber das andere quantitative Verhältniß, das Maaßlose des ersten, eben so sehr qualitativ ist, so ist das Maaßlose gleichfalls ein Maaß; welche beide Uebergänge von Qualität in Quantum und von diesem in jene wieder als unendlicher Progreß vorgestellt werden können, — als das sich im Maaßlosen Aufheben und Wiederherstellen des Maaßes.

Zusatz. Die Quantität ist, wie wir gesehen haben, nicht nur der Veränderung, d. h. der Vermehrung und Verminderung fähig, sondern sie ist überhaupt als solche das Hinausschreiten über sich selbst. Diese ihre Natur bewährt die Quantität dann auch im Maaße. Indem nun aber die im

Maaß vorhandene Quantität eine gewisse Grenze überschreitet, so wird dadurch auch die derselben entsprechende Qualität aufgehoben. Hiermit wird jedoch nicht die Qualität überhaupt, sondern nur diese bestimmte Qualität negirt, deren Stelle sofort wieder durch eine andere Qualität eingenommen wird. Man kann diesen Prozeß des Maaßes, welcher sich abwechselnd als bloße Veränderung der Quantität und dann auch als ein Umschlagen der Quantität in Qualität erweist, unter dem Bilde einer Knotenlinie zur Anschauung bringen. Dergleichen Knotenlinien finden wir zunächst in der Natur unter mancherlei Formen. Der durch Vermehrung und Verminderung bedingten, qualitativ verschiedenen Aggregatzustände des Wassers wurde bereits früher gedacht. In ähnlicher Weise verhält es sich mit den verschiedenen Oxydationsstufen der Metalle. Auch der Unterschied der Töne kann als ein Beispiel des im Prozeß des Maaßes stattfindenden Umschlagens des zunächst bloß Quantitativen in qualitative Veränderung betrachtet werden.

§. 110.

Was hierin in der That geschieht, ist, daß die Unmittelbarkeit, welche noch dem Maaße als solchem zukommt, aufgehoben wird; Qualität und Quantität selbst sind an ihm zunächst als unmittelbare, und es ist nur ihre relative Identität. Das Maaß zeigt sich aber in das Maaßlose sich aufzuheben, jedoch in diesem, welches dessen Negation, aber selbst Einheit der Quantität und Qualität ist, eben so sehr nur mit sich selbst zusammenzugehen.

§. 111.

Das Unendliche, die Affirmation als Negation der Negation, hatte statt der abstraktern Seiten, des Seyns und Nichts, Etwas und eines Andern u. s. f. nun die Qualität und Quantität zu seinen Seiten. Diese sind α) zunächst, die Qualität in die Quantität (§. 98.) und die Quantität in die Qualität (§. 105.) übergegangen, und damit beide als Negationen aufgezeigt. β) Aber in ihrer **Einheit** (dem Maaße.) sind sie zunächst unterschieden und die eine nur vermittelst der andern; und γ) nachdem sich die Unmittelbarkeit dieser **Einheit** als sich aufhebend erwiesen, so ist diese Einheit nunmehr gesetzt als das, was sie **an sich** ist, als einfache Beziehung = auf = sich, welche das Seyn überhaupt und dessen Formen als aufgehobene in sich enthält. — Das Seyn oder die Unmittelbarkeit, welche durch die Negation ihrer selbst Vermittlung mit sich und Beziehung auf sich selbst ist, somit ebenso Vermittlung, die sich zur Beziehung auf sich, zur Unmittelbarkeit aufhebt, — ist **das Wesen**.

Zusatz. Der Prozeß des Maaßes ist nicht bloß die schlechte Unendlichkeit des unendlichen Progresses, in der Gestalt eines perennirenden Umschlagens von Qualität in Quantität und von Quantität in Qualität, sondern zugleich die wahre Unendlichkeit des in seinem Andern mit sich selbst Zusammengehens. Qualität und Quantität stehen im Maaß einander zunächst als Etwas und Anderes gegenüber. Nun aber ist die **Qualität an sich Quantität**, und eben so ist umgekehrt die **Quantität an sich Qualität.** Indem somit diese beiden im Proceß des Maaßes in einander übergehen, so wird eine jede dieser beiden Bestimmungen nur zu dem, was sie an sich schon ist, und wir erhalten jetzt das in seinen Bestimmungen negirte, überhaupt das aufgehobene Seyn, welches das **Wesen** ist. Im Maaß war an sich schon das Wesen und sein Proceß besteht nur darin, sich als das zu setzen, was es an sich ist. — Das gewöhnliche Bewußtseyn faßt die Dinge als seyende auf und betrachtet dieselben nach Qualität, Quantität und Maaß. Diese unmittelbaren Bestimmungen erweisen sich dann aber nicht als feste, sondern als übergehende und das Wesen ist das Resultat ihrer Dialektik. Im Wesen findet kein Uebergehen mehr statt, sondern nur Beziehung. Die Form der Beziehung ist im Seyn nur erst unsere Reflexion; im Wesen dagegen ist die Be-

ziehung deſſen eigene Beſtimmung. Wenn (in der Sphäre des
Seyns) das Etwas zu Anderem wird, ſo iſt hiermit das Etwas
verſchwunden. Nicht ſo im Weſen; hier haben wir kein wahrhaft Anderes, ſondern nur Verſchiedenheit, Beziehung des Einen
auf ſein Anderes. Das Uebergehen des Weſens iſt alſo zugleich
kein Uebergehen; denn beim Uebergehen des Verſchiedenen in
Verſchiedenes verſchwindet das Verſchiedene nicht, ſondern die
Verſchiedenen bleiben in ihrer Beziehung.   Sagen wir z. B.
Seyn und Nichts, ſo iſt Seyn für ſich und eben ſo iſt Nichts
für ſich.   Ganz anders verhält es ſich mit dem Poſitiven
und Negativen. Dieſe haben zwar die Beſtimmung des Seyns
und des Nichts. Aber das Poſitive hat für ſich keinen Sinn,
ſondern es iſt daſſelbe ſchlechthin auf das Negative bezogen.
Ebenſo verhält es ſich mit dem Negativen. In der Sphäre
des Seyns iſt die Bezogenheit nur an ſich; im Weſen dagegen
iſt dieſelbe geſetzt. Dies iſt alſo überhaupt der Unterſchied der
Formen des Seyns und des Weſens. Im Seyn iſt Alles unmittelbar, im Weſen dagegen iſt Alles relativ.

Zweite Abtheilung der Logik.
Die Lehre vom Wesen.

§. 112.

Das Wesen ist der Begriff als gesetzter Begriff, die Bestimmungen sind im Wesen nur relative, noch nicht als schlechthin in sich reflektirt; darum ist der Begriff noch nicht als Fürsich. Das Wesen, als das durch die Negativität seiner selbst sich mit sich vermittelnde Seyn, ist die Beziehung auf sich selbst, nur indem sie Beziehung auf Anderes ist, das aber unmittelbar nicht als Seyendes; sondern als ein Gesetztes und Vermitteltes ist. — Das Seyn ist nicht verschwunden, sondern erstlich ist das Wesen als einfache Beziehung auf sich selbst, Seyn; fürs andere ist aber das Seyn nach seiner einseitigen Bestimmung, unmittelbares zu seyn, zu einem nur negativen herabgesetzt, zu einem Scheine. — Das Wesen ist hiemit das Seyn als Scheinen in sich selbst.

Das Absolute ist das Wesen. — Diese Definition ist in sofern dieselbe als die, daß es das Seyn ist, in sofern Seyn gleichfalls die einfache Beziehung auf sich ist; aber sie ist zugleich höher, weil das Wesen das in sich gegangene Seyn ist, d. i. seine einfache Beziehung auf sich ist diese Beziehung gesetzt als die Negation des Negativen, als Vermittlung seiner in sich mit sich selbst. — Indem das Absolute als Wesen bestimmt wird, wird aber die Negativität häufig nur in dem Sinne einer Abstraktion von allen bestimmten Prädikaten genommen. Dieses negative Thun, das Abstrahiren, fällt dann außerhalb des Wesens, und das Wesen selbst ist so nur als ein Resultat ohne diese seine Prämisse, das caput mortuum der Abstraktion. Aber da diese Negativität dem Seyn nicht äußerlich, sondern seine eigene Dialektik ist, so ist seine Wahrheit, das Wesen, als das in sich gegangene oder in sich seyende Seyn; seinen Unterschied vom unmittelbaren Seyn macht jene Reflexion, sein Scheinen in sich selbst, aus, und sie ist die eigenthümliche Bestimmung des Wesens selbst.

Zusatz. Wenn wir vom Wesen sprechen, so unterscheiden wir davon das Seyn als das Unmittelbare und betrachten dieses' im Hinblick auf das Wesen als einen bloßen Schein. Dieser Schein ist nun aber nicht gar nicht; nicht ein Nichts, sondern das Seyn als aufgehobenes. — Der Standpunkt des Wesens ist überhaupt der Standpunkt der Reflexion. Der Ausdruck Reflexion wird zunächst vom Lichte gebraucht, in sofern dasselbe in seinem geradlinigen Fortgange auf eine spiegelnde Fläche trifft und von dieser zurückgeworfen wird. Wir haben somit hier ein Gedoppeltes, einmal ein Unmittelbares, ein Seyendes und dann zweitens dasselbe als ein Vermitteltes oder Gesetztes. Dieß ist nun aber eben der Fall, wenn wir über einen Gegenstand reflektiren oder (wie man auch zu sagen pflegt) nachdenken, in sofern es hier nämlich den Gegenstand nicht gilt in seiner Unmittelbarkeit, sondern wir denselben als vermittelt wissen wollen. Man pflegt wohl auch die Aufgabe oder den Zweck der Philosophie so aufzufassen, daß das Wesen der Dinge erkannt werden soll, und versteht darunter eben nur so viel, daß die Dinge nicht in ihrer Unmittelbarkeit gelassen, sondern als durch Anderes vermittelt oder begründet nachgewiesen werden sollen. Das unmittelbare Seyn der Dinge wird hier gleichsam als eine Rinde oder als ein Vorhang vorgestellt, hinter welchem das Wesen verborgen ist. — Wenn dann ferner gesagt wird: Alle Dinge haben ein Wesen, so wird damit ausgesprochen, daß sie wahrhaft nicht das sind, als was sie sich unmittelbar erweisen. Es ist dann auch nicht abgethan mit einem bloßen Herumtreiben aus einer Qualität in eine andere und mit einem bloßen Fortgehen aus dem Qualitativen ins Quantitative und umgekehrt, sondern es ist in den Dingen ein Bleibendes und dieß ist zunächst das Wesen. Was nunmehr die sonstige Bedeutung und den Gebrauch der Kategorie des Wesens anbetrifft, so kann hier zunächst daran erinnert werden, wie wir uns im Deutschen beim Hülfszeitwort Seyn zur Bezeichnung der Vergangenheit des Ausdrucks Wesen bedienen, indem wir das vergangene Seyn als gewesen bezeichnen. Dieser Irregularität des Sprachgebrauchs liegt in sofern eine richtige Anschauung vom Verhältniß des Seyns zum Wesen zu Grunde, als wir das Wesen allerdings als das vergangene Seyn betrachten können, wobei dann nur noch zu bemerken ist, daß dasjenige, was vergangen ist, deshalb nicht abstrakt negirt, sondern nur aufgehoben und somit zugleich conservirt ist. Sagen wir z. B. Cäsar ist in Gallien gewesen, so ist damit nur die Unmittelbarkeit dessen, was hier vom Cäsar ausgesagt wird, nicht aber sein Aufenthalt in Gallien überhaupt negirt, denn dieser ist es ja eben, der den Inhalt dieser Aussage bildet, welcher Inhalt aber hier als aufgehoben vorgestellt wird. — Wenn im gemeinen Leben vom Wesen die Rede ist, so hat dieß häufig nur die Bedeutung einer Zusammenfassung oder eines Inbegriffs, und man spricht demgemäß z. B. vom Zeitungswesen, vom Postwesen, vom Steuerwesen u. s. w., worunter dann nur so viel verstanden wird, daß diese Dinge nicht einzeln in ihrer Unmittelbarkeit, sondern als ein Komplex und dann etwa auch weiter in ihren verschiedenen Beziehungen genommen werden sollen. In solchem Sprachgebrauch ist dann nur so ungefähr dasjenige enthalten, was sich uns als das Wesen ergeben hat. — Man spricht dann auch von endlichen Wesen und nennt den Menschen ein endliches Wesen. Wenn indeß vom Wesen gesprochen wird, so ist man eigentlich über die Endlichkeit hinaus und diese Bezeichnung

des Menschen ist in sofern ungenau. Wenn dann ferner gesagt
wird: Es giebt ein höchstes Wesen und Gott damit bezeichnet
werden soll, so ist hierüber zweierlei zu bemerken. Einmal nämlich ist der Ausdruck geben ein solcher, der auf Endliches hin-
deutet, und wir sagen so z. B., es giebt so und so viel Planeten,
oder es giebt Pflanzen von solcher und es giebt Pflanzen von
solcher Beschaffenheit. Das was es so giebt ist somit Etwas,
außer und neben welchem es auch noch Anderes giebt. Nun
aber ist Gott, als der schlechthin Unendliche, nicht ein solcher,
den es eben nur giebt und außer und neben welchem es auch
noch andere Wesen giebt. Was es außer Gott sonst noch giebt,
dem kömmt in seiner Trennung von Gott keine Wesentlichkeit
zu, vielmehr ist dasselbe in dieser Isolirung als ein in sich Halt-
und Wesenloses, als ein bloßer Schein zu betrachten. Hierin
liegt nun aber auch zweitens, daß es ungenügend genannt
werden muß von Gott bloß als höchstem Wesen zu sprechen. Die
hier zur Anwendung gebrachte Kategorie der Quantität findet in
der That ihre Stelle nur im Bereich des Endlichen. Wir sagen
so z. B., dies ist der höchste Berg auf der Erde und haben dabei
die Vorstellung, daß es außer diesem höchsten Berg auch noch
andere gleichfalls hohe Berge giebt. Ebenso verhält es sich,
wenn wir von Jemand sagen, daß er der reichste oder der ge-
lehrteste Mann in seinem Lande ist. Gott ist indeß nicht bloß
ein, und auch nicht bloß das höchste — sondern vielmehr das
Wesen, wobei dann aber auch sogleich zu bemerken ist, daß, obschon diese Auffassung Gottes eine wichtige und nothwendige
Stufe in der Entwickelung des religiösen Bewußtseyns bildet,
doch durch dieselbe die Tiefe der christlichen Vorstellung von Gott
noch keineswegs erschöpft wird. Betrachten wir Gott nur als
das Wesen schlechthin und bleiben wir dabei stehen, so wissen
wir ihn nur erst als die allgemeine, widerstandslose Macht, oder,
anders ausgedrückt, als den Herrn. — Nun aber ist die Furcht
des Herrn wohl der Anfang, aber auch nur der Anfang der

Weisheit. — Es ist zunächst die jüdische und dann weiter die muhamedanische Religion, in welchen Gott als der Herr und wesentlich nur als der Herr aufgefaßt wird. Der Mangel dieser Religionen besteht überhaupt darin, daß hier das Endliche nicht zu seinem Rechte kommt, welches Endliche für sich festzuhalten (sey es als ein Natürliches oder als ein Endliches des Geistes) das Charakteristische der heidnischen und hiermit zugleich polytheistischen Religionen ausmacht. — Ferner ist es nun aber auch häufig geschehen, daß man behauptet hat, Gott, als das höchste Wesen, könne nicht erkannt werden. Dies ist überhaupt der Standpunkt der modernen Aufklärung und näher des abstrakten Verstandes, welcher sich damit begnügt zu sagen: il y a un être suprème, und es dann dabei bewenden läßt. Wenn so gesprochen und Gott nur als das höchste jenseitige Wesen betrachtet wird, so hat man die Welt in ihrer Unmittelbarkeit vor sich als etwas Festes, Positives, und vergißt dabei, daß das Wesen gerade die Aufhebung alles Unmittelbaren ist. Gott als das abstrakte jenseitige Wesen, außerhalb dessen hiermit der Unterschied und die Bestimmtheit fällt, ist in der That ein bloßer Name, ein bloßes caput mortuum des abstrahirenden Verstandes. Die wahre Erkenntniß Gottes fängt damit an zu wissen, daß die Dinge in ihrem unmittelbaren Seyn keine Wahrheit haben. —

Nicht bloß in Beziehung auf Gott, sondern auch in sonstiger Beziehung geschieht es häufig, daß man sich der Kategorie des Wesens in abstrakter Weise bedient und dann bei Betrachtung der Dinge das Wesen derselben als ein gegen den bestimmten Inhalt ihrer Erscheinung Gleichgültiges und für sich Bestehendes fixirt. Man pflegt so namentlich zu sagen, es komme bei den Menschen nur auf ihr Wesen an und nicht auf ihr Thun und ihr Betragen. Darin liegt nun zwar das Richtige, daß dasjenige, was ein Mensch thut, nicht in seiner Unmittelbarkeit, sondern nur als vermittelt durch sein Inneres und als

15 *

Manifeſtation ſeines Innern zu betrachten iſt. Nur darf dabei
nicht überſehen werden, daß das Weſen und dann weiter das
Innere ſich eben nur dadurch als ſolche bewähren, daß ſie in
die Erſcheinung heraustreten; wohingegen jener Berufung der
Menſchen auf ihr von dem Inhalt ihres Thuns unterſchiedenes
Weſen nur die Abſicht zu Grunde zu liegen pflegt, ihre bloße
Subjektivität geltend zu machen und ſich dem, was an und für
ſich gültig iſt, zu entziehen.

§. 113.

Die Beziehung-auf-ſich im Weſen iſt die Form der Iden=
tität, der Reflexion-in-ſich; dieſe iſt hier an die Stelle
der Unmittelbarkeit des Seyns getreten; beide ſind dieſelben
Abſtraktionen der Beziehung-auf-ſich.

Die Gedankenloſigkeit der Sinnlichkeit, alles Beſchränkte
und Endliche für ein Seyendes zu nehmen, geht in die
Hartnäckigkeit des Verſtandes über, es als ein mit=ſich=
identiſches, ſich in ſich nicht widerſprechendes,
zu faſſen.

§. 114.

Dieſe Identität erſcheint als aus dem Seyn herkommend
zunächſt nur mit den Beſtimmungen des Seyns behaftet und
darauf als auf ein Aeußerliches bezogen. Wird daſſelbe ſo
von dem Weſen abgeſondert genommen, ſo heißt es das Un=
weſentliche. Aber das Weſen iſt In=ſich=ſeyn, es iſt we=
ſentlich, nur in ſofern es das Negative ſeiner in ihm ſelbſt,
die Beziehung-auf-anderes, die Vermittlung in ihm ſelbſt hat.
Es hat daher das Unweſentliche als ſeinen eignen Schein in
ſich. Aber indem das Unterſcheiden im Scheinen oder Vermit=
teln enthalten iſt, das Unterſchiedene aber im Unterſchiede von
derjenigen Identität, aus der es kömmt und in der es nicht iſt
oder als Schein liegt, ſelbſt die Form der Identität erhält, ſo
iſt daſſelbe ſo in der Weiſe der ſich auf ſich beziehenden Unmit=
telbarkeit oder des Seyns; die Sphäre des Weſens wird da=

durch zu einer noch unvollkommenen Verknüpfung der Unmittelbarkeit und der Vermittlung. Es ist in ihr Alles so gesetzt, daß es sich auf sich bezieht und daß zugleich darüber hinausgegangen ist, — als ein Seyn der Reflexion, ein Seyn, in dem ein Anderes scheint, und das in einem Andern scheint. — Sie ist daher auch die Sphäre des gesetzten Widerspruches, der in der Sphäre des Seyns nur an sich ist.

Es kommen in der Entwickelung des Wesens, weil der Eine Begriff in allem das Substantielle ist, dieselben Bestimmungen vor, als in der Entwickelung des Seyns, aber in reflektirter Form. Also statt des Seyns und Nichts treten jetzt die Formen des Positiven und Negativen ein, jenes zunächst dem gegensatzlosen Seyn als Identität entsprechend, dieses entwickelt (in sich scheinend) als der Unterschied; — so ferner das Werden als Grund sogleich selbst des Daseyns, das als auf den Grund reflektirt, Existenz ist u. s. f. — Dieser, (der schwerste) Theil der Logik enthält vornehmlich die Kategorien der Metaphysik und der Wissenschaften überhaupt; — als Erzeugnisse des reflektirenden Verstandes, der zugleich die Unterschiede als selbstständig annimmt, und zugleich auch ihre Relativität setzt; — beides aber nur neben- oder nacheinander durch ein Auch verbindet, und diese Gedanken nicht zusammenbringt, sie nicht zum Begriffe vereint.

A.
Das Wesen als Grund der Existenz.
a. Die reinen Reflexionsbestimmungen.
α) Identität.
§. 115.

Das Wesen scheint in sich, oder ist reine Reflexion, so ist es nur Beziehung auf sich, nicht als unmittelbare, sondern als reflektirte, — Identität mit sich.

Formelle oder Verſtandes-Jdentität iſt dieſe Jden⸗
tität, in ſofern an ihr feſtgehalten und von dem Unterſchiede
abſtrahirt wird. Oder die Abſtraktion iſt vielmehr das
Setzen dieſer formellen Jdentität, die Verwandlung eines in
ſich Konkreten in dieſe Form der Einfachheit, — es ſey daß
ein Theil des am Konkreten vorhandenen Mannichfaltigen
weggelaſſen (durch das ſogenannte Analyſiren), und
nur eines derſelben herausgenommen wird, oder daß mit Weg⸗
laſſung ihrer Verſchiedenheit die mannichfaltigen Beſtimmthei⸗
ten in Eine zuſammengezogen werden.

Die Jdentität mit dem Abſoluten, als Subjekte eines
Satzes, verbunden, — ſo lautet er: das Abſolute iſt das
mit ſich Jdentiſche. — So wahr dieſer Satz iſt, ſo iſt es
zweideutig, ob er in ſeiner Wahrheit gemeint iſt; er iſt darum
in ſeinem Ausdrucke wenigſtens unvollſtändig: denn es iſt un⸗
entſchieden, ob die abſtrakte Verſtandes-Jdentität, d. i. im
Gegenſatze gegen die anderen Beſtimmungen des Weſens, —
oder aber die Jdentität als in ſich konkrete gemeint iſt;
ſo iſt ſie, wie ſich ergeben wird, zunächſt der Grund und
dann in höherer Wahrheit der Begriff. — Auch das
Wort: Abſolut, ſelbſt, hat häufig keine weitere Bedeutung
als die von Abſtrakt; ſo heißt abſoluter Raum, abſo⸗
lute Zeit, nichts weiter als der abſtrakte Raum und die ab⸗
ſtrakte Zeit.

Die Beſtimmungen des Weſens als weſentliche Beſtim⸗
mungen genommen, werden ſie Prädikate eines vorausgeſetzten
Subjekts, das, weil ſie weſentlich, Alles iſt. Die Sätze,
die dadurch entſtehen, ſind als die allgemeinen Denkge⸗
ſetze ausgeſprochen worden. Der Satz der Jdentität
lautet demnach: Alles iſt mit ſich identiſch; A=A; und
negativ: A kann nicht zugleich A und nicht A ſeyn. —
Dieſer Satz, ſtatt ein wahres Denkgeſetz zu ſeyn, iſt nichts als
das Geſetz des abſtrakten Verſtandes. Die Form des

Satzes widerspricht ihm schon selbst, da ein Satz auch einen Unterschied zwischen Subjekt und Prädikat verspricht, dieser aber das nicht leistet, was seine Form fordert. Namentlich wird es aber durch die folgenden sogenannten Denkgesetze aufgehoben, welche das Gegentheil dieses Gesetzes zu Gesetzen machen. — Wenn man behauptet, dieser Satz könne nicht bewiesen werden, aber jedes Bewußtseyn verfahre darnach, und stimme ihm nach der Erfahrung sogleich zu wie es ihn vernehme, so ist dieser angeblichen Erfahrung der Schule die allgemeine Erfahrung entgegenzusetzen, daß kein Bewußtseyn nach diesem Gesetze denkt, noch Vorstellungen hat, u. s. f. noch spricht, daß keine Existenz, welcher Art sie sey, nach demselben existirt. Das Sprechen nach diesem seynsollenden Gesetze der Wahrheit (ein Planet ist — ein Planet, der Magnetismus ist — der Magnetismus, der Geist ist — ein Geist) gilt mit vollem Recht für albern; dies ist wohl allgemeine Erfahrung. Die Schule, in der allein solche Gesetze gelten, hat sich längst mit ihrer Logik, welche dieselbe ernsthaft vorträge, bei dem gesunden Menschenverstande, wie bei der Vernunft um den Kredit gebracht.

Zusatz. Die Identität ist zunächst wieder dasselbe, was wir früher als Seyn hatten, aber als geworden durch Aufhebung der unmittelbaren Bestimmtheit und somit das Seyn als Idealität. — Es ist von großer Wichtigkeit, sich über die wahre Bedeutung der Identität gehörig zu verständigen, wozu dann vor allen Dingen gehört, daß dieselbe nicht bloß als abstrakte Identität, d. h. nicht als Identität mit Ausschließung des Unterschiedes aufgefaßt wird. Dies ist der Punkt, wodurch sich alle schlechte Philosophie von dem unterscheidet, was allein den Namen der Philosophie verdient. Die Identität in ihrer Wahrheit, als Idealität des unmittelbar Seyenden, ist eine hohe Bestimmung, sowohl für unser religiöses Bewußtseyn, als auch für alles sonstige Denken und Bewußtseyn überhaupt. Man kann sagen, daß das wahre Wissen von Gott damit beginnt, ihn als Identität — als absolute Identität zu wissen, worin dann zugleich dieß liegt, daß alle Macht und alle Herrlichkeit der Welt vor Gott zusammensinkt und nur als das Scheinen seiner Macht und seiner Herrlichkeit zu bestehen vermag. — Ebenso ist es dann auch die Identität, als Bewußtseyn seiner selbst, wodurch sich der Mensch von der Natur überhaupt und näher vom Thier unterscheidet, welches Letztere nicht dazu gelangt, sich als Ich, d. h. als reine Einheit seiner in sich selbst zu erfassen. — Was dann ferner die Bedeutung der Identität in Beziehung auf das Denken anbetrifft, so kömmt es hierbei vor allen Dingen darauf an, die wahre, das Seyn und dessen Bestimmungen als aufgehoben in sich enthaltende Identität nicht mit der abstrakten, bloß formellen Identität zu verwechseln. Alle jene, namentlich vom Standpunkt der Empfindung und der unmittelbaren Anschauung aus, dem Denken so häufig gemachten Vorwürfe der Einseitigkeit, der Härte, der Inhaltslosigkeit u. s. w. haben ihren Grund in der verkehrten Voraussetzung, daß die Thätigkeit des Denkens nur die des abstrakten Identischsetzens sey, und die formelle Logik ist es selbst, welche diese Voraussetzung durch Aufstellung des im obigen §. beleuchteten angeblich höchsten Denkgesetzes bestätigt. Wenn das Denken weiter nichts wäre, als jene abstrakte Identität, so müßte dasselbe für das überflüssigste und langweiligste Geschäft erklärt werden. Allerdings sind der Begriff und weiter die Idee mit sich identisch, allein nur in sofern dieselben zugleich den Unterschied in sich enthalten.

β) Der Unterschied.

§. 116.

Das Wesen ist nur reine Identität und Schein in sich selbst, als es die sich auf sich beziehende Negativität, somit Abstoßen seiner von sich selbst ist; es enthält also wesentlich die Bestimmung des Unterschiedes.

Das Andersseyn ist hier nicht mehr das qualitative, die Bestimmtheit, Gränze; sondern als im Wesen, dem sich auf sich beziehenden, ist die Negation zugleich als Beziehung, Unterschied, Gesetztseyn, Vermitteltseyn.

Zusatz. Wenn gefragt wird: wie kömmt die Identität zum Unterschied? so liegt in dieser Frage die Voraussetzung, daß die Identität als bloße, d. h. als abstrakte Identität etwas für sich sey und dann ebenso der Unterschied etwas Anderes, gleichfalls für sich. Durch diese Voraussetzung wird indeß die Brantwortung der aufgeworfenen Frage unmöglich gemacht, denn wenn die Identität als vom Unterschied verschieden betrachtet wird, so hat man in der That hiermit bloß den Unterschied und es kann um deswillen der Fortgang zum Unterschied nicht nachgewiesen werden, weil dasjenige, von welchem fortgegangen werden soll, für den, welcher nach dem Wie des Fortganges frägt, gar nicht vorhanden ist. Diese Frage erweist sich somit, näher besehen, als durchaus gedankenlos und wäre dem, welcher dieselbe aufwirft, zuvörderst die andere Frage vorzulegen, was er sich unter der Identität denkt, wobei sich dann ergeben würde, daß er sich eben Nichts dabei denkt und daß die Identität für ihn bloß ein leerer Name ist. Weiter ist nun, wie wir gesehen haben, die Identität allerdings ein Negatives, jedoch nicht das abstrakte, leere Nichts überhaupt, sondern die Negation des Seyns und seiner Bestimmungen. Als solche aber ist die Identität zugleich Beziehung und zwar negative Beziehung auf sich oder Unterscheidung ihrer von sich selbst.

§. 117.

Der Unterschied ist 1) unmittelbarer Unterschied, die Verschiedenheit, in der die Unterschiedenen, jedes für sich ist, was es ist, und gleichgültig gegen seine Beziehung auf das andere, welche also eine ihm äußerliche ist. Um der Gleichgültigkeit der Verschiedenen gegen ihren Unterschied willen fällt derselbe außer ihnen in ein Drittes, Vergleichendes. Dieser äußer-

liche Unterſchied iſt als Identität der Bezogenen die Gleich=
heit, als Nichtidentität derſelben die Ungleichheit.

Dieſe Beſtimmungen ſelbſt läßt der Verſtand ſo auseinan=
der fallen, daß obſchon die Vergleichung ein und daſſelbe Sub=
ſtrat für die Gleichheit und Ungleichheit hat, dieß verſchiedene
Seiten und Rückſichten an demſelben ſeyn ſollen, aber
die Gleichheit für ſich iſt nur das vorige, die Identität, und
die Ungleichheit für ſich iſt der Unterſchied.

Die Verſchiedenheit iſt gleichfalls in einen Satz verwan=
delt worden, in den, daß Alles verſchieden iſt, oder daß
es nicht zwei Dinge giebt, die einander vollkom=
men gleich ſind. Hier wird Allem das entgegenge=
ſetzte Prädikat von der ihm im erſten Satze beigelegten
Identität gegeben, alſo ein dem erſten widerſprechendes Ge=
ſetz gegeben. Jedoch aber ſoll, inſofern die Verſchiedenheit
nur der äußern Vergleichung angehörig ſey, etwas für ſich
ſelbſt nur identiſch mit ſich, und ſo dieſer zweite Satz
nicht dem erſten widerſprechend ſeyn. Dann aber gehört
auch die Verſchiedenheit nicht dem Etwas oder Allem an, ſie
macht keine weſentliche Beſtimmung dieſes Subjekts aus; die=
ſer zweite Satz kann auf dieſe Weiſe gar nicht geſagt wer=
den. — Iſt aber das Etwas ſelbſt, nach dem Satze, ver=
ſchieden, ſo iſt es dieß durch ſeine eigene Beſtimmtheit; hier=
mit iſt dann aber nicht mehr die Verſchiedenheit als ſolche,
ſondern der beſtimmte Unterſchied gemeint. — Dieß iſt auch
der Sinn des leibnizischen Satzes.

Zuſatz. Indem der Verſtand ſich an die Betrachtung
der Identität begiebt, ſo iſt er in der That bereits darüber hin=
aus, und was er vor ſich hat, das iſt der Unterſchied in der
Geſtalt der bloßen Verſchiedenheit. Sagen wir nämlich nach
dem ſogenannten Denkgeſetz der Identität: das Meer iſt das
Meer, die Luft iſt die Luft, der Mond iſt der Mond u. ſ. w.,
ſo gelten uns dieſe Gegenſtände als gleichgültig gegen einander,

und es ist somit nicht die Identität, sondern der Unterschied, welchen wir vor uns haben. Weiter bleiben wir dann aber auch nicht dabei stehen, die Dinge bloß als verschieden zu betrachten, sondern wir vergleichen dieselben mit einander und wir erhalten hierdurch die Bestimmungen der Gleichheit und der Ungleichheit. Das Geschäft der endlichen Wissenschaften besteht zum großen Theil in der Anwendung dieser Bestimmungen und man pflegt heut zu Tage, wenn von wissenschaftlicher Behandlung die Rede ist, darunter vorzugsweise dasjenige Verfahren zu verstehen, welches darauf ausgeht, die zur Betrachtung gezogenen Gegenstände mit einander zu vergleichen. Es ist nicht zu verkennen, daß man auf diesem Wege zu manchen sehr wichtigen Resultaten gelangt ist, und ist in dieser Beziehung ins Besondere an die großen Leistungen der neueren Zeit auf den Gebieten der vergleichenden Anatomie und der vergleichenden Sprachforschung zu erinnern. Dabei ist jedoch nicht nur zu bemerken, daß man zu weit gegangen ist, wenn man gemeint hat, es sey dieses vergleichende Verfahren auf alle Gebiete des Erkennens mit gleichem Erfolg anzuwenden, sondern auch außerdem noch besonders hervorzuheben, daß durch das bloße Vergleichen dem wissenschaftlichen Bedürfniß noch nicht letzlich genügt zu werden vermag, und daß Resultate der vorhererwähnten Art nur als (allerdings unentbehrliche) Vorarbeiten für das wahrhaft begreifende Erkennen zu betrachten sind. — Insofern es übrigens beim Vergleichen darum zu thun ist, vorhandene Unterschiede auf Identität zurückzuführen, so muß die Mathematik als diejenige Wissenschaft betrachtet werden, in welcher dieses Ziel am vollständigsten erreicht wird und zwar um deswillen, weil der quantitative Unterschied nur der ganz äußerliche Unterschied ist. So werden z. B. in der Geometrie ein Dreieck und ein Viereck, welche qualitativ verschieden sind, indem von diesem qualitativen Unterschied abstrahirt wird, ihrer Größe nach einander gleich gesetzt. Daß die Mathematik um diesen Vorzug weder von Sei-

ten der empirischen Wissenschaften, noch von Seiten der Philosophie zu beneiden ist, davon ist bereits früher (§. 99. Zusatz)
die Rede gewesen und ergiebt sich außerdem aus demjenigen,
was vorher über die bloße Verstandesidentität bemerkt wurde. —
Man erzählt, daß als Leibnitz einst bei Hofe den Satz der Verschiedenheit ausgesprochen, die Hofcavaliere und Hofdamen, im
Garten herumspazierend, sich bemüht hätten, zwei nicht von einander zu unterscheidende Blätter zu finden, um durch deren Vor-
zeigung das Denkgesetz des Philosophen zu widerlegen. Es ist
dieß ohne Zweifel eine bequeme, auch noch heut zu Tage beliebte Weise, sich mit Metaphysik zu beschäftigen; jedoch ist rücksichtlich des leibnitzischen Satzes zu bemerken, daß der Unterschied
eben nicht bloß als die äußerliche und gleichgültige Verschiedenheit, sondern als Unterschied an sich aufzufassen ist, und daß es
somit den Dingen an ihnen selbst zukommt, unterschieden zu seyn.

§. 118.

Die Gleichheit ist eine Identität nur solcher, die nicht dieselben, nicht identisch mit einander sind, — und die Ungleichheit ist Beziehung der Ungleichen. Beide fallen also nicht in
verschiedene Seiten oder Rücksichten gleichgültig auseinander, sondern eine ist ein Scheinen in die andere. Die Verschiedenheit
ist daher Unterschied der Reflexion, oder Unterschied an sich
selbst, bestimmter Unterschied.

Zusatz. Während die bloß Verschiedenen sich als gleichgültig gegen einander erweisen, so sind dagegen die Gleichheit
und die Ungleichheit ein Paar Bestimmungen, die sich schlechthin
auf einander beziehen und von denen die eine nicht ohne die andere gedacht werden kann. Dieser Fortgang von der bloßen
Verschiedenheit zur Entgegensetzung findet sich dann auch in sofern schon im gewöhnlichen Bewußtseyn, als wir einräumen, daß
das Vergleichen nur einen Sinn hat unter der Voraussetzung
eines vorhandenen Unterschiedes und ebenso umgekehrt das Unterscheiden, nur unter der Voraussetzung vorhandener Gleichheit.

Man schreibt demgemäß auch, wenn die Aufgabe gestellt wird, einen Unterschied anzugeben, demjenigen keinen großen Scharfsinn zu, der nur solche Gegenstände von einander unterscheidet, deren Unterschied unmittelbar zu Tage liegt (wie z. B. eine Schreibfeder und ein Kameel), so wie man andererseits sagen wird, daß es derjenige nicht weit im Vergleichen gebracht hat, welcher nur einander nahe Liegendes — eine Buche mit einer Eiche, einen Tempel mit einer Kirche — zu vergleichen weiß. Wir verlangen somit beim Unterschied die Identität und bei der Identität den Unterschied. Gleichwohl geschieht es auf dem Gebiet der empirischen Wissenschaften sehr häufig, daß über der einen dieser beiden Bestimmungen die andere vergessen und daß das eine Mal das wissenschaftliche Interesse nur in das Zurückführen vorhandener Unterschiede auf Identität, und ein anderes Mal wieder ebenso einseitiger Weise in das Auffinden neuer Unterschiede gesetzt wird. Dies ist namentlich in der Naturwissenschaft der Fall. Hier macht man es sich zunächst zum Geschäft neue und immer mehr neue Stoffe, Kräfte, Gattungen, Arten u. s. w. zu entdecken oder nach einer anderen Wendung Körper, welche bisher für einfach gegolten, als zusammengesetzt nachzuweisen, und neuere Physiker und Chemiker belächeln wohl die Alten, welche sich nur mit vier, und nicht einmal einfachen Elementen begnügt haben. Andererseits wird dann aber auch wieder die bloße Identität ins Auge gefaßt und werden demgemäß z. B. nicht nur Elektricität und Chemismus als wesentlich dasselbe, sondern sogar auch die organischen Processe der Verdauung und Assimilation als ein bloß chemischer Proceß betrachtet. Es wurde bereits früher (§. 103. Zusatz) bemerkt, daß, wenn man die neuere Philosophie nicht selten spottweise als Identitätsphilosophie bezeichnet hat, es gerade die Philosophie, und zwar zunächst die spekulative Logik, ist, welche die Nichtigkeit der vom Unterschied abstrahirenden, bloßen Verstandesidentität aufzeigt, dann aber allerdings auch ebenso sehr darauf

dringt, es nicht bei der bloßen Verſchiedenheit bewenden zu laſ=
ſen, ſondern die innere Einheit alles deſſen, was da iſt, zu er=
kennen.

§. 119.

2) Der Unterſchied an ſich iſt der weſentliche, das Po=
ſitive und das Negative, ſo daß jenes ſo die identiſche Be=
ziehung auf ſich iſt, daß es nicht das Negative, und dieſes das
Unterſchiedene ſo für ſich iſt, daß es nicht das Poſitive iſt.
Indem jedes ſo für ſich iſt, als es nicht das Andere iſt,
ſcheint jedes in dem Andern und iſt nur, in ſofern das Andere
iſt. Der Unterſchied des Weſens iſt daher die Entgegen=
ſetzung, nach welcher das Unterſchiedene nicht ein Anderes
überhaupt, ſondern ſein Anderes ſich gegenüber hat; d. h.
jedes hat ſeine eigene Beſtimmung nur in ſeiner Beziehung auf
das Andere, iſt nur in ſich reflektirt, als es in das Andere
reflektirt iſt, und ebenſo das Andere; jedes iſt ſo des Andern
ſein Anderes.

Der Unterſchied an ſich giebt den Satz: Alles iſt ein
weſentlich unterſchiedenes, — oder wie er auch aus=
gedrückt worden iſt, von zwei entgegengeſetzten Prädi=
katen kommt dem Etwas nur das Eine zu, und es
giebt kein Drittes. — Dieſer Satz des Gegenſatzes wi=
derſpricht am ausdrücklichſten dem Satze der Identität, indem
Etwas nach dem einen nur die Beziehung auf ſich, nach
dem andern aber ein Entgegengeſetztes, die Beziehung
auf ſein Anderes ſeyn ſoll. Es iſt die eigenthümliche Ge=
dankenloſigkeit der Abſtraktion, zwei ſolche widerſprechende Sätze
als Geſetze nebeneinander zu ſtellen, ohne ſie auch nur zu ver=
gleichen. — Der Satz des ausgeſchloſſenen Dritten iſt
der Satz des beſtimmten Verſtandes, der den Widerſpruch von
ſich abhalten will, und indem er dies thut, denſelben begeht.
A ſoll entweder + A oder — A ſeyn; damit iſt ſchon das
Dritte, das A ausgeſprochen, welches weder + noch — iſt,

und, das eben sowohl auch als $+$ A und als $—$ A gesetzt ist. Wenn $+$ W 6 Meilen Richtung nach Westen,
$—$ W aber 6 Meilen Richtung nach Osten bedeutet, und $+$
und $—$ sich aufheben, so bleiben die 6 Meilen Wegs oder
Raums, was sie ohne und mit dem Gegensatz waren. Selbst
das bloße plus und minus der Zahl oder der abstrakten Richtung haben, wenn man will, die Null zu ihrem Dritten; aber
es soll nicht Abrede gestellt werden, daß der leere Verstandes-
gegensatz von $+$ und $—$ nicht auch seine Stelle habe, bei
ebensolchen Abstraktionen, wie Zahl, Richtung u. s. f.

In der Lehre von den kontradiktorischen Begriffen heißt
der eine Begriff z. B. Blau (auch so etwas wie die sinnliche
Vorstellung einer Farbe wird in solcher Lehre Begriff genannt),
der andere Nichtblau, so daß dies Andere nicht ein Affirmatives, etwa Gelb wäre, sondern nur das Abstrakt-Negative
festgehalten werden soll. — Daß das Negative in ihm selbst
ebensosehr positiv ist, s. folg. §.; dieß liegt auch schon in der
Bestimmung, daß das einem Andern Entgegengesetzte sein
Anderes ist. — Die Leerheit des Gegensatzes von sogenannten
kontradiktorischen Begriffen hatte ihre volle Darstellung in dem
so zu sagen grandiosen Ausdruck eines allgemeinen Gesetzes,
daß jedem Dinge von allen so entgegengesetzten Prädikaten
das eine zukomme und das andere nicht, so daß der Geist
sey entweder weiß oder nicht weiß, gelb oder nicht gelb u. s. f.
ins Unendliche.

Indem vergessen wird, daß Identität und Entgegensetzung
selbst entgegengesetzt sind, wird der Satz der Entgegensetzung
auch für den der Identität in der Form des Satzes des Widerspruchs genommen, und ein Begriff, dem von Zwei einander widersprechenden Merkmalen keins (s. vorhin) oder alle
beide zukommen, für logisch falsch erklärt, wie z. B. ein vier-
eckiger Cirkel. Ob nun gleich ein vieleckiger Cirkel und ein
geradliniger Kreisbogen ebensosehr diesem Satze widerstreitet,

haben die Geometer doch kein Bedenken, den Kreis als ein
Vieleck von geradlinigten Seiten zu betrachten und zu behandeln.   Aber so etwas wie ein Cirkel (seine bloße Bestimmtheit) ist noch kein Begriff; im Begriffe des Cirkels ist Mittelpunkt und Peripherie gleich wesentlich, beide Merkmale kommen ihm zu; und doch ist Peripherie und Mittelpunkt einander entgegengesetzt und widersprechend.

Die in der Physik so viel geltende Vorstellung von Polarität enthält in sich die richtigere Bestimmung der Entgegensetzung, aber wenn die Physik sich in Ansehung der Gedanken an die gewöhnliche Logik hält, so würde sie leicht erschre-
ken, wenn sie sich die Polarität entwickelte und zu den Gedanken käme, die darin liegen.

Zusatz 1.   Das Positive ist wieder die Identität, aber
in ihrer höheren Wahrheit, als identische Beziehung auf sich
selbst und zugleich so, daß es nicht das Negative ist.   Das Negative für sich ist nichts anderes als der Unterschied selbst.   Das
Identische als solches ist zunächst das Bestimmungslose; das Positive dagegen ist das mit sich Identische, aber als gegen ein
Anderes bestimmt, und das Negative ist der Unterschied als solcher in der Bestimmung nicht Identität zu seyn.' Dieß ist der
Unterschied des Unterschiedes in ihm selbst. — Am Positiven und Negativen meint man einen absoluten Unterschied
zu haben.   Beide sind indeß an sich dasselbe und man könnte
deshalb das Positive auch das Negative nennen und ebenso umgekehrt das Positive das Negative.   So sind denn auch Vermögen und Schulden nicht zwei besondere, für sich bestehende Arten
von Vermögen.   Was bei dem Einen, als Schuldner, ein Negatives ist, dasselbe ist bei dem Andern, dem Gläubiger, ein Positives.   Ebenso verhält es sich mit einem Weg nach Osten, welcher zugleich ein Weg nach Westen ist.   Positives und Negatives sind also wesentlich durch einander bedingt und nur in ihrer
Beziehung auf einander.   Der Nordpol am Magnet kann nicht

seyn ohne den Südpol und der Südpol nicht ohne den Nordpol. Schneidet man einen Magnet auseinander, so hat man nicht
an dem einen Stück den Nordpol und am andern den Südpol.
Ebenso sind dann auch bei der Elektricität die positive und die
negative Elektricität nicht zwei verschiedene, für sich bestehende
Fluida. In der Entgegensetzung hat überhaupt das Unterschiedene nicht nur ein Anderes, sondern sein Anderes sich gegenüber. Das gewöhnliche Bewußtsein betrachtet die Unterschiedenen als gleichgültig gegeneinander. Man sagt so: Ich bin ein
Mensch und um mich herum ist Luft, Wasser, Thiere und Anderes überhaupt. Alles fällt da auseinander. Der Zweck der
Philosophie ist dagegen die Gleichgültigkeit zu verbannen und
die Nothwendigkeit der Dinge zu erkennen, so daß das Andere
als seinem Anderen gegenüberstehend erscheint. So ist z. B. die
unorganische Natur nicht bloß als etwas Anderes als das Organische zu betrachten, sondern als das nothwendige Andere desselben. Beide sind in wesentlicher Beziehung auf einander und
das Eine von beiden ist nur, in sofern es das Andere von sich
ausschließt und eben dadurch sich auf dasselbe bezieht. Ebenso
ist auch die Natur nicht ohne den Geist und dieser ist nicht ohne
die Natur. Es ist überhaupt ein wichtiger Schritt, wenn man
im Denken davon abgekommen ist zu sagen: nun ist auch noch
Anderes möglich. Indem man so spricht, so ist man noch mit
Zufälligem behaftet, wohingegen, wie vorher bemerkt wurde, das
wahre Denken ein Denken der Nothwendigkeit ist. — Wenn man
in der neueren Naturwissenschaft dazu gekommen ist, die zunächst
am Magnetismus als Polarität wahrgenommene Entgegensetzung,
als durch die ganze Natur hindurchgehend, als ein allgemeines
Naturgesetz anzuerkennen, so ist dieß ohne Zweifel als ein wesentlicher Fortschritt der Wissenschaft zu betrachten, nur wäre es
dabei zunächst darum zu thun, daß man nicht neben der Entgegensetzung ohne Weiteres auch wieder die bloße Verschiedenheit
gelten ließ. So betrachtet man aber z. B. das eine Mal, mit

Recht, die Farben als in polarer Entgegensetzung einander gegenüberstehend (als sogenannte Ergänzungsfarben), sodann aber
auch wieder als den gleichgültigen und bloß quantitativen Unterschied des Rothen, des Gelben, des Grünen u. s. w.

    Zusatz 2. Anstatt nach dem Satz des ausgeschlossenen
Dritten (welches der Satz des abstrakten Verstandes ist) zu sprechen, wäre vielmehr zu sagen: Alles ist entgegengesetzt. Es giebt
in der That nirgends, weder im Himmel noch auf Erden, weder
in der geistigen noch in der natürlichen Welt, ein so abstraktes
Entweder — Oder, wie der Verstand solches behauptet. Alles
was irgend ist, das ist ein Konkretes, somit in sich selbst Unterschiedenes und Entgegengesetztes. Die Endlichkeit der Dinge besteht dann darin, daß ihr unmittelbares Daseyn dem nicht entspricht, was sie an sich sind. So ist z. B. in der unorganischen
Natur die Säure an sich zugleich die Basis; d. h. ihr Seyn ist
schlechthin nur dieß auf ihr Anderes bezogen zu seyn. Somit
ist dann aber auch die Säure nicht das im Gegensatz ruhig Beharrende, sondern dahin strebend sich als das zu setzen, was sie
an sich ist. Was überhaupt die Welt bewegt, das ist der Widerspruch und es ist lächerlich zu sagen, der Widerspruch lasse
sich nicht denken. Das Richtige in dieser Behauptung ist nur
dieß, daß es beim Widerspruch nicht sein Bewenden haben kann
und daß derselbe sich durch sich selbst aufhebt. Der aufgehobene
Widerspruch ist dann aber nicht die abstrakte Identität, denn
diese ist selbst nur die eine Seite des Gegensatzes. Das nächste
Resultat der als Widerspruch gesetzten Entgegensetzung ist der
Grund, welcher sowohl die Identität als auch den Unterschied
als aufgehoben und zu bloß ideellen Momenten herabgesetzt in
sich enthält.

§. 120.

    Das **Positive** ist jenes Verschiedene, welches für sich
und zugleich nicht gleichgültig gegen seine Beziehung auf sein
Anderes seyn soll. Das **Negative** soll eben so selbstständig

die negative Beziehung auf sich, für sich seyn, aber zugleich als negatives schlechthin diese seine Beziehung auf sich, sein Positives, nur im Andern haben. Beide sind somit der gesetzte Widerspruch, beide sind an sich dasselbe. Beide sind es auch für sich, indem jedes das Aufheben des Andern und seiner selbst ist. Sie gehen hiemit zu Grunde. — Oder unmittelbar ist der wesentliche Unterschied, als Unterschied an und für sich nur der Unterschied seiner von ihm selbst, enthält also das Identische; zum ganzen an und für sich = seyenden Unterschiede gehört also sowohl er selbst, als die Identität. — Als sich auf sich beziehender Unterschied ist er gleichfalls schon als das mit sich Identische ausgesprochen, und das Entgegengesetzte ist überhaupt dasjenige, welches das Eine und sein Anderes, sich und sein Entgegengesetztes in sich selbst enthält. Das In=sich= seyn des Wesens so bestimmt ist der Grund.

γ) Der Grund.

§. 121.

Der Grund ist die Einheit der Identität und des Unterschiedes; die Wahrheit dessen, als was sich der Unterschied und die Identität ergeben hat, — die Reflexion=in=sich, die eben so sehr Reflexion=in=Anderes und umgekehrt ist. Er ist das Wesen, als Totalität gesetzt.

Der Satz des Grundes heißt: Alles hat seinen zureichenden Grund, d. h. nicht die Bestimmung von Etwas als Identisches mit sich, noch als Verschiedenes, noch als bloß Positives oder als bloß Negatives, ist die wahre Wesenheit von Etwas, sondern daß es sein Seyn in einem Andern hat, das als dessen Identisches=mit=sich sein Wesen ist. Dieses ist eben so sehr nicht abstrakte Reflexion in sich, sondern in Anderes. Der Grund ist das in sich seyende Wesen, und dieses ist wesentlich Grund, — und Grund ist es nur in sofern es Grund von Etwas, von einem Andern ist.

Zusatz. Wenn vom Grunde gesagt wird, er sey die Einheit der Identität und des Unterschiedes, so ist unter dieser Einheit nicht die abstrakte Identität zu verstehen, da wir sonst nur eine andere Benennung, dem Gedanken nach hingegen nur wieder die, als unwahr erkannte, Verstandesidentität selbst hätten. Man kann deshalb, um jenem Mißverständniß zu begegnen, auch sagen, daß der Grund nicht nur die Einheit, sondern eben sowohl auch der Unterschied der Identität und des Unterschiedes ist. Der Grund, welcher sich uns zunächst als die Aufhebung des Widerspruchs ergab, erscheint hiermit als ein neuer Widerspruch. Als solcher aber ist er nicht das ruhig in sich Beharrende, sondern vielmehr Abstoßen seiner von sich selbst. Der Grund ist nur Grund, in sofern er begründet; das aus dem Grunde Hervorgegangene aber ist er selbst und hierin liegt der Formalismus des Grundes. Das Begründete und der Grund sind ein und derselbe Inhalt, und der Unterschied zwischen beiden ist der bloße Formunterschied der einfachen Beziehung auf sich und der Vermittelung oder des Gesetztseyns. Wenn wir nach den Gründen der Dinge fragen, so ist dieß überhaupt der bereits früher (§. 112. Zusatz) erwähnte Standpunkt der Reflexion; wir wollen die Sache dann gleichsam doppelt sehen, einmal in ihrer Unmittelbarkeit und zweitens in ihrem Grunde, wo sie nicht mehr unmittelbar ist. Dieß ist dann auch der einfache Sinn des sogenannten Denkgesetzes vom zureichenden Grunde, durch welches eben nur ausgesprochen wird, daß die Dinge wesentlich als vermittelt zu betrachten sind. Die formelle Logik giebt übrigens den anderen Wissenschaften bei Aufstellung dieses Denkgesetzes in sofern ein übles Beispiel, als sie verlangt, daß dieselben ihren Inhalt nicht unmittelbar gelten lassen sollen, während sie doch selbst dieses Denkgesetz aufstellt, ohne dasselbe abzuleiten und dessen Vermittelung aufzuzeigen. Mit demselben Recht, mit welchem der Logiker behauptet, unser Denkvermögen sey einmal so beschaffen, daß wir bei Allem nach einem Grund fragen müßten, könnte dann auch der Mediciner, wenn er gefragt wird, weshalb ein Mensch, der ins Wasser fällt, ertrinkt, antworten, der Mensch sey einmal so eingerichtet, unterm Wasser nicht leben zu können, und ebenso ein Jurist, welcher gefragt wird, weßhalb ein Verbrecher bestraft wird, die bürgerliche Gesellschaft sey einmal so beschaffen, daß Verbrechen nicht unbestraft bleiben dürften. Wenn dann aber auch von der an die Logik zu machenden Forderung einer Begründung des Denkgesetzes vom Grunde abgesehen wird, so hat dieselbe doch wenigstens die Frage zu beantworten, was man unter dem Grund zu verstehen hat. Die gewöhnliche Erklärung: der Grund sey dasjenige, was eine Folge hat, — erscheint auf den ersten Anblick einleuchtender und faßlicher, als die im Obigen angegebene Begriffsbestimmung. Frägt man indeß weiter, was die Folge sey und erhält zur Antwort, die Folge sey dasjenige, was einen Grund hat, so zeigt es sich, daß die Faßlichkeit dieser Erklärung nur darin besteht, daß bei derselben dasjenige vorausgesetzt wird, was sich bei uns als das Resultat einer vorangegangenen Gedankenbewegung ergeben hat. Nun aber ist das Geschäft der Logik eben nur dieß, die bloß vorgestellten und als solche unbegriffenen und unbewiesenen Gedanken, als Stufen des sich selbst bestimmenden Denkens aufzuzeigen, womit dieselben dann zugleich begriffen und bewiesen werden. — Im gewöhnlichen Leben und ebenso in den endlichen Wissenschaften bedient man sich sehr häufig dieser Reflexionsform, in der Absicht, durch deren Anwendung dahinter zu kommen, wie es sich mit den zur Betrachtung gezogenen Gegenständen eigentlich verhält. Ob nun schon wider diese Betrachtungsweise, in sofern es sich dabei, so zu sagen, nur um den nächsten Hausbedarf des Erkennens handelt, nichts einzuwenden ist, so muß doch zugleich bemerkt werden, daß dieselbe weder in theoretischer, noch in praktischer Hinsicht eine definitive Befriedigung zu gewähren vermag und zwar um deswillen, weil der Grund noch keinen an und für sich bestimmten Inhalt hat und wir somit dadurch, daß wir

Etwas als begründet betrachten, den bloßen Formunterschied der Unmittelbarkeit und der Vermittelung erhalten. Man sieht so z. B. eine elektrische Erscheinung und frägt nach dem Grund derselben; erhalten wir darauf zur Antwort, die Elektricität sey der Grund dieser Erscheinung, so ist dieses derselbe Inhalt, den wir unmittelbar vor uns hatten, nur in die Form eines Innerlichen übersetzt. — Weiter ist nun aber auch der Grund nicht bloß das einfach mit sich Identische, sondern auch unterschieden und es lassen sich deshalb für einen und denselben Inhalt verschiedene Gründe angeben, welche Verschiedenheit der Gründe, nach dem Begriff des Unterschiedes, dann weiter zur Entgegensetzung in der Form von Gründen für und wider denselben Inhalt fortschreitet. — Betrachten wir z. B. eine Handlung, etwa näher einen Diebstahl, so ist dieß ein Inhalt, an welchem mehrere Seiten unterschieden werden können. Es ist dadurch Eigenthum verletzt worden, der Dieb, welcher in Noth war, hat dadurch aber auch die Mittel zur Befriedigung seiner Bedürfnisse erhalten und es kann ferner der Fall seyn, daß derjenige, welcher bestohlen worden, keinen guten Gebrauch von seinem Eigenthum machte. Es ist nun zwar richtig, daß die hier stattgefundene Eigenthumsverletzung der entscheidende Gesichtspunkt ist, vor welchem die übrigen zurücktreten müssen, allein im Denkgesetz vom Grunde liegt diese Entscheidung nicht. Zwar ist nach der gewöhnlichen Fassung dieses Denkgesetzes nicht bloß vom Grunde überhaupt, sondern vom zureichenden Grunde die Rede und man könnte deshalb meinen, die bei der beispielsweise erwähnten Handlung außer der Eigenthumsverletzung sonst noch hervorgehobenen Gesichtspunkte seyen wohl Gründe, allein diese Gründe seyen nicht zureichend. Darüber ist indeß zu bemerken, daß wenn von einem zureichenden Grund gesprochen wird, dieß Prädikat entweder müßig oder von der Art ist, daß durch dasselbe über die Kategorie des Grundes als solchen hinausgeschritten wird. Müßig und tautologisch ist das gedachte Prädikat, wenn dadurch nur über-

haupt die Fähigkeit zu begründen ausgedrückt werden soll, da
der Grund eben nur in sofern Grund ist, als er diese Fähigkeit
besitzt. Wenn ein Soldat aus der Schlacht entläuft, um sein
Leben zu erhalten, so handelt er zwar pflichtwidrig, allein es ist
nicht zu behaupten, daß der Grund, der ihn so zu handeln bestimmt hat, nicht zureichend wäre, da es sonst auf seinem Po-
sten geblieben seyn würde. Ferner muß nun aber auch gesagt
werden, daß sowie einerseits alle Gründe zureichen, ebenso andererseits kein Grund als solcher zureicht und zwar um deswillen,
weil, wie oben bereits bemerkt wurde, der Grund noch keinen
an und für sich bestimmten Inhalt hat und somit nicht selbst-
thätig und hervorbringend ist. Als solcher an und für sich bestimmter und somit selbstthätiger Inhalt wird sich uns demnächst
der Begriff ergeben, und dieser ist es, um den es sich bei Leibnitz handelt, wenn derselbe vom zureichenden Grunde spricht
und darauf dringt, die Dinge unter diesem Gesichtspunkt zu betrachten. Leibnitz hat dabei zunächst die noch heut zu Tage bei
Vielen so beliebte, bloß mechanische Auffassungsweise vor Augen,
welche er mit Recht für unzureichend erklärt. So ist es z. B.
eine bloß mechanische Auffassung, wenn der organische Prozeß
des Blutumlaufs bloß auf die Kontraktion des Herzens zurückgeführt wird, und ebenso mechanisch sind jene Strafrechtsthea-
rieen, welche die Unschädlichmachung, die Abschreckung oder andere dergleichen äußerliche Gründe als Zweck der Strafe betrachten. Man thut Leibnitz in der That sehr Unrecht, wenn man
meint, daß derselbe sich mit etwas so Dürftigem, wie dieß das
formelle Denkgesetz vom Grunde ist, begnügt habe. Die von
ihm geltend gemachte Betrachtungsweise ist gerade das Gegentheil von jenem Formalismus, der, wo es sich um ein begreifendes Erkennen handelt, es mit bloßen Gründen sein Bewenden
haben läßt. Leibnitz stellt in dieser Hinsicht causas efficientes und causas finales einander gegenüber und macht die
Forderung, nicht bei den ersteren stehen zu bleiben, sondern zu

den letzteren hindurch zu dringen. Nach diesem Unterschied würden z. B. Licht, Wärme, Feuchtigkeit zwar als causae efficientes, nicht aber als causa finalis des Wachsthums der Pflanzen zu betrachten seyn, welche causa finalis dann eben nichts Anderes ist, als der Begriff der Pflanze selbst. — Es kann hier noch bemerkt werden, daß das Stehenbleiben bei bloßen Gründen, namentlich auf dem Gebiet des Rechtlichen und Sittlichen, überhaupt der Standpunkt und das Prinzip der Sophisten ist. Wenn von Sophistik gesprochen wird, so pflegt man darunter häufig bloß eine solche Betrachtungsweise zu verstehen, bei welcher es darum zu thun ist, das Rechte und das Wahre zu verdrehen und überhaupt die Dinge in einem falschen Lichte darzustellen. Diese Tendenz liegt indeß nicht unmittelbar in der Sophistik, deren Standpunkt zunächst kein anderer, als der des Raisonnements ist. Die Sophisten sind bei den Griechen aufgetreten zu einer Zeit, als diesen auf dem religiösen und auf dem sittlichen Gebiet die bloße Autorität und das Herkommen nicht mehr genügte und sie das Bedürfniß empfanden, sich dessen, was ihnen gelten sollte, als eines durch das Denken vermittelten Inhalts bewußt zu werden. Dieser Forderung sind die Sophisten dadurch entgegen gekommen, daß sie Anweisung dazu ertheilten, die verschiedenen Gesichtspunkte aufzusuchen, unter denen sich die Dinge betrachten lassen, welche verschiedenen Gesichtspunkte dann zunächst eben nichts Anderes als Gründe sind. Da nun, wie vorher bemerkt wurde, der Grund noch keinen an und für sich bestimmten Inhalt hat und für das Unsittliche und Widerrechtliche nicht minder, als für das Sittliche und Rechtliche Gründe aufzufinden sind, so fällt die Entscheidung darüber, welche Gründe gelten sollen, in das Subjekt und es kömmt auf dessen individuelle Gesinnung und Absichten an, wofür dasselbe sich entscheidet. Hiermit ist dann der objektive Boden des an und für sich Gültigen, von Allen Anerkannten untergraben und diese negative Seite der Sophistik ist es welche dieselbe verdientermaaßen in den vorher erwähnten übeln Ruf gebracht hat. Sokrates hat bekanntlich die Sophisten überall bekämpft, jedoch nicht dadurch, daß er dem Raisonnement derselben nur ohne Weiteres die Autorität und das Herkommen entgegengestellt, sondern vielmehr dadurch, daß er die Haltlosigkeit der bloßen Gründe dialektisch aufgezeigt und dagegen das Gerechte und das Gute, überhaupt das Allgemeine oder den Begriff des Willens geltend gemacht hat. Wenn heut zu Tage nicht nur in Erörterungen über weltliche Dinge, sondern auch in Predigten oft vorzugsweise nur raisonnirend zu Werke gegangen wird, und so z. B. alle möglichen Gründe zur Dankbarkeit gegen Gott beigebracht werden, so würden Sokrates und eben so Platon keinen Anstand genommen haben, dergleichen für Sophisterei zu erklären, da es, wie gesagt, bei dieser zunächst nicht um den Inhalt zu thun ist, welcher immerhin der wahrhafte seyn kann, sondern um die Form der Gründe, durch welche Alles vertheidigt, aber auch Alles angegriffen werden kann. In unserer reflexionsreichen und raisonnirenden Zeit muß es Einer noch nicht weit gebracht haben, der nicht für Alles, auch für das Schlechteste und Verkehrteste einen guten Grund anzugeben weiß. Alles, was in der Welt verdorben worden ist, das ist aus guten Gründen verdorben worden. Wenn auf Gründe provocirt wird, so ist man zunächst geneigt, davor zurückzutreten, hat man dann aber die Erfahrung gemacht, wie es sich damit verhält, so wird man harthörig dagegen und läßt sich dadurch nicht weiter imponiren.

§. 122.

Das Wesen ist zunächst Scheinen und Vermittelung in sich; als Totalität der Vermittlung ist seine Einheit mit sich nun gesetzt als das sich Aufheben des Unterschiedes und damit der Vermittlung. Dieß ist also die Wiederherstellung der Unmittelbarkeit oder des Seyns, aber des Seyns, in sofern es durch das Aufheben der Vermittelung vermittelt ist; — die Existenz.

Der Grund hat noch keinen an und für sich bestimmten Inhalt, noch ist er Zweck, daher ist er nicht thätig, noch hervorbringend; sondern eine Existenz geht aus dem Grunde nur hervor. Der bestimmte Grund ist darum etwas Formelles; irgend eine Bestimmtheit, in sofern sie als bezogen auf sich selbst, als Affirmation gesetzt wird, im Verhältniß zu der damit zusammenhängenden unmittelbaren Existenz. Er ist eben damit, daß er Grund ist, auch ein guter Grund, denn Gut heißt ganz abstrakt auch nicht mehr als ein Affirmatives, und jede Bestimmtheit ist gut; die in irgend einer Weise als ein zugestanden Affirmatives ausgesprochen werden kann. Ein Grund kann daher für Alles gefunden und angegeben werden, und ein guter Grund (z. B. guter Beweggrund zu handeln) kann etwas bewirken oder auch nicht, eine Folge haben oder auch nicht. Beweggrund, der etwas bewirkt, wird er z. B. durch die Aufnahme in einen Willen, der ihn erst zum thätigen und einer Ursache macht.

b. Die Existenz.

§. 123.

Die Existenz ist die unmittelbare Einheit der Reflexion-in-sich und der Reflexion-in-Anderes. Sie ist daher die unbestimmte Menge von Existirenden als in-sich-reflektirten, die zugleich eben so sehr in anderes-scheinen, relativ sind, und eine Welt gegenseitiger Abhängigkeit und eines unendlichen Zusammenhangs von Gründen und Begründeten bilden. Die Gründe sind selbst Existenzen; und die Existirenden ebenso nach vielen Seiten hin Gründe sowohl als Begründete.

Zusatz. Der Ausdruck Existenz (abgeleitet von existere) deutet auf ein Hervorgegangenseyn und die Existenz ist das aus dem Grunde hervorgegangene, durch Aufhebung der Vermittlung wiederhergestellte Seyn. — Das Wesen, als das aufgehobene

Seyn, hat sich uns zunächst als Scheinen in sich erwiesen und die Bestimmungen dieses Scheinens sind die Identität, der Unterschied und der Grund. Dieser ist die Einheit der Identität und des Unterschiedes, und als solche zugleich Unterscheiden seiner von sich selbst. Nun aber ist das vom Grund Unterschiedene eben so wenig der bloße Unterschied, als er selbst die abstrakte Identität ist. Der Grund ist das Aufheben seiner selbst und das, wozu er sich aufhebt, das Resultat seiner Negation ist die Existenz. Diese als das aus dem Grund Hervorgegangene enthält denselben in sich und der Grund bleibt nicht hinter der Existenz zurück, sondern es ist eben nur dieß sich aufzuheben und in Existenz zu übersetzen. Dieß findet sich dann auch in sofern im gewöhnlichen Bewußtseyn, daß, wenn wir den Grund von Etwas betrachten, dieser Grund nicht ein abstrakt Innerliches, sondern vielmehr selbst wieder ein Existirendes ist. So betrachten wir z. B. als Grund einer Feuersbrunst den Blitzstrahl, welcher ein Gebäude in Brand gesetzt hat, und ebenso als Grund der Verfassung eines Volkes, dessen Sitten und Lebensverhältnisse. Dieß ist nun überhaupt die Gestalt, unter welcher sich die existirende Welt der Reflexion zunächst präsentirt, als eine unbestimmte Menge von Existirenden, die sich, als zugleich in sich und in Anderes reflektirt, zu einander gegenseitig als Grund und als Begründetes verhalten. In diesem bunten Spiel der Welt, als des Inbegriffs des Existirenden, zeigt sich zunächst nirgends ein fester Halt, Alles erscheint hier nur als ein Relatives, bedingt durch Anderes und ebenso Anderes bedingend. Der reflektirende Verstand macht es sich zum Geschäft, diese allseitigen Beziehungen zu ermitteln und zu verfolgen, allein die Frage nach einem Endzweck bleibt dabei unbeantwortet und das Bedürfniß der begreifenden Vernunft schreitet deshalb mit der weitern Entwickelung der logischen Idee über diesen Standpunkt der bloßen Relativität hinaus.

§. 124.

Die Reflexion-in-Anderes des Existirenden ist aber ungetrennt von der Reflexion-in-sich; der Grund ist ihre Einheit,
aus der die Existenz hervorgegangen ist. Das Existirende enthält daher die Relativität und seinen mannigfachen Zusammenhang mit andern Existirenden an ihm selbst, und ist in sich als
Grund reflektirt. So ist das Existirende Ding.

Das Ding-an-sich, das in der Kantischen Philosophie
so berühmt geworden, zeigt sich hier in seiner Entstehung,
nämlich als die abstrakte Reflexion-in-sich, an der gegen die
Reflexion-in-anderes und gegen die unterschiedenen Bestimmungen überhaupt als an der leeren Grundlage derselben
festgehalten wird.

Zusatz. Wenn behauptet wird, daß das Ding-an-
sich unerkennbar sey, so ist dieß in sofern zuzugeben,—als man
unter dem Erkennen das Auffassen eines Gegenstandes in seiner
konkreten Bestimmtheit zu verstehen hat, das Ding-an-sich aber
nichts Anderes ist, als das ganz abstrakte und unbestimmte Ding
überhaupt. Mit demselben Recht übrigens, mit welchem vom
Ding-an-sich gesprochen wird, wäre auch von der Qualität-
an-sich, von der Quantität-an-sich und ebenso weiter von
allen übrigen Kategorien zu sprechen und würden darunter diese
Kategorien in ihrer abstrakten Unmittelbarkeit, d. h. abgesehen
von ihrer Entwickelung und innerer Bestimmtheit zu verstehen
seyn. Es ist in sofern als eine Willkühr des Verstandes zu
betrachten, wenn gerade nur das Ding in seinem An-sich fixirt
wird. Weiter pflegt nun aber auch das An-sich auf den Inhalt der natürlichen sowohl, als auch der geistigen Welt angewendet, und demgemäß z. B. von der Elektricität oder von der
Pflanze an sich und ebenso vom Menschen oder vom Staat an
sich gesprochen, und unter dem An-sich dieser Gegenstände das
Rechte und Eigentliche derselben verstanden zu werden. Hiermit verhält es sich nicht anders, wie mit dem Ding-an-sich

überhaupt und zwar näher so, daß, wenn bei dem bloßen An-
sich der Gegenstände stehen geblieben wird, dieselben nicht in ihrer
Wahrheit, sondern in der einseitigen Form der bloßen Abstraktion
aufgefaßt werden. So ist z. B. der Mensch=an=sich das Kind,
dessen Aufgabe darin besteht, nicht in diesem abstrakten und un-
entwickelten An=sich zu verharren, sondern das was es zunächst
nur an=sich ist — nämlich ein freies und vernünftiges Wesen
— auch für=sich zu werden.. Ebenso ist der Staat=an=sich
der noch unentwickelte, patriarchalische Staat, in welchem die im
Begriff des Staats liegenden verschiedenen politischen Funktionen noch nicht zu ihrer begriffsmäßigen Konstituirung gelangt
sind. In demselben Sinn kann auch der Keim als die Pflanze=
an=sich betrachtet werden. Aus diesen Beispielen ist zu entnehmen, daß man sich sehr im Irrthum befindet, wenn man meint,
das An=sich der Dinge oder das Ding=an=sich überhaupt sey
etwas für unser Erkennen Unzugängliches. Alle Dinge sind zunächst an=sich, allein es hat dabei nicht sein Bewenden, und
so wie der Keim, welcher die Pflanze an=sich ist, nur dieß ist
sich zu entwickeln, so schreitet auch das Ding überhaupt über
sein bloßes An=sich, als die abstrakte Reflexion in sich, dazu
fort sich auch als Reflexion in Anderes zu erweisen und so hat
es Eigenschaften.

c. Das Ding.

§. 125.

Das Ding ist die Totalität als die in Einem gesetzte
Entwicklung der Bestimmungen des Grundes und der Existenz.
Es hat nach dem einen seiner Momente der Reflexion=in=
Anderes die Unterschiede an ihm, wonach es ein bestimmtes
und konkretes Ding ist. α) Diese Bestimmungen sind von einander verschieden; an dem Dinge, nicht an ihnen selbst, haben sie
ihre Reflexion=in=sich. Sie sind Eigenschaften des Dings,
und ihre Beziehung auf dasselbe ist das Haben.

Haben tritt als Beziehung an die Stelle des Seyns. Etwas hat zwar auch Qualitäten an ihm, aber diese Uebertragung des Habens auf das Seyende ist ungenau, weil die Bestimmtheit als Qualität unmittelbar eins mit dem Etwas ist, und Etwas aufhört zu seyn, wenn es seine Qualität verliert. Das Ding aber ist die Reflexion-in-sich, als die von dem Unterschiede, seinen Bestimmungen, auch unterschiedene Identität. — Das Haben wird in vielen Sprachen zur Bezeichnung der Vergangenheit gebraucht, — mit Recht, indem die Vergangenheit das aufgehobene Seyn, und der Geist deren Reflexion-in-sich ist, worin sie allein noch Bestehen hat, der aber dieses in ihm aufgehobene Seyn auch von sich unterscheidet.

Zusatz. Am Dinge rekurriren die sämmtlichen Reflexionsbestimmungen als existirend. So ist das Ding, zunächst als Ding-an-sich, das mit sich Identische. Die Identität aber ist, wie wir gesehen haben, nicht ohne den Unterschied und die Eigenschaften, welche das Ding hat, sind der existirende Unterschied, in der Form der Verschiedenheit. Während früher die Verschiedenen sich als gegeneinander gleichgültig erwiesen und die Beziehung derselben auf einander nur durch die ihnen äußerliche Vergleichung gesetzt wurde, so haben wir nunmehr am Dinge ein Band, welches die verschiedenen Eigenschaften unter einander verknüpft. Uebrigens ist die Eigenschaft nicht mit der Qualität zu verwechseln. Man sagt zwar auch, Etwas habe Qualitäten. Diese Bezeichnung ist indeß in sofern unpassend, als das Haben eine Selbstständigkeit andeutet, die dem mit seiner Qualität unmittelbar identischen Etwas noch nicht zukömmt. Etwas ist das, was es ist, nur durch seine Qualität, wohingegen das Ding, zwar gleichfalls nur existirt, in sofern es Eigenschaften hat, jedoch nicht an diese oder jene bestimmte Eigenschaft gebunden ist und somit auch dieselbe verlieren kann, ohne daß es deshalb aufhärt das zu seyn, was es ist.

§. 126.

β) Die Reflexion = in = Anderes ist aber, auch im Grunde unmittelbar an ihr selbst die Reflexion = in = sich, daher sind die Eigenschaften eben so sehr mit sich identisch, selbstständig und von ihrem Gebundenseyn an das Ding befreit. Weil sie aber die von einander unterschiedenen Bestimmtheiten des Dinges als reflektirt = in = sich sind, sind sie nicht selbst Dinge als welche konkret sind, sondern in sich reflektirte Existenzen als abstrakte Bestimmtheiten, Materien.

Die Materien, z. B. magnetische, elektrische Materien, werden auch nicht Dinge genannt. — Sie sind die eigentlichen Qualitäten, eins mit ihrem Seyn, die zur Unmittelbarkeit als einem Seyn, welches ein reflektirtes Existenz ist, gelangte Bestimmtheit.

Zusatz. Die Verselbstständigung der Eigenschaften, welche das Ding hat, zu Materien oder Stoffen, aus welchen dasselbe besteht, ist zwar im Begriff des Dinges begründet und findet sich deshalb auch in der Erfahrung, allein es ist ebenso gedanken = als erfahrungswidrig daraus, daß gewisse Eigenschaften eines Dinges, wie z. B. die Farbe, der Geruch u. f. w., sich als besonderer Farbestoff, Riechstoff u. f. w. darstellen lassen, zu folgern, daß damit Alles abgethan sey und daß man, um dahinter zu kommen, wie es sich mit den Dingen eigentlich verhalte, weiter nichts zu thun habe, als dieselben in die Stoffe zu zerlegen, aus denen dieselben zusammengesetzt sind. Dieses Zerlegen in selbstständige Stoffe findet seine eigentliche Stelle nur in der unorganischen Natur und der Chemiker befindet sich in seinem Recht, wenn er z. B. das Küchensalz oder den Gips in ihre Stoffe zerlegt und dann sagt, jenes bestehe aus Salzsäure und Natron und dieser aus Schwefelsäure und Kalk. Ebenso betrachtet dann auch die Geognosie mit Recht den Granit als aus Quarz, Feldspath und Glimmer zusammengesetzt. Diese Stoffe, aus denen das Ding besteht, sind dann zum Theil selbst wieder

Dinge, die als solche abermals in abstraktere Stoffe zerlegt werden können, wie z. B. die Schwefelsäure, welche aus Schwefel
und aus Sauerstoff besteht.   Während nun dergleichen Stoffe
oder Materien thatsächlich als für sich bestehend dargestellt werden können, so geschieht es auch häufig, daß andere Eigenschaften der Dinge gleichfalls als besondere Materien betrachtet werden, denen gleichwohl diese Selbstständigkeit nicht zukömmt.   So
spricht man z. B. von Wärmestoff, von elektrischer und von
magnetischer Materie, welche Stoffe und Materien indeß als
bloße Fictionen des Verstandes zu betrachten sind.   Es ist dieß
überhaupt die Weise der abstrakten Verstandesreflexion, einzelne
Kategorieen, die nur als bestimmte Entwickelungsstufen der Idee
ihre Gültigkeit haben, willkührlich zu ergreifen und diese dann,
wie es heißt zum Behuf der Erklärung, jedoch im Widerspruch
mit der unbefangenen Anschauung und Erfahrung, dergestalt zu
handhaben, daß alle zur Betrachtung gezogenen Gegenstände
darauf zurückgeführt werden.   So wird dann auch das Bestehen
des Dinges aus selbstständigen Stoffen vielfältig auf solchen
Gebieten zur Anwendung gebracht, wo dasselbe keine Gültigkeit
mehr hat.   Schon innerhalb der Natur, beim organischen Leben,
erweist sich diese Kategorie als ungenügend.   Man sagt wohl,
dieses Thier besteht aus Knochen, Muskeln, Nerven u. s. w., allein
es leuchtet unmittelbar ein, daß es damit eine andere Bewandniß hat, als mit dem Bestehen eines Stücks Granit aus den
vorhergenannten Stoffen.   Diese Stoffe verhalten sich vollkommen gleichgültig gegen ihre Vereinigung und können auch ebenso
gut ohne dieselbe bestehen, wohingegen die verschiedenen Theile
und Glieder des organischen Leibes nur in ihrer Vereinigung
ihr Bestehen haben und getrennt von einander aufhören als
solche zu existiren.

§. 127.

Die Materie ist so die abstrakte oder unbestimmte Re-
flexion=in=Anderes, oder die Reflexion=in=sich zugleich als

bestimmte; sie ist daher die daseyende Dingheit, das Be=
stehen des Dings. Das Ding hat auf diese Weise an den Ma=
terien seine Reflexion=in=sich (das Gegentheil von §. 125.), be=
steht nicht an ihm selbst, sondern aus den Materien, und ist
nur deren oberflächlicher Zusammenhang, eine äußerliche Ver=
knüpfung derselben.

§. 128.

γ) Die Materie ist als die unmittelbare Einheit der
Existenz mit sich auch gleichgültig gegen die Bestimmtheit; die
vielen verschiedenen Materien gehen daher in die Eine Mate=
rie, die Existenz in der Reflexionsbestimmung der Identität
zusammen, welcher gegenüber diese unterschiedenen Bestimmthei=
ten und deren äußerliche Beziehung, die sie im Ding auf=
einander haben, die Form sind, — die Reflexionsbestimmung
des Unterschiedes, aber als existirend und als Totalität.

Diese Eine, bestimmungslose Materie ist auch dasselbe,
was das Ding=an=sich, nur dieses als in sich ganz abstrak=
tes, jene als an sich auch für=anderes, zunächst für die Form
seyendes.

Zusatz. Die verschiedenen Materien, aus denen das
Ding besteht, sind an sich die eine dasselbe was die andere ist.
Wir erhalten hiermit die eine Materie überhaupt, an welcher
der Unterschied als derselben äußerlich, d. h. als bloße Form
gesetzt ist. Die Auffassung der Dinge als sämmtlich die eine
und selbe Materie zur Grundlage habend und bloß äußerlich,
ihrer Form nach verschieden, ist dem reflektirenden Bewußtseyn
sehr geläufig. Die Materie gilt hierbei als an sich durchaus
unbestimmt, jedoch aller Bestimmung fähig und zugleich schlecht=
hin permanent und in allem Wechsel und aller Veränderung
sich selbst gleichbleibend. Diese Gleichgültigkeit der Materie ge=
gen bestimmte Formen findet sich nun allerdings in endlichen
Dingen; so ist es z. B. einem Marmorblock gleichgültig, ob dem=
selben die Form dieser oder jener Statue oder auch einer Säule

gegeben wird. Dabei ist jedoch nicht zu übersehen, daß solche
Materie, wie ein Marmorblock, nur relativ (in Beziehung auf
den Bildhauer) gegen die Form gleichgültig, jedoch keineswegs
überhaupt formlos ist. Der Mineralog betrachtet demgemäß auch
den nur relativ formlosen Marmor als eine bestimmte Stein-
Formation, in seinem Unterschied von anderen ebenso bestimmten
Formationen, wie z. B. Sandstein, Porphyr u. dergl. Es ist
somit nur der abstrahirende Verstand, welcher die Materie in
ihrer Isolirung und als an sich formlos fixirt, wohingegen in
der That der Gedanke der Materie das Prinzip der Form durchaus in sich schließt und darum auch in der Erfahrung nirgends
eine formlose Materie als existirend vorkömmt. Die Auffassung
der Materie als ursprünglich vorhanden und als an sich formlos
ist übrigens sehr alt und begegnet uns schon bei den Griechen,
zunächst in der mythischen Gestalt des Chaos, welches als die
formlose Grundlage der existirenden Welt vorgestellt wird. In
der Konsequenz dieser Vorstellung liegt es dann, Gott nicht als
den Erschaffer der Welt, sondern als bloßen Weltbildner, als
Demiurgen, zu betrachten. Die tiefere Anschauung ist dagegen
diese, daß Gott die Welt aus Nichts erschaffen habe, womit dann
überhaupt ausgesprochen ist, einerseits, daß der Materie als solcher keine Selbstständigkeit zukömmt, und andererseits, daß die
Form nicht von außen an die Materie gelangt, sondern, als Totalität, das Prinzip der Materie in sich selbst trägt, welche freie
und unendliche Form sich uns demnächst als der Begriff ergeben wird.

§. 129.

Das Ding zerfällt so in Materie und Form, deren jedes
die Totalität der Dingheit und selbstständig für sich ist. Aber
die Materie, welche die positive, unbestimmte Existenz seyn soll,
enthält als Existenz eben sowohl die Reflexion-in-Anderes als
das In-sich-seyn; als Einheit dieser Bestimmungen ist sie selbst
die Totalität der Form. Die Form aber enthält schon als To-

talität der Bestimmungen die Reflexion = in = sich, oder als sich
auf sich beziehende Form hat sie das, was die Bestimmung
der Materie ausmachen soll. Beide sind an = sich dasselbe. Diese
ihre Einheit gesetzt ist überhaupt die Beziehung der Materie
und Form, welche ebenso unterschieden sind.

§. 130.

Das Ding als diese Totalität ist der Widerspruch, nach
seiner negativen Einheit die Form zu seyn, in der die Materie
bestimmt und zu Eigenschaften herabgesetzt ist (§. 125.), und
zugleich aus Materien zu bestehen, die in der Reflexion= des
Dings = in = sich zugleich ebenso selbstständige als negirte sind.
Das Ding ist so die wesentliche Existenz als eine sich in sich
selbst aufhebende zu seyn, ist Erscheinung.

Die im Ding ebenso gesetzte Negation als Selbstständigkeit der Materien kommt in der Physik als die Porosität
vor. Jede der vielen Materien (Färbestoff, Riechstoff und
andere Stoffe, nach einigen darunter auch Schallstoff, dann
ohnehin Wärmestoff, elektrische Materie u. s. w.) ist auch negirt, und in dieser ihrer Negation, ihren Poren; sind die vielen andern selbstständigen Materien, die ebenso porös sind,
und in sich die andern so gegenseitig existiren lassen. Die Poren sind nichts Empirisches, sondern Erdichtungen des Verstandes, der das Moment der Negation der selbstständigen Materien auf diese Weise vorstellt, und die weitere Ausbildung
der Widersprüche mit jener nebulosen Verwirrung, in der alle
selbstständig und alle in einander ebenso negirt sind, deckt.
— Wenn auf gleiche Weise im Geiste die Vermögen oder
Thätigkeiten hypostasirt werden, so wird ihre lebendige Einheit
ebenso zur Verwirrung des Einwirkens der einen in die andere.

Wie die Poren (von den Poren im Organischen, denen des
Holzes, der Haut ist nicht die Rede, sondern von denen in den
sogenannten Materien, wie im Färbestoff, Wärmestoff u. s. f.
oder in den Metallen, Krystallen u. dgl.) nicht in der Beob-

17*

achtung ihre Bewährung haben, so ist auch die Materie selbst, ferner eine von ihr getrennte Form, zunächst das Ding und das Bestehen desselben aus Materien, oder daß es selbst besteht und nur Eigenschaften hat, — Produkt des reflektirenden Verstandes, der indem er beobachtet und das anzugeben vorgiebt, was er beobachte, vielmehr eine Metaphysik hervorbringt, die nach allen Seiten Widerspruch ist, der ihm jedoch verborgen bleibt.

B.
Die Erscheinung.

§. 131.

Das Wesen muß erscheinen. Sein Scheinen in ihm ist das Aufheben seiner zur Unmittelbarkeit, welche als Reflexion-in-sich so Bestehen (Materie) ist, als sie Form, Reflexion-in-Anderes, sich aufhebendes Bestehen ist. Das Scheinen ist die Bestimmung, wodurch das Wesen nicht Seyn, sondern Wesen ist, und das entwickelte Scheinen ist die Erscheinung. Das Wesen ist daher nicht hinter oder jenseits der Erscheinung, sondern dadurch, daß das Wesen es ist, welches existirt, ist die Existenz Erscheinung.

Zusatz. Die Existenz gesetzt in ihrem Widerspruch ist die Erscheinung. Diese ist nicht mit dem bloßen Schein zu verwechseln. Der Schein ist die nächste Wahrheit des Seyns oder der Unmittelbarkeit. Das Unmittelbare ist nicht dasjenige, was wir an ihm zu haben meinen, nicht ein Selbstständiges und auf sich Beruhendes, sondern nur Schein und als solcher ist dasselbe zusammengefaßt in die Einfachheit des in sich seyenden Wesens. Dieses ist zunächst Totalität des Scheinens in sich, bleibt dann aber nicht bei dieser Innerlichkeit stehen, sondern tritt als Grund heraus in die Existenz, welche, als ihren Grund nicht in sich selbst, sondern in einem Anderen habend, eben nur Erscheinung ist. Wenn wir von der Erscheinung sprechen, so verbinden wir

damit die Vorstellung einer unbestimmten Mannigfaltigkeit exi-
stirender Dinge, deren Seyn schlechthin nur Vermittelung ist
und welche somit nicht auf sich selbst beruhen, sondern nur als
Momente ihre Gültigkeit haben. Hierin liegt nun aber auch
zugleich, daß das Wesen nicht hinter oder jenseits der Erscheinung verbleibt, sondern vielmehr gleichsam die unendliche Güte
ist, seinen Schein in die Unmittelbarkeit zu entlassen und ihm
die Freude des Daseyns zu gönnen. Die hiermit gesetzte Erscheinung steht nicht auf eignen Füßen und hat ihr Seyn nicht
in sich selbst, sondern in einem Anderen. Gott, als das Wesen,
sowie er die Güte ist, dadurch, daß er den Momenten seines
Scheinens in sich Existenz verleiht, eine Welt zu erschaffen, erweist sich zugleich als die Macht über dieselbe und als die Gerechtigkeit, den Inhalt dieser existirenden Welt, in sofern dieselbe für sich existiren will, als bloße Erscheinung zu mani-
festiren. —

Die Erscheinung ist überhaupt eine sehr wichtige Stufe der
logischen Idee, und man kann sagen, daß die Philosophie sich
vom gemeinen Bewußtseyn dadurch unterscheidet, daß sie dasjenige, was diesem als ein Seyendes und Selbstständiges gilt,
als bloße Erscheinung betrachtet. Dabei kommt es indeß darauf
an, daß die Bedeutung der Erscheinung gehörig aufgefaßt wird.
Wenn nämlich von Etwas gesagt wird, daß es nur Erscheinung
sey, so kann dieß so mißverstanden werden, als ob in Vergleichung mit diesem nur Erscheinenden das Seyende oder Unmittelbare das Höhere sey. In der That verhält es sich gerade
umgekehrt, so nämlich, daß die Erscheinung ein Höheres ist als
das bloße Seyn. Die Erscheinung ist überhaupt die Wahrheit
des Seyns und eine reichere Bestimmung als dieses, in sofern
dieselbe die Momente der Reflexion in sich und der Reflexion
in Anderes in sich vereinigt enthält, wohingegen das Seyn oder
die Unmittelbarkeit, noch das einseitig Beziehungslose und
(scheinbar) nur auf sich Beruhende ist. Weiter deutet dann

aber jenes Nur der Erscheinung allerdings auf einen Mangel
und dieser besteht darin, daß die Erscheinung noch dieß in sich
Gebrochene, seinen Halt nicht in sich selbst Habende ist. Das
Höhere als die bloße Erscheinung ist zunächst die Wirklichkeit,
von welcher, als der dritten Stufe des Wesens, späterhin gehandelt werden wird. — In der Geschichte der neueren Philosophie
ist es Kant, welchem das Verdienst gebührt, den vorher erwähnten Unterschied zwischen dem gemeinen und dem philosophischen
Bewußtseyn zuerst wieder geltend gemacht zu haben. Kant ist
indeß in sofern noch auf halbem Wege stehen geblieben, als er
die Erscheinung nur im subjektiven Sinn aufgefaßt und außer
derselben das abstrakte Wesen als das unserm Erkennen unzu-
gängliche Ding an sich fixirt hat. Nur Erscheinung zu seyn,
dieß ist die eigene Natur der unmittelbar gegenständlichen Welt
selbst, und indem wir dieselbe als solche wissen, so erkennen wir
damit zugleich das Wesen, welches nicht hinter oder jenseits der
Erscheinung bleibt, sondern eben dadurch sich als Wesen manifestirt, daß es dieselbe zur bloßen Erscheinung herabsetzt. — Es
ist übrigens dem unbefangenen Bewußtseyn, bei seinem Verlangen nach einer Totalität, nicht zu verargen, wenn dasselbe Anstand nimmt, sich bei der Behauptung des subjektiven Idealismus, daß wir es schlechthin bloß mit Erscheinungen zu thun haben, zu beruhigen. Nur widerfährt es diesem unbefangenen Bewußtseyn, indem es sich daran begiebt, die Objektivität des Erkennens zu retten, leicht, daß es zur abstrakten Unmittelbarkeit
zurückkehrt und diese ohne Weiteres als das Wahre und Wirkliche festhält. Fichte hat in einer kleinen Schrift unter dem
Titel: „Sonnenklarer Bericht an das größere Publikum über das
eigentliche Wesen der neusten Philosophie; ein Versuch, den Leser zum Verstehen zu zwingen“ den Gegensatz zwischen dem subjektiven Idealismus und dem unmittelbaren Bewußtseyn, in der
Form eines Gesprächs zwischen dem Autor und dem Leser in
populärer Form abgehandelt und sich bemüht, die Berechtigung

des subjektiv idealistischen Standpunktes nachzuweisen. In diesem Gespräch klagt der Leser dem Autor seine Noth, daß es ihm durchaus nicht gelingen wolle, sich auf jenen Standpunkt zu versetzen, und äußert sich trostlos darüber, daß die Dinge, die ihn umgeben, nicht wirkliche Dinge, sondern bloß Erscheinungen seyn sollen. Diese Betrübniß ist in sofern allerdings dem Leser nicht zu verdenken, als ihm zugemuthet wird, sich als in einen undurchdringlichen Kreis bloß subjektiver Vorstellungen eingebannt zu betrachten; übrigens muß indeß, abgesehen von der bloß subjektiven Auffassung der Erscheinung, gesagt werden, daß wir alle Ursache haben, zufrieden damit zu seyn, daß wir an den Dingen, welche uns umgeben, es bloß mit Erscheinungen und nicht mit festen und selbstständigen Existenzen zu thun haben, da wir in diesem Fall sowohl leiblich als geistig alsbald verhungern würden.

a. Die Welt der Erscheinung.
§. 132.

Das Erscheinende existirt so, daß sein Bestehen unmittelbar aufgehoben, dieses nur Ein Moment der Form selbst ist; die Form befaßt das Bestehen oder die Materie als eine ihrer Bestimmungen in sich. Das Erscheinende hat so seinen Grund in dieser als seinem Wesen, seiner Reflexion-in-sich gegen seine Unmittelbarkeit, aber damit nur in einer andern Bestimmtheit der Form. Dieser sein Grund ist eben so sehr ein Erscheinendes, und die Erscheinung geht so zu einer unendlichen Vermittlung des Bestehens durch die Form, somit ebenso durch Nichtbestehen fort. Diese unendliche Vermittlung ist zugleich eine Einheit der Beziehung auf sich; und die Existenz zu einer Totalität und Welt der Erscheinung, der reflektirten Endlichkeit, entwickelt.

b. Inhalt und Form.
§. 133.

Das Außereinander der Welt der Erscheinung ist Totalität

und ist ganz in ihrer Beziehung = auf = sich enthalten. Die
Beziehung der Erscheinung auf sich ist so vollständig bestimmt,
hat die Form in ihr selbst, und weil in dieser Identität, als
wesentliches Bestehen. So ist die Form Inhalt, und nach
ihrer entwickelten Bestimmtheit das Gesetz der Erscheinung. In
die Form als in = sich nicht reflektirt fällt das Negative
der Erscheinung, das Unselbstständige und Veränderliche, — sie
ist die gleichgültige, äußerliche Form.

Bei dem Gegensatze von Form und Inhalt ist wesentlich
festzuhalten, daß der Inhalt nicht formlos ist, sonden eben sowohl die Form in ihm selbst hat, als sie ihm ein Aeußerliches ist. Es ist die Verdopplung der Form vorhanden,
die das einemal als in sich reflektirt der Inhalt, das anderemal als nicht in sich reflektirt die äußerliche, dem Inhalte
gleichgültige Existenz ist. An = sich ist hier vorhanden das absolute Verhältniß des Inhalts und der Form, nämlich das
Umschlagen derselben in einander, so daß der Inhalt nichts
ist, als das Umschlagen der Form in Inhalt, und die
Form nichts, als Umschlagen des Inhalts in Form.
Dieß Umschlagen ist eine der wichtigsten Bestimmungen.
Gesetzt aber ist dieß erst im absoluten Verhältnisse.

Zusatz. Form und Inhalt sind ein paar Bestimmungen, deren sich der reflektirende Verstand sehr häufig bedient,
und zwar vornehmlich in der Art, daß der Inhalt als das
Wesentliche und Selbstständige, die Form dagegen als das Unwesentliche und Unselbstständige betrachtet wird. Dawider ist jedoch zu bemerken, daß in der That beide gleich wesentlich sind
und daß, während es einen formlosen Inhalt so wenig giebt als
einen formlosen Stoff, diese beiden (Inhalt und Stoff oder Materie)
sich eben dadurch von einander unterscheiden, daß die letztere,
obschon an sich nicht ohne die Form, doch in ihrem Dasein sich
als gegen dieselbe gleichgültig erweist, wohingegen der Inhalt
als solcher das was er ist nur dadurch ist, daß er die ausgebil-

dete Form in sich enthält. Weiter finden wir dann aber die
Form auch als eine gegen den Inhalt gleichgültige und demselben äußerliche Existenz und dies ist um deswillen der Fall,
weil die Erscheinung überhaupt noch mit der Aeußerlichkeit behaftet ist. Betrachten wir z. B. ein Buch, so ist es für den
Inhalt desselben allerdings gleichgültig, ob dasselbe geschrieben
oder gedruckt, ob es in Papier oder in Leder eingebunden ist.
Damit ist dann aber keineswegs gesagt, daß, abgesehen von solcher äußerlichen und gleichgültigen Form, der Inhalt des Buches
selbst ein formloser sey. Es giebt freilich Bücher genug; die
auch in Beziehung auf ihren Inhalt nicht mit Unrecht als formlos zu bezeichnen sind; in dieser Beziehung auf den Inhalt ist
jedoch die Formlosigkeit gleichbedeutend mit Unförmlichkeit, worunter nicht die Abwesenheit der Form überhaupt, sondern nur das
Nichtvorhandenseyn der rechten Form zu verstehen ist. Diese
rechte Form aber ist so wenig gegen den Inhalt gleichgültig, daß
dieselbe vielmehr der Inhalt selbst ist. Ein Kunstwerk, welchem
die rechte Form fehlt, ist eben darum kein rechtes, d. h. kein
wahres Kunstwerk, und es ist für einen Künstler als solchen eine
schlechte Entschuldigung, wenn gesagt wird, der Inhalt seiner
Werke sey zwar gut (ja wohl gar vortrefflich), aber es fehle denselben die rechte Form. Wahrhafte Kunstwerke sind eben nur
solche, deren Inhalt und Form sich als durchaus identisch erweisen. Man kann von der Ilias sagen, ihr Inhalt sey der tro-
janische Krieg, oder bestimmter der Zorn des Achill; damit haben
wir Alles und doch nur sehr wenig, denn was die Ilias zur
Ilias macht, das ist die poetische Form, zu welcher jener Inhalt herausgebildet ist. Eben so ist der Inhalt von Romeo und
Julie der durch die Zwietracht ihrer Familien herbeigeführte
Untergang zweier Liebenden; allein dies ist noch nicht Shake-
speare's unsterbliche Tragödie. — Was dann ferner das Verhältniß von Inhalt und Form auf dem wissenschaftlichen Gebiete
anbetrifft, so ist in dieser Beziehung an den Unterschied zwischen

der Philosophie und den übrigen Wissenschaften zu erinnern.
Die Endlichkeit der letztern besteht überhaupt darin, daß hier das
Denken, als bloß formelle Thätigkeit seinen Inhalt als einen
gegebenen von außenher aufnimmt und daß der Inhalt nicht
als durch die ihm zu Grunde liegenden Gedanken von innen
heraus bestimmt gewußt wird, daß somit Form und Inhalt einander nicht vollständig durchdringen, wohingegen in der Philosophie diese Trennung hinwegfällt und dieselbe deßhalb als unendliches Erkennen zu bezeichnen ist.   Gleichwohl wird auch das
philosophische Denken sehr häufig als bloße Formthätigkeit betrachtet und zumal von der Logik, welche es zugestandenermaßen
nur mit Gedanken als solchen zu thun hat; gilt deren Inhaltslosigkeit als eine ausgemachte Sache. Versteht man unter Inhalt nur
das Handgreifliche überhaupt das sinnlich Wahrnehmbare, so wird
allerdings, wie von der Philosophie überhaupt, so insbesondere
von der Logik, bereitwillig zuzugeben seyn, daß dieselbe keinen,
d. h. nicht einen solchen sinnlich wahrnehmbaren Inhalt hat.
Nun aber bleiben auch schon das gewöhnliche Bewußtseyn und
der allgemeine Sprachgebrauch rücksichtlich dessen, was unter Inhalt verstanden wird, keinesweges bloß bei der sinnlichen Wahrnehmbarkeit noch überhaupt beim bloßen Daseyn stehen.   Wenn
von einem inhaltlosen Buche die Rede ist, so versteht man darunter bekanntlich nicht blos ein Buch mit leeren Blättern, sondern ein solches, dessen Inhalt so gut wie keiner ist und wird es
sich bei näherer Betrachtung in letzter Analyse ergeben, daß für ein
gebildetes Bewußtseyn dasjenige, was zunächst als Inhalt bezeichnet
wird, keine andere Bedeutung als die der Gedankenmäßigkeit hat.
Damit ist dann aber auch zugleich eingeräumt, daß die Gedanken
nicht als gegen den Inhalt gleichgültige und an sich leere Formen zu betrachten sind und daß, wie in der Kunst, eben so auch
auf allen andern Gebieten, die Wahrheit und Gediegenheit des
Inhalts wesentlich darauf beruht, daß derselbe sich als mit der
Form identisch erweist.

§. 134.

Die unmittelbare Existenz aber ist Bestimmtheit des Bestehens selbst wie der Form; sie ist daher ebenso der Bestimmtheit des Inhalts äußerlich, als diese Aeußerlichkeit, die er durch das Moment seines Bestehens hat, ihm wesentlich ist. Die Erscheinung so gesetzt ist das Verhältniß, daß Ein und Dasselbe, der Inhalt, als die entwickelte Form, als die Aeußerlichkeit und Entgegensetzung selbstständiger Existenzen und deren identische Beziehung, ist, in welcher Beziehung die Unterschiedenen allein das sind, was sie sind.

c. Das Verhältniß.

§. 135.

α) Das unmittelbare Verhältniß ist das des Ganzen und der Theile: der Inhalt ist das Ganze und besteht aus den Theilen (der Form), dem Gegentheile seiner. Die Theile sind von einander verschieden, und sind das Selbstständige. Sie sind aber nur Theile in ihrer identischen Beziehung auf einander, oder in sofern sie zusammengenommen das Ganze ausmachen. Aber das Zusammen ist das Gegentheil und Negation des Theiles.

Zusatz. Das wesentliche Verhältniß ist die bestimmte, ganz allgemeine Weise des Erscheinens. Alles was existirt, steht im Verhältniß und dieß Verhältniß ist das Wahrhafte jeder Existenz. Das Existirende ist dadurch nicht abstrakt für sich, sondern nur in einem Anderen, aber in diesem Anderen ist es die Beziehung auf sich und das Verhältniß ist die Einheit der Beziehung auf sich und der Beziehung auf Anderes.

Das Verhältniß des Ganzen und der Theile ist in so fern unwahr als dessen Begriff und Realität einander nicht entsprechen. Der Begriff des Ganzen ist der, Theile zu enthalten; wird dann aber das Ganze als das gesetzt was es seinem Begriff nach ist, wird es getheilt, so hört es damit auf ein Ganzes zu seyn. Es giebt nun zwar Dinge, welche diesem Verhältniß entsprechen, allein dieß sind auch eben um deswillen nur niedrige und unwahre Existenzen. Dabei ist überhaupt daran zu erinnern, daß wenn in einer philosophischen Erörterung von Unwahrem die Rede ist, dies nicht so verstanden werden darf, als ob dergleichen nicht existire. Ein schlechter Staat oder ein kranker Leib mögen immerhin existiren; diese Gegenstände sind aber unwahr, denn ihr Begriff und ihre Realität entsprechen einander nicht. — Das Verhältniß des Ganzen und der Theile, als das unmittelbare Verhältniß, ist überhaupt ein solches, welches dem reflektirenden Verstand sehr nahe liegt und mit welchem sich derselbe um deswillen häufig auch da begnügt, wo es sich in der That um tiefere Verhältnisse handelt. So sind z. B. die Glieder und Organe eines lebendigen Leibes nicht bloß als dessen Theile zu betrachten, da dieselben das was sie sind, nur in ihrer Einheit sind und sich gegen dieselbe keineswegs als gleichgültig verhalten. Zu bloßen Theilen werden diese Glieder und Organe erst unter den Händen des Anatomen, welcher es dann aber auch nicht mehr mit lebenden Körpern sondern mit Cadavern zu thun hat. Es ist damit nicht gesagt, daß solche Zerlegung überhaupt nicht statt finden sollte, wohl aber daß das äußerliche und mechanische Verhältniß des Ganzen und der Theile nicht hinreicht, um das organische Leben in seiner Wahrheit zu erkennen. — In noch viel höherem Grade ist dies der Fall mit der Anwendung dieses Verhältnisses auf den Geist und die Gestaltungen der geistigen Welt. Wenn auch in der Psychologie nicht ausdrücklich von Theilen der Seele oder des Geistes gesprochen wird, so liegt doch der blos verstandesmäßigen Behandlung dieser Disciplin die Vorstellung jenes endlichen Verhältnisses in so fern gleichfalls zu Grunde, als die verschiedenen Formen der geistigen Thätigkeit bloß in ihrer Isolirung als sogenannte besondere Kräfte und Vermögen nach einander aufgezählt und beschrieben werden.

§. 136.

2) Das Eine und Dasselbe dieses Verhältnisses, die in ihm
vorhandene Beziehung auf sich, ist somit unmittelbar negative
Beziehung auf sich, und zwar als die Vermittlung daß Ein und
dasselbe gleichgültig gegen den Unterschied, und daß es die
negative Beziehung auf sich ist, welche sich selbst als Re=
flexion=in=sich zum Unterschiede abstößt und sich als Reflexion=
in=Anderes existirend setzt, und umgekehrt diese Reflexion=in=
Anderes zur Beziehung auf sich und zur Gleichgültigkeit zurück=
führt, — die Kraft und ihre Aeusserung.

Das Verhältniß des Ganzen und der Theile ist
das unmittelbare, daher das gedankenlose Verhältniß und Um=
schlagen der Identität=mit=sich in die Verschiedenheit. Es
wird vom Ganzen zu den Theilen und von den Theilen zum
Ganzen übergegangen, und in einem der Gegensatz gegen das
andere vergessen, indem jedes für sich das einemal das Ganze,
das anderemal die Theile als selbstständige Existenz genom=
men wird. Oder indem die Theile in dem Ganzen, und die=
ses aus jenen bestehen soll, so ist das einemal das eine, das
anderemal das andere das Bestehende, und ebenso jedesmal
das andere desselben das Unwesentliche. Das mechani=
sche Verhältniß besteht in seiner oberflächlichen Form über=
haupt darin, daß die Theile als selbstständige gegen einander
und gegen das Ganze sind.

Der Progreß ins Unendliche, welcher die Theil=
barkeit der Materie betrifft, kann sich auch dieses Ver=
hältnisses bedienen, und ist dann die gedankenlose Abwechslung
mit den beiden Seiten desselben. Ein Ding wird das eine=
mal als ein Ganzes genommen, dann wird zur Theil=
bestimmung übergegangen; diese Bestimmung wird nun ver=
gessen, und was Theil war, als Ganzes betrachtet; dann tritt
wieder die Bestimmung des Theils auf u. s. f. ins Unend=
liche. Diese Unendlichkeit aber als das Negative, das sie ist,

genommen, iſt die negative Beziehung des Verhältniſſes auf
ſich, die Kraft, das mit ſich identiſche Ganze als Inſich=
ſeyn, — und als dieß Inſichſeyn aufhebend und ſich äußernd,
und umgekehrt die Aeußerung, die verſchwindet und in die
Kraft zurückgeht.

Die Kraft iſt dieſer Unendlichkeit ungeachtet auch endlich;
denn der Inhalt, das Eine und Daſſelbe der Kraft und
der Aeußerung, iſt nur erſt an ſich dieſe Identität, die bei=
den Seiten des Verhältniſſes ſind noch nicht ſelbſt jede für
ſich die konkrete Identität Deſſelben, noch nicht die Totalität.
Sie ſind daher für einander verſchiedene, und das Verhältniß
ein endliches. Die Kraft bedarf daher der Sollicitation von
außen, wirkt blind und um dieſer Mangelhaftigkeit der Form
willen iſt auch der Inhalt beſchränkt und zufällig. Er iſt mit
der Form noch nicht wahrhaft identiſch, iſt noch nicht als Be=
griff und Zweck, der das an= und für=ſich beſtimmte iſt. —
Dieſer Unterſchied iſt höchſt weſentlich, aber nicht leicht auf=
zufaſſen, er hat ſich erſt am Zweckbegriffe ſelbſt näher zu be=
ſtimmen. Wird er überſehen, ſo führt dieß in die Verwir=
rung, Gott als Kraft aufzufaſſen, eine Verwirrung, an der
Herders Gott vornehmlich leidet.

Man pflegt zu ſagen, daß die Natur der Kraft ſelbſt
unbekannt ſey und nur ihre Aeußerung erkannt werde. Ei=
nestheils iſt die ganze Inhaltsbeſtimmung der Kraft
eben dieſelbe als die der Aeußerung, die Erklärung einer
Erſcheinung aus einer Kraft iſt deswegen eine leere Tautolo=
gie. Was unbekannt bleiben ſoll, iſt alſo in der That nichts
als die leere Form der Reflexion=in=ſich, wodurch allein die
Kraft von der Aeußerung unterſchieden iſt, — eine Form, die
ebenſo etwas wohlbekanntes iſt. Dieſe Form thut zum In=
halte und zum Geſetze, welche nur aus der Erſcheinung allein
erkannt werden ſollen, im geringſten nicht hinzu. Auch wird
überall verſichert, es ſolle damit über die Kraft nichts behaup=

tet werden; es ist also nicht abzusehen, warum die Form von
Kraft in die Wissenschaften eingeführt worden ist. — Andern=
theils ist aber die Natur der Kraft allerdings ein Unbekann=
tes, weil sowohl die Nothwendigkeit des Zusammenhangs ihres
Inhalts in sich selbst, als desselben in sofern er für sich be=
schränkt ist und daher seine Bestimmtheit vermittelst eines An=
dern außer ihm hat, noch mangelt.

    Zusatz 1. Das Verhältniß der Kraft und ihrer Aeußerung
ist, im Rückblick auf das unmittelbare Verhältniß des Ganzen
und der Theile, als unendlich zu betrachten, da in demselben
die Identität der beiden Seiten, welche in diesem letzten Ver=
hältniß nur erst an sich vorhanden war, gesetzt ist. Das Ganze,
obschon an sich aus Theilen bestehend, hört gleichwohl auf ein
Ganzes zu seyn, indem es getheilt wird, wohingegen die Kraft
erst dadurch, daß sie sich äußert, sich als Kraft bewährt und in ihrer
Aeußerung zu sich selbst zurückkehrt, denn die Aeußerung ist selbst
wieder Kraft. Ferner ist nun aber auch dieß Verhältniß wieder
endlich und die Endlichkeit desselben besteht überhaupt in diesem
Vermitteltseyn, so wie umgekehrt das Verhältniß des Ganzen und
der Theile sich um seiner Unmittelbarkeit willen als endlich er=
wiesen hat. Die Endlichkeit des vermittelten Verhältnisses der
Kraft und ihrer Aeußerung zeigt sich zunächst darin, daß eine
jede Kraft bedingt ist und zu ihrem Bestehen eines Andern be=
darf als sie selbst ist. So hat z. B. die magnetische Kraft be=
kanntlich ihren Träger vornämlich am Eisen, dessen sonstige Ei=
genschaften (Farbe, specifische Schwere, Verhältniß zu Säu=
ren u. s. w.) von dieser Beziehung zum Magnetismus unabhän=
gig sind. Eben so verhält es sich mit allen übrigen Kräften,
welche sich durchgängig als durch Anderes als sie selbst sind be=
dingt und vermittelt erweisen. — Die Endlichkeit der Kraft zeigt
sich ferner darin, daß dieselbe um sich zu äußern der Sollici=
tation bedarf. Dasjenige wodurch die Kraft sollicitirt wird, ist
selbst wieder Aeußerung einer Kraft, welche, um sich zu äußern,

gleichfalls sollicitirt werden muß. Wir erhalten auf diese Weise
entweder wieder den unendlichen Progreß oder die Gegen-
seitigkeit des Sollicitirens und des Sollicitirtwerdens, wobei es
dann aber immer noch an einem absoluten Anfang der Bewegung fehlt. Die Kraft ist noch nicht wie der Zweck das sich in
sich selbst Bestimmende; der Inhalt ist ein bestimmt gegebener
und indem dieselbe sich äußert, so ist sie, wie man zu sagen pflegt,
in ihrer Wirkung blind, worunter dann eben der Unterschied
zwischen der abstrakten Kraftäußerung und der zweckmäßigen Thätigkeit zu verstehen ist.

Zusatz 2. Obschon die so oft wiederholte Behauptung,
daß nur die Aeußerung der Kräfte, nicht aber diese selbst zu erkennen seyen, um deswillen als unbegründet von der Hand gewiesen werden muß, weil die Kraft eben nur dieß ist, sich zu
äußern und wir somit in der als Gesetz aufgefaßten Totalität
der Aeußerung zugleich die Kraft selbst erkennen, so ist dabei
doch nicht zu übersehen, daß in dieser Behauptung von der Uner-
kennbarkeit des An-sich der Kräfte eine richtige Ahnung der Endlichkeit dieses Verhältnisses enthalten ist: Die einzelnen Aeußerungen einer Kraft treten uns zunächst in unbestimmter Mannigfaltigkeit und in ihrer Vereinzelung als zufällig entgegen; wir
reduciren dann dieses Mannigfaltige auf seine innere Einheit,
welche wir als Kraft bezeichnen und werden uns des scheinbar
Zufälligen, indem wir das darin herrschende Gesetz erkennen, als
eines Nothwendigen bewußt. Nun aber sind die verschiedenen
Kräfte selbst wieder ein Mannigfaltiges und erscheinen in ihrem
bloßen Nebeneinander als zufällig. Man spricht demgemäß in
der empirischen Physik von Kräften der Schwere, des Magnetismus, der Elektricität u. s. w., und eben so in der empirischen
Psychologie von Erinnerungskraft, von Einbildungskraft, von
Willenskraft und allerhand sonstigen Seelenkräften. Hierbei recur-
rirt dann das Bedürfniß sich dieser verschiedenen Kräfte gleichfalls als eines einheitlichen Ganzen bewußt zu werden und dieses

Bedürfniß würde seine Befriedigung dadurch nicht erhalten, daß man die verschiedenen Kräfte etwa auf eine denselben gemeinsame Urkraft reducirte. Wir hätten an solcher Urkraft in der That nur eine leere Abstraktion, eben so inhaltlos als das abstrakte Ding an sich. Dazu kommt, daß das Verhältniß der Kraft und ihrer Aeußerung wesentlich das vermittelte Verhältniß ist und daß es somit dem Begriff der Kraft widerspricht, wenn dieselbe als ursprünglich oder auf sich beruhend aufgefaßt wird. — Wir lassen es uns, bei dieser Bewandtniß, die es mit der Natur der Kraft hat, zwar gefallen, wenn gesagt wird, die existirende Welt sey eine Aeußerung göttlicher Kräfte, allein wir werden Anstand nehmen, Gott selbst als bloße Kraft zu betrachten, weil die Kraft noch eine untergeordnete und endliche Bestimmung ist. In diesem Sinn hat dann auch die Kirche, als man beim sogenannten Wiedererwachen der Wissenschaften sich daran begab, die einzelnen Erscheinungen der Natur auf denselben zu Grunde liegende Kräfte zurück zu führen, dieß Unternehmen um deswillen für gottlos erklärt, weil, wenn es die Kräfte der Gravitation, der Vegetation u. s. w. seyen, welche die Bewegung der Himmelskörper, das Wachsthum der Pflanzen u. s. w. veranlassen, für die göttliche Weltregierung nichts zu thun übrig bleibe und Gott somit zu einem müßigen Zuschauer bei solchem Spiel der Kräfte herabgesetzt werde. Nun haben zwar die Naturforscher, und namentlich Newton, indem sie sich der Reflexionsform der Kraft zur Erklärung der Naturerscheinungen bedient, zunächst ausdrücklich bevorwortet, daß damit der Ehre Gottes, als des Erschaffers und Regierers der Welt, kein Abbruch geschehen solle; es liegt indeß in der Konsequenz dieses Erklärens als Kräften, daß der raisonnirende Verstand dazu fortschreitet, die einzelnen Kräfte eine jede für sich zu fixiren und dieselben in dieser Endlichkeit als ein Letztes festzuhalten, welcher verendlichten Welt selbstständiger Kräfte und Stoffe gegenüber, zur Bestimmung Gottes nur die abstrakte Unendlichkeit eines nicht erkennbaren, höchsten jenseitigen Wesens übrig bleibt. Dieß ist dann der Standpunkt des Materialismus und der modernen Aufklärung, deren Wissen von Gott, unter Verzichtleistung auf das Was, sich auf das bloße Daß seines Seyns reducirt. Ob nun schon der Kirche und dem religiösen Bewußt-seyn bei der hier erwähnten Polemik in so fern Recht zu geben ist, als die endlichen Verstandesformen allerdings nicht genügen, weder um die Natur noch um die Gestaltungen der geistigen Welt in ihrer Wahrheit zu erkennen, so ist doch auch anderer-seits die formelle Berechtigung, zunächst der empirischen Wissen-schaft nicht zu übersehen, welche Berechtigung überhaupt darin besteht, die vorhandene Welt, in der Bestimmtheit ihres Inhalts, der denkenden Erkenntniß zu vindiciren und es nicht bloß bei dem abstrakten Glauben an das Erschaffenseyn und Regiertwer-den der Welt durch Gott bewenden zu lassen. Wenn unser auf die Autorität der Kirche gestütztes religiöses Bewußtseyn uns darüber belehrt, daß Gott es ist, welcher durch seinen allmächti-gen Willen die Welt erschaffen hat und daß er es ist, der die Ge-stirne in ihren Bahnen lenkt und aller Kreatur ihr Bestehen und Gedeihen verleiht, so bleibt dabei doch auch das Warum zu beantworten und die Beantwortung dieser Frage ist es über-haupt, welche die gemeinschaftliche Aufgabe der Wissenschaft, so-wohl der empirischen als auch der philosophischen, bildet. Indem das religiöse Bewußtseyn diese Aufgabe und das darin enthaltene Recht nicht anerkennend, sich auf die Unerforschlichkeit der gött-lichen Rathschlüsse beruft, so tritt dieselbe damit selbst auf den vorher erwähnten Standpunkt der bloßen Verstandesaufklärung und ist solche Berufung nur als eine mit dem ausdrücklichen Gebot der christlichen Religion, Gott im Geist und in der Wahr-heit zu erkennen, im Widerspruch stehende, beliebige Versichung einer keineswegs christlichen, sondern hoffärtig fanatischen De-muth zu betrachten.

§. 137.

Die Kraft ist als das Ganze, welches an sich selbst die negative Beziehung auf sich ist, dieß, sich von sich abzustoßen und sich zu äußern. Aber da diese Reflexion-in-Anderes, der Unterschied der Theile, eben so sehr Reflexion-in-sich ist, so ist die Aeußerung die Vermittlung, wodurch die Kraft, die in sich zurückkehrt, als Kraft ist. Ihre Aeußerung ist selbst das Aufheben der Verschiedenheit der beiden Seiten, welche in diesem Verhältnisse vorhanden ist, und das Setzen der Identität, die an sich den Inhalt ausmacht. Ihre Wahrheit ist darum das Verhältniß, dessen beide Seiten nur als Inneres und Aeußeres unterschieden sind.

§. 138.

3) Das Innere ist der Grund, wie er als die bloße Form der einen Seite der Erscheinung und des Verhältnisses ist, die leere Form der Reflexion-in-sich, welcher die Existenz gleichfalls als die Form der andern Seite des Verhältnisses mit der leeren Bestimmung der Reflexion-in-Anderes als Aeußeres gegenüber steht. Ihre Identität ist die erfüllte, der Inhalt, die in der Bewegung der Kraft gesetzte Einheit der Reflexion-in-sich und der Reflexion-in-Anderes; beide sind dieselbe eine Totalität, und diese Einheit macht sie zum Inhalt.

§. 139.

Das Aeußere ist daher vors Erste derselbe Inhalt als das Innere. Was innerlich ist, ist auch äußerlich vorhanden und umgekehrt; die Erscheinung zeigt nichts, was nicht im Wesen ist, und im Wesen ist nichts, was nicht manifestirt ist.

§. 140.

Zweitens. Inneres und Aeußeres sind aber auch als Formbestimmungen sich und zwar schlechthin entgegengesetzt als die Abstraktionen von Identität mit sich und von bloßer Mannigfaltigkeit oder Realität. Indem sie aber als Momente der Einen Form wesentlich identisch sind, so ist das, was nur erst in der einen Abstraktion gesetzt ist, unmittelbar auch nur in der andern. Was daher nur ein Innerliches ist, ist auch

18 *

damit nur ein Aeußerliches; und was nur ein Aeußerliches
ist, ist auch nur erst ein Innerliches.

Es ist der gewöhnliche Irrthum der Reflexion, das Wesen
als das bloß Innere zu nehmen. Wenn es bloß so genom=
men wird, so ist auch diese Betrachtung eine ganz äußer=
liche, und jenes Wesen die leere äußerliche Abstraktion.

Ins Innere der Natur, sagt ein Dichter:

    Dringt kein erschaffner Geist,

    Zu glücklich, wenn er nur die äußere Schaale weist. *)

Es hätte vielmehr heißen müssen, eben dann, wenn ihm das
Wesen der Natur als Innres bestimmt ist, weiß er nur die
äußere Schaale. — Weil im Seyn überhaupt oder auch
im nur sinnlichen Wahrnehmen, der Begriff nur erst das
Innre, ist er ein demselben Aeußeres, — ein subjektives, wahr=
heitsloses Seyn wie Denken. — An der Natur, so wie am
Geiste, in sofern der Begriff, Zweck, Gesetz nur erst innere
Anlagen, reine Möglichkeiten sind, sind sie nur erst eine äußer=
liche unorganische Natur, Wissenschaft eines Dritten, fremde
Gewalt u. s. f. — Der Mensch, wie er äußerlich d. i. in sei=
nen Handlungen (freilich nicht in seiner nur leiblichen Aeußer=
lichkeit), ist er innerlich; und wenn er nur innerlich d. i. nur
in Absichten, Gesinnungen, tugendhaft, moralisch u. s. f. und
sein Aeußeres damit nicht identisch ist, so ist eins so hohl und
leer als das Andere.

Zusatz. Das Verhältniß des Innern und des Aeußern
ist, als die Einheit der beiden vorangehenden Verhältnisse, zu=
gleich die Aufhebung der bloßen Relativität und der Erscheinung

---

*) Vergl. Göthe's unwilligen Ausruf, zur Naturwissenschaft. I. Bd.
3tes Heft.

    Das hör' ich sechzig Jahre wiederholen,
    Und fluche drauf, aber verstohlen, —
    Natur hat weder Kern noch Schaale,
    Alles ist sie mit einem Male, u. s. w.

überhaupt. Indem nun aber gleichwohl der Verstand das Innere und das Aeußere in ihrer Trennung festhält, so sind dieß
ein Paar leere Formen, die eine so nichtig als die andere. —
Es ist sowohl bei Betrachtung der Natur als auch der geistigen
Welt, von großer Wichtigkeit, die Bewandtniß, welche es mit
dem Verhältniß des Innern und des Aeußern hat, gehörig ins
Auge zu faffen und sich vor dem Irrthum zu hüten, daß nur
jenes das Wesentliche sey, worauf es eigentlich ankömmt, dieses dagegen das Unwesentliche und Gleichgültige. Dieser Irrthum
begegnet uns zunächst, wenn, wie dieß häufig geschieht, der Unterschied zwischen der Natur und dem Geiste auf den abstrakten
Unterschied des Aeußern und des Innern zurückgeführt wird.
Was hierbei die Auffassung der Natur anbetrifft, so ist dieselbe
zwar allerdings nicht nur das für den Geist, sondern auch an
sich Aeußerliche überhaupt. Dieses überhaupt ist jedoch nicht
in dem Sinne der abstrakten Aeußerlichkeit zu nehmen, denn
eine solche giebt es gar nicht, sondern vielmehr so, daß die Idee,
welche den gemeinschaftlichen Inhalt der Natur und des Geistes
bildet, in der Natur als nur äußerlich, aber eben um deswillen
auch zugleich als nur innerlich vorhanden ist. Wie sehr nun auch
der abstrakte Verstand, mit seinem Entweder-oder, sich gegen
diese Auffassung der Natur sträuben mag, so findet sich dieselbe
doch gleichwohl auch in unseren sonstigen und am bestimmtesten
in unserem religiösen Bewußtseyn. Diesem zufolge ist die Natur
nicht minder als die geistige Welt eine Offenbarung Gottes und
unterscheiden sich bride dadurch von einander, daß während die
Natur es nicht dazu bringt, sich ihres göttlichen Wesens bewußt
zu werden, dieß die ausdrückliche Aufgabe des (hiermit zunächst
endlichen) Geistes ist. Diejenigen, welche das Wesen der Natur
als ein bloß Inneres und deshalb für uns Unzugängliches betrachten, treten damit auf den Standpunkt jener Alten, welche
Gott als neidisch betrachteten, wogegen sich dann aber schon
Platon und Aristoteles erklärt haben. Was Gott ist, das theilt

er mit, das offenbart er und zwar zunächst durch die Natur und in derselben. — Weiter besteht nun überhaupt der Mangel oder die Unvollkommenheit eines Gegenstandes darin, nur ein Innerliches und damit zugleich nur ein Aeußerliches, oder was dasselbe ist, nur ein Aeußerliches und damit nur ein Innerliches zu seyn. So ist z. B. das Kind, als Mensch überhaupt, zwar ein vernünftiges Wesen, allein die Vernunft des Kindes als solchen ist zunächst nur als ein Innerliches, d. h. als Anlage, Beruf u. s. w. vorhanden, und dieses nur Innerliche hat zugleich für das Kind, als der Wille seiner Eltern, die Kenntniß seiner Lehrer überhaupt als die dasselbe umgebende vernünftige Welt, die Form eines nur Aeußerlichen. Die Erziehung und Bildung des Kindes besteht dann darin, daß es das, was es zunächst nur an sich und damit für Andere (die Erwachsenen) ist, auch für sich wird. Die im Kinde nur erst als innere Möglichkeit vorhandene Vernunft wird durch die Erziehung verwirklicht und eben so umgekehrt wird dasselbe der zunächst als äußere Autotät betrachteten Sittlichkeit, Religion und Wissenschaft sich als seines Eigenen und Innern bewußt. — Wie mit dem Kinde, so verhält es sich in dieser Beziehung auch mit dem erwachsenen Menschen, in sofern derselbe, seiner Bestimmung zuwider, in der Natürlichkeit seines Wissens und Wollens befangen bleibt; so hat z. B. für den Verbrecher die Strafe, der er unterworfen wird, zwar die Form einer äußern Gewalt, in der That aber ist dieselbe nur die Manifestation seines eigenen verbrecherischen Willens. — Aus der bisherigen Erörterung ist dann auch zu entnehmen, was davon zu halten ist, wenn Jemand seinen dürftigen Leistungen, ja verwerflichen Thaten gegenüber, sich auf die davon zu unterscheidende Innerlichkeit seiner angeblich vortefflichen Absichten und Gesinnungen beruft. Es mag immerhin im Einzelnen der Fall seyn, daß durch die Ungunst äußerer Umstände wohlgemeinte Absichten vereitelt, daß zweckmäßige Pläne in der Ausführung verkümmert werden; im Allgemeinen gilt jedoch

auch hier die wesentliche Einheit des Inneren und des Aeußeren
dergestalt, daß gesagt werden muß: was der Mensch thut, das
ist er und ist der lügnerischen Eitelkeit, welche sich an dem Be=
wußtseyn innerlicher Vortrefflichkeit wärmt, jener Spruch des
Evangeliums entgegen zu halten: an ihren Früchten werdet ihr
sie erkennen. Dieß große Wort gilt, wie zunächst in sittlicher
und religiöser Hinsicht, so auch weiter in Beziehung auf wissen=
schaftliche und künstlerische Leistungen. Was hierbei die letztern
anbetrifft, so mag etwa ein scharfblickender Lehrer, indem er an
einem Knaben entschiedene Anlagen gewahr wird, die Meinung
äußern, daß in demselben ein Rafael oder ein Mozart stecke, und
der Erfolg wird dann lehren, in wie weit solche Meinung be=
gründet war. Wenn dann aber ein stümperhafter Maler und
ein schlechter Poet sich damit trösteten, daß ihr Inneres voll hoher
Ideale sey, so ist solches ein schlechter Trost, und wenn sie die
Forderung machen, man solle sie nicht nach ihren Leistungen
beurtheilen, sondern nach ihren Intentionen, so wird solche Prä=
tension mit Recht als leer und unbegründet von der Hand ge=
wiesen. Umgekehrt ist es dann auch häufig der Fall, daß man bei
Beurtheilung Anderer, die Rechtes und Tüchtiges zu Stande gebracht,
sich des unwahren Unterschiedes vom Innern und Aeußern dazu be=
dient, um zu behaupten, solches sey nur ihr Aeußeres, innerlich aber
sey es ihnen um etwas ganz Anderes, um die Befriedigung ihrer
Eitelkeit oder sonstiger verwerflichen Leidenschaften zu thun ge=
wesen. Dieß ist die Gesinnung des Neides, welcher, unfähig
selbst Großes zu vollbringen, das Große zu sich herab zu ziehen
und zu verkleinern bestrebt ist. Dagegen ist an den schönen Aus=
spruch Göthe's zu erinnern, daß es gegen große Vorzüge Ande=
rer kein anderes Rettungsmittel giebt, als die Liebe. Wenn
dann weiter bei löblichen Leistungen Anderer, um dieselben zu
verkümmern, von Heuchelei gesprochen wird, so ist dawider zu
bemerken, daß der Mensch sich zwar im Einzelnen verstellen und
Manches verbergen kann, nicht aber sein Inneres überhaupt,

welches im decursus vitae unfehlbar ſich kund giebt, dergeſtalt
daß auch in dieſer Beziehung geſagt werden muß, daß der Menſch
nichts Anderes iſt als die Reihe ſeiner Thaten. Es iſt insbeſondere die ſogenannte pragmatiſche Geſchichtſchreibung, welche
ſich durch dieſe wahrheitswidrige Trennung des Innern vom
Aeußern in der neuern Zeit vielfältig an großen hiſtoriſchen
Charakteren verſündigt und deren reine Auffaſſung getrübt und
entſtellt hat. Anſtatt ſich damit zu begnügen, die großen Thaten, welche durch die weltgeſchichtlichen Heroen vollbracht worden
ſind, einfach zu erzählen und ihr Inneres als dem Inhalt dieſer Thaten entſprechend anzuerkennen, hat man ſich für berechtigt und verpflichtet erachtet, hinter dem was offen zu Tage liegt,
angeblich geheime Motive auszuſpüren und dann gemeint, die
Geſchichtsforſchung ſei um ſo profunder, je mehr es ihr gelinge,
das bisher Gefeierte und Geprieſene ſeines Nimbus zu entkleiden
und daſſelbe hinſichtlich ſeines Urſprungs und ſeiner eigentlichen
Bedeutung auf das Niveau gemeiner Mittelmäßigkeit herabzu-
ſetzen. Zum Behuf ſolcher pragmatiſchen Geſchichtsforſchung iſt
dann häufig auch das Studium der Pſychologie empfohlen worden, weil man durch dieſe Auskunft darüber erhalte, welches die
eigentlichen Triebfedern ſeyen, wodurch überhaupt die Menſchen zu
handeln beſtimmt werden. Die Pſychologie, an welche hier verwieſen
wird, iſt indeß nichts Anderes als jene kleinliche Menſchen-
kennerei, welche anſtatt des Allgemeinen und Weſentlichen der
menſchlichen Natur, vornehmlich nur das Partikuläre und Zufällige vereinzelter Triebe, Leidenſchaften u. ſ. w., zum Gegenſtand ihrer Betrachtung macht. Während übrigens bei dieſem
pſychologiſch-pragmatiſchen Verfahren in Beziehung auf die großen
Thaten zu Grunde liegenden Motive für den Hiſtoriker doch zunächſt die Wahl bleiben würde zwiſchen den ſubſtantiellen In-
tereſſen des Vaterlandes, der Gerechtigkeit, der religiöſen Wahrheit u. ſ. w. einerſeits und den ſubjektiven und formellen In-
tereſſen der Eitelkeit, Herrſchſucht, Habſucht u. ſ. w. andererſeits,

fa werden die letztern als das eigentlich Bewegende um deswillen betrachtet, weil ja sonst die Voraussetzung des Gegensatzes zwischen dem Innern (der Gesinnung der Handelnden) und dem Aeußern (dem Inhalt der Handlung) die Bestätigung nicht erhalten würde. Da nun aber der Wahrheit nach das Innere und das Aeußere denselben Inhalt haben, so muß dann auch, jener schulmeisterlichen Gescheidheit gegenüber, ausdrücklich behauptet werden, daß wenn es den geschichtlichen Heroen bloß um subjektive und formelle Interessen zu thun gewesen wäre, sie das nicht vollbracht haben würden, was sie vollbracht haben, und ist im Hinblick auf die Einheit des Innern und des Aeußern anzuerkennen, daß die großen Männer das gewollt, was sie gethan, und das gethan, was sie gewollt haben.

§. 141.

Die leeren Abstraktionen, durch welche der eine identische Inhalt noch im Verhältnisse seyn soll, heben sich in dem unmittelbaren Uebergehen, die eine in der andern, auf; der Inhalt ist selbst nichts anders als deren Identität (§. 138.), sie sind der als Schein gesetzte Schein des Wesens. Durch die Aeußerung der Kraft wird das Innere in Existenz gesetzt; dieß Setzen ist das Vermitteln durch leere Abstraktionen; es verschwindet in sich selbst zur Unmittelbarkeit, in der das Innere und Aeußere an und für sich identisch und deren Unterschied als nur Gesetztseyn bestimmt ist. Diese Identität ist die Wirklichkeit.

C.

Die Wirklichkeit.
§. 142.

Die Wirklichkeit ist die unmittelbar gewordene Einheit des Wesens und der Existenz, oder des Innern und des Aeußern. Die Aeußerung des Wirklichen ist das Wirkliche selbst, so daß es in ihr ebenso wesentliches bleibt, und nur in sofern wesentliches ist, als es in unmittelbarer äußerlicher Existenz ist.

Früher find als Formen des Unmittelbaren, Seyn und
Existenz, vorgekommen; das Seyn ist überhaupt unreflek-
tirte Unmittelbarkeit und Uebergehen in Anderes. Die
Existenz ist unmittelbare Einheit des Seyns und der Reflexion, daher Erscheinung, kommt aus dem Grunde und
geht zu Grunde. Das Wirkliche ist das Gesetztseyn jener
Einheit, das mit sich identischgewordene Verhältniß; es ist daher dem Uebergehen entnommen und seine Aeußerlichkeit
ist seine Energie; es ist in ihr in sich reflektirt; sein Daseyn ist
nur die Manifestation seiner selbst, nicht eines Andern.

Zusatz. Die Wirklichkeit und der Gedanke, näher die
Idee, pflegen trivialer Weise einander entgegengesetzt zu werden und
kann dann man demgemäß häufig sagen hören, gegen die Richtigkeit und Wahrheit eines gewissen Gedankens sey zwar nichts einzuwenden, allein dergleichen finde sich nicht in der Wirklichkeit, oder
sey in der Wirklichkeit nicht auszuführen. Diejenigen, welche so
sprechen, beweisen indeß dadurch, daß sie weder die Natur des
Gedankens, noch die der Wirklichkeit gehörig aufgefaßt haben.
Einerseits nämlich wird bei solchen Reden der Gedanke als gleichbedeutend mit subjektiver Vorstellung, Plan, Absicht und dergleichen und andererseits die Wirklichkeit als gleichbedeutend mit
der äußerlichen, sinnlichen Existenz angenommen. Im gemeinen
Leben, wo man es mit den Kategorieen und deren Bezeichnung
eben nicht so genau nimmt, mag dergleichen hingehen, und mag
es immerhin der Fall seyn, daß z. B. der Plan oder die sogenannte Idee einer gewissen Steuereinrichtung an sich ganz gut
und zweckmäßig ist, daß dergleichen aber in der gleichfalls sogenannten Wirklichkeit sich nicht findet und unter den gegebenen
Verhältnissen nicht durchzuführen ist. Wenn indeß der abstrakte
Verstand sich dieser Bestimmungen bemächtigt und ihren Unterschied dahin steigert, dieselben als einen fixen und festen Gegensatz zu betrachten, dergestalt, daß man in dieser wirklichen Welt
sich die Ideen aus dem Kopfe schlagen müsse, so ist dergleichen

im Namen der Wissenschaft und der gesunden Vernunft auf das
Entschiedenste von der Hand zu weisen. Einerseits nämlich stecken
die Ideen gar nicht bloß in unsern Köpfen und ist die Idee
überhaupt nicht etwas so Ohnmächtiges, dessen Realisirung nach
unserm Belieben erst zu bewerkstelligen oder auch nicht zu bewerkstelligen wäre, sondern ist dieselbe vielmehr das schlechthin Wirkende zugleich und auch Wirkliche und andererseits ist die Wirklichkeit nicht so schlecht und unvernünftig, wie gedankenlose oder
mit dem Denken zerfallene und heruntergekommene Praktiker sich
einbilden.   Die Wirklichkeit, im Unterschied von der bloßen
Erscheinung, zunächst als Einheit des Innern und des Aeußern,
steht so wenig der Vernunft als ein Anderes gegenüber, daß dieselbe vielmehr das durchaus Vernünftige ist und was nicht vernünftig ist, das ist eben um deßwillen auch nicht als wirklich
zu betrachten. Dem entspricht übrigens auch der gebildete Sprachgebrauch in so fern, als man z. B. Anstand nehmen wird einen
Dichter oder einen Staatsmann, die nichts Tüchtiges und Vernünftiges zu Stande zu bringen wissen, als einen wirklichen Dichter
oder einen wirklichen Staatsmann anzuerkennen. — In der hier besprochenen gemeinen Auffassung der Wirklichkeit und der Verwechselung derselben mit dem Handgreiflichen und unmittelbar Wahrnehmbaren, ist dann auch der Grund jenes weitverbreiteten Vorurtheils
hinsichtlich des Verhältnisses der aristotelischen zur platonischen
Philosophie zu suchen. Diesem Vorurtheil zufolge soll der Unterschied zwischen Platon und Aristoteles darin bestehen, daß während der Erstere die Idee und nur die Idee als das Wahre
anerkenne, der Letztere dagegen mit Verwerfung der Idee, sich
an das Wirkliche halte, und um deswillen als der Begründer
und Heerführer des Empirismus zu betrachten sey. Darüber ist
zu bemerken, daß allerdings die Wirklichkeit das Princip der
aristotelischen Philosophie bildet, jedoch nicht die gemeine Wirklichkeit des unmittelbar Vorhandenen, sondern die Idee als Wirklichkeit. Die Polemik des Aristoteles gegen Platon besteht dann

näher darin, daß die platonifche Idee als bloße δύναμις be=
zeichnet und dagegen geltend gemacht wird, daß die Idee, welche
von beiden gleicherweise als das allein Wahre anerkannt wird,
wefentlich als ἐνέργεια, d. h. als das Innere, welches fchlecht=
hin heraus ift, fomit als die Einheit des Innern und Aeußern
oder als die Wirklichkeit, in dem hier befprochenen emphatifchen
Sinne des Wortes zu betrachten fey.

§. 143.

Die Wirklichkeit als dieß Konkrete enthält jene Beftimmun=
gen und deren Unterfchied, ift darum auch die Entwicklung der=
felben, fo daß fie an ihr zugleich als Schein, als nur Gefetzte
beftimmt find, (§. 141.). α) Als Identität überhaupt ift fie
zunächft die Möglichkeit; — die Reflexion=in=fich, welche als
der konkreten Einheit des Wirklichen gegenüber, als die ab=
ftrakte und unwefentliche Wefentlichkeit gefetzt ift. Die
Möglichkeit ift das Wefentliche zur Wirklichkeit, aber fo daß
fie zugleich nur Möglichkeit fey.

Die Beftimmung der Möglichkeit ift es wohl, welche
Kant vermochte, fie und mit ihr die Wirklichkeit und Noth=
wendigkeit als Modalitäten anzufehen, „indem diefe Beftim=
mungen den Begriff als Objekt nicht im mindeften vermehrten,
fondern nur das Verhältniß zum Erkenntnißvermögen aus=
drücken.“ In der That ift die Möglichkeit die leere Abftraktion
der Reflexion=in=fich, das, was vorhin das Innere hieß, nur
daß es, nun als das aufgehobene, nur gefetzte, äußerliche
Innere beftimmt, und fo allerdings als eine bloße Modalität,
als unzureichende Abftraktion, konkreter genommen nur dem
fubjektiven Denken angehörig, auch gefetzt ift. Wirklichkeit
und Nothwendigkeit dagegen find wahrhaft nichts weniger als
eine bloße Art und Weife für ein Anderes, vielmehr gerade
das Gegentheil, fie find gefetzt, als das nicht nur gefetzte, fon=
dern in fich vollendete Konkrete. — Weil die Möglichkeit zu=
nächft gegen das Concrete als Wirkliches die bloße Form der

Identität-mit-sich ist, so ist die Regel für dieselbe nur, daß Etwas sich in sich nicht widerspreche, und so ist Alles möglich; denn allem Inhalte kann diese Form der Identität durch die Abstraktion gegeben werden. Aber Alles ist eben so sehr unmöglich, denn in allem Inhalte, da er ein Konkretes ist, kann die Bestimmtheit als bestimmter Gegensatz und damit als Widerspruch gefaßt werden. — Es giebt daher kein leereres Reden, als das von solcher Möglichkeit und Unmöglichkeit. Insbesondere muß in der Philosophie von dem Aufzeigen, daß Etwas möglich, oder daß auch noch Etwas anders möglich, und daß Etwas, wie man es auch ausdrückt, denkbar sey, nicht die Rede seyn. Der Geschichtschreiber ist ebenso unmittelbar daran gewiesen, diese für sich auch schon als unwahr erklärte Kategorie nicht zu gebrauchen; aber der Scharfsinn des leeren Verstandes gefällt sich am meisten in dem hohlen Ersinnen von Möglichkeiten und recht vielen Möglichkeiten.

Zusatz. Die Möglichkeit erscheint der Vorstellung zunächst als die reichere und umfassendere und die Wirklichkeit dagegen als die ärmere und beschränktere Bestimmung. Man sagt demgemäß: Alles ist möglich, aber nicht Alles, was möglich ist, ist deßhalb auch wirklich. In der That, d. h. dem Gedanken nach, ist indeß die Wirklichkeit das Umfassendere, da dieselbe als der konkrete Gedanke die Möglichkeit als ein abstraktes Moment in sich enthält. Dieß findet sich dann auch in sofern in unserm gewöhnlichen Bewußtseyn, als wir, wenn von dem Möglichen im Unterschied vom Wirklichen gesprochen wird, dasselbe als ein nur Mögliches bezeichnen. — Von der Möglichkeit pflegt überhaupt gesagt zu werden, daß dieselbe in der Denkbarkeit bestehe. Unter dem Denken aber wird hier nur das Auffassen eines Inhaltes in der Form der abstrakten Identität verstanden. Da nun aller Inhalt in diese Form gebracht werden kann, und dazu nur gehört, daß derselbe von den Beziehungen, worin derselbe steht, getrennt wird, so kann auch das Absurdeste und Widersinnigste

als möglich betrachtet werden.   Es ist möglich, daß heute Abend
der Mond auf die Erde fällt, denn der Mond ist ein von der
Erde getrennter Körper, und kann deshalb so gut herunter fallen, wie ein Stein', der in die Luft geschleudert worden, — es
ist möglich, daß der türkische Kaiser Papst wird, denn er ist ein
Mensch, kann als solcher sich zum Christenthum bekehren, katho-
lischer Priester werden u. s. w.   Bei diesem Reden von Möglichkeiten ist es dann vornehmlich das Denkgesetz vom Grunde, welches in der früher besprochenen Weise gehandhabt wird, und es
heißt hiernach: möglich sey dasjenige, wofür sich ein Grund angeben lasse.   Je ungebildeter Jemand ist, je weniger er die bestimmten Beziehungen der Gegenstände kennt, worauf er seine
Betrachtung richtet, um so geneigter pflegt er zu seyn, sich in
allerhand leeren Möglichkeiten zu ergehen, wie dieß z. B. auf
dem politischen Gebiet mit den sogenannten Kannengießern der
Fall ist.   Weiter geschieht es dann in praktischer Beziehung auch
nicht selten, daß der üble Wille und die Trägheit sich hinter die
Kategorie der Möglichkeit verstecken, um sich damit bestimmten
Obliegenheiten zu entziehen, und es gilt in dieser Hinsicht dasselbe,
was früher über den Gebrauch des Denkgesetzes vom Grunde
bemerkt wrude.   Vernünftige, praktische Menschen lassen sich
durch das Mögliche, eben weil es nur möglich ist, nicht imponiren, sondern halten sich an das Wirkliche, worunter dann aber
freilich nicht bloß das unmittelbar Daseyende zu verstehen ist.
Im gemeinen Leben fehlt es übrigens nicht an allerhand Sprüchwörtern, durch welche die gerechte Geringschätzung der abstrakten
Möglichkeit ausgedrückt wird.   So sagt man z. B.: Ein Sper-
ling in der Hand ist besser als zehn Sperlinge auf dem Dache. —
Ferner ist nun aber auch mit demselben Recht, mit welchem
Alles als möglich betrachtet wird, Alles als unmöglich zu betrachten und zwar in so fern, als ein jeder Inhalt, welcher als
solcher immer ein Konkretes ist, nicht nur verschiedene, sondern
auch entgegengesetzte Bestimmungen in sich enthält.   So ist z. B.

nichts unmöglicher als dieß, daß ich bin, denn Ich ist zugleich einfache Beziehung auf sich und schlechthin Beziehung auf Anderes. Eben so verhält es sich mit allem sonstigen Inhalt der natürlichen und geistigen der Welt. Man kann sagen, die Materie ist unmöglich, denn dieselbe ist die Einheit von Repulsion und Attraktion. Dasselbe gilt vom Leben, vom Recht, von der Freiheit und vor Allem von Gott selbst, als dem wahren, d. h. dem dreieinigen Gott, welcher Begriff dann auch von der abstrakten Verstandesaufklärung ihrem Prinzip nach, als angeblich dem Denken widersprechend, verworfen worden ist. Es ist überhaupt der leere Verstand, welcher sich in diesen leeren Formen herumtreibt, und das Geschäft der Philosophie in Beziehung auf dieselben besteht nur darin, die Nichtigkeit und Inhaltlosigkeit derselben aufzuzeigen. Ob dieses möglich oder unmöglich ist, das kömmt auf den Inhalt an, d. h. auf die Totalität der Momente der Wirklichkeit, welche sich in ihrer Entfaltung als die Nothwendigkeit erweist.

§. 144.

β) Das Wirkliche aber in seinem Unterschiede von der Möglichkeit als der Reflexion-in-sich ist selbst nur das äußerliche Konkrete, das unwesentliche Unmittelbare. Oder unmittelbar in sofern es zunächst (§. 142.) als die einfache selbst unmittelbare Einheit des Innern und Aeußern ist, ist es als unwesentliches Aeußeres, und ist so zugleich (§. 140.) das nur Innerliche, die Abstraktion der Reflexion-in-sich; es selbst ist somit als ein nur Mögliches bestimmt. In diesem Werthe einer bloßen Möglichkeit ist das Wirkliche ein Zufälliges, und umgekehrt ist die Möglichkeit der bloße Zufall selbst.

§. 145.

Möglichkeit und Zufälligkeit sind die Momente der Wirklichkeit, Inneres und Aeußeres, als bloße Formen gesetzt, welche die Aeußerlichkeit des Wirklichen ausmachen. Sie haben an dem in-sich bestimmten Wirklichen, dem Inhalte, als ihrem

wesentlichen Bestimmungsgrunde ihre Reflexion=in=sich. Die End=
lichkeit des Zufälligen und Möglichen besteht daher näher in dem
Unterschiedensehn der Formbestimmung von dem Inhalte, und,
ob etwas zufällig und möglich ist, kommt daher auf
den Inhalt an.

₁₇₇ **Zusatz.** Die Möglichkeit, als das nur Innere der Wirk=
lichkeit, ist eben damit auch die nur äußere Wirklichkeit oder die
Zufälligkeit. Das Zufällige ist überhaupt ein solches,
welches den Grund seines Sehns nicht in sich selbst, sondern
in Anderem hat. Dieß ist die Gestalt, in welcher die Wirklich=
keit sich dem Bewußtsehn zunächst darbietet und welche häufig
mit der Wirklichkeit selbst verwechselt wird. Das Zufällige ist
indeß nur das Wirkliche in der einseitigen Form der Reflexion
in Anderes oder das Wirkliche in der Bedeutung eines bloß
Möglichen. Wir betrachten demgemäß das Zufällige als ein
solches, welches sehn oder auch nicht sehn, welches so oder auch
anders sehn kann und dessen Sehn oder Nichtsehn, dessen So=
oder Anderssehn nicht in ihm selbst, sondern in Anderem begrün=
det ist. Dieß Zufällige zu überwinden ist nun überhaupt eben
so einerseits die Aufgabe des Erkennens, als es auch andererseits
auf dem Gebiete des Praktischen darum zu thun ist, nicht bei
der Zufälligkeit des Wollens oder der Willkür stehen zu blei=
ben. Gleichwohl ist es, zumal in der neuern Zeit, vielfältig ge=
schehen, daß man die Zufälligkeit zur Ungebühr erhoben und
derselben sowohl in Beziehung auf die Natur als auch auf die
geistige Welt einen Werth beigelegt hat, der ihr in der That
nicht zukommt. Was hierbei zunächst die Natur anbetrifft, so
pflegt dieselbe nicht selten hauptsächlich nur um des Reichthums
und der Mannigfaltigkeit ihrer Gebilde willen bewundert zu wer=
den. Dieser Reichthum als solcher, abgesehen von der darin
vorhandenen Entfaltung der Idee, bietet indeß kein höheres Ver=
nunftinteresse dar, und gewährt uns derselbe in der großen Man=
nigfaltigkeit unorganischer und organischer Gebilde nur die An=

schauung der ins Unbestimmte sich verlaufenden Zufälligkeit. Jedenfalls ist das, durch äußere Umstände bedingte bunte Spiel der einzelnen Varietäten von Thieren und Pflanzen, die mannigfaltig wechselnde Figuration und Gruppirung der Wolken u. dgl. nicht für höher zu erachten als die eben so zufälligen Einfälle des in seiner Willkühr sich ergebenden Geistes und ist die solcher Erscheinung gewidmete Bewunderung ein sehr abstraktes Verhalten, von welchem aus zur nähern Einsicht in die innere Harmonie und Gesetzmäßigkeit der Natur fortzuschreiten ist. — Von besonderer Wichtigkeit ist demnächst die gehörige Würdigung der Zufälligkeit in Beziehung auf den Willen. Wenn von der Freiheit des Willens die Rede ist, so wird darunter häufig bloß die Willkühr, d. h. der Wille in der Form der Zufälligkeit verstanden. Nun ist zwar die Willkühr, als die Fähigkeit sich zu diesem oder jenem zu bestimmen, allerdings ein wesentliches Moment des seinem Begriff nach freien Willens, jedoch keineswegs die Freiheit selbst, sondern zunächst nur die formelle Freiheit. Der wahrhaft freie Wille, welcher die Willkühr als aufgehoben in sich enthält, ist sich seines Inhalts als eines an und für sich festen bewußt und weiß denselben zugleich schlechthin als den seinigen. Dahingegen ist der Wille, welcher auf der Stufe der Willkühr stehen bleibt, auch wenn er sich für das dem Inhalt nach Wahre und Rechte entscheidet, doch immer noch mit der Eitelkeit behaftet, daß, wenn es ihm so beliebt, er ch auch für Anderes hätte entscheiden können. Näher betrachtet erweist sich übrigens die Willkühr in so fern als ein Widerspruch, als hier Form und Inhalt nach einander gegenüber stehen. Der Inhalt der Willkühr ist ein gegebener und wird nicht als ein im Willen selbst, sondern in äußern Umständen begründeter gewußt. Die Freiheit besteht deshalb, in Beziehung auf solchen Inhalt, nur in der Form des Wählens, welche formelle Freiheit dann auch in so fern als eine bloß gemeinte Freiheit zu betrachten ist, als in letzter Analyse es sich finden wird, daß derselben Aeußerlichkeit

der Umstände, in welchen der von dem Willen vorgefundene
Inhalt begründet ist, es auch zugeschrieben werden muß, daß der
Wille sich gerade für dieses und nicht für jenes entscheidet.

Ob nun schon die Zufälligkeit, der bisherigen Erörterung
zufolge, nur ein einseitiges Moment der Wirklichkeit und deshalb mit dieser selbst nicht zu verwechseln ist, so gebührt derselben doch, als einer Form der Idee überhaupt, auch in der gegenständlichen Welt ihr Recht. Dieß gilt zunächst von der Natur, auf deren Oberfläche, so zu sagen, die Zufälligkeit ihr freies
Ergehen hat, welches dann auch als solches anzuerkennen ist,
ohne die (der Philosophie bisweilen irriger Weise zugeschriebene)
Prätension, darin ein nur so und nicht anders seyn können finden
zu wollen. Eben so macht sich dann auch das Zufällige in der
geistigen Welt geltend, wie solches bereits vorher hinsichtlich des
Willens bemerkt wurde, welcher das Zufällige in der Gestalt
der Willkühr, jedoch nur als aufgehobenes Moment, in sich enthält. Auch in Beziehung auf den Geist und dessen Bethätigung,
hat man sich davor zu hüten, daß man nicht durch das wohlgemeinte Bestreben vernünftiger Erkenntniß sich dazu verleiten läßt,
Erscheinungen, welchen der Charakter der Zufälligkeit zukömmt,
als nothwendig aufzeigen oder, wie man zu sagen pflegt, a priori
konstruiren zu wollen. So spielt z. B. in der Sprache, obschon
dieselbe gleichsam der Leib des Denkens ist, doch unbedenklich
auch der Zufall seine entschiedene Rolle und eben so verhält es
sich mit den Gestaltungen des Rechts, der Kunst u. s. w. Es ist
ganz richtig, daß die Aufgabe der Wissenschaft und näher der
Philosophie überhaupt darin besteht, die unter dem Schein der
Zufälligkeit verborgene Nothwendigkeit zu erkennen; dieß darf
jedoch nicht so verstanden werden, als ob das Zufällige bloß
unserer subjektiven Vorstellung angehöre und deshalb, um zur
Wahrheit zu gelangen, schlechthin zu beseitigen sey. Wissenschaftliche Bestrebungen, welche einseitig diese Richtung verfolgen, wer-

den dem gerechten Vorwurfe einer leeren Spielerei und eines steifen Pedantismus nicht entgehen.

§. 146.

Jene Aeußerlichkeit der Wirklichkeit enthält näher dieß, daß die Zufälligkeit als unmittelbare Wirklichkeit das mit sich Identische wesentlich ist nur als Gesetztseyn, das aber ebenso aufgehoben, eine daseyende Aeußerlichkeit ist. Sie ist so ein Vorausgesetztes, dessen unmittelbares Daseyn zugleich eine Möglichkeit ist und die Bestimmung hat aufgehoben zu werden, — die Möglichkeit eines Andern zu seyn, — die Bedingung.

Zusatz. Das Zufällige, als die unmittelbare Wirklichkeit, ist zugleich die Möglichkeit eines Andern, jedoch nicht mehr blos jene abstrakte Möglichkeit, die wir zuerst hatten, sondern die Möglichkeit als seyend und so ist dieselbe Bedingung. Wenn wir von der Bedingung einer Sache sprechen, so liegt darin zweierlei, einmal nämlich ein Daseyn, eine Existenz, überhaupt ein Unmittelbares und zweitens die Bestimmung dieses Unmittelbaren aufgehoben zu werden und zur Verwirklichung eines Andern zu dienen. — Die unmittelbare Wirklichkeit ist nun überhaupt als solche nicht das was sie seyn soll, sondern eine in sich gebrochene, endliche Wirklichkeit und es ist ihre Bestimmung verzehrt zu werden. Die andere Seite der Wirklichkeit ist dann aber ihre Wesentlichkeit. Diese ist zunächst das Innere, welches, als bloße Möglichkeit, eben so bestimmt ist aufgehoben zu werden. Als aufgehobene Möglichkeit ist sie das Hervorgehen einer neuen Wirklichkeit, welche die erste unmittelbare Wirklichkeit zu ihrer Voraussetzung hatte. Dieß ist der Wechsel, welchen der Begriff der Bedingung in sich enthält. Wenn wir die Bedingungen einer Sache betrachten, so erscheinen diese als etwas ganz Unbefangenes. In der That enthält aber solche unmittelbare Wirklichkeit den Keim zu etwas ganz Anderem in sich. Dieses Andere ist zunächst nur ein Mögliches, welche Form sich dann aber aufhebt und in Wirklichkeit übersetzt. Diese neue Wirklich-

keit, welche ſo hervorgeht, iſt das eigne Innere der unmittelba⸗
ren Wirklichkeit, welche ſie verbraucht. Es wird ſo eine ganz
andere Geſtalt der Dinge und es wird auch nichts Anderes: denn
die erſte Wirklichkeit wird nur nach ihrem Weſen geſetzt. Die
Bedingungen, die ſich aufopfern, die zu Grunde gehen und ver⸗
braucht werden, gehen in der andern Wirklichkeit nur mit ſich
ſelbſt zuſammen. — Von ſolcher Art iſt nun überhaupt der Pro⸗
ceß der Wirklichkeit. Dieſe iſt nicht bloß ein unmittelbar Seyen⸗
des, ſondern, als das weſentliche Seyn, Aufhebung ihrer eignen
Unmittelbarkeit und dadurch ſich mit ſich ſelbſt vermittelnd.

§. 147.

3) Dieſe ſo entwickelte Aeußerlichkeit als ein Kreis der
Beſtimmungen der Möglichkeit und der unmittelbaren Wirklich⸗
keit, die Vermittlung derſelben durcheinander, iſt die reale
Möglichkeit überhaupt. Als ſolcher Kreis iſt ſie ferner die
Totalität, ſo der Inhalt, die an und für ſich beſtimmte Sa⸗
che, und ebenſo nach dem Unterſchiede der Beſtimmungen in
dieſer Einheit die konkrete Totalität der Form für ſich, das
unmittelbare Sich Ueberſetzen des Innern ins Aeußere und des
Aeußern ins Innere. Dieß ſich Bewegen der Form iſt Thä⸗
tigkeit, Bethätigung der Sache, als des realen Grundes, der
ſich zur Wirklichkeit aufhebt, und Bethätigung der zufälligen
Wirklichkeit, der Bedingungen, nämlich deren Reflexion⸗in⸗ſich
und ihr Sich⸗aufheben zu einer andern Wirklichkeit, zu der
Wirklichkeit der Sache. Wenn alle Bedingungen vorhan⸗
den ſind, muß die Sache wirklich werden, und die Sache iſt
ſelbſt eine der Bedingungen, denn ſie iſt zunächſt als Inneres
ſelbſt nur ein Vorausgeſetztes. Die entwickelte Wirklichkeit,
als der in Eins fallende Wechſel des Innern und Aeußern, der
Wechſel ihrer entgegengeſetzten Bewegungen, die zu Einer Be⸗
wegung vereint ſind, iſt die Nothwendigkeit.

Die Nothwendigkeit iſt zwar richtig als Einheit der Mög⸗
lichkeit und Wirklichkeit deſinirt worden. Aber nur ſo aus⸗

gedrückt ist diese Bestimmung oberflächlich und deswegen un-
verständlich. Der Begriff der Nothwendigkeit ist sehr schwer,
und zwar weil sie der Begriff selbst ist, aber dessen Momente
noch als Wirklichkeiten sind, die zugleich doch nur als Formen, als in sich gebrochene und als übergehende zu fassen sind.
Es soll deswegen in den beiden folgenden §§. die Exposition
der Momente, welche die Nothwendigkeit ausmachen, noch ausführlicher angegeben werden.

Zusatz. Wenn von etwas gesagt wird, es sey nothwendig, so fragen wir zunächst nach dem Warum? Das Nothwendige soll sich somit als ein Gesetztes, als ein Vermitteltes erweisen. Bleiben wir indeß bei der bloßen Vermittelung stehen,
so haben wir noch nicht dasjenige, was unter der Nothwendigkeit
verstanden wird. Das blos Vermittelte ist das, was es ist, nicht
durch sich selbst, sondern durch ein Anderes, und damit ist dasselbe auch bloß ein Zufälliges. Von dem Nothwendigen dagegen verlangen wir, daß es das, was es ist, durch sich selbst sey
und somit, vermittelt zwar, doch zugleich die Vermittelung als
aufgehoben in sich enthalte. Wir sagen demgemäß vom Nothwendigen: es ist, und so gilt uns dasselbe als einfache Beziehung
auf sich, in welchem das Bedingtseyn durch Anderes hinwegfällt. — Von der Nothwendigkeit pflegt gesagt zu werden, daß sie
blind sey und zwar in so fern mit Recht, als in ihrem Proceß der Zweck noch nicht als solcher für sich vorhanden ist.
Der Proceß der Nothwendigkeit beginnt mit der Existenz zerstreu-
ter Umstände, die einander nichts anzugehen und keinen Zusammenhang in sich zu haben scheinen. Diese Umstände sind eine
unmittelbare Wirklichkeit, welche in sich zusammen fällt und aus
dieser Negation geht eine neue Wirklichkeit hervor. Wir haben
hier einen Inhalt, welcher der Form nach in sich gedoppelt ist:
einmal als Inhalt der Sache, um die es sich handelt, und zweitens als Inhalt der zerstreuten Umstände, die als ein Positives
erscheinen und sich zunächst so geltend machen. Dieser Inhalt

als ein Nichtiges in sich, wird demgemäß in sein Negatives verkehrt und wird so Inhalt der Sache. Die unmittelbaren Umstände
gehen als Bedingungen zu Grunde, werden aber auch zugleich als
Inhalt der Sache erhalten. Man sagt dann, aus solchen Umständen und Bedingungen sey etwas ganz Anderes hervorgegangen und nennt deßhalb die Nothwendigkeit, welche dieser Proceß
ist, blind. Betrachten wir dagegen die zweckmäßige Thätigkeit,
so haben wir hier am Zweck einen Inhalt, der schon vorher gewußt wird, und diese Thätigkeit ist deshalb nicht blind sondern
sehend. Wenn wir sagen, daß die Welt durch die Vorsehung
regiert wird, so liegt darin, daß der Zweck überhaupt das Wirkende ist, als das vorher an und für sich Bestimmte, so daß das
Herauskommende dem, was vorher gewußt und gewollt wurde,
entsprechend ist. Man hat übrigens die Auffassung der Welt
als durch die Nothwendigkeit bestimmt und den Glauben an eine
göttliche Vorsehung keineswegs als einander gegenseitig ausschließend zu betrachten. Was der göttlichen Vorsehung dem
Gedanken nach zu Grunde liegt, wird sich uns demnächst als der
Begriff ergeben. Dieser ist die Wahrheit der Nothwendigkeit
und enthält dieselbe als aufgehoben in sich, so wie umgekehrt die
Nothwendigkeit an sich der Begriff ist. Blind ist die Nothwendigkeit nur, in so fern dieselbe nicht begriffen wird und es giebt
deshalb nichts Verkehrteres als den Vorwurf eines blinden Fata-
lismus, welcher der Philosophie der Geschichte darum gemacht
wird, weil dieselbe ihre Aufgabe als die Erkenntniß der Nothwendigkeit dessen, was geschehen ist, betrachtet. Die Philosophie
der Geschichte erhält hiermit die Bedeutung einer Theodicee und
diejenigen, welche die göttliche Vorsehung dadurch zu ehren
meinen, daß sie die Nothwendigkeit von ihr ausschließen, setzen
dieselbe durch diese Abstraktion in der That zu einer blinden, vernunftlosen Willkühr herab. Das unbefangene religiöse Bewußtseyn spricht von Gottes ewigen und unverbrüchlichen Rathschlüs-
sen und darin liegt die ausdrückliche Anerkennung der Nothwen-

digkeit als zum Wesen Gottes gehörig. Der Mensch, in seinem
Unterschied von Gott, mit seinem besondern Meinen und Wollen, verfährt nach Laune und Willkühr und so geschieht es ihm
dann, daß bei seinem Thun etwas ganz Anderes herauskommt
als er gemeint und gewollt hat, wohingegen Gott weiß, was er
will, in seinem ewigen Willen nicht durch innern oder äußern
Zufall bestimmt wird und das was er will auch unwiderstehlich
vollbringt. — Der Standpunkt der Nothwendigkeit ist überhaupt
in Beziehung auf unsere Gesinnung und unser Verhalten von
großer Wichtigkeit. Indem wir das, was geschieht, als nothwendig betrachten, so scheint dieß auf den ersten Anblick ein vollkommen unfreies Verhältniß zu seyn. Die Alten faßten bekanntlich die Nothwendigkeit. als Schicksal auf und der moderne
Standpunkt ist dagegen der des Trostes. Dieser besteht überhaupt darin, daß, indem wir unsere Zwecke, unsere Interessen
aufgegeben, wir solches in der Aussicht thun, dafür einen Ersatz
zu erhalten. Das Schicksal dagegen ist trostlos. Betrachten wir
nunmehr die Gesinnung der Alten in Beziehung auf das Schicksal näher, so gewährt uns dieselbe gleichwohl keineswegs die Anschauung der Unfreiheit, sondern vielmehr die der Freiheit. Dieß
liegt darin, daß die Unfreiheit im Festhalten am Gegensatz begründet ist, dergestalt, das wir das, was ist und was geschieht,
als im Widerspruch stehend betrachten mit dem, was seyn und
geschehen soll. In der Gesinnung der Alten hat dagegen dieß
gelegen: weil solches ist, so ist es, und wie es ist, so soll es seyn.
Hier ist also kein Gegensatz vorhanden und damit auch keine Unfreiheit, kein Schmerz und kein Leiden. Dieß Verhalten zum
Schicksal ist nun zwar, wie vorher bemerkt wurde, allerdings
trostlos, allein solche Gesinnung bedarf auch des Trostes nicht
und zwar um deswillen, weil hier die Subjektivität noch nicht
zu ihrer unendlichen Bedeutung gelangt ist. Dieser Gesichtspunkt
ist es, welcher bei Vergleichung der antiken und unserer modernen, christlichen Gesinnung, als der entscheidende ins Auge

gefaßt werden muß. Versteht man unter der Subjektivität bloß
die endliche unmittelbare Subjektivität, mit dem zufälligen und
willkührlichen Inhalt ihrer partikulären Neigungen und Interessen, überhaupt das, was man Person nennt, im Unterschied von
der Sache, im emphatischen Sinne des Worts (in welchem Sinne
man, und zwar mit Recht, zu sagen pflegt, daß es auf die
Sache ankommt und nicht auf die Person), so wird man nicht
umhin können, die ruhige Ergebung der Alten in das Schicksal
zu bewundern und diese Gesinnung als eine höhere und würdi-
gere anzuerkennen als jene moderne, welche eigensinnig ihre subjektiven Zwecke verfolgt und wenn sie dann doch auf deren Er-
reichung zu verzichten sich genöthigt sieht, sich dabei nur mit der
Aussicht tröstet, dafür in anderer Gestalt Ersatz zu erhalten. Weiter ist nun aber auch die Subjektivität nicht bloß die, als der
Sache gegenüber stehend, schlechte und endliche Subjektivität;
sondern dieselbe ist ihrer Wahrheit nach der Sache immanent
und als hiermit unendliche Subjektivität die Wahrheit der Sache
selbst. So aufgefaßt erhält dann der Standpunkt des Trostes
eine ganz andere und höhere Bedeutung, und in diesem Sinne
ist es, daß die christliche Religion als die Religion des Trostes
und zwar des absoluten Trostes zu betrachten ist. Das Christenthum enthält bekanntlich die Lehre, Gott wolle, daß allen Menschen geholfen werde und damit ist ausgesprochen, daß die Subjektivität einen unendlichen Werth hat. Näher liegt dann das
Trostreiche der christlichen Religion darin, daß indem hier Gott
selbst als die absolute Subjektivität gewußt wird, die Subjektivität aber das Moment der Besonderheit in sich enthält, damit
auch unsere Besonderheit nicht bloß als ein abstrakt zu Regiren-
des, sondern zugleich als ein zu Conservirendes anerkannt ist.
Die Götter der Alten wurden zwar gleichfalls als persönlich betrachtet, die Persönlichkeit eines Zeus, eines Apoll u. s. w. ist
indeß nicht eine wirkliche; sondern nur eine vorgestellte, oder,
anders ausgedrückt, es sind diese Götter bloß Personifikationen,

die als solche sich nicht selbst wissen, sondern nur gewußt
werden. Diesen Mangel und diese Ohnmacht der alten Götter
finden wir dann auch in so fern im religiösen Bewußtseyn der
Alten, als dieselben nicht nur die Menschen, sondern auch die
Götter selbst als dem Schicksal (dem πεπρωμένον oder der
εἱμαρμένη) unterworfen betrachteten, welches Schicksal man sich
als die unenthüllte Nothwendigkeit und somit als das durchaus
Unpersönliche, Selbstlose und Blinde vorzustellen hat. Dahingegen ist der christliche Gott der nicht bloß gewußte, sondern
schlechthin sich wissende Gott und nicht bloß vorgestellte, sondern
vielmehr absolut wirkliche Persönlichkeit. — Während übrigens
hinsichtlich der weitern Ausführung der hier berührten Punkte an
die Religionsphilosophie zu verweisen ist, so kann hier noch bemerklich gemacht werden, von welcher Wichtigkeit es ist, daß der
Mensch das, was ihn trifft, im Sinne jenes alten Sprichwortes
auffaßt, worin es heißt: ein Jeder ist seines eigenen Glückes
Schmidt. Hierin liegt, daß der Mensch überhaupt nur sich selbst
zu genießen bekommt. Die entgegengesetzte Ansicht ist dann die,
daß wir die Schuld von dem, was auf uns fällt, auf andere
Menschen, auf die Ungunst der Verhältnisse und dergleichen schie-
ben. Dieß ist dann wieder der Standpunkt der Unfreiheit und
zugleich die Quelle der Unzufriedenheit. Indem dagegen der
Mensch anerkennt, daß was ihm widerfährt, nur eine Evolution
seiner selbst ist und daß er nur seine eigene Schuld trägt, so
verhält er sich als ein Freier und hat in allem was ihm begegnet den Glauben, daß ihm kein Unrecht geschieht. Der Mensch,
der in Unfrieden mit sich und seinem Geschick lebt, begeht
grade um der falschen Meinung willen, daß ihm von Andern
Unrecht geschehe, viel Verkehrtes und Schiefes. Nun ist zwar
in dem was uns geschieht allerdings auch viel Zufälliges. Dieß
Zufällige ist indeß in der Natürlichkeit des Menschen begründet.
Indem der Mensch aber sonst das Bewußtseyn seiner Freiheit
hat, so wird durch das Mißliebige, was ihm begegnet, die Har-

monie seiner Seele, der Friede seines Gemüths nicht zerstört. Es ist also die Ansicht von der Nothwendigkeit, wodurch die Zufriedenheit und die Unzufriedenheit der Menschen und somit ihr Schicksal selbst bestimmt wird.

§. 148.

Unter den drei Momenten, der Bedingung, der Sache, und der Thätigkeit ist

a. Die Bedingung, α) das Vorausgesetzte; als nur gesetztes ist sie nur als relativ auf die Sache, aber als Voraus, ist sie als für sich, — zufälliger, äußerlicher Umstand, der ohne Rücksicht auf die Sache existirt; in dieser Zufälligkeit aber zugleich in Rücksicht auf die Sache, welche die Totalität ist, ist dieß Vorausgesetzte ein vollständiger Kreis von Bedingungen. β) Die Bedingungen sind passiv, werden für die Sache als Material verwendet, und gehen damit in den Inhalt der Sache ein; sie sind ebenso diesem Inhalte gemäß und enthalten dessen ganze Bestimmung bereits in sich.

b. Die Sache ist ebenso α) ein Vorausgesetztes; als gesetzter nur erst ein Innerrs und Mögliches, und als voraus ein für sich selbstständiger Inhalt; β) sie erhält durch die Verwendung der Bedingungen ihre äußerliche Existenz, das Realisiren ihrer Inhaltsbestimmungen, welche den Bedingungen gegenseitig entsprechen, so daß sie ebenso aus diesen sich als Sache erweist und aus ihnen hervorgeht.

c. Die Thätigkeit ist α) ebenso für sich, (ein Mensch, ein Charakter), selbstständig existirend und zugleich hat sie ihre Möglichkeit allein an den Bedingungen und an der Sache; β) sie ist die Bewegung, die Bedingungen in die Sache, diese in jene als in die Seite der Existenz zu übersetzen; vielmehr aber nur die Sache aus den Bedingungen, in welchen sie an sich vorhanden ist, heraus zu setzen, und durch Aufhebung der Existenz, welche die Bedingungen haben, der Sache Existenz zu geben.

In sofern diese drei Momente die Gestalt selbstständiger Existenz gegen einander haben, ist dieser Proceß als die äußere Nothwendigkeit. — Diese Nothwendigkeit hat einen beschränkten Inhalt zu ihrer Sache. Denn die Sache ist dieß Ganze in einfacher Bestimmtheit; da dasselbe aber in seiner Form sich äußerlich ist, ist es damit auch in ihm selbst und in seinem Inhalte sich äußerlich, und diese Aeußerlichkeit an der Sache ist Schranke ihres Inhalts.

§. 149.

Die Nothwendigkeit ist an sich daher das Eine mit sich identische aber inhaltsvolle Wesen, das so in sich scheint, daß seine Unterschiede die Form selbstständiger Wirklicher haben, und dieß Identische ist zugleich als absolute Form die Thätigkeit des Aufhebens in Vermitteltseyn, und der Vermittlung in Unmittelbarkeit. — Das, was nothwendig ist, ist durch ein Anderes, welches in den vermittelnden Grund (die Sache und die Thätigkeit), und in eine unmittelbare Wirklichkeit, ein Zufälliges, das zugleich Bedingung ist, zerfallen ist. Das Nothwendige als durch ein Anderes ist nicht an und für sich, sondern ein bloß Gesetztes. Aber diese Vermittlung ist eben so unmittelbar das Aufheben ihrer selbst; der Grund und die zufällige Bedingung wird in Unmittelbarkeit übergesetzt, wodurch jenes Gesetztseyn zur Wirklichkeit aufgehoben, und die Sache mit sich selbst zusammengegangen ist. In dieser Rückkehr in sich ist das Nothwendige schlechthin, als unbedingte Wirklichkeit. — Das Nothwendige ist so, vermittelt durch einen Kreis von Umständen: es ist so weil die Umstände so sind, und in Einem ist es so, unvermittelt, — es ist so, weil es ist.

a. Substantialitäts-Verhältniß.

§. 150.

Das Nothwendige ist in sich absolutes Verhältniß,

d. i. der (in den vorhergehenden §§.) entwickelte Proceß, in welchem das Verhältniß sich ebenso zur absoluten Identität aufhebt.

In seiner unmittelbaren Form ist es das Verhältniß der
Substantialität und Accidentalität. Die absolute Identität dieses Verhältnisses mit sich ist die Substanz als solche, die
als Rothwendigkeit die Negativität dieser Form der Innerlichkeit
ist, also sich als Wirklichkeit setzt, aber ebenso die Negativität dieses Aeußerlichen ist, nach welcher das Wirkliche als
Unmittelbares nur ein Accidentelles ist, das durch diese seine
bloße Möglichkeit in eine andere Wirklichkeit übergeht; ein Uebergehen, welches die substantielle Identität als die Formthätigkeit (§. 148. 149.) ist.

§. 151.

Die Substanz ist hiermit die Totalität der Accidenzen, in
denen sie sich als deren absolute Negativität, d. i. als absolute
Macht und zugleich als den Reichthum alles Inhalts
offenbart. Dieser Inhalt ist aber nichts als diese Manifestation selbst, indem die in sich zum Inhalte reflektirte Bestimmtheit selbst nur ein Moment der Form ist, das in der
Macht der Substanz übergeht. Die Substantialität ist die absolute Formthätigkeit und die Macht der Nothwendigkeit, und
aller Inhalt nur Moment, das allein diesem Processe angehört,
das absolute Umschlagen der Form und des Inhalts in einander.

Zusatz. In der Geschichte der Philosophie begegnet uns
die Substanz als das Princip der spinozistischen Philosophie.
Ueber die Bedeutung und den Werth dieser Philosophie, welche
eben so berühmt als verschrieen ist, hat seit Spinoza's Auftreten
großes Mißverständniß statt gefunden und ist darüber viel hin
und her geredet worden. Es ist vornämlich der Vorwurf des
Atheismus und dann weiter der des Pantheismus, welcher gegen
das spinozistische System erhoben zu werden pflegt und zwar
um deswillen, weil von demselben Gott als die Substanz und
nur als die Substanz aufgefaßt worden ist. Was von diesen

Vorwürfen zu halten, ergiebt sich zunächst aus der Stelle, welche die Substanz im System der logischen Idee einnimmt. Die Substanz ist eine wesentliche Stufe im Entwickelungsproceß der Idee, jedoch nicht diese selbst, nicht die absolute Idee, sondern die Idee in der noch beschränkten Form der Nothwendigkeit. Nun ist Gott zwar allerdings die Nothwendigkeit, oder, wie man auch sagen kann, die absolute Sache, aber auch zugleich die absolute Person und dieß ist der Punkt, zu welchem Spinoza nicht gelangt ist und in Beziehung auf welchen zugegeben werden muß, daß die spinozistische Philosophie hinter dem wahren Begriff Gottes, welcher den Inhalt des christlich religiösen Bewußtseyns bildet, zurückgeblieben ist. Spinoza war seiner Herkunft nach ein Jude und es ist überhaupt die orientalische Anschauung, nach welcher alles Endliche bloß als ein Vorübergehendes, als ein Verschwindendes erscheint, welche in seiner Philosophie ihren gedankenmäßigen Ausdruck gefunden hat. Diese orientalische Anschauung der substantiellen Einheit bildet nun zwar die Grundlage aller wahrhaften weitern Entwickelung, allein es kann dabei nicht stehen geblieben werden; was derselben noch fehlt, das ist das abendländische Princip der Individualität, welches in philosophischer Gestalt, gleichzeitig mit dem Spinozismus, zuerst in der leibnitze'schen Monadologie hervorgetreten ist. — Blicken wir von hier aus auf den der Philosophie des Spinoza gemachten Vorwurf des Atheismus zurück, so wird derselbe in so fern als unbegründet von der Hand zu weisen seyn, als nach dieser Philosophie Gott nicht allein nicht geläugnet, sondern vielmehr als der allein wahrhaft Seyende anerkannt wird. Auch wird nicht behauptet werden können, Spinoza spreche zwar von Gott, als dem allein Wahren, allein dieser spinozistische Gott sey nicht der wahre und deshalb, so gut wie kein Gott. Mit demselben Recht müßten dann auch alle die übrigen Philosophen, welche mit ihrem Philosophiren auf einer untergeordneten Stufe der Idee stehen geblieben sind, und eben so nicht nur

die Juden und die Muhamedaner, darum weil sie Gott bloß
als den Herrn wissen, sondern auch alle die vielen Christen,
welche. Gott bloß als das nicht erkennbare, höchste und jenseitige
Wesen betrachten, des Atheismus beschuldigt werden. Der der
spinozistischen Philosophie gemachte Vorwurf des Atheismus reducirt sich bei näherer Betrachtung darauf, daß in derselben das
Princip der Differenz oder der Endlichkeit nicht zu seinem Rechte
gelangt und würde somit, da es nach derselben eigentlich gar
keine Welt, im Sinne eines positiv Seyenden, giebt, dieses
System nicht als Atheismus, sondern vielmehr umgekehrt, als
Akosmismus zu bezeichnen seyn. Hieraus ergiebt sich dann
auch, was von dem Vorwurf des Pantheismus zu halten ist.
Versteht man, wie dieß sehr häufig geschieht, unter Pantheismus eine Lehre, welche die endlichen Dinge als solche und den
Complex derselben als Gott betrachtet, so wird man nicht umhin können, die spinozistische Philosophie von dem Vorwurf des
Pantheismus frei zu sprechen, da nach derselben den endlichen
Dingen, oder der Welt überhaupt, schlechthin keine Wahrheit
zukömmt; dahingegen ist diese Philosophie allerdings pantheistisch,
eben um ihres Akosmismus willen. Der hiermit anerkannte
Mangel hinsichtlich des Inhalts, erweist sich dann auch zugleich als ein Mangel in Beziehung auf die Form und zwar
zunächst in sofern, als Spinoza die Substanz an die Spitze seines Systems stellt und dieselbe als die Einheit des Denkens und
der Ausdehnung definirt, ohne nachzuweisen, wie er zu diesem Unterschied und zur Zurückführung desselben auf die substantielle
Einheit gelangt. Die weitere Abhandlung des Inhalts erfolgt
dann in der sogenannten mathematischen Methode, und werden
demgemäß zunächst Definitionen und Axiome aufgestellt, an welche
sich Lehrsätze reihen, deren Beweis bloß in der verstandesmäßigen
Zurückführung auf jene unbewiesenen Voraussetzungen besteht.
Ob nun schon die spinozistische Philosophie auch von Solchen,
welche ihren Inhalt und ihre Resultate schlechthin verwerfen,

wegen der strengen Konsequenz ihrer Methode gerühmt zu werden pflegt, so ist doch in der That diese unbedingte Anerkennung der Form eben so unbegründet als die unbedingte Verwerfung des Inhalts. Der Mangel des spinozistischen Inhalts besteht eben darin, daß die Form nicht als demselben immanent gewußt wird und deshalb nur als äußere, subjektive Form an ihn herantritt. Die Substanz, so wie dieselbe, ohne vorangegangene dialektische Vermittelung, unmittelbar von Spinoza aufgefaßt wird, ist, als die allgemeine negative Macht, gleichsam nur dieser finstere, gestaltlose Abgrund, der allen bestimmten Inhalt als von Haus aus nichtig in sich verschlingt und nichts, was einen positiven Bestand in sich hat, aus sich producirt.

§. 152.

Nach dem Momente, daß die Substanz als absolute Macht die sich auf sich als auf nur innere Möglichkeit beziehende und sich damit zur Accidentalität bestimmende Macht, und hievon die dadurch gesetzte Aeußerlichkeit unterschieden ist, ist sie eigentliches Verhältniß, als wie sie in der ersten Form der Nothwendigkeit Substanz ist, — Kausalitäts-Verhältniß.

b. Kausalitäts-Verhältniß.

§. 153.

Die Substanz ist Ursache, in sofern sie gegen ihr Uebergehen in die Accidentalität in sich reflektirt und so die ursprüngliche Sache ist, aber eben so sehr die Reflexion-in-sich oder ihre bloße Möglichkeit aufhebt, sich als das Negative ihrer selbst setzt und so eine Wirkung hervorbringt, eine Wirklichkeit, die so nur eine gesetzte, aber durch den Proceß des Wirkens zugleich nothwendige ist.

Die Ursache hat als die ursprüngliche Sache die Bestimmung von absoluter Selbstständigkeit und einem sich gegen die Wirkung erhaltenden Bestehen, aber sie ist in der Nothwendigkeit, deren Identität jene Ursprünglichkeit selbst aus-

macht, nur in die Wirkung übergegangen. Es iſt kein Inhalt, in ſofern wieder von einem beſtimmten Inhalte die Rede
ſeyn kann, in der Wirkung, der nicht in der Urſache iſt; —
jene Identität iſt der abſolute Inhalt ſelbſt; ebenſo iſt ſie aber
auch die Formbeſtimmung, die Urſprünglichkeit der Urſache
wird in der Wirkung aufgehoben, in der ſie ſich zu einem Geſeztſeyn macht. Die Urſache iſt aber damit nicht verſchwunden, ſo daß das Wirkliche nur die Wirkung wäre. Denn dieß
Geſeztſeyn iſt ebenſo unmittelbar aufgehoben, es iſt vielmehr die Reflexion der Urſache in ſich ſelbſt, ihre Urſprünglichkeit; in der Wirkung iſt erſt die Urſache wirklich und Urſache. Die Urſache iſt daher an und für ſich causa sui. —
Jakobi, feſt in der einſeitigen Vorſtellung der Vermittlung, hat (Briefe über Spinoza, 2te Ausg. S. 416.) die
Causa sui (der Effectus sui iſt daſſelbe), dieſe abſolute Wahrheit der Urſache, bloß für einen Formaliſmus genommen. Er
hat auch angegeben, daß Gott nicht als Grund, ſondern weſentlich als Urſache beſtimmt werden müſſe; daß damit das
nicht gewonnen ſey, was er beabſichtigte, würde ſich aus einem
gründlichern Nachdenken über die Natur der Urſache ergeben
haben. Auch in der endlichen Urſache und deren Vorſtellung
iſt dieſe Identität in Anſehung des Inhalts vorhanden; der
Regen, die Urſache, und die Näſſe, die Wirkung, ſind ein
und daſſelbe exiſtirende Waſſer. In Anſehung der Form fällt
ſo in der Wirkung (der Näſſe) die Urſache (der Regen) hinweg; aber damit auch die Beſtimmung der Wirkung, die nichts
iſt ohne Urſache und es bleibt nur die indifferente Näſſe.

Die Urſache im gemeinen Sinne des Kauſalverhältniſſes iſt
endlich, in ſofern ihr Inhalt endlich iſt (wie in der endlichen Subſtanz), und in ſofern Urſache und Wirkung als zwei
verſchiedene ſelbſtſtändige Exiſtenzen vorgeſtellt werden, — was
ſie aber nur ſind, indem bei ihnen vom Kauſalitätsverhältniß
abſtrahirt wird. Weil in der Endlichkeit bei dem Unter-

schiede der Formbestimmungen in deren Beziehung stehen geblieben wird, so wird abwechslungsweise die Ursache auch als
ein Gesetztes oder als Wirkung bestimmt; diese hat dann
wieder eine andere Ursache; so entsteht auch hier der Progreß von Wirkungen zu Ursachen ins Unendliche. Ebenso der
absteigende, indem die Wirkung nach ihrer Identität mit
der Ursache selbst als Ursache und zugleich als eine andere
bestimmt wird, die wieder andere Wirkungen hat und sofort
ins Unendliche..

Zusatz. So sehr der Verstand sich gegen die Substantialität zu sträuben pflegt, so geläufig ist ihm dagegen die Kausalität, d. h. das Verhältniß von Ursache und Wirkung. Wenn
es sich darum handelt einen Inhalt als nothwendig aufzufassen,
so ist es vornehmlich das Kausalitätsverhältniß, worauf denselben
zurückzuführen die Verstandesreflexion sich zur Angelegenheit macht.
Nun gehört zwar dieses Verhältniß allerdings zur Nothwendigkeit, allein es ist dasselbe nur die eine Seite im Proceß der
Nothwendigkeit, welcher eben so sehr dieß ist, die in der Kausalität enthaltene Vermittelung aufzuheben und sich als einfache
Beziehung auf sich zu erweisen. Bleibt man bei der Kausalität
als solcher stehen, so hat man dieselbe nicht in ihrer Wahrheit,
sondern bloß als endliche Kausalität und die Endlichkeit dieses
Verhältnisses besteht dann darin, daß Ursache und Wirkung in
ihrem Unterschied festgehalten werden. Nun aber sind diese beiden nicht nur unterschieden, sondern eben so wohl auch identisch
und dieß findet sich dann auch dergestalt in unserm gewöhnlichen
Bewußtseyn, daß wir von der Ursache sagen, daß sie dieß nurist,
in so fern sie eine Wirkung hat und von der Wirkung, daß sie
dieß nur ist, in so fern sie eine Ursache hat. Ursache und Wirkung sind somit beide ein und derselbe Inhalt und der Unterschied
derselben ist zunächst nur der des Setzens und des Gesetztseyns,
welcher Formunterschied sich dann aber auch eben so wieder aufhebt, dergestalt daß die Ursache nicht nur Ursache eines Andern,

sondern auch Ursache ihrer selbst und die Wirkung nicht nur Wirkung
eines Andern, sondern auch Wirkung ihrer selbst ist. Die Endlichkeit
der Dinge besteht hiernach darin, daß während Ursache und Wir=
kung ihrem Begriff nach identisch sind, diese beiden Formen in
der Art getrennt vorkommen, daß die Ursache zwar auch Wir=
kung und die Wirkung zwar auch Ursache ist, jedoch jene nicht
in derselben Beziehung, in welcher sie Ursache, und diese nicht in
derselben Beziehung, in welcher sie Wirkung ist. Dieß giebt dann
wieder den unendlichen Progreß, in der Gestalt einer endlosen
Reihe von Ursachen, welche sich zugleich als eine endlose Reihe
von Wirkungen zeigt.

<h3 style="text-align:center">§. 154.</h3>

Von der Ursache ist die Wirkung verschieden: diese ist
als solche Gesetztseyn. Aber das Gesetztseyn ist ebenso Re=
flexion=in=sich und Unmittelbarkeit, und das Wirken der Ursache,
ihr Setzen, ist zugleich Voraussetzen, insofern an der Ver=
schiedenheit der Wirkung von der Ursache festgehalten wird. Es
ist hiemit eine andre Substanz vorhanden, auf welche die
Wirkung geschieht. Diese ist als unmittelbar nicht sich auf
sich beziehende Negativität und aktiv, sondern passiv. Aber
als Substanz ist sie ebenso aktiv, hebt die vorausgesetzte Unmit=
telbarkeit und die in sie gesetzte Wirkung auf, reagirt, d. h.
sie hebt die Aktivität der ersten Substanz auf, welche aber ebenso
dieß Aufheben ihrer Unmittelbarkeit oder der in sie gesetzten Wir=
kung ist, hiemit die Aktivität der andern aufhebt und reagirt.
Die Kausalität ist hiemit in das Verhältniß der Wechselwir=
kung übergegangen.

In der Wechselwirkung, obgleich die Kausalität noch nicht
in ihrer wahrhaften Bestimmung gesetzt ist, ist der Progreß
von Ursachen und Wirkungen ins Unendliche als Progreß auf
wahrhafte Weise aufgehoben, indem das geradlinige Hinaus=
gehen von Ursachen zu Wirkungen und von Wirkungen zu
Ursachen in sich um= und zurückgebogen ist. Diese Um=

beugung des unendlichen Progresses zu einem in sich beschlosse-
nen Verhältniß ist wie überall die einfache Reflexion, daß in
jener gedankenlosen Wiederhohlung nur ein und dasselbe ist,
nämlich eine und eine andere Ursache, und deren Beziehung
auf einander. Die Entwicklung dieser Beziehung, das Wech-
selwirken, ist jedoch selbst die Abwechslung des Unterschei-
dens aber nicht von Ursachen, sondern von den Momenten,
an derem jedem für sich, wieder nach der Identität,
daß die Ursache in der Wirkung Ursache, und umgekehrt ist,
— nach dieser Untrennbarkeit ebenso auch das andere Moment gesetzt wird.

c. Die Wechselwirkung.

§. 155.

Die in der Wechselwirkung als unterschieden festgehaltenen
Bestimmungen sind α) an sich dasselbe; die eine Seite ist Ursache, ursprünglich, aktiv, passiv u. s. f. wie die andrr. Ebenso ist das Voraussetzen einer andern und das Wirken auf sie,
die unmittelbare Ursprünglichkeit und das Gesetztseyn durch den
Wechsel, ein und dasselbe. Die als erste angenommene Ursache
ist um ihrer Unmittelbarkeit willen passiv, Gesetztseyn und
Wirkung. Der Unterschied der als zwei genannten Ursachen
ist daher leer, und es ist an sich nur Eine, sich in ihrer Wirkung ebenso als Substanz aufhebende, als sich in diesem Wirken
erst verselbstständigende Ursache vorhanden.

§. 156.

Aber auch für sich ist diese Einheit, indem dieser ganze
Wechsel das eigene Setzen der Ursache und nur dieß ihr Setzen
ihr Seyn ist. Die Nichtigkeit der Unterschiede ist nicht nur an
sich oder unsere Reflexion (vorhg. §.), sondern die Wechselwirkung ist selbst dieß, jede der gesetzten Bestimmungen auch wieder
aufzuheben und in die entgegengesetzte zu verkehren, also jene
Nichtigkeit der Momente zu setzen, die an sich ist. In die Ur-

20 *

sprünglichkeit wird eine Wirkung gesetzt, d. h. die Ursprünglichkeit wird aufgehoben; die Aktion einer Ursache wird zur Reaktion u. s. f.

Zusatz. Die Wechselwirkung ist das Kausalitätsverhältniß in seiner vollständigen Entwickelung gesetzt und dieß Verhältniß ist es dann auch, zu welchem die Reflexion ihre Zuflucht
zu nehmen pflegt, wenn sich ihr die Betrachtung der Dinge unter dem Gesichtspunkt der Kausalität, um des vorher erwähnten
unendlichen Progresses willen, nicht als genügend erweist. So
wird z. B. bei geschichtlichen Betrachtungen zunächst die Frage
verhandelt, ob der Charakter und die Sitten eines Volkes die
Ursache seiner Verfassung und seiner Gesetze oder ob dieselben
umgekehrt deren Wirkung seyen, und es wird dann dazu fortgeschritten, diese beiden, Charakter und Sitten einerseits und Verfassung und Gesetze andererseits, unter dem Gesichtspunkt der
Wechselwirkung aufzufassen, dergestalt daß die Ursache in derselben Beziehung, in der sie Ursache, zugleich Wirkung und daß die
Wirkung in derselben Beziehung, in der sie Wirkung, zugleich
Ursache ist. Dasselbe geschieht dann auch bei Betrachtung der
Natur und namentlich des lebendigen Organismus, dessen einzelne Organe und Funktionen sich gleichfalls als zu einander im
Verhältniß der Wechselwirkung stehend erweisen. Die Wechselwirkung ist nun zwar allerdings die nächste Wahrheit des Verhältnisses von Ursache und Wirkung und steht dieselbe, so zu
sagen, an der Schwelle des Begriffs, jedoch eben um deswillen
hat man sich mit der Anwendung dieses Verhältnisses nicht zu
begnügen, in so fern es um das begreifende Erkennen zu thun
ist. Bleibt man dabei stehen einen gegebenen Inhalt blos unter
dem Gesichtspunkt der Wechselwirkung zu betrachten, so ist dieß
in der That ein durchaus begriffloses Verhalten; man hat es
dann bloß mit einer trocknen Thatsache zu thun und die Forderung der Vermittelung, um die es sich zunächst bei der Anwendung des Kausalitätsverhältnisses handelt, bleibt wieder unbe-

friedigt. Das Ungenügende bei der Anwendung des Verhältnisses der Wechselwirkung besteht, näher betrachtet, darin, daß
dieß Verhältniß, anstatt als ein Aequivalent für den Begriff gelten zu können, vielmehr selbst erst begriffen seyn will und dieß
geschieht dadurch, daß die beiden Seiten desselben nicht als ein
unmittelbar Gegebenes belassen, sondern, wie solches in den beiden vorhergehenden §§. gezeigt worden, als Momente eines Dritten, Höhern, erkannt werden, welches dann eben der Begriff ist.
Betrachten wir z. B. die Sitten des spartanischen Volkes als die
Wirkung seiner Verfassung, und so umgekehrt diese als die Wirkung seiner Sitten, so mag diese Betrachtung immerhin richtig
seyn, allein diese Auffassung gewährt um deßwillen keine letzte
Befriedigung, weil durch dieselbe in der That weder die Verfassung noch die Sitten dieses Volkes begriffen werden, welches
nur dadurch geschieht, daß jene beiden und eben so alle die übri-
rigen besondern Seiten, welche das Leben und die Geschichte des
spartanischen Volkes zeigen als in diesem Begriff begründet erkannt werden.

§. 157.

Dieser reine Wechsel mit sich selbst ist hiemit die enthüllte
oder gesetzte Rothwendigkeit. Das Band der Rothwendigkeit als solcher ist die Identität als noch innere und verborgene, weil sie die Identität von solchen ist, die als wirkliche gelten, deren Selbstständigkeit jedoch eben die Rothwendigkeit seyn soll. Der Verlauf der Substanz durch die Kausalität und Wechselwirkung ist daher nur das Setzen, daß die
Selbstständigkeit die unendliche negative Beziehung auf
sich ist, — negative überhaupt, in der das Unterscheiden und
Vermitteln zu einer Ursprünglichkeit gegen einander selbstständ-
diger Wirklichen wird, — unendliche Beziehung auf sich
selbst, indem die Selbstständigkeit derselben eben nur als ihre
Identität ist.

§. 158.

Diese Wahrheit der Nothwendigkeit ist somit die Freiheit, und die Wahrheit der Substanz ist der Begriff, — die Selbstständigkeit, welche das sich von sich Abstoßen in unterschiedene Selbstständige, als dieß Abstoßen identisch mit sich, und diese bei sich selbst bleibende Wechselbewegung nur mit sich ist.

Zusatz. Die Nothwendigkeit pflegt hart genannt zu werden und zwar mit Recht, in so fern bei derselben als solcher, d. h. in ihrer unmittelbaren Gestalt stehen geblieben wird. Wir haben hier einen Zustand oder überhaupt einen Inhalt, welcher sein Bestehen für sich hat, und in der Nothwendigkeit ist dann zunächst dieß enthalten, daß über solchen Inhalt ein Anderes kömmt, wodurch derselbe zu Grunde gerichtet wird. Dieß ist das Harte und das Traurige der unmittelbaren oder abstrakten Nothwendigkeit. Die Identität der Beiden, welche in der Nothwendigkeit als an einander gebunden erscheinen und dadurch ihrer Selbstständigkeit verlustig gehen, ist nur erst eine innere und noch nicht für die vorhanden, welche der Nothwendigkeit unterworfen sind. So ist dann auch die Freiheit auf diesem Standpunkt nur erst die abstrakte Freiheit, welche nur durch Verzichtung auf dasjenige, was man unmittelbar ist und hat, gerettet wird. — Weiter ist nun aber, wie wir bisher gesehen haben, der Proceß der Nothwendigkeit von der Art, daß durch denselben die zunächst vorhandene starre Aeußerlichkeit überwunden und daß ihr Inneres offenbart wird, wodurch es sich dann zeigt, daß die an einander Gebundenen in der That einander nicht fremd, sondern nur Momente eines Ganzen sind, deren jedes in der Beziehung auf das Andere bei sich selbst ist und mit sich selbst zusammengeht. Dieß ist die Verklärung der Nothwendigkeit zur Freiheit und diese Freiheit ist nicht bloß die Freiheit der abstrakten Negation, sondern vielmehr konkrete und positive Freiheit. Hieraus ist dann auch zu entnehmen, wie verkehrt es ist, die Freiheit und die Nothwendigkeit als einander gegenseitig ausschließend zu betrachten. Allerdings ist die Nothwendigkeit als solche noch nicht die Freiheit; aber die Freiheit hat die Nothwendigkeit zu ihrer Voraussetzung und enthält dieselbe als aufgehoben in sich. Der sittliche Mensch ist sich des Inhalts seines Thuns als eines Nothwendigen an und für sich Gültigen bewußt und leidet dadurch so wenig Abbruch an seiner Freiheit, daß diese vielmehr erst durch dieses Bewußtseyn zur wirklichen und inhaltsvollen Freiheit wird, im Unterschied von der Willkühr, als der noch inhaltlosen und bloß möglichen Freiheit. Ein Verbrecher, welcher bestraft wird, mag die Strafe, die ihn trifft, als eine Beschränkung seiner Freiheit betrachten; in der That ist jedoch die Strafe nicht eine fremde Gewalt, der er unterworfen wird, sondern nur die Manifestation seines eignen Thuns, und indem er dieß anerkennt, so verhält er sich hiermit als ein Freier. Ueberhaupt ist dieß die höchste Selbstständigkeit des Menschen, sich als schlechthin bestimmt durch die absolute Idee zu wissen, welches Bewußtseyn und Verhalten Spinoza als den amor intellectualis Dei bezeichnet.

§. 159.

Der Begriff ist hiemit die Wahrheit des Seyns und des Wesens, indem das Scheinen der Reflexion in sich selber zugleich selbstständige Unmittelbarkeit und dieses Seyn verschiedener Wirklichkeit unmittelbar nur ein Scheinen in sich selbst ist.

Indem der Begriff sich als die Wahrheit des Seyns und Wesens erwiesen hat, welche beide in ihn als in ihren Grund zurückgegangen sind, so hat er umgekehrt sich aus dem Seyn als aus seinem Grunde entwickelt. Jene Seite des Fortgangs kann als ein Vertiefen des Seyns in sich selbst, dessen Inneres durch diesen Fortgang enthüllt worden ist, diese Seite als Hervorgang des Vollkommnern aus dem Unvollkommnern betrachtet werden. Indem solche Entwicklung nur nach der letzten Seite betrachtet worden ist, hat man der

Philoſophie daraus einen Vorwurf gemacht. Der beſtimmtere
Gehalt, den die oberflächlichen Gedanken von Unvollkommnerem
und Vollkommnerem hier haben, iſt der Unterſchied, den das
Seyn als unmittelbare Einheit mit ſich, vom Begriffe
als der freien Vermittlung mit ſich hat. Indem ſich das Seyn
als ein Moment des Begriffs gezeigt hat, hat er ſich dadurch
als die Wahrheit des Seyns erwieſen; als dieſe ſeine Reflexion-
in-ſich und als Aufheben der Vermittlung iſt er das Vorausſetzen des Unmittelbaren, — ein Vorausſetzen, das mit der
Rückkehr-in-ſich identiſch iſt, welche Identität die Freiheit und
den Begriff ausmacht. Wenn daher das Moment das Unvoll-
kommne genannt wird, ſo iſt der Begriff, das Vollkommne, allerdings dieß, ſich aus dem Unvollkommnen zu entwickeln, denn er
iſt weſentlich dieß Aufheben ſeiner Vorausſetzung. Aber er iſt es
zugleich allein, der als ſich ſetzend die Vorausſetzung macht, wie
ſich in der Kauſalität überhaupt und näher in der Wechſelwir-
kung ergeben hat.

Der Begriff iſt ſo in Beziehung auf Seyn und Weſen beſtimmt, das zum Seyn als einfacher Unmittelbarkeit zurückgegangene Weſen zu ſeyn, deſſen Scheinen dadurch Wirklichkeit hat, und deſſen Wirklichkeit zugleich freies Scheinen
in ſich ſelbſt iſt. Das Seyn hat der Begriff auf ſolche Weiſe
als ſeine einfache Beziehung auf ſich oder als die Unmittelbarkeit ſeiner Einheit in ſich ſelbſt; Seyn iſt eine ſo arme Beſtimmung, daß ſie das Wenigſte iſt, was im Begriffe aufgezeigt
werden kann.

Der Uebergang von der Nothwendigkeit zur Freiheit oder
vom Wirklichen in den Begriff iſt der härteſte, weil die ſelbſtſtändige Wirklichkeit gedacht werden ſoll, als in dem Uebergehen
und der Identität mit der ihr andern ſelbſtſtändigen Wirklichkeit, alle ihre Subſtantialität zu haben; ſo iſt auch der Begriff
das härteſte, weil er ſelbſt eben dieſe Identität iſt. Die wirkliche Subſtanz als ſolche aber, die Urſache, die in ihrem Für-

sichseyn nichts in sich eindringen lassen will, ist schon der Nothwendigkeit oder dem Schicksal in das Gesetztseyn überzugehen
unterworfen, und diese Unterwerfung ist vielmehr das härteste.
Das Denken der Nothwendigkeit ist dagegen vielmehr die Auflösung jener Härte; denn es ist das Zusammengehen Seiner im
Andern mit Sich selbst, — die Befreiung, welche nicht die
Flucht der Abstraktion ist, sondern in dem andern Wirklichen,
mit dem das Wirkliche durch die Macht der Nothwendigkeit zu-
sammengebunden ist, sich nicht als anderes, sondern sein eigenes
Seyn und Setzen zu haben. Als für sich existirend heißt
diese Befreiung, Ich, als zu ihrer Totalität entwickelt freier
Geist, als Empfindung Liebe, als Genuß Seeligkeit. —
Die große Anschauung der spinozistischen Substanz ist nur an
sich die Befreiung von endlichem Fürsichseyn; aber der Begriff
selbst ist für sich die Macht der Nothwendigkeit und die wirkliche Freiheit.

Zusatz. Wenn der Begriff, wie dieß hier geschehen, als
die Wahrheit des Seyns und des Wesens bezeichnet wird, so
muß man der Frage gewärtig seyn, warum nicht mit demselben
der Anfang gemacht worden ist. Darauf dient zur Antwort, daß,
wo es sich um denkende Erkenntniß handelt, mit der Wahrheit
um deßwillen nicht angefangen werden kann, weil die Wahrheit,
als den Anfang bildend, auf bloßer Versicherung beruhen, die
gedachte Wahrheit aber als solche sich dem Denken zu bewähren
hat. Würde der Begriff an die Spitze der Logik gestellt und,
wie dies dem Inhalt nach ganz richtig ist, als die Einheit des
Seyns und des Wesens definirt, so entstände die Frage, was
man sich unter dem Seyn und was unter dem Wesen zu denken hat und wie diese beiden dazu kommen in die Einheit des
Begriffs zusammengefaßt zu werden. Hiermit wäre dann aber
nur dem Namen und nicht der Sache nach mit dem Begriff
angefangen worden. Der eigentliche Anfang würde mit dem

Seyn gemacht, wie solches auch hier geschehen, nur mit dem
Unterschied, daß die Bestimmungen des Seyns und eben so auch
die des Wesens unmittelbar aus der Vorstellung würden aufzunehmen seyn, wohingegen wir das Seyn und das Wesen, in
ihrer eigenen dialektischen Entwickelung betrachtet und als sich
selbst zur Einheit des Begriffs aufhebend, erkannt haben.

Dritte Abtheilung der Logik.

Die Lehre vom Begriff.

§. 160.

Der Begriff ist das Freie, als die für sie seyende substantielle Macht und ist Totalität, in dem jedes der Momente das Ganze ist, das er ist, und als ungetrennte Einheit
mit ihm gesetzt ist; so ist er in seiner Identität mit sich das an
und für sich bestimmte.

Zusatz. Der Standpunkt des Begriffs ist überhaupt
der des absoluten Idealismus und die Philosophie ist begreifendes Erkennen, in so fern, als in ihr Alles, was dem sonstigen
Bewußtseyn als ein seyendes und in seiner Unmittelbarkeit Selbstständiges gilt, blos als ein ideelles Moment gewußt wird. In
der Verstandeslogik pflegt der Begriff als eine bloße Form des
Denkens und näher als eine allgemeine Vorstellung betrachtet zu
werden und diese untergeordnete Auffassung des Begriffs ist es
dann, auf welche sich die von Seiten der Empfindung und des
Herzens so oft wiederholte Behauptung bezieht, daß die Begriffe
als solche etwas Todtes, Leeres und Abstraktes seyen. In der
That verhält es sich indeß gerade umgekehrt, und ist der Begriff
vielmehr das Princip alles Lebens und damit zugleich das schlechthin Konkrete. Daß dem so ist, dieß hat sich als das Resultat
der ganzen bisherigen logischen Bewegung ergeben und braucht
deshalb nicht erst hier bewiesen zu werden. Was hierbei namentlich den hinsichtlich des Begriffs, als des vermeintlich nur For-

mellen, geltend gemachten Gegensatz von Form und Inhalt anbetrifft, so liegt uns derselbe sammt allen den übrigen von der
Reflexion festgehaltenen Gegensätzen, als dialektisch d. h. durch
sich selbst überwunden, bereits im Rücken und ist es eben der
Begriff, welcher alle die frühern Bestimmungen des Denkens als
aufgehoben in sich enthält. Allerdings ist der Begriff als Form
zu betrachten, allein als unendliche, schöpferische Form, welche
die Fülle alles Inhalts in sich beschließt und zugleich aus sich
entläßt. Eben so mag dann auch der Begriff immerhin abstrakt
genannt werden, wenn man unter dem Konkreten nur das sinnlich Konkrete, überhaupt das unmittelbar Wahrnehmbare versteht; der Begriff als solcher läßt sich nicht mit den Händen
greifen und muß uns überhaupt, wenn es sich um den Begriff
handelt, Hören und Sehen vergangen seyn. Gleichwohl ist der
Begriff, wie vorher bemerkt wurde, zugleich das schlechthin Konkrete, und zwar in so fern als derselbe das Seyn und das Wesen und damit den ganzen Reichthum dieser beiden Sphären,
in ideeller Einheit, in sich enthält. — Wenn, wie solches früher
bemerkt worden ist, die verschiedenen Stufen der logischen Idee
als eine Reihe von Definitionen des Absoluten betrachtet werden
können, so ist die Definition des Absoluten, welche sich uns hier
ergiebt, die, daß dasselbe der Begriff ist. Dabei muß man
dann freilich den Begriff in einem andern und höhern Sinne
auffassen, als solches in der Verstandeslogik geschieht, welcher
zufolge der Begriff bloß als eine an sich inhaltslose Form unseres subjektiven Denkens betrachtet wird. Es könnte hierbei zunächst nur noch die Frage aufgeworfen werden, warum, wenn in
der spekulativen Logik der Begriff eine so ganz andere Bedeutung hat, als man sonst mit diesem Ausdruck zu verbinden pflegt,
dieses ganz Andere hier gleichwohl Begriff genannt und dadurch
Veranlassung zu Mißverständniß und Verwirrung gegeben wird?
Auf solche Frage wäre zu erwiedern, daß wie groß auch der Ab-
stand zwischen dem Begriff der formellen Logik und dem speku-

lativen Begriff seyn mag, bei näherer Betrachtung es sich doch
ergiebt, daß die tiefere Bedeutung des Begriffs dem allgemeinen
Sprachgebrauch keineswegs so fremd ist als dieß zunächst der Fall
zu seyn scheint. Man spricht von der Ableitung eines Inhalts,
so z. B. der das Eigenthum betreffenden Rechtsbestimmungen
aus dem Begriff des Eigenthums und eben so umgekehrt von
der Zurückführung eines solchen Inhalts auf den Begriff. Damit
aber wird anerkannt, daß der Begriff nicht bloß eine an sich inhaltslose Form ist, da einerseits aus einer solchen nichts abzuleiten wäre und andererseits durch die Zurückführung eines gegebenen Inhalts auf die leere Form des Begriffs, derselbe nur
seiner Bestimmtheit würde beraubt, aber nicht erkannt werden.

§. 161.

Das Fortgehen des Begriffs ist nicht mehr Uebergehen noch
Scheinen in Anderes, sondern Entwicklung, indem das Unterschiedene unmittelbar zugleich als das identische mit einander
und mit dem Ganzen gesetzt, die Bestimmtheit als ein freies
Seyn des ganzen Begriffes ist.

Zusatz. Uebergehen in Anderes ist der dialektische
Proceß in der Sphäre des Seyns und Scheinen in Anderes
in der Sphäre des Wesens. Die Bewegung des Begriffs
ist dagegen Entwickelung, durch welche nur dasjenige gesetzt
wird, was an sich schon vorhanden ist. In der Natur ist es
das organische Leben, welches der Stufe des Begriffs entspricht.
So entwickelt sich z. B. die Pflanze aus ihrem Keim. Dieser
enthält bereits die ganze Pflanze in sich, aber in ideeller Weise
und hat man somit deren Entwickelung nicht so aufzufassen, als
ob die verschiedenen Theile der Pflanze, Wurzel, Stengel, Blätter u. s. w. im Keim bereits realiter, jedoch nur ganz klein
vorhanden wären. Dieß ist die sogenannte Einschachtelungshy-
pothese, deren Mangel somit darin besteht, daß dasjenige, was
nur erst in ideeller Weise vorhanden ist, als bereits existirend betrachtet wird. Das Richtige in dieser Hypothese ist

dagegen dieß, daß der Begriff in seinem Proceß bei sich selbst bleibt und daß durch denselben dem Inhalt nach nichts Neues gesetzt, sondern nur eine Formveränderung hervorgebracht wird. Diese Natur des Begriffs, sich in seinem Proceß als Entwickelung seiner selbst zu erweisen, ist es dann auch, welche man vor Augen hat, wenn man von dem Menschen angeborenen Ideen spricht oder, wie solches Platon gethan, alles Lernen bloß als Erinnerung betrachtet, welches jedoch gleichfalls nicht so verstanden werden darf, als ob dasjenige was den Inhalt des durch Unterricht gebildeten Bewußtseyns ausmacht, in seiner bestimmten Entfaltung vorher schon in demselben Bewußtseyn wäre vorhanden gewesen. — Die Bewegung des Begriffs ist gleichsam nur als ein Spiel zu betrachten; das Andere was durch dieselbe gesetzt wird, ist in der That nicht ein Anderes. In der christlich-religiösen Lehre ist dieß so ausgesprochen, daß Gott nicht nur eine Welt erschaffen hat, die ihm als ein Anderes gegenübersteht, sondern daß er auch von Ewigkeit her einen Sohn erzeugt hat, in welchem er als Geist bei sich selbst ist.

§. 162.

Die Lehre vom Begriffe theilt sich in die Lehre 1) von dem subjektiven oder formellen Begriffe, 2) von dem Begriffe als zur Unmittelbarkeit bestimmten, oder von der Objektivität, 3) von der Idee, dem Subjekt=Objekte, der Einheit des Begriffs und der Objektivität, der absoluten Wahrheit.

Die gewöhnliche Logik faßt nur die Materien in sich, die hier als ein Theil des dritten Theils des Ganzen vorkommen, außerdem die oben vorgekommenen sogenannten Gesetze des Denkens und in der angewandten Logik einiges von dem Erkennen, womit noch psychologisches, metaphysisches und sonst empirisches Material verbunden wird, weil jene Formen des Denkens denn endlich für sich nicht mehr genügten; damit hat diese Wissenschaft jedoch die feste Richtung verloren. — Jene Formen, die wenigstens zum eigentlichen Gebiet der Logik gehören, wer-

den übrigens nur als Bestimmungen des bewußten und zwar des=
selben als nur verständigen, nicht vernünftigen Denkens genommen.

Die vorhergehenden logischen Bestimmungen, die Bestimmun=
gen des Seyns und Wesens, sind zwar nicht bloße Gedanken=
bestimmungen, in ihrem Uebergehen, dem dialektischen Momente,
und in ihrer Rückkehr in sich und Totalität erweisen sie sich als
Begriffe. Aber sie sind (vgl. §. 84. u. 112.) nur bestimmte
Begriffe, Begriffe an sich, oder was dasselbe ist, für uns, in=
dem das Andere, in das jede Bestimmung übergeht oder in
welchem sie scheint und damit als relatives ist, nicht als Be=
sonderes, noch ihr Drittes als Einzelnes oder Subjekt
bestimmt, nicht die Identität der Bestimmung in ihrer entgegen=
gesetzten, ihre Freiheit gesetzt ist, weil sie nicht Allgemeinheit
ist. — Was gewöhnlich unter Begriffen verstanden wird, sind
Verstandesbestimmungen, auch nur allgemeine Vorstel=
lungen: daher überhaupt endliche Bestimmungen; vergl. §. 62.

Die Logik des Begriffs wird gewöhnlich als nur formelle
Wissenschaft so verstanden, daß es ihr auf die Form als solche
des Begriffs, des Urtheils und Schlusses, aber ganz und gar
nicht darauf ankomme, ob Etwas wahr sey; sondern dieß hänge
ganz allein vom Inhalte ab. Wären wirklich die logischen
Formen des Begriffs todte, unwirksame und gleichgültige Behäl=
ter von Vorstellungen oder Gedanken so wäre ihre Kenntniß eine
für die Wahrheit sehr überflüssige und entbehrliche Historie.
In der That aber sind sie umgekehrt als Formen des Begriffs
der lebendige Geist des Wirklichen, und von dem Wirk=
lichen ist wahr nur, was kraft dieser Formen, durch sie
und in ihnen wahr ist. Die Wahrheit dieser Formen für sich
selbst ist aber seither nie betrachtet und untersucht worden, eben
so wenig als ihr nothwendiger Zusammenhang.

A.
Der subjektive Begriff.

---

a.
Der Begriff als solcher.
§. 163.

Der Begriff als solcher enthält die Momente der Allgemeinheit, als freier Gleichheit mit sich selbst in ihrer Bestimmtheit, — der Besonderheit, der Bestimmtheit, in welcher das Allgemeine ungetrübt sich selbst gleich bleibt, und der Einzelnheit, als der Reflexion in sich der Bestimmtheiten der Allgemeinheit und Besonderheit, welche negative Einheit mit sich das an und für sich Bestimmte und zugleich mit sich Identische oder Allgemeine ist.

Das Einzelne ist dasselbe, was das Wirkliche ist, nur daß jenes aus dem Begriffe hervorgegangen, somit als Allgemeines als die negative Identität mit sich gesetzt ist. Das Wirkliche, weil es nur erst an sich oder unmittelbar die Einheit des Wesens und der Existenz ist, kann es wirken; die Einzelnheit des Begriffes aber ist schlechthin das Wirkende, und zwar auch nicht mehr wie die Ursache mit dem Scheine, ein Anderes zu wirken, sondern das Wirkende seiner selbst. — Die Einzelnheit ist aber nicht in dem Sinne nur unmittelbarer Einzelnheit zu nehmen, nach der wir von einzelnen Dingen, Menschen sprechen; diese Bestimmtheit der Einzelnheit kommt erst beim Urtheile vor Jedes Moment des Begriffs ist selbst der ganze Begriff (§. 160.), aber die Einzelnheit, das Subjekt, ist der als Totalität gesetzte Begriff.

Zusatz 1. Wenn vom Begriff gesprochen wird, so ist es gewöhnlich nur die abstrakte Allgemeinheit, welche man dabei vor Augen hat, und der Begriff pflegt dann auch wohl eine all-

gemeine Vorstellung definirt zu werden. Man spricht demgemäß
vom Begriff der Farbe, der Pflanze, des Thieres u. s. w. und
diese Begriffe sollen dadurch entstehen daß, bey Hinweglassung
des Besonderen wodurch sich die verschiedenen Farben, Pflanzen,
Thiere u. s. w. von einander unterscheiden, das denselben Gemeinschaftliche festgehalten werde. Dieß ist die Weise, wie der
Verstand den Begriff auffaßt, und das Gefühl hat Recht, wenn
es solche Begriffe für hohl und leer, für bloße Schemen und
Schatten erklärt. Nun aber ist das Allgemeine des Begriffs nicht
bloß ein Gemeinschaftliches, welchem gegenüber das Besondere
seinen Bestand für sich hat, sondern vielmehr das sich selbst
Besondernde (Specificirende) und in seinem Anderen, in unge-
trübter Klarheit bei sich selbst Bleibende. Es ist von der größten Wichtigkeit, sowohl für das Erkennen als auch für unser
praktisches Verhalten, daß das bloß Gemeinschaftliche nicht mit
dem wahrhaft Allgemeinen, dem Universellen, verwechselt wird.
Alle Vorwürfe welche gegen das Denken überhaupt, und dann
näher das philosophische Denken, vom Standpunkt des Gefühls
aus erhoben zu werden pflegen und die so oft wiederholte Behauptung von der Gefährlichkeit des angeblich zu weit getriebe-
nen Denkens, haben ihren Grund in jener Verwechselung. Das
Allgemeine in seiner wahren und umfassenden Bedeutung ist
übrigens ein Gedanke, von welchem gesagt werden muß, daß
es Jahrtausende gekostet hat, bevor derselbe in das Bewußtseyn
der Menschen getreten und welcher erst durch das Christenthum
zu seiner vollen Anerkennung gelangt ist. Die sonst so hochge-
bildeten Griechen haben weder Gott in seiner wahren Allgemeinheit gewußt noch auch den Menschen. Die Götter der Griechen waren nur die besonderen Mächte des Geistes und der allgemeine Gott, der Gott der Nationen, war für die Athener noch
der verborgene Gott. So bestand denn auch für die Griechen
zwischen ihnen selbst und den Barbaren eine absolute Kluft und
der Mensch als solcher war noch nicht anerkannt in seinem un-

endlichen Werthe und ſeiner unendlichen Berechtigung. Man hat
wohl die Frage aufgeworfen, worin der Grund davon liege, daß
in dem modernen Europa die Sklaverey verſchwunden ſey, und
dann bald dieſen bald jenen beſondern Umſtand zur Erklärung
dieſer Erſcheinung angeführt. Der wahrhafte Grund, weshalb
es im chriſtlichen Europa keine Sklaven mehr giebt, iſt in nichts
Anderem als im Principe des Chriſtenthums ſelbſt zu ſuchen.
Die chriſtliche Religion iſt die Religion der abſoluten Freiheit
und nur für den Chriſten gilt der Menſch als ſolcher, in ſeiner
Unendlichkeit und Allgemeinheit. Was dem Sklaven fehlt, das
iſt die Anerkennung ſeiner Perſönlichkeit; das Princip der Perſönlichkeit aber iſt die Allgemeinheit. Der Herr betrachtet den
Sklaven nicht als Perſon ſondern als ſelbſtloſe Sache und der
Sklave gilt nicht ſelbſt als Ich ſondern der Herr iſt ſein Ich. —
Der vorher erwähnte Unterſchied zwiſchen dem bloß Gemeinſchaft-
lichen und dem wahrhaft Allgemeinen findet ſich in Rouſſeau's
bekanntem Contract social auf eine treffende Weiſe dadurch
ausgeſprochen, daß darin geſagt wird, die Geſetze eines Staats
müßten aus dem allgemeinen Willen (der volonté générale)
hervorgehen, brauchten aber deshalb gar nicht der Wille Aller
(volonté de tous) zu ſeyn. Rouſſeau würde in Beziehung auf
die Theorie des Staats Gründlicheres geleiſtet haben, wenn er
dieſen Unterſchied immer vor Augen behalten hätte. Der allgemeine Wille iſt der Begriff des Willens und die Geſetze ſind
die in dieſem Begriff begründeten beſonderen Beſtimmungen des
Willens.

Zuſatz 2. Hinſichtlich der in der Verſtandeslogik üblichen Erörterung über die Entſtehung und Bildung der Begriffe,
iſt noch zu bemerken, daß wir die Begriffe gar nicht bilden und
daß der Begriff überhaupt gar nicht als etwas Entſtandenes zu
betrachten iſt. - Allerdings iſt der Begriff nicht bloß das Seyn
oder das Unmittelbare, ſondern es gehört zu demſelben auch die
Vermittelung; dieſe liegt aber in ihm ſelbſt und der Begriff iſt

das durch sich und mit sich selbst Vermittelte.. Es ist verkehrt
anzunehmen, erst seyen die Gegenstände, welche den Inhalt unserer Vorstellungen bilden, und dann hinterdrein komme unsere
subjektive Thätigkeit, welche durch die vorher erwähnte Operation
des Abstrahirens und des Zusammenfassens des den Gegenständen Gemeinschaftlichen die Begriffe derselben bilde.   Der
Begriff ist vielmehr des wahrhaft Erste, und die Dinge sind das
was sie sind durch die Thätigkeit des ihnen innewohnenden und
in ihnen sich offenbarenden Begriffs.   In unserem religieusen
Bewußtseyn kömmt dieß so vor, daß wir sagen, Gott habe die
Welt aus Nichts erschaffen, oder, anders ausgedrückt, die Welt
und die endlichen Dinge seyen aus der Fülle der göttlichen Gedanken und der göttlichen Rathschlüsse hervorgegangen.   Damit
ist anerkannt, daß der Gedanke, und näher der Begriff, die unendliche Form oder die freye, schöpferische Thätigkeit ist, welche
nicht eines außerhalb ihrer vorhandenen Stoffs bedarf, um sich
zu realisiren.

§. 164.

Der Begriff ist das schlechthin Konkrete, weil die negative Einheit mit sich als An- und Fürsich-bestimmtseyn, welches
die Einzelnheit ist, selbst seine Beziehung auf sich, die Allgemeinheit ausmacht.   Die Momente des Begriffes können in sofern nicht abgesondert werden; die Reflexionsbestimmungen sollen jede für sich abgesondert von der entgegengesetzten, gefaßt
werden und gelten; aber indem im Begriff ihre Identität
gesetzt ist, kann jedes seiner Momente unmittelbar nur aus
und mit den andern gefaßt werden.

Allgemeinheit, Besonderheit und Einzelnheit sind abstrakt
genommen dasselbe, was Identität, Unterschied und Grund.
Aber das Allgemeine ist das mit sich Identische ausdrücklich in der Bedeutung, daß in ihm zugleich das Besondere und Einzelne enthalten sey. Ferner ist das Besondere
das Unterschiedene oder die Bestimmtheit, aber in der Bedeu-

21 *

tung, daß es allgemein in ſich und als Einzelnes ſey. Ebenſo
hat das Einzelne die Bedeutung, daß es Subjekt, Grundlage ſey, welche die Gattung und Art in ſich enthalte und
ſelbſt ſubſtantiell ſey. Dieß iſt die geſetzte Ungetrenntheit
der Moment ein ihrem Unterſchiede (§. 160.) — die Klarheit
des Begriffes, in welchem jeder Unterſchied keine Unterbrechung,
Trübung macht, ſondern eben ſo durchſichtig iſt.

Man hört nichts gewöhnlicher ſagen, als daß der Begriff
etwas Abſtraktes iſt. Dieß iſt Theils in ſofern richtig, als
das Denken überhaupt und nicht das empiriſch konkrete Sinnliche ſein Element, Theils als er noch nicht die Idee iſt. In
ſofern iſt der ſubjektive Begriff noch formell, jedoch gar
nicht als ob er je einen andern Inhalt haben oder erhalten
ſollte als ſich ſelbſt. — Als die abſolute Form ſelbſt iſt er
alle Beſtimmtheit, aber wie ſie in ihrer Wahrheit iſt. Ob
er alſo gleich abſtrakt iſt, ſo iſt er das Konkrete, und zwar
das ſchlechthin Konkrete, das Subjekt als ſolches. Das Ab-
ſolut-Konkrete iſt der Geiſt (ſ. Anm. §. 159.), — der Begriff, in ſofern er als Begriff, ſich unterſcheidend von ſeiner
Objektivität, die aber des Unterſcheidens unerachtet die ſei-
nige bleibt, exiſtirt. Alles andere Konkrete, ſo reich es ſey,
iſt nicht ſo innig identiſch mit ſich und darum an ihm ſelbſt
nicht ſo konkret, am wenigſten das was man gemeinhin unter Konkretem verſteht, eine äußerlich zuſammengehaltene Mannichfaltigkeit. — Was auch Begriffe und zwar beſtimmte Begriffe genannt werden, z. B. Menſch, Haus, Thier u. ſ. f.,
ſind einfache Beſtimmungen und abſtrakte Vorſtellungen, —
Abſtraktionen, die vom Begriffe nur das Moment der Allgemeinheit nehmen und die Beſonderheit und Einzelnheit weg-
laſſen, ſo nicht an ihnen entwickelt ſind und damit gerade
vom Begriff abſtrahiren.

§. 165.

Das Moment der Einzelnheit ſetzt erſt die Momente

des Begriffes als Unterschiede, indem sie dessen negative Reflexion-in-sich, daher zunächst das freie Unterscheiden desselben als die erste Negation ist, womit die Bestimmtheit des Begriffes gesetzt wird, aber als Besonderheit, d. i. daß die Unterschiedenen erstlich nur die Bestimmtheit der Begriffsmomente gegeneinander haben, und daß zweitens ebenso ihre Identität, daß das eine das andre ist, gesetzt ist; diese gesetzte Besonderheit des Begriffes ist das Urtheil.

Die gewöhnlichen Arten von klaren, deutlichen und adäquaten Begriffen, gehören nicht dem Begriffe sondern der Psychologie in sofern an, als unter klarem und deutlichem Begriffe Vorstellungen gemeint sind, unter jenem eine abstrakte, einfach bestimmte, unter diesem eine solche, an der aber noch ein Merkmal, d. i. irgend eine Bestimmtheit zum Zeichen für das subjektive Erkennen herausgehoben ist. Nichts ist so sehr selbst das Merkmal der Aeußerlichkeit und des Verkommens der Logik, als die beliebte Kategorie des Merkmals. Der adäquate spielt mehr auf den Begriff, ja selbst auf die Idee an, aber drückt noch nichts als das Formelle der Uebereinstimmung eines Begriffs oder auch einer Vorstellung mit ihrem Objekte, — einem äußerlichen Dinge aus. — Den sogenannten subordinirten und koordinirten Begriffen liegt der begrifflose Unterschied vom Allgemeinen und Besondern, und deren Verhältniß-Beziehung in einer äußerlichen Reflexion zu Grunde. Ferner aber eine Aufzählung von Arten konträrer und kontradiktorischer, bejahender, verneinender Begriffe u. s. f. ist nichts anderes als ein Auflesen nach Zufall von Bestimmtheiten des Gedankens, welche für sich der Sphäre des Seyns oder Wesens angehören, wo sie bereits betrachtet worden sind, und die mit der Begriffsbestimmtheit selbst als solcher nichts zu thun haben. — Die wahrhaften Unterschiede des Begriffs, der allgemeine, besondere und einzelne, machen allein doch auch nur in sofern

Arten desselben aus als sie von einer äußerlichen Reflexion
auseinander gehalten werden. — Die immanente Unterscheidung und Bestimmen des Begriffes ist im Urtheile vorhanden, denn das Urtheilen ist das Bestimmen des Begriffs.

b.
Das Urtheil.

§. 166.

Das Urtheil ist der Begriff in seiner Besonderheit, als
unterscheidende Beziehung seiner Momente, die als fürsichseyende und zugleich mit sich, nicht mit einander identische gesetzt sind.

Gewöhnlich denkt man beim Urtheil zuerst an die Selbstständigkeit der Extreme, des Subjekts und Prädikats, daß
jenes ein Ding oder eine Bestimmung für sich, und ebenso
das Prädikat eine allgemeine Bestimmung außer jenem Subjekt etwa in meinem Kopfe sey, — die dann von mir mit jener zusammengebracht, und hiemit geurtheilt werde. Indem
jedoch die Kopula, ist, das Prädikat vom Subjekte aussagt,
wird jenes äußerliche, subjektive Subsumiren wieder aufgehoben und das Urtheil als eine Bestimmung des Gegenstandes selbst genommen. — Die etymologische Bedeutung
des Urtheils in unsrer Sprache ist tiefer und drückt die Einheit des Begriffs als das Erste, und dessen Unterscheidung als
die ursprüngliche Theilung aus, was das Urtheil in Wahrheit ist.

Das abstrakte Urtheil ist der Satz: das Einzelne ist das
Allgemeine. Dieß sind die Bestimmungen, die das Subjekt und Prädikat zunächst gegen einander haben, indem
die Momente des Begriffs in ihrer unmittelbaren Bestimmtheit oder ersten Abstraktion genommen werden. (Die Sätze:
das Besondre ist das Allgemeine, und: das Einzelne

ist das Besondre, gehören der weitern Fortbestimmung des Urtheils an.) Es ist für einen verwundernswürdigen Mangel an Beobachtung anzusehen, das Faktum in den Logiken nicht angegeben zu finden, daß in jedem Urtheil solcher Satz ausgesprochen wird: das Einzelne ist das Allgemeine, oder noch bestimmter: das Subjekt ist das Prädikat (z. B. Gott ist absoluter Geist.) Freilich sind die Bestimmungen Einzelnheit und Allgemeinheit, Subjekt und Prädikat auch unterschieden, aber darum bleibt nicht weniger das ganz allgemeine Faktum; daß jedes Urtheil sie als identisch aussagt.

Die Kopula: ist, kommt von der Natur des Begriffs, in seiner Entäußerung identisch mit sich zu seyn; das Einzelne und das Allgemeine sind als seine Momente solche Bestimmtheiten, die nicht isolirt werden können. Die frühern Reflexionsbestimmtheiten haben in ihren Verhältnissen auch die Beziehung auf einander, aber ihr Zusammenhang ist nur das Haben, nicht das Seyn, die als solche gesetzte Identität oder die Allgemeinheit. Das Urtheil ist deswegen erst die wahrhafte Besonderheit des Begriffs, denn es ist die Bestimmtheit oder Unterscheidung desselben, welche aber Allgemeinheit bleibt.

Zusatz. Das Urtheil pflegt als eine Verbindung von Begriffen, und zwar von verschiedenartigen Begriffen betrachtet zu werden. Das Richtige in dieser Auffassung ist dieß, daß der Begriff allerdings die Voraussetzung des Urtheils bildet und im Urtheil in der Form des Unterschiedes auftritt; dahingegen ist es falsch, von verschiedenartigen Begriffen zu reden, denn der Begriff als solcher, obschon konkret, ist doch wesentlich einer und die in ihm enthaltenen Momente sind nicht als verschiedene Arten zu betrachten und ebenso falsch ist es von einer Verbindung der Seiten des Urtheils zu sprechen, da, wenn von einer Verbindung die Rede ist, die Verbundenen als auch ohne die Verbindung für sich vorhanden gedacht werden. Diese äußerliche Auffassung zeigt sich dann noch bestimmter, wenn von dem Urtheil gesagt wird, daß dasselbe dadurch zu Stande komme, daß einem Subjekt ein Prädikat beigelegt werde. Das Subjekt gilt hierbey als draußen für sich bestehend und das Prädikat als in unserm Kopfe befindlich. Dieser Vorstellung widerspricht indeß schon die Kopula ist. Wenn wir sagen: diese Rose ist roth, oder dieses Gemälde ist schön, so ist damit ausgesprochen, daß wir es nicht sind die, wir es der Rose erst äußerlich anthun, roth oder dem Gemälde schön zu seyn, sondern daß dieß die eigenen Bestimmungen dieser Gegenstände sind. Ein fernerer Mangel der in der formellen Logik gewöhnlichen Auffassung des Urtheils besteht dann darin, daß derselben zu Folge das Urtheil überhaupt bloß als etwas Zufälliges erscheint und daß der Fortgang vom Begriff zum Urtheil nicht nachgewiesen wird. Nun aber ist der Begriff als solcher nicht, wie der Verstand meint, proceßlos in sich verharrend, sondern vielmehr, als unendliche Form, schlechthin thätig, gleichsam das punctum saliens aller Lebendigkeit und somit sich von sich selbst unterscheidend. Diese durch die eigne Thätigkeit des Begriffs gesetzte Diremtion desselben in den Unterschied seiner Momente ist das Urtheil, dessen Bedeutung hiernach als die Besonderung des Begriffs aufzufassen ist. Dieser ist zwar an sich schon das Besondere, allein im Begriff als solchem ist das Besondere noch nicht gesetzt, sondern noch in durchsichtiger Einheit mit dem Allgemeinen. So enthält z. B. wie früher (§. 160. Zusatz) bemerkt wurde, der Keim einer Pflanze zwar bereits das Besondere der Wurzel, der Zweige, der Blätter u. s. f., allein dieß Besondere ist nur erst an sich vorhanden und wird erst gesetzt indem der Keim sich erschließt, welches als das Urtheil der Pflanze zu betrachten ist. Dieß Beispiel kann dann auch dazu dienen, um daran bemerklich zu machen, wie weder der Begriff, noch das Urtheil, bloß in unserm Kopfe befindlich sind und nicht bloß von uns gebildet werden. Der Begriff ist das den Din-

gen selbst Innewohnende; wodurch sie das sind, was sie sind und
einen Gegenstand begreifen, heißt somit sich seines Begriffs be=
wußt werden; schreiten wir dann zur Beurtheilung des Gegen=
standes, so ist es nicht unser subjektives Thun, wodurch dem Ge=
genstand dieß oder jenes Prädikat beigelegt wird, sondern wir
betrachten den Gegenstand in der durch seinen Begriff gesetzten
Bestimmtheit.

§. 167.

Das Urtheil wird gewöhnlich in subjektivem Sinn ge=
nommen als eine Operation und Form, die bloß im selbst=
bewußten Denken vorkomme. Dieser Unterschied ist aber im
Logischen noch nicht vorhanden, das Urtheil ist ganz allgemein
zu nehmen: alle Dinge sind ein Urtheil, d. h. sie sind
Einzelne, welche eine Allgemeinheit oder innere Natur in
sich sind; oder ein Allgemeines, das vereinzelt ist; die
Allgemeinheit und Einzelnheit unterscheidet sich in ihnen, aber
ist zugleich identisch.

Jenem bloß subjektivseynsollenden Sinne des Urtheils als
ob Ich einem Subjekte ein Prädikat beilegte, widerspricht
der vielmehr objektive Ausdruck des Urtheils: die Rose ist
roth, Gold ist Metall u. s. f.; nicht Ich lege ihnen etwas
erst bei. — Die Urtheile sind von den Sätzen unterschie=
den; die letztern enthalten eine Bestimmung von den Subjek=
ten, die nicht im Verhältniß der Allgemeinheit zu ihnen steht,
— einen Zustand, eine einzelne Handlung und dergleichen;
Cäsar ist zu Rom in dem und dem Jahre geboren, hat 10
Jahre in Gallien Krieg geführt, ist über den Rubikon gegan=
gen u. s. f. sind Sätze, keine Urtheile. Es ist ferner etwas
ganz leeres zu sagen, daß dergleichen Sätze: z. B. ich habe
heute Nacht gut geschlafen, — oder auch: Präsentirt
das Gewehr! in die Form eines Urtheils gebracht werden
können. Nur dann würde ein Satz: es fährt ein Wagen
vorüber, — ein und zwar subjektives Urtheil seyn, wenn es

zweifelhaft seyn könnte, ob das vorüber sich bewegende ein
Wagen sey oder ob der Gegenstand sich bewege und nicht
vielmehr der Standpunkt, von dem wir ihn beobachten; wo
das Interesse also darauf geht, für noch nicht gehörig be=
stimmte Vorstellung die Bestimmung zu finden.

§. 168.

Der Standpunkt des Urtheils ist die Endlichkeit, und
die Endlichkeit der Dinge besteht auf demselben darin, daß
sie ein Urtheil sind, daß ihr Daseyn und ihre allgemeine Natur
(ihr Leib und ihre Seele) zwar vereinigt sind; sonst wären die
Dinge Nichts; aber daß diese ihre Momente sowohl bereits ver=
schieden, als überhaupt trennbar sind.

§. 169.

Im abstrakten Urtheile: das Einzelne ist das Allge=
meine, ist das Subjekt als das negativ sich auf sich beziehende
das unmittelbar Konkrete, das Prädikat hingegen das Ab=
strakte, Unbestimmte, das Allgemeine. Da sie aber durch:
ist, zusammenhängen, so muß auch das Prädikat in seiner All=
gemeinheit die Bestimmtheit des Subjekts enthalten, so ist sie
die Besonderheit, und diese die gesetzte Identität des
Subjekts und Prädikats; als das hiemit gegen diesen Formun=
terschied Gleichgültige ist sie der Inhalt.

Das Subjekt hat erst im Prädikate seine ausdrückliche
Bestimmtheit und Inhalt; für sich ist es deswegen eine bloße
Vorstellung oder ein leerer Name. In den Urtheilen: Gott
ist das Allerrealste u. s. f. oder das Absolute ist identisch
mit sich u. f. — ist Gott, das Absolute ein bloßer Name;
was das Subjekt ist, ist erst im Prädikate gesagt. Was es
als Konkretes sonst noch wäre, geht dieses Urtheil nicht an
(vgl. §. 31.).

Zusatz. Sagt man: das Subjekt ist das, wovon etwas
ausgesagt und das Prädikat ist das Ausgesagte, so ist dieß etwas
sehr Triviales, und man erfährt dadurch nichts Näheres über

den Unterschied dieser beiden. Das Subjekt ist seinem Gedanken nach zunächst das Einzelne und das Prädikat das Allgemeine. In der weiteren Entwickelung des Urtheils geschieht es dann, daß das Subjekt nicht bloß das unmittelbar Einzelne und das Prädikat nicht bloß das abstrakt Allgemeine bleibt; Subjekt und Prädikat erhalten demnächst auch die Bedeutung jenes, des Besonderen und des Allgemeinen und dieses, des Besonderen und des Einzelnen. Dieser Wechsel in der Bedeutung der beiden Seiten des Urtheils ist es, welcher unter den beiden Benennungen Subjekt und Prädikat statt findet.

§. 170.

Was die nähere Bestimmtheit des Subjekts und Prädikats betrifft, so ist das erstere, als die negative Beziehung auf sich selbst (§. 163. 166. Anm.) das zu Grunde liegende Feste, in welchem das Prädikat sein Bestehen hat und ideell ist, (es inhärirt dem Subjekte); und indem das Subjekt überhaupt und unmittelbar konkret ist, ist der bestimmte Inhalt des Prädikats nur Eine der vielen Bestimmtheiten des Subjekts, und dieses reicher und weiter als das Prädikat.

Umgekehrt ist das Prädikat als das Allgemeine für sich bestehend und gleichgültig, ob dieß Subjekt ist oder nicht; es geht über das Subjekt hinaus, subsumirt dasselbe unter sich, und ist seinerseits weiter als das Subjekt. Der bestimmte Inhalt des Prädikats (vorh. §.) macht allein die Identität beider aus.

§. 171.

Subjekt, Prädikat, und der bestimmte Inhalt oder die Identität, sind zunächst im Urtheile in ihrer Beziehung selbst als verschieden, auseinander fallend gesetzt. An sich d. i. dem Begriffe nach aber sind sie identisch, indem die konkrete Totalität des Subjekts dieß ist, nicht irgend eine unbestimmte Mannigfaltigkeit zu seyn, sondern allein Einzelnheit, das Besondere und Allgemeine in einer Identität, und eben diese Einheit ist das

Prädikat (§. 170.) — In der Kopula ist ferner die Identität des Subjekts und Prädikats zwar gesetzt, aber zunächst
nur als abstraktes Ist. Nach dieser Identität ist das Subjekt auch in der Bestimmung des Prädikats zu setzen, womit
auch dieses die Bestimmung des erstern erhält, und die Copula
sich erfüllt. Dieß ist die Fortbestimmung des Urtheils
durch die inhaltsvolle Kopula zum Schlusse. Zunächst am
Urtheile. ist die Fortbestimmung desselben, das Bestimmen der zuerst abstrakten, sinnlichen Allgemeinheit zur Allheit,
Gattung und Art, und zur entwickelten Begriffs-Allge-
meinheit.

Die Erkenntniß der Fortbestimmung des Urtheils giebt
demjenigen, was als Arten des Urtheils aufgeführt zu werden pflegt, erst sowohl einen Zusammenhang als einen
Sinn. Außerdem, daß die gewöhnliche Aufzählung als ganz
zufällig aussieht, ist sie etwas oberflächliches und selbst wüstes
und wildes in der Angabe der Unterschiede; wie positives, kategorisches, assertorisches Urtheil unterschieden seyen, ist theils
überhaupt aus der Luft gegriffen, theils bleibt es unbestimmt.
Die verschiedenen Urtheile sind als nothwendig aus einander
folgend und als ein Fortbestimmen des Begriffs zu betrachten, denn das Urtheil selbst ist nichts als der bestimmte
Begriff.

In Beziehung auf die beiden vorhergegangenen Sphären
des Seyns und Wesens, sind die bestimmten Begriffe
als Urtheile Reproduktionen dieser Sphären, aber in der einfachen Beziehung des Begriffs gesetzt.

Zusatz. Die verschiedenen Arten des Urtheils sind nicht
bloß als eine empirische Mannigfaltigkeit, sondern als eine durch
das Denken bestimmte Totalität aufzufassen und es gehört zu den
großen Verdiensten Kants zuerst diese Forderung geltend gemacht
zu haben. Ob nun schon die von Kant aufgestellte Eintheilung
der Urtheile nach dem Schema seiner Kategorientafel in Urtheile

der Qualität, der Quantität, der Realtion und der Modalität,
theils wegen der bloß formellen Anwendung des Schemas dieser
Kategorien, theils auch um ihres Inhalts willen, nicht als genügend anerkannt werden kann, so liegt derselben doch die wahrhafte Anschauung zu Grunde, daß es die allgemeinen Formen
der logischen Idee selbst sind, wodurch die verschiedenen Arten
des Urtheils bestimmt werden. Wir erhalten demgemäß zunächst drey Hauptarten des Urtheils, welche den Stufen des
Seyns, des Wesens und des Begriffs entsprechen. Die zweite
dieser Hauptarten ist dann dem Charakter des Wesens, als der
Stufe der Differenz, entsprechend, noch wieder in sich gedoppelt.
Der innere Grund dieser Systematik des Urtheils ist darin zu
suchen, daß da der Begriff die ideelle Einheit des Seyns und
des Wesens ist; seine im Urtheil zu Stande kommende Entfaltung auch zunächst diese beiden Stufen in begriffsmäßiger Um-
bildung zu reproduciren hat, während er selbst, der Begriff, sich
dann als das wahrhafte Urtheil bestimmend erweist. — Die verschiedenen Arten des Urtheils sind nicht als mit gleichem Werthe neben einander stehend, sondern vielmehr als eine Stufen-
folge bildend zu betrachten und der Unterschied derselben beruht
auf der logischen Bedeutung des Prädikats. Dieß findet sich
dann auch in sofern schon im gewöhnlichen Bewußtseyn, als man
demjenigen, der nur solche Urtheile, wie z. B. diese Wand ist
grün, dieser Ofen ist heiß u. s. w. zu fällen pflegt, unbedenklich
nur ein sehr geringes Urtheilsvermögen zuschreiben und dagegen
erst von einem solchen sagen wird, daß er wahrhaft zu urtheilen
verstehe, bei dessen Urtheilen es sich darum handelt, ob ein gewisses Kunstwerk schön, ob eine Handlung gut ist u. dgl. Bei
Urtheilen der zuerst erwähnten Art bildet der Inhalt nur eine
abstrakte Qualität, über deren Vorhandenseyn zu entscheiden die
unmittelbare Wahrnehmung hinreicht, wohingegen, wenn von einem Kunstwerk gesagt wird, daß es schön, oder von einer Hand-

lung daß sie gut sey, die genannten Gegenstände mit dem was sie seyn sollen, d. h. mit ihrem Begriff verglichen werden.

α) Qualitatives Urtheil.

§. 172.

Das unmittelbare Urtheil ist das Urtheil des Daseyns; das Subjekt in einer Allgemeinheit, als seinem Prädikate, gesetzt, welches eine unmittelbare (somit sinnliche) Qualität ist. 1) Positives Urtheil, das Einzelnes ist ein Besonderes. Aber das Einzelne ist nicht ein Besonderes; näher, solche einzelne Qualität entspricht der konkreten Natur des Subjekts nicht; 2) negatives Urtheil.

Es ist eines der wesentlichsten logischen Vorurtheile, daß solche qualitative Urtheile, wie: die Rose ist roth oder ist nicht roth, Wahrheit enthalten können. Richtig können sie seyn, d. i. in dem beschränkten Kreise der Wahrnehmung, des endlichen Vorstellens und Denkens; dieß hängt von dem Inhalte ab, der ebenso ein endlicher für sich unwahrer ist. Aber die Wahrheit beruht nur auf der Form, d. i. dem gesetzten Begriffe und der ihm entsprechenden Realität; solche Wahrheit aber ist im qualitativen Urtheile nicht vorhanden.

Zusatz. Richtigkeit und Wahrheit werden im gemeinen Leben sehr häufig als gleichbedeutend betrachtet und wird demgemäß oft von der Wahrheit eines Inhalts gesprochen, wo es sich um die bloße Richtigkeit handelt. Diese betrifft überhaupt nur die formelle Uebereinstimmung unserer Vorstellung mit ihrem Inhalt, wie dieser Inhalt auch sonst beschaffen seyn mag. Dahingegen besteht die Wahrheit in der Uebereinstimmung des Gegenstandes mit sich selbst d. h. mit seinem Begriff. Es mag immerhin richtig seyn daß Jemand krank ist oder daß Jemand gestohlen hat; solcher Inhalt ist aber nicht wahr, denn ein kranker Leib ist nicht in Uebereinstimmung mit dem Begriff des Lebens und eben so ist der Diebstahl eine Handlung, welche dem

Begriff des menschlichen Thuns nicht entspricht. Aus diesen Bei=
spielen ist zu entnehmen, daß ein unmittelbares Urtheil, in wel=
chem von einem unmittelbar Einzelnen eine abstrakte Qualität
ausgesagt wird, wie richtig dieselbe auch sein mag, doch keine
Wahrheit enthalten kann, da Subjekt und Prädikat in demselben
nicht in dem Verhältniß von Realität und Begriff zu einander
stehen. — Weiter besteht dann die Unwahrheit des unmittelbaren
Urtheils darin, daß dessen Form und Inhalt einander nicht ent=
sprechen. Wenn wir sagen: diese Rose ist roth, so liegt in der
Kopula ist, daß Subjekt und Prädikat mit einander überein=
stimmen. Nun ist aber die Rose als ein Konkretes nicht bloß
roth, sondern sie duftet auch, hat eine bestimmte Form und vie=
lerlei andre Bestimmungen, die in dem Prädikat roth nicht
enthalten sind. Andererseits kömmt dieß Prädikat, als ein ab=
strakt Allgemeines, nicht bloß diesem Subjekt zu. Es giebt auch
noch andere Blumen und überhaupt andere Gegenstände, welche
gleichfalls roth sind. Subjekt und Prädikat im unmittelbaren
Urtheil berühren so einander gleichsam nur an einem Punkt
aber sie decken einander nicht. Anders verhält es sich mit dem
Urtheil des Begriffs. Wenn wir sagen: diese Handlung ist gut,
so ist dieß ein Urtheil des Begriffs. Man bemerkt sogleich, daß
hier zwischen Subjekt und Prädikat nicht dieses lose und äußer=
liche Verhältniß statt findet wie in dem unmittelbaren Urtheil.
Während bey diesem das Prädikat in irgend einer abstrakten
Qualität besteht, welche dem Subjekt zukommen oder auch nichts
zukommen kann, so ist dagegen in dem Urtheil des Begriffs das
Prädikat gleichsam die Seele des Subjekts, durch welche dieses,
als der Leib dieser Seele, durch und durch bestimmt ist.

§. 173.

In dieser als erster Negation bleibt noch die Beziehung
des Subjekts auf das Prädikat, welches dadurch als relativ All=
gemeines ist, dessen Bestimmtheit nur negirt worden; (die
Rose ist nicht roth, enthält, daß sie aber noch Farbe hat, —

zunächst eine andere, was aber nur wieder ein positives Urtheil würde.). Das Einzelne ist aber nicht ein Allgemeines. So zerfällt 3) das Urtheil in sich, — 1) in die leere identische Beziehung; das Einzelne ist das Einzelne, — identisches Ur=theil; und 2) in sich als die vorhandene völlige Unangemessen=heit des Subjekts und Prädikats; sogenanntes unendliches Urtheil.

Beispiele von letzterem sind: der Geist ist kein Elephant, ein Löwe ist kein Tisch u. s. f. — Sätze die richtig aber wi=dersinnig sind, gerade wie die identischen Sätze: ein Löwe ist ein Löwe, der Geist ist Geist. Diese Sätze sind zwar die Wahrheit des unmittelbaren, sogenannten qualitativen Urtheils, allein überhaupt keine Urtheile, und können nur in einem subjektiven Denken vorkommen, welches auch eine unwahre Abstraktion festhalten kann. — Objektiv betrachtet, drücken sie die Natur des Seyenden oder der sinnlichen Dinge aus, daß sie nämlich sind ein Zerfallen in eine leere Iden=tität, und in eine erfüllte Beziehung, welche aber das qua=litative Andersseyn der Bezogenen, ihre völlige Unan=gemessenheit ist.

Zusatz. Das negativ=unendliche Urtheil, in welchem zwischen Subjekt und Prädikat gar keine Beziehung mehr statt findet, pflegt in der formellen Logik bloß als eine sinnlose Ku=riosität angeführt zu werden. In der That ist jedoch dieses un=endliche Urtheil nicht blos als eine zufällige Form des subjekti=ven Denkens zu betrachten, sondern es ergiebt sich dasselbe als das nächste dialektische Resultat, der vorangehenden unmittelbaren Ur=theile (des positiven und des einfach negativen), deren Endlichkeit und Unwahrheit darin ausdrücklich zu Tage kömmt. Als ein objek=tives Beispiel des negativ=unendlichen Urtheils kann das Ver=brechen betrachtet werden. Wer ein Verbrechen begeht, etwa nä=her einen Diebstahl, der negirt nicht bloß wie im bürgerlichen Rechtsstreit, das besondere Recht eines Andern auf diese bestimmte

Sache, sondern das Recht desselben überhaupt und wird deshalb auch nicht bloß angehalten, die Sache, welche er gestohlen hat, wieder herauszugeben, sondern er wird noch außerdem bestraft, weil er das Recht als solches, das heißt das Recht im Allge= meinen verletzt hat. Der bürgerliche Rechtsstreit ist dagegen ein Beispiel des einfach negativen Urtheils, da in demselben bloß dieses besondere Recht negirt und somit das Recht überhaupt anerkannt wird. Es verhält sich damit eben so, wie mit dem negativen Urtheil: diese Blume ist nicht roth, — womit bloß diese besondere Farbe, nicht aber die Farbe überhaupt an der Blume negirt wird, denn dieselbe kann noch blau, gelb u. s. f. seyn. Eben so ist dann auch der Tod ein negativ=unendliches Urtheil, im Unterschied von der Krankheit, welche ein einfach=ne= gatives Urtheil ist. In der Krankheit ist bloß diese oder jene besondere Lebensfunktion gehemmt oder negirt, wohingegen im Tode, wie man zu sagen pflegt, Leib und Seele sich scheiden, d. h. Subjekt und Prädikat gänzlich auseinanderfallen.

β. Das Reflexions=Urtheil.

§. 174.

Das Einzelne als Einzelnes (reflektirt in sich) ins Urtheil gesetzt hat ein Prädikat, gegen welches das Subjekt als sich auf sich beziehendes zugleich ein Anderes bleibt. — In der Exi= stenz ist das Subjekt nicht mehr unmittelbar qualitativ, sondern im Verhältniß und Zusammenhang mit einem An= dern, mit einer äußern Welt. Die Allgemeinheit hat hie= mit die Bedeutung dieser Relativität erhalten. (Z. B. nützlich, gefährlich; Schwere, Säure, — dann Trieb u. s. f.)

Zusatz. Das Urtheil der Reflexion unterscheidet sich überhaupt dadurch vom qualitativen Urtheil, daß das Prädikat desselben nicht mehr eine unmittelbare, abstrakte Qualität, son= dern von der Art ist, daß das Subjekt durch dasselbe sich als auf Anderes bezogen erweist. Sagen wir z. B., diese Rose ist

Encyklopädie.

22

roth, so betrachten wir das Subjekt in seiner unmittelbaren Einzelnheit ohne Beziehung auf Anderes; fällen wir dagegen das Urtheil: diese Pflanze ist heilsam, so betrachten wir das Subjekt, die Pflanze, als durch sein Prädikat, die Heilsamkeit, mit Anderem (der dadurch zu heilenden Krankheit) in Beziehung stehend. Eben so verhält es sich mit den Urtheilen: dieser Körper ist elastisch — dieses Instrument ist nützlich — diese Strafe wirkt abschreckend u. s. w. Die Prädikate solcher Urtheile sind überhaupt Reflexionsbestimmungen, durch welche zwar über die unmittelbare Einzelnheit des Subjekts hinausgegangen, aber auch der Begriff desselben noch nicht angegeben wird. — Das gewöhnliche Raisonnement pflegt sich vornemlich in dieser Weise des Urtheilens zu ergehen. Je konkreter der Gegenstand ist, um den es sich handelt, um so mehr Gesichtspunkte bietet derselbe der Reflexion dar, durch welche indeß die eigenthümliche Natur, d. h. der Begriff derselben nicht erschöpft wird.

§. 175.

1) Das Subjekt, das Einzelne als Einzelnes (im singulären Urtheil), ist ein Allgemeines. 2) In dieser Beziehung ist es über seine Singularität erhoben. Diese Erweiterung ist eine äußerliche, die subjektive Reflexion, zuerst die unbestimmte Besonderheit, (im partikulären Urtheil, welches unmittelbar eben sowohl negativ als positiv ist; — das Einzelne ist in sich getheilt, zum Theil bezieht es sich auf sich, zum Theil auf Anderes). 3) Einige sind das Allgemeine, so ist die Besonderheit zur Allgemeinheit erweitert; oder diese durch die Einzelnheit des Subjekts bestimmt ist die Allheit, (Gemeinschaftlichkeit, die gewöhnliche Reflexions-Allgemeinheit).

Zusatz. Das Subjekt, indem es im singulären Urtheil als Allgemeines bestimmt ist, schreitet damit über sich, als dieses bloß Einzelne, hinaus. Wenn wir sagen: diese Pflanze ist heilsam, so liegt darin, daß nicht bloß diese einzelne Pflanze heilsam ist, sondern mehrere oder einige und dieß giebt dann das partikuläre Urtheil (einige Pflanzen sind heilsam, — einige Menschen sind erfinderisch u. s. w.). Durch die Partikularität geht das unmittelbar Einzelne seiner Selbstständigkeit verlustig und tritt mit Anderm in Zusammenhang. Der Mensch ist als dieser Mensch nicht mehr bloß dieser einzelne Mensch, sondern er steht neben andern Menschen und ist so einer in der Menge. Eben damit gehört er aber auch seinem Allgemeinen an und ist dadurch gehoben. Das partikulare Urtheil ist eben sowohl positiv als negativ. Wenn nur einige Körper elastisch sind, so sind die übrigen nicht elastisch. — Hierin liegt dann wieder der Fortgang zur dritten Form des Reflexionsurtheils, d. h. zum Urtheil der Allheit (alle Menschen sind sterblich; alle Metalle sind elektrische Leiter). Die Allheit ist diejenige Form der Allgemeinheit, auf welche die Reflexion zunächst zu fallen pflegt. Die einzelnen bilden hierbei die Grundlage und unser subjektives Thun ist es, wodurch dieselben zusammengefaßt und als Alle bestimmt werden. Das Allgemeine erscheint hier nur als ein äußeres Band, welches die für sich bestehenden und dagegen gleichgültigen Einzelnen umfaßt. In der That ist jedoch das Allgemeine der Grund und Boden, die Wurzel und die Substanz des Einzelnen. Betrachten wir z. B. den Cajus, den Titius, den Sempronius und die übrigen Bewohner einer Stadt oder eines Landes, so ist dieß, daß dieselben sämmtlich Menschen sind, nicht bloß etwas denselben Gemeinschaftliches, sondern ihr Allgemeines, ihre Gattung, und alle diese Einzelnen wären gar nicht, ohne diese ihre Gattung. Anders verhält es sich dagegen mit jener oberflächlichen, nur sogenannten Allgemeinheit, die in der That bloß das allen Einzelnen Zukommende und denselben Gemeinschaftliche ist. Man hat bemerkt, daß die Menschen, im Unterschied von den Thieren, dieß mit einander gemein haben, mit Ohrläppchen versehen zu seyn. Es leuchtet indeß ein, daß wenn etwa auch der Eine oder der Andere keine Ohrläppchen haben sollte, dadurch sein sonstiges Seyn, sein Karakter, seine Fähigkeiten u. s. w. nicht

22 *

würden berührt werden, wohingegen es keinen Sinn haben würde,
anzunehmen, Cajus könnte etwa auch nicht Menfch, aber doch
tapfer, gelehrt u. f. w. feyn. Was der einzelne Menfch im Be=
fondern ift, das ift er nur in fofern, als er vor allen Dingen
Menfch als folcher ift und im Allgemeinen ift und dieß Allge=
meine ift nicht nur etwas außer und neben anderen abftrakten
Qualitäten oder bloßen Reflexionsbeftimmungen, fondern vielmehr
das alles Befondere Durchdringende und in fich Befchließende.

§. 176.

Dadurch, daß das Subjekt gleichfalls als Allgemeines be=
ftimmt ift, ift die Identität deffelben und des Prädikats, fo wie
hiedurch die Urtheilsbeftimmung felbft als gleichgültig gefetzt.
Diefe Einheit des Inhalts als der mit der negativen Re=
flexion=in=fich des Subjekts identifchen Allgemeinheit macht die
Urtheils=Beziehung zu einer nothwendigen.

Zufatz. Der Fortgang vom Reflexionsurtheil der All=
heit zum Urtheil der Nothwendigkeit findet fich in fofern fchon
in unferm gewöhnlichen Bewußtfeyn, als wir fagen: was Allen
zukommt, das kommt der Gattung zu und ift deßhalb nothwen=
dig. Wenn wir fagen: alle Pflanzen, alle Menfchen u. f. w.,
fo ift dieß daffelbe, als ob wir fagen die Pflanze, der
Menfch u. f. w.

γ) Urtheil der Nothwendigkeit.

§. 177.

Das Urtheil der Nothwendigkeit als der Identität des In=
halts in feinem Unterfchiede 1) enthält im Prädikate theils die
Subftanz oder Natur des Subjekts, das konkrete All=
gemeine, — die Gattung; — theils indem dieß Allgemeine
ebenfo die Beftimmtheit als negative in fich enthält, die aus=
fchließende wefentliche Beftimmtheit — die Art; — kate=
gorifches Urtheil.

2) Nach ihrer Subftantialität erhalten die beiden Seiten

die Gestalt selbstständiger Wirklichkeit, deren Identität nur eine innere, damit die Wirklichkeit des einen zugleich nicht seine, sondern das Seyn des andern ist; — hypothetisches Urtheil.

3) An dieser Entäußerung des Begriffs die innere Identität zugleich gesetzt, so ist das Allgemeine die Gattung, die in ihrer ausschließenden Einzelnheit identisch mit sich ist; das Urtheil, welches dieß Allgemeine zu seinen beiden Seiten hat, das einemal als solches, das andremal als den Kreis seiner sich ausschließenden Besonderung, deren Entweder-Oder eben so sehr als Sowohl-Als die Gattung ist, — ist das disjunktive Urtheil. Die Allgemeinheit zunächst als Gattung und nun auch als der Umkreis ihrer Arten ist hiemit als Totalität bestimmt und gesetzt.

Zusatz. Das kategorische Urtheil (das Gold ist Metall, die Rose ist eine Pflanze) ist das unmittelbare Urtheil der Nothwendigkeit und entspricht in der Sphäre des Wesens dem Substantialitätsverhältniß. Alle Dinge sind ein kategorisches Urtheil, d. h. sie haben ihre substantielle Natur, welche die feste und unwandelbare Grundlage derselben bildet. Erst indem wir die Dinge unter dem Gesichtspunkt ihrer Gattung und als durch diese mit Nothwendigkeit bestimmt betrachten, fängt das Urtheil an ein wahrhaftes zu seyn. Es muß als ein Mangel an logischer Bildung bezeichnet werden, wenn Urtheile wie diese: das Gold ist theuer und das Gold ist Metall, — als auf gleicher Stufe stehend, betrachtet werden. Daß das Gold theuer ist, betrifft eine äußerliche Beziehung desselben zu unsern Neigungen und Bedürfnissen, zu den Kosten seiner Gewinnung u. s. f., und das Gold bleibt was es ist, wenn auch jene äußere Beziehung sich ändert oder hinwegfällt. Dahingegen macht die Metallität die substantielle Natur des Goldes aus, ohne welche dasselbe mit Allem was sonst an ihm ist oder von ihm ausgesagt werden mag, nicht zu bestehen vermag. Eben so verhält es sich, wenn wir sagen: Cajus ist ein Mensch; wir sprechen damit aus, daß

Alles was derſelbe ſonſt ſeyn mag,   nur Werth und Bedeutung
hat, in ſofern daſſelbe dieſer ſeiner ſubſtantiellen Natur, ein
Menſch zu ſeyn, entſpricht. — Weiter iſt nun aber auch das
kategoriſche Urtheil in ſofern noch mangelhaft, als in demſelben
das Moment der Beſonderheit noch nicht zu ſeinem Rechte.kommt.
So iſt z..B. das Gold wohl Metall, allein Silber, Kupfer,
Eiſen u.ſ.w. ſind gleichfalls Metalle und die Metallität als
ſolche verhält ſich als gleichgültig gegen das Beſondere ihrer
Arten. Hierin liegt der Fortgang vom kategoriſchen zum hypothetiſchen Urtheil, welches durch die Formel ausgedrückt werden
kann: Wenn A iſt, ſo iſt B. Wir haben hier denſelben Fortgang wie früher vom Verhältniß der Subſtantialität zum Verhältniß der Kauſalität. Im hypothetiſchen Urtheil erſcheint die
Beſtimmtheit des Inhalts als vermittelt, als von Anderm abhängig und dieß iſt dann eben das Verhältniß von Urſache und
Wirkung. Die Bedeutung des hypothetiſchen Urtheils iſt nun
überhaupt die, daß durch daſſel⊙das Allgemeine in ſeiner Be-
ſonderung geſetzt wird und wir erhalten hiermit als dritte Form
des Urtheils der Nothwendigkeit das disjunktive Urtheil. A
iſt entweder B oder C oder D; das poetiſche Kunſtwerk iſt entweder epiſch oder lyriſch oder dramatiſch; die Farbe iſt entweder
gelb oder blau oder roth u.ſ.w. Die beiden Seiten des dis-
junktiven Urtheils ſind identiſch; die Gattung iſt die Totalität
ihrer Arten und die Totalität der Arten iſt die Gattung. Dieſe
Einheit des Allgemeinen und des Beſondern iſt der Begriff und
dieſer iſt es, welcher nunmehr den Inhalt des Urtheils bildet.

δ) Das Urtheil des Begriffs.

§. 178.

Das Urtheil des Begriffs hat den Begriff, die Totalität in einfacher Form, zu ſeinem Inhalte, das Allgemeine mit
ſeiner vollſtändigen Beſtimmtheit. Das Subjekt iſt 1) zunächſt
ein Einzelnes, das zum Prädikat die Reflexion des beſondern

Daseyns auf sein Allgemeines hat, — die Uebereinstimmung oder Nicht-Uebereinstimmung dieser beiden Bestimmungen; gut, wahr, richtig u. s. f. — assertorisches Urtheil.

Erst ein solches Urtheilen, ob ein Gegenstand, Handlung u. s. f. gut oder schlecht, wahr, schön u. s. f. ist, heißt man auch im gemeinen Leben urtheilen; man wird keinem Menschen Urtheilskraft zuschreiben, der z. B. die positiven oder negativen Urtheile zu machen weiß: diese Rose ist roth, dieß Gemälde ist roth, grün, staubig u. s. f.

Durch das Princip des unmittelbaren Wissens und Glaubens ist selbst in der Philosophie das assertorische Urtheilen, das in der Gesellschaft, wenn es für sich auf Geltensollen Anspruch macht, vielmehr für ungehörig gilt, zur einzigen und wesentlichen Form der Lehre gemacht worden. Man kann in den sogenannten philosophischen Werken, die jenes Princip behaupten, hunderte und aber hunderte von Versicherungen über Vernunft, Wissen, Denken u. s. f. lesen, die, weil denn doch die äußere Autorität nicht mehr viel gilt, durch die unendlichen Wiederholungen des einen und desselben sich Beglaubigung zu gewinnen suchen.

§. 179.

Das assertorische Urtheil enthält an seinem zunächst unmittelbaren Subjekte nicht die Beziehung des Besondern und Allgemeinen, welche im Prädikat ausgedrückt ist. Dieß Urtheil ist daher nur eine subjektive Partikularität, und es steht ihm die entgegengesetzte Versicherung mit gleichem Rechte oder vielmehr Unrechte gegenüber; es ist daher 2) sogleich nur ein problematisches Urtheil. Aber 3) die objektive Partikularität an dem Subjekte gesetzt, seine Besonderheit als die Beschaffenheit seines Daseyns, so drückt das Subjekt nun die Beziehung derselben auf seine Beschaffenheit, d. i. auf seine Gattung, hiemit dasjenige aus, was (§. pr.) den Inhalt des Prädikats ausmacht; (dieses — die unmittelbare Einzelnheit, — Haus, —

Gattung,. so — und so beschaffen — Besonderheit — ist
gut oder schlecht) — apodiktisches Urtheil. — Alle Dinge
sind eine Gattung (ihre Bestimmung und Zweck) in einer einzelnen Wirklichkeit von einer besondern Beschaffenheit; und
ihre Endlichkeit ist, daß das Besondere derselben dem Allgemeinen gemäß seyn kann oder auch nicht.

§. 180.

Subjekt und Prädikat sind auf diese Weise selbst jedes das
ganze Urtheil. Die unmittelbare Beschaffenheit des Subjekts
zeigt sich zunächst als der vermittelnde Grund zwischen der
Einzelnheit des Wirklichen und zwischen seiner Allgemeinheit, als
der Grund des Urtheils. Was in der That gesetzt worden, ist
die Einheit des Subjekts und des Prädikats als der Begriff
selbst; er ist die Erfüllung des leeren: Ist, der Kopula, und
indem seine Momente zugleich als Subjekt und Prädikat unterschieden sind, ist er als Einheit derselben, als die sie vermittelnde Beziehung gesetzt, — der Schluß.

c.
Der Schluß.

§. 181.

Der Schluß ist die Einheit des Begriffes und des Urtheils;
— er ist der Begriff als die einfache Identität, in welche die
Formunterschiede des Urtheils zurückgegangen sind, und Urtheil,
in sofern er zugleich in Realität, nämlich in dem Unterschiede
seiner Bestimmungen gesetzt ist. Der Schluß ist das Vernünftige und Alles Vernünftige.

Der Schluß pflegt zwar gewöhnlich als die Form des
Vernünftigen angegeben zu werden, aber als eine subjektive, und ohne daß zwischen ihr und sonst einem vernünftigen
Inhalt, z. B. einem vernünftigen Grundsatze, einer vernünftigen Handlung, Idee u. s. f. irgend ein Zusammenhang aufgezeigt würde. Es wird überhaupt viel und oft von der Ver-

nunft gesprochen und an sie appellirt, ohne die Angabe, was ihre Bestimmtheit, was sie ist, und am wenigsten wird dabei an das Schließen gedacht. In der That ist das formelle Schließen das Vernünftige in solcher vernunftlosen Weise, daß es mit einem vernünftigen Gehalt nichts zu thun hat. Da aber ein solcher vernünftig nur seyn kann durch die Bestimmtheit, wodurch das Denken Vernunft ist, so kann er es allein durch die Form seyn, welche der Schluß ist. — Dieser ist aber nichts anders als der gesetzte (zunächst formell-), reale Begriff, wie der §. ausdrückt. Der Schluß ist deswegen der wesentliche Grund alles Wahren; und die Definition des Absoluten ist nunmehr, daß es der Schluß ist, oder als Satz diese Bestimmung ausgesprochen: Alles ist ein Schluß. Alles ist Begriff und sein Daseyn ist der Unterschied der Momente desselben, so daß seine allgemeine Natur durch die Besonderheit sich äußerliche Realität giebt und hiedurch und als negative Reflexion in sich sich zum Einzelnen macht. — Oder umgekehrt das Wirkliche ist ein Einzelnes, das durch die Besonderheit sich in die Allgemeinheit erhebt und sich identisch mit sich macht. — Das Wirkliche ist Eines, aber eben so das Auseinandertreten der Begriffsmomente, und der Schluß der Kreislauf der Vermittlung seiner Momente, durch welchen es sich als Eines setzt.

Zusatz. Wie der Begriff und das Urtheil, so pflegt auch der Schluß bloß als eine Form unseres subjektiven Denkens betrachtet zu werden und es heißt demgemäß, der Schluß sey die Begründung des Urtheils. Nun weist zwar allerdings das Urtheil auf den Schluß hin, allein es ist nicht bloß unser subjektives Thun, wodurch dieser Fortgang zu Stande kömmt, sondern das Urtheil selbst ist es, welches sich als Schluß setzt und in demselben zur Einheit des Begriffs zurückkehrt. Näher ist es das apodiktische Urtheil, welches den Uebergang zum Schluß bildet. Im apodiktischen Urtheil haben wir ein Einzelnes, welches durch seine Beschaffenheit sich auf sein Allgemeines d. h. auf seinen Begriff bezieht. Das Besondere erscheint hier als die vermittelnde Mitte zwischen dem Einzelnen und dem Allgemeinen, und dieß ist die Grundform des Schlusses, dessen weitere Entwickelung, formell aufgefaßt, darin besteht, daß auch das Einzelne und das Allgemeine diese Stelle einnehmen, wodurch dann der Uebergang von der Subjektivität zur Objektivität gebildet wird.

§. 182.

Der unmittelbare Schluß ist, daß die Begriffsbestimmungen als abstrakte gegen einander nur in äußerem Verhältniß stehen, so daß die beiden Extreme die Einzelnheit und Allgemeinheit, der Begriff aber als die beide zusammenschließende Mitte gleichfalls nur die abstrakte Besonderheit ist. Hiermit sind die Extreme eben so sehr gegen einander wie gegen ihre Mitte gleichgültig für sich bestehend gesetzt. Dieser Schluß ist somit das Vernünftige als begrifflos, — der formelle Verstandesschluß. — Das Subjekt wird darin mit einer andern Bestimmtheit zusammengeschlossen; oder das Allgemeine subsumirt durch diese Vermittlung ein ihm äußerliches Subjekt. Der vernünftige Schluß dagegen ist, daß das Subjekt durch die Vermittlung sich mit sich selbst zusammenschließt. So ist es erst Subjekt, oder das Subjekt ist erst an ihm selbst der Vernunftschluß.

In der folgenden Betrachtung wird der Verstandesschluß nach seiner gewöhnlichen geläufigen Bedeutung in seiner subjektiven Weise ausgedrückt, die ihm nach dem Sinne zukommt, daß wir solche Schlüsse machen. In der That ist er nur ein subjektives Schließen; ebenso hat aber dieß die objektive Bedeutung, daß er nur die Endlichkeit der Dinge aber auf die bestimmte Weise, welche die Form hier erreicht hat, ausdrückt. An den endlichen Dingen ist die Subjektivität

als Dingheit, trennbar von ihren Eigenschaften, ihrer Besonderheit, eben so trennbar von ihrer Allgemeinheit, sowohl in
sofern diese die bloße Qualität des Dinges und sein äußerlicher Zusammenhang mit andern Dingen, als dessen Gattung
und Begriff ist.

Zusatz. In Gemäßheit der im Obigen erwähnten Auffassung des Schlusses als der Form des Vernünftigen, hat man
dann auch die Vernunft selbst als das Vermögen zu schließen,
den Verstand dagegen als das Vermögen Begriffe zu bilden definirt. Abgesehen von der hierbei zu Grunde liegenden oberflächlichen Vorstellung vom Geist, als eines bloßen Inbegriffs
neben einander bestehender Kräfte oder Vermögen, so ist über
diese Zusammenstellung des Verstandes mit dem Begriff und
der Vernunft mit dem Schluß zu bemerken, daß so wenig der
Begriff bloß als Verstandesbestimmung, eben so wenig auch der
Schluß ohne Weiteres als vernünftig zu betrachten ist. Einerseits nämlich ist dasjenige, was in der formellen Logik in der
Lehre vom Schluß abgehandelt zu werden pflegt, in der That
nichts Anderes als der bloße Verstandesschluß, welchem die Ehre
als Form des Vernünftigen, ja als das Vernünftige schlechthin
zu gelten, keineswegs zukömmt, und andererseits ist der Begriff
als solcher so wenig bloße Verstandesform, daß es vielmehr nur
der abstrahirende Verstand ist, wodurch derselbe dazu herabgesetzt
wird. Man pflegt demgemäß wohl auch bloße Verstandesbegriffe
und Vernunftbegriffe zu unterscheiden, welches jedoch nicht so zu
verstehen ist, als gebe es zweierlei Arten von Begriffen, sondern vielmehr so daß es unser Thun ist, entweder bloß bei der
negativen und abstrakten Form des Begriffs stehen zu bleiben
oder denselben, seiner wahren Natur nach, als das zugleich Positive und Konkrete aufzufassen. So ist es z. B. der bloße Ver-
standesbegriff der Freiheit, wenn dieselbe als der abstrakte Gegensatz der Nothwendigkeit betrachtet wird, wohingegen der wahre
und vernünftige Begriff der Freiheit die Nothwendigkeit als

aufgehoben in sich enthält. Eben so ist die vom sogenannten
Deismus aufgestellte Definition Gottes der bloße Verstandesbe-
griff Gottes, wohingegen die christliche Religion, welche Gott
als den dreieinigen weiß, den Vernunftbegriff Gottes enthält.

α) Qualitativer Schluß.

§. 183.

Der erste Schluß ist Schluß des Daseyns oder der
qualitative, wie er im vorigen §. angegeben worden, 1)
E—B—A, daß ein Subjekt als Einzelnes durch eine Qualität mit einer allgemeinen Bestimmtheit zusammengeschlossen ist.

Daß das Subjekt (der Terminus minor) noch weitere
Bestimmungen hat, als die der Einzelnheit, ebenso das andere
Extrem (das Prädikat des Schlußsatzes, der Terminus major)
weiter bestimmt ist, als nur ein Allgemeines zu seyn, kommt
hier nicht in Betracht; nur die Formen, durch die sie den
Schluß machen.

Zusatz. Der Schluß des Daseyns ist bloßer Verstandesschluß und zwar in sofern; als hier die Einzelnheit, die Besonderheit und die Allgemeinheit einander ganz abstrakt gegenüber stehen. So ist dann dieser Schluß das höchste Außer-sich-
kommen des Begriffs. Wir haben hier ein unmittelbar Einzelnes, als Subjekt; an diesem Subjekt wird dann irgend eine
besondere Seite, eine Eigenschaft, hervorgehoben, und mittelst
derselben erweist das Einzelne sich als ein Allgemeines. So z.
B. wenn wir sagen: diese Rose ist roth; Roth ist eine Farbe,
also ist diese Rose ein Farbiges. Diese Gestalt des Schlusses
ist es vornämlich, welche in der gewöhnlichen Logik verhandelt
zu werden pflegt. Vormals betrachtete man den Schluß als die
absolute Regel alles Erkennens und eine wissenschaftliche Behauptung galt nur dann als gerechtfertigt, wenn dieselbe als
durch einen Schluß vermittelt nachgewiesen wurde. Heut zu

Tage begegnet man den verschiedenen Formen des Schlusses fast nur noch in den Kompendien der Logik und gilt die Kenntniß derselben für eine leere Schulweisheit, von welcher weder im praktischen Leben, noch auch in der Wissenschaft, irgend ein weiterer Gebrauch zu machen sey." Darüber ist zunächst zu bemerken, daß obschon es überflüssig und pedantisch seyn würde, bei jeder Gelegenheit mit der ganzen Ausführlichkeit des förmlichen Schließens aufzutreten, die verschiedenen Formen des Schlusses gleichwohl in unserm Erkennen sich fortwährend geltend machen. Wenn z. B. Jemand zur Winterszeit des Morgens beim Erwachen die Wagen auf der Straße knirren hört und dadurch zu der Betrachtung veranlaßt wird, daß es wohl stark gefroren haben möge, so vollbringt er hiermit eine Operation des Schließens, und diese Operation wiederholen wir täglich unter den mannigfaltigsten Komplikationen. Es dürfte somit wenigstens von nicht geringerem Interesse seyn, sich dieses seines täglichen Thuns, als eines denkenden Menschen, ausdrücklich bewußt zu werden, als es ja von anerkanntem Interesse ist, nicht nur von den Funktionen unseres organischen Lebens, wie z. B. den Funktionen der Verdauung, der Blutbereitung, des Athmens u. s. w., sondern auch von den Vorgängen und Gebilden der uns umgebenden Natur, Kenntniß zu nehmen. Dabei wird unbedenklich zuzugeben seyn, daß so wenig es, um gehörig zu verdauen, zu athmen u. s. w., eines vorgängigen Studiums der Anatomie und der Physiologie bedarf, eben so wenig auch um richtige Schlüsse zu ziehen, man vorher Logik studirt zu haben braucht. — Aristoteles ist es, welcher zuerst die verschiedenen Formen und sogenannten Figuren des Schlusses, in ihrer subjektiven Bedeutung, beobachtet und beschrieben hat und zwar mit solcher Sicherheit und Bestimmtheit, daß im Wesentlichen nichts weiter hinzuzufügen gewesen ist. Ob nun schon diese Leistung dem Aristoteles zu großer Ehre gereicht, so sind es doch keineswegs die Formen des Verstandesschlusses, noch überhaupt des endlichen Denkens, deren er sich

bei seinen eigentlich philosophischen Untersuchungen bedient hat.
(S. Anmerkung zu §. 189.)

§. 184.

Dieser Schluß ist α) ganz zufällig nach seinen Bestimmungen, indem die Mitte als abstrakte Besonderheit nur irgend eine Bestimmtheit des Subjekts ist, deren es als unmittelbares somit empirisch-konkretes mehrere hat, also mit
eben so mancherlei andern Allgemeinheiten, zusammengeschlossen werden kann, so wie auch eine einzelne Besonderheit wieder verschiedene Bestimmtheiten in sich haben, also das Subjekt
durch denselben medius terminus auf unterschiedene Allgemeine bezogen werden kann.

Das förmliche Schließen ist mehr aus der Mode gekommen, als daß man dessen Unrichtigkeit eingesehen hätte, und
dessen Nichtgebrauch auf solche Weise rechtfertigen wollte.
Dieser und der folgende §. giebt die Richtigkeit solches Schließens für die Wahrheit, an.

Nach der im §. angegebenen Seite kann durch solche
Schlüsse das Verschiedenste, wie man es nennt, bewiesen
werden. Es braucht nur der medius terminus genommen zu
werden, aus dem der Uebergang auf die verlangte Bestimmung
gemacht werden kann. Mit einem andern medius terminus
aber läßt sich etwas anderes bis zum Entgegengesetzten beweisen. — Je konkreter ein Gegenstand ist, desto mehrere
Seiten hat er, die ihm angehören und zu mediis terminis
dienen können. Welche unter diesen Seiten wesentlicher als
die andere sey, muß wieder auf einem solchen Schließen beruhen, das sich an die einzelne Bestimmtheit hält und für
dieselbe gleichfalls leicht eine Seite und Rücksicht finden
kann, nach welcher sie sich als wichtig und nothwendig
geltend machen läßt.

Zusatz. So wenig man auch im täglichen Verkehr des
Lebens an den Verstandesschluß zu denken pflegt, so spielt der-

selbe darin doch fortwährend seine Rolle.. So ist es z. B. im bürgerlichen Rechtsstreit das Geschäft der Advokaten, die ihren Partheyen günstigen Rechtstitel geltend zu machen. Ein solcher Rechtstitel aber ist in logischer Hinsicht nichts anderes als ein medius terminus. Dasselbe findet dann auch statt bei diplomatischen Verhandlungen, wenn z. B. verschiedene Mächte ein und dasselbe Land in Anspruch nehmen. Hierbei kann das Recht der Erbschaft, die geographische Lage des Landes, die Abstammung und Sprache seiner Bewohner oder irgend ein anderer Grund als medius terminus hervorgehoben werden.

§. 185.

β) Eben so zufällig ist dieser Schluß durch die Form der Beziehung, welche in ihm ist. Nach dem Begriffe des Schlusses ist das Wahre die Beziehung von Unterschiedenen durch eine Mitte, welche deren Einheit ist. Beziehungen der Extreme auf die Mitte aber (die sogenannten Prämissen, der Obersatz und Untersatz), sind vielmehr unmittelbare Beziehungen.

Dieser Widerspruch des Schlusses drückt sich wieder durch einen unendlichen Progreß aus als Foderung, daß die Prämissen gleichfalls jede durch einen Schluß bewiesen werden; da dieser aber zwei eben solche unmittelbare Prämissen hat, so wiederholt sich diese und zwar sich immer verdoppelnde Foderung ins Unendliche.

§. 186.

Was hier (um der empirischen Wichtigkeit willen) als Mangel des Schlusses, dem in dieser Form absolute Richtigkeit zugeschrieben wird, bemerkt worden, muß sich in der Fortbestimmung des Schlusses von selbst aufheben. Es ist hier innerhalb der Sphäre des Begriffs wie im Urtheile die entgegengesetzte Bestimmtheit nicht bloß an sich vorhanden, sondern sie ist gesetzt, und so braucht auch für die Fortbestimmung des Schlusses nur das aufgenommen zu werden, was durch ihn selbst jedesmal gesetzt wird.

Durch den unmittelbaren Schluß E—B—A ist das Einzelne mit dem Allgemeinen vermittelt und in diesem Schlußsatze als Allgemeines gesetzt. Das einzelne Subjekt, so selbst
als Allgemeines, ist hiemit nun die Einheit der beiden Extreme
und das Vermittelnde; was die zweite Figur des Schlusses
giebt, 2) A—E—B. Diese drückt die Wahrheit der ersten aus,
daß die Vermittlung in der Einzelnheit geschehen, hiemit etwas
Zufälliges ist.

§. 187.

Die zweite Figur schließt das Allgemeine (welches aus dem
vorigen Schlußsatze durch die Einzelnheit bestimmt, herüber tritt,
hiemit nun die Stelle des unmittelbaren Subjekts einnimmt)
mit dem Besondern zusammen. Das Allgemeine ist hiemit
durch diesen Schlußsatz als Besonderes gesetzt, also als das Vermittelnde der Extreme, deren Stellen jetzt die andern einnehmen;
die dritte Figur des Schlusses: 3) B—A—E.

Die sogenannten Figuren des Schlusses (Aristoteles
kennt mit Recht deren nur drei; die vierte ist ein überflüssiger ja selbst abgeschmackter Zusatz der Neuern) werden in der
gewöhnlichen Abhandlung derselben neben einander gestellt, ohne
daß im geringsten daran gedacht würde, ihre Nothwendigkeit,
noch weniger aber ihre Bedeutung und ihren Werth zu zeigen.
Es ist darum kein Wunder, wenn die Figuren später als ein
leerer Formalismus behandelt worden sind. Sie haben aber
einen sehr gründlichen Sinn, der auf der Nothwendigkeit beruht, daß jedes Moment als Begriffsbestimmung selbst das
Ganze und der vermittelnde Grund wird. — Welche
Bestimmungen aber sonst die Sätze, ob sie universelle u. s. f.
oder negative seyn dürfen, um einen richtigen Schluß in den
verschiedenen Figuren herauszubringen, dieß ist eine mechanische Untersuchung, die wegen ihres begrifflosen Mechanismus und ihrer innern Bedeutungslosigkeit mit Recht in Ver-
gessenheit gekommen ist. — Am wenigsten kann man sich für

die Wichtigkeit solcher Untersuchung und des Verstandesschlusses überhaupt auf Aristoteles berufen, der freilich diese so wie unzählige andere Formen des Geistes und der Natur beschrieben und ihre Bestimmtheit aufgesucht und angegeben hat. In seinen metaphysischen Begriffen sowohl als in den Begriffen des Natürlichen und des Geistigen war er so weit entfernt, die Form des Verstandes-Schlusses zur Grundlage und zum Kriterium machen zu wollen, daß man sagen könnte, es würde wohl auch nicht ein einziger dieser Begriffe haben entstehen oder belassen werden können, wenn er den Verstandesgesetzen unterworfen werden sollte. Bei dem vielen Beschreibenden und Verständigen, das Aristoteles nach seiner Weise wesentlich beibringt, ist bei ihm immer das herrschende der spekulative Begriff, und jenes verständige Schließen, das er zuerst so bestimmt angegeben, läßt er nicht in diese Sphäre herüber treten.

Zusatz. Der objektive Sinn der Figuren des Schlusses ist überhaupt der, daß alles Vernünftige sich als ein dreifacher Schluß erweist, und zwar dergestalt, daß ein jedes seiner Glieder eben sowohl die Stelle eines Extrems als auch die der vermittelnden Mitte einnimmt. Dieß ist namentlich der Fall mit den drei Gliedern der philosophischen Wissenschaft, d. h. der logischen Idee, der Natur und dem Geist. Hier ist zunächst die Natur das mittlere, zusammenschließende Glied. Die Natur, diese unmittelbare Totalität, entfaltet sich in die beiden Extreme der logischen Idee und des Geistes. Der Geist aber ist nur Geist, indem er durch die Natur vermittelt ist. Zweitens ist dann eben so der Geist, den wir als das Individuelle, Bethätigende wissen, die Mitte und die Natur und die logische Idee sind die Extreme. Der Geist ist es, der in der Natur die logische Idee erkennt und sie so zu ihrem Wesen erhebt. Eben so ist drittens die logische Idee selbst die Mitte; sie ist die absolute Sub-

stanz des Geistes wie der Natur, das Allgemeine, Alldurchdrin-
gende. Dieß sind die Glieder des absoluten Schlusses.

§. 188.

Indem jedes Moment die Stelle der Mitte und der Extreme durchlaufen hat, hat sich ihr bestimmter Unterschied
gegeneinander aufgehoben, und der Schluß hat zunächst in
dieser Form der Unterschiedslosigkeit seiner Momente die äußerliche Verstandesidentität, die Gleichheit, zu seiner Beziehung;
— der quantitative oder mathematische Schluß. Wenn
zwei Dinge einem dritten gleich sind, sind sie unter sich gleich.

Zusatz. Der hier erwähnte quantitative Schluß kommt
bekanntlich in der Mathematik als ein Axiom vor, von welchem, so
wie von den übrigen Axiomen gesagt zu werden pflegt, daß ihr
Inhalt nicht bewiesen zu werden vermöge, aber auch dieses Beweises nicht bedürfe, da derselbe unmittelbar einleuchte. In der
That sind jedoch diese mathematischen Axiome nichts Anderes als
logische Sätze, die, insofern in denselben besondere und bestimmte
Gedanken ausgesprochen werden, aus dem allgemeinen und sich
selbst bestimmenden Denken abzuleiten sind, welches dann eben
als ihr Beweis zu betrachten ist. Dieß ist hier der Fall mit
dem in der Mathematik als Axiom aufgestellten quantitativen
Schluß, welcher sich als das nächste Resultat des qualitativen oder
unmittelbaren Schlusses erweist. — Der quantitative Schluß ist
übrigens der ganz formlose Schluß, da in demselben der durch
den Begriff bestimmte Unterschied der Glieder aufgehoben ist.
Welche Sätze hier Prämissen seyn sollen, das hängt von äußerlichen Umständen ab, und macht man deshalb bei der Anwendung dieses Schlusses dasjenige zur Voraussetzung, was schon
anderweit feststeht und bewiesen ist.

§. 189.

Hiedurch ist zunächst an der Form zu Stande gekommen,
1) daß jedes Moment die Bestimmung und Stelle der Mitte,
also des Ganzen, überhaupt bekommen, die Einseitigkeit seiner

Abstraktion (§. 182. und 184.) hiemit an sich verloren hat; daß 2) die Vermittlung (§.185.) vollendet worden ist, eben so nur an sich, nämlich nur als ein Kreis sich gegenseitig voraussetzender Vermittlungen. In der ersten Figur E — B — A sind die beiden Prämissen, E — B und B — A, noch unvermittelt; jene wird in der dritten, diese in der zweiten Figur vermittelt. Aber jede dieser zwey Figuren setzt für die Vermittlung ihrer Prämissen ebenso ihre beiden andern Figuren voraus.

Hienach ist die vermittelnde Einheit des Begriffs nicht mehr nur als abstrakte Besonderheit, sondern als entwickelte Einheit der Einzelnheit und Allgemeinheit zu setzen, und zwar zunächst als reflektirte Einheit dieser Bestimmungen; die Einzelnheit zugleich als Allgemeinheit bestimmt. Solche Mitte giebt den Reflexionsschluß.

β) Reflexions-Schluß.

§. 190.

Die Mitte so zunächst 1) nicht allein als abstrakte besondere Bestimmtheit des Subjekts, sondern zugleich als Alle einzelne konkrete Subjekte, denen nur unter andern auch jene Bestimmtheit zukommt, giebt den Schluß der Allheit. Der Obersatz, der die besondere Bestimmtheit, den Terminus medius, als Allheit zum Subjekte hat, setzt aber den Schlußsatz, der jenen zur Voraussetzung haben sollte, vielmehr selbst voraus. Er beruht daher 2) auf der Induktion, deren Mitte die vollständigen Einzelnen als solche, a, b, c, d, u. s. f. sind. Indem aber die unmittelbare empirische Einzelnheit von der Allgemeinheit verschieden ist, und darum keine Vollständigkeit gewähren kann, so beruht die Induktion 3) auf der Analogie, deren Mitte ein Einzelnes, aber in dem Sinne seiner wesentlichen Allgemeinheit, seiner Gattung oder wesentlichen Bestimmtheit, ist. — Der erste Schluß verweist für seine Vermittlung auf den zweiten, und der zweite auf den dritten; dieser aber fordert ebenso

eine in ſich beſtimmte Allgemeinheit, oder die Einzelnheit als
Gattung, nachdem die Formen äußerlicher Beziehung der Einzelnheit und Allgemeinheit in den Figuren des Reflexionsſchluſſes
durchlaufen worden ſind.

Durch den Schluß der Allheit wird der §. 184. aufgezeigte
Mangel der Grundform des Verſtandesſchluſſes verbeſſert, aber
nur ſo, daß der neue Mangel entſteht, nämlich daß der Oberſaß das, was Schlußſaß ſeyn ſollte, ſelbſt vorausſetzt als
einen ſomit unmittelbaren Saß. — Alle Menſchen ſind ſterblich, alſo iſt Cajus ſterblich, — alle Metalle ſind elektriſche
Leiter, alſo auch z. B. das Kupfer. Um jene Oberſätze, die
als Alle, die unmittelbaren Einzelnen ausdrücken und
weſentlich empiriſche Sätze ſeyn ſollen, ausſagen zu können,
dazu gehört, daß ſchon vorher die Sätze über den einzelnen
Cajus, das einzelne Kupfer für ſich als richtig konſtatirt
ſind. — Mit Recht fällt jedem nicht bloß der Pedantismus,
ſondern der nichtsſagende Formalismus ſolcher Schlüſſe: Alle
Menſchen ſind ſterblich, nun aber iſt Cajus u. ſ. w., auf.

Zuſaß. Der Schluß der Allheit verweiſt auf den Schluß
der Induktion, in welcher die Einzelnen die zuſammenſchließende
Mitte bilden. Wenn wir ſagen: alle Metalle ſind elektriſche
Leiter, ſo iſt dieß ein empiriſcher Saß, welcher aus der mit allen
einzelnen Metallen vorgenommenen Prüfung reſultirt. Wir erhalten hiermit den Schluß der Induktion, welcher folgende Geſtalt hat:

$$B — E — A.$$
$$E$$
$$E$$

Gold iſt Metall, Silber iſt Metall, eben ſo Kupfer, Blei u. ſ. w.
Dieß iſt der Oberſaß. Dazu kömmt dann der Unterſaß: alle

diese Körper sind elektrische Leiter, und daraus resultirt der Schlußsatz, daß alle Metalle elektrische Leiter sind. Hier ist also die Einzelnheit als Allheit das Verbindende. Dieser Schluß schickt nun gleichfalls wieder zu einem andern Schluß fort. Er hat zu seiner Mitte die vollständigen Einzelnen. Dies setzt voraus, daß die Beobachtung und Erfahrung auf einem gewissen Gebiet vollendet sey. Weil es aber Einzelnheiten sind, um die es sich hierbei handelt, so giebt dieß wieder den Progreß ins Unendliche (E, E, E. ꞏ-). Bei einer Induktion können die Einzelnheiten niemals erschöpft werden. Wenn man sagt: alle Metalle, alle Pflanzen u. s. w., so heißt dies nur so viel als: alle Metalle, alle Pflanzen, die man bis jetzt kennen gelernt hat. Jede Induktion ist deshalb unvollkommen. Man hat wohl diese und jene, man hat viele Beobachtungen gemacht, aber nicht alle Fälle, nicht alle Individuen sind beobachtet worden. Dieser Mangel der Induktion ist es, welcher zur Analogie führt. Im Schluß der Analogie wird daraus, daß Dingen einer gewissen Gattung eine gewisse Eigenschaft zukömmt, geschlossen, daß auch andern Dingen derselben Gattung dieselbe Eigenschaft zukömmt. So ist es z. B. ein Schluß der Analogie, wenn gesagt wird: Man hat bisher bei allen Planeten dies Gesetz der Bewegung gefunden, also wird ein neu entdeckter Planet sich wahrscheinlich nach demselben Gesetz bewegen. Die Analogie steht in den empirischen Wissenschaften mit Recht in großem Ansehn und man ist auf diesem Wege zu sehr wichtigen Resultaten gelangt. Es ist der Instinkt der Vernunft, welcher ahnen läßt, daß diese oder jene empirisch aufgefundene Bestimmung in der innern Natur oder der Gattung eines Gegenstandes begründet sey, und welcher darauf weiter fußt. Die Analogie kann übrigens oberflächlicher oder gründlicher seyn. Wenn z. B. gesagt wird: der Mensch Cajus ist ein Gelehrter; Titus ist auch ein Mensch, also wird er wohl auch ein Gelehrter seyn — so ist dies jedenfalls eine sehr schlechte Analogie, und zwar um deswillen, weil das Gelehrt-

seyn eines Menschen gar nicht ohne Weiteres in dieser seiner
Gattung begründet ist. Dergleichen oberflächliche Analogien kommen gleichwohl sehr häufig vor. So pflegt man z. B. zu sagen:
Die Erde ist ein Himmelskörper und hat Bewohner; der Mond
ist auch ein Himmelskörper; also wird er wohl auch bewohnt
seyn. Diese Analogie ist um nichts besser, als die vorher erwähnte. Daß die Erde Bewohner hat, beruht nicht bloß darauf, daß sie ein Himmelskörper ist, sondern es gehören dazu noch
weitere Bedingungen, so namentlich das Umgebenseyn mit einer
Atmosphäre, das damit zusammenhängende Vorhandenseyn von
Wasser u. s. w., und diese Bedingungen sind es grade, welche
dem Mond, so weit wir ihn kennen, fehlen. Was man in der
neuern Zeit Naturphilosophie genannt hat, das besteht zum großen Theil in einem nichtigen Spiel mit leeren, äußerlichen Analogien, welche gleichwohl als tiefe Resultate gelten sollen. Die
philosophische Naturbetrachtung ist dadurch in verdienten Mißkredit gerathen.

γ) Schluß der Nothwendigkeit.

§. 191.

Dieser Schluß hat, nach den bloß abstrakten Bestimmungen
genommen, das Allgemeine wie der Reflexions-Schluß die
Einzelnheit, — dieser nach der zweiten, jener nach der dritten Figur (§. 187.), zur Mitte; — das Allgemeine gesetzt als
in sich wesentlich bestimmt. Zunächst ist 1) das Besondere
in der Bedeutung der bestimmten Gattung oder Art die vermittelnde Bestimmung, — im kategorischen Schlusse. 2) Das
Einzelne in der Bedeutung des unmittelbaren Seyns, daß es
eben so vermittelnd als vermittelt sey, — im hypothetischen
Schlusse. 3) Ist das vermittelnde Allgemeine auch als Totalität seiner Besonderungen, und als ein einzelnes Besonderes, als ausschließende Einzelnheit, gesetzt, — im disjunkti-

von Schlusse; — so daß eines und dasselbe Allgemeine in diesen Bestimmungen als nur in Formen des Unterschieds ist.

§. 192.

Der Schluß ist nach den Unterschieden, die er enthält, genommen worden, und das allgemeine Resultat des Verlaufs derselben ist, daß sich darin das Sich-Aufheben dieser Unterschiede und des Außersichseyns des Begriffs ergiebt. Und zwar hat sich 1) jedes der Momente selbst als die Totalität der Momente, somit als ganzer Schluß erwiesen, sie sind so an sich identisch; und 2) die Negation ihrer Unterschiede und deren Vermittlung macht das Fürsichseyn aus; so daß ein und dasselbe Allgemeine es ist, welches in diesen Formen ist, und als deren Identität es hiemit auch gesetzt ist. In dieser Idealität der Momente erhält das Schließen die Bestimmung, die Negation der Bestimmtheiten, durch die es der Verlauf ist, wesentlich zu enthalten, hiemit eine Vermittlung durch Aufheben der Vermittlung, und ein Zusammenschließen des Subjekts, nicht mit Anderem, sondern mit aufgehobenem Andern, mit sich selbst, zu seyn.

Zusatz. In der gewöhnlichen Logik pflegt mit der Abhandlung der Lehre vom Schluß der erste, die sogenannte Elementarlehre bildende Theil beschlossen zu werden. Darauf folgt dann als zweiter Theil, die sogenannte Methodenlehre, in welcher nachgewiesen werden soll, wie durch Anwendung der in der Elementarlehre abgehandelten Formen des Denkens auf die vorhandenen Objekte, ein Ganzes wissenschaftlicher Erkenntniß zu Stande zu bringen sey. Wo diese Objekte herkommen und was es überhaupt mit dem Gedanken der Objektivität für eine Bewandtniß hat, darüber wird von der Verstandeslogik weiter keine Auskunft gegeben. Das Denken gilt hier als eine bloß subjektive und formelle Thätigkeit und das Objektive, dem Denken gegenüber, als ein Festes und für sich Vorhandenes. Dieser Dualismus ist aber nicht das Wahre, und es ist ein gedankenloses Verfahren, die Bestimmungen der Subjektivität und der Objektivität so ohne Weiteres aufzunehmen und nicht nach ihrer Herkunft zu fragen. Beide, sowohl die Subjektivität als auch die Objektivität, sind jedenfalls Gedanken und zwar bestimmte Gedanken, welche sich als in dem allgemeinen und sich selbst bestimmenden Denken begründet zu erweisen haben. Dieß ist hier zunächst rücksichtlich der Subjektivität geschehen. Diese oder den subjektiven Begriff, welcher den Begriff als solchen, das Urtheil und den Schluß in sich enthält, haben wir als das dialektische Resultat der beiden ersten Hauptstufen der logischen Idee, nämlich des Seyns oder des Wesens, erkannt. Wenn vom Begriff gesagt wird, er sey subjektiv und nur subjektiv, so ist dies in so fern ganz richtig, als er allerdings die Subjektivität selbst ist. Eben so subjektiv wie der Begriff als solcher sind dann auch weiter das Urtheil und der Schluß, welche Bestimmungen nächst den sogenannten Denkgesetzen (der Identität, des Unterschiedes und des Grundes) in der gewöhnlichen Logik den Inhalt der sogenannten Elementarlehre bilden. Weiter ist nun aber diese Subjektivität, mit ihren hier genannten Bestimmungen, dem Begriff, dem Urtheil und dem Schluß, nicht als ein leeres Fachwerk zu betrachten, welches seine Erfüllung erst von außen, durch für sich vorhandene Objekte, zu erhalten hat, sondern die Subjektivität ist es selbst, welche, als dialektisch, ihre Schranke durchbricht und, durch den Schluß sich zur Objektivität erschließt. —

§. 193.

Diese Realisirung des Begriffs, in welcher das Allgemeine diese Eine in sich zurückgegangene Totalität ist, deren Unterschiede ebenso diese Totalität sind, und die durch Aufheben der Vermittlung als unmittelbare Einheit sich bestimmt hat, — ist das Objekt.

So fremdartig auf den ersten Anblick dieser Uebergang vom Subjekt, vom Begriff überhaupt und näher vom Schlusse, — besonders wenn man nur den Verstandesschluß und das Schließen als ein Thun des Bewußtseyns vor sich hat, — in das

Objekt scheinen mag, so kann es doch nicht darum zu thun seyn, der Vorstellung diesen Uebergang plausibel machen zu wollen. Es kann nur darnach gefragt werden, lob unsere gewöhnliche Vorstellung von dem, was Objekt genannt wird, ungefähr dem entspricht, was hier die Bestimmung des Objekts ausmacht. Unter Objekt aber pflegt man nicht bloß ein abstraktes Seyendes, oder existirendes Ding, oder ein Wirkliches überhaupt zu verstehen, sondern ein konkretes in sich vollständiges Selbstständiges; diese Vollständigkeit ist die Totalität des Begriffs. Daß das Objekt auch Gegenstand und einem Andern Aeußeres ist, dies wird sich nachher bestimmen, in sofern es sich in den Gegensatz zum Subjektiven setzt; hier zunächst als das, worein der Begriff aus seiner Vermittlung übergegangen ist, ist es nur unmittelbares unbefangenes Objekt, so wie ebenso der Begriff erst in dem nachherigen Gegensatze als das Subjektive bestimmt wird.

Ferner ist das Objekt überhaupt das Eine noch weiter in sich unbestimmte Ganze; die objektive Welt überhaupt, Gott, das absolute Objekt. Aber das Objekt hat ebenso den Unterschied an ihm, zerfällt in sich in unbestimmte Mannichfaltigkeit (als objektive Welt) und jedes dieser Vereinzelten ist auch ein Objekt, ein in sich konkretes, vollständiges, selbstständiges Daseyn.

Wie die Objektivität mit Seyn, Existenz und Wirklichkeit verglichen worden, so ist auch der Uebergang zu Existenz und Wirklichkeit (denn Seyn ist das erste ganz abstrakte Unmittelbare,) mit dem Uebergange zur Objektivität zu vergleichen. Der Grund, aus dem die Existenz hervorgeht, — das Reflexions-Verhältniß, das sich zur Wirklichkeit aufhebt, sind nichts Anderes als der noch unvollkommen gesetzte Begriff, oder es sind nur abstrakte Seiten desselben, — der Grund ist dessen nur wesenhafte Einheit, — das Verhältniß nur die Beziehung von reellen nur in sich reflektirt seyn sollenden Seiten;

— der Begriff iſt die Einheit von beiden, und das Objekt nicht nur weſenhafte, ſondern in ſich allgemeine Einheit, nicht nur reelle Unterſchiede, ſondern dieſelben als Totalitäten in ſich enthaltend.

Es erhellt übrigens, daß es bei dieſen ſämmtlichen Ueber= gängen um mehr als bloß darum zu thun iſt, nur überhaupt die Unzertrennlichkeit des Begriffs oder Denkens vom Seyn zu zeigen. Es iſt öfters bemerkt worden, daß Seyn weiter nichts iſt, als die einfache Beziehung auf ſich ſelbſt, und daß dieſe arme Beſtimmung ohnehin im Begriff oder auch im Denken enthalten iſt. Der Sinn dieſer Uebergänge iſt nicht, Beſtimmungen aufzunehmen, wie ſie nur enthalten ſind, (wie auch in der ontologiſchen Argumentation vom Daſeyn Gottes durch den Satz geſchieht, daß das Seyn eine der Realitäten ſey), ſondern den Begriff zu nehmen, wie er zu= nächſt für ſich beſtimmt ſeyn ſoll als Begriff, mit dem dieſe entfernte Abſtraktion des Seyns oder auch der Objektivität noch nichts zu thun habe, und an der Beſtimmtheit deſſelben als Begriffsbeſtimmtheit allein zu ſehen, ob und daß ſie in eine Form übergeht, welche von der Beſtimmtheit, wie ſie dem Begriffe angehört und in ihm erſcheint, verſchieden iſt.

Wenn das Produkt dieſes Uebergangs, das Objekt, mit dem Begriffe, der darin nach ſeiner eigenthümlichen Form ver= ſchwunden iſt, in Beziehung geſetzt wird, ſo kann das Reſul= tat richtig ſo ausgedrückt werden, daß an ſich Begriff oder auch, wenn man will, Subjektivität und Objekt daſſelbe ſeyen. Eben ſo richtig iſt aber, daß ſie verſchieden ſind. Indem eins ſo richtig iſt, wie das andere, iſt damit eben eines ſo unrichtig als das andere; ſolche Ausdrucksweiſe iſt unfähig, das wahrhafte Verhalten darzuſtellen. Jenes Anſich iſt ein Abſtraktum und noch einſeitiger als der Begriff ſelbſt, deſſen Ein= ſeitigkeit überhaupt ch darin aufhebt, daß er ch zum Objekte, der entgegengeſetzten Einſeitigkeit, aufhebt. So muß auch jenes

Ansich durch die Negation seiner sich zum Fürsichseyn bestimmen. Wie allenthalben ist die spekulative Identität nicht jene triviale, daß Begriff und Objekt an sich identisch seyen; — eine Bemerkung, die oft genug wiederholt worden ist, aber nicht oft genug wiederholt werden könnte, wenn die Absicht seyn sollte, den schaalen und vollends böswilligen Mißverständnissen über diese Identität ein Ende zu machen; was verständigerweise jedoch wieder nicht zu hoffen steht.

Uebrigens jene Einheit ganz überhaupt genommen, ohne an die einseitige Form ihres Ansichseyns zu erinnern, so ist sie es bekanntlich, welche bei dem ontologischen Beweise vom Daseyn Gottes vorausgesetzt wird, und zwar als das Vollkommenste. Bei Anselmus, bei welchem der höchst merkwürdige Gedanke dieses Beweises zuerst vorkommt, ist freilich zunächst bloß davon die Rede, ob ein Inhalt nur in unserm Denken sey. Seine Worte sind kurz diese: Certe id, quo majus cogitari nequit, non potest esse in intellectu solo. Si enim vel in solo intellectu est, potest cogitari esse et in re: quod majus est. Si ergo id, quo majus cogitari non potest, est in solo intellectu; id ipsum, quo majus cogitari non potest, est, quo majus cogitari potest. Sed certe hoc esse non potest. — Die endlichen Dinge sind nach den Bestimmungen, in welchen wir hier stehen, dieß, daß ihre Objektivität mit dem Gedanken derselben, d. i. ihrer allgemeinen Bestimmung, ihrer Gattung und ihrem Zweck nicht in Uebereinstimmung ist. Cartesius und Spinoza, u. s. f. haben diese Einheit objektiver ausgesprochen; das Prinzip der unmittelbaren Gewißheit oder des Glaubens aber nimmt sie mehr nach der subjektivern Weise Anselms, nämlich daß mit der Vorstellung Gottes unzertrennlich die Bestimmung seines Seyns in unserm Bewußtseyn verbunden ist. Wenn das Prinzip dieses Glaubens auch die Vorstellung der äußerlichen endlichen Dinge in die Unzertrenlichkeit des Bewußtseyns derselben und ihres Seyns befaßt, weil sie in der Anschauung mit der Bestimmung der Existenz verbunden sind, so ist dieß wohl richtig. Aber es würde die größte Gedankenlosigkeit seyn, wenn gemeint seyn sollte, in unserm Bewußtseyn sey die Existenz auf dieselbe Weise mit der Vorstellung der endlichen Dinge verbunden, als mit der Vorstellung Gottes; es würde vergessen, daß die endlichen Dinge veränderlich und vergänglich sind; d. i. daß die Existenz nur transitorisch mit ihnen verbunden, daß diese Verbindung nicht ewig, sondern trennbar ist. Anselm hat darum mit Hintansetzung solcher Verknüpfung, die bei den endlichen Dingen vorkommt, mit Recht das nur für das Vollkommne erklärt, was nicht bloß auf eine subjektive Weise, sondern zugleich auf eine objektive Weise ist. Alles Vornehmthun gegen den sogenannten ontologischen Beweis und gegen diese anselmische Bestimmung des Vollkommenen hilft nichts, da sie in jedem unbefangenen Menschensinne eben so sehr liegt, als in jeder Philosophie, selbst wider Wissen und Willen, wie im Princip des unmittelbaren Glaubens, zurückkehrt.

Der Mangel aber in der Argumentation Anselms, den übrigens Cartesius und Spinoza, so wie das Princip des unmittelbaren Wissens mit ihr theilen, ist, daß diese Einheit, die als das Vollkommenste oder auch subjektiv als das wahre Wissen ausgesprochen wird, vorausgesetzt d. i. nur als an sich angenommen wird. Dieser hiemit abstrakten Identität wird sogleich die Verschiedenheit der beiden Bestimmungen entgegen gehalten, wie auch längst gegen Anselm geschehen ist, d. h. in der That, es wird die Vorstellung und Existenz des Endlichen dem Unendlichen entgegen gehalten, denn, wie vorhin bemerkt, ist das Endliche eine solche Objektivität, die dem Zwecke, ihrem Wesen und Begriffe zugleich nicht angemessen, von ihm verschieden ist; — oder eine solche Vorstellung, solches Subjektives, das die Existenz nicht involvirt. Dieser

Einwurf und Gegensatz hebt sich nur dadurch, daß das Endliche als ein Unwahres, daß diese Bestimmungen als für sich einseitig und nichtig und die Identität somit als eine, in die sie selbst übergehen und in der sie versöhnt sind, aufgezeigt werden.

B.
Das Objekt.
§. 194.

Das Objekt ist unmittelbares Seyn durch die Gleichgültigkeit gegen den Unterschied, als welcher sich in ihm aufgehoben hat; es ist ferner in sich Totalität, und zugleich, indem diese Identität nur die ansichseyende der Momente ist, ist es ebenso gleichgültig gegen seine unmittelbare Einheit; es ist ein Zerfallen in Unterschiedene, deren jedes selbst die Totalität ist. Das Objekt ist daher der absolute Widerspruch der vollkommnen Selbstständigkeit des Mannichfaltigen, und der eben so vollkommnen Unselbstständigkeit der Unterschiedenen.

Die Definition: das Absolute ist das Objekt, ist am bestimmtesten in der leibnizischen Monade enthalten, welche ein Objekt aber an sich vorstellend, und zwar die Totalität der Weltvorstellung seyn soll; in ihrer einfachen Einheit ist aller Unterschied nur als ein ideeller, unselbstständiger. Es kommt Nichts von außen in die Monade, sie ist in sich der ganze Begriff nur unterschieden durch dessen eigene größere oder geringere Entwicklung. Ebenso zerfällt diese einfache Totalität in die absolute Vielheit der Unterschiede so, daß sie selbstständige Monaden sind. In der Monade der Monaden und der prästabilirten Harmonie ihrer innern Entwicklungen sind diese Substanzen ebenso wieder zur Unselbstständigkeit und Idealität reduzirt. Die leibnizische Philosophie ist so der vollständig entwickelte Widerspruch.

Zusatz 1. Wenn das Absolute (Gott) als das Objekt

aufgefaßt und dabei stehen geblieben wird, so ist dieß, wie solches in der neuern Zeit vornämlich Fichte mit Recht hervorgehoben hat, überhaupt der Standpunkt des Aberglaubens und der
knechtischen Furcht. Allerdings ist Gott das Objekt und zwar
das Objekt schlechthin, welchem gegenüber unser besonderes (subjektives) Meinen und Wollen keine Wahrheit und keine Gültigkeit hat. Aber eben als das absolute Objekt, steht Gott nicht
als eine finstere und feindliche Macht der Subjektivität gegenüber, sondern enthält vielmehr diese als wesentliches Moment
in sich selbst. Dieß ist in der christlichen Religionslehre ausgesprochen, worin es heißt: Gott wolle, daß allen Menschen geholfen werde und er wolle, daß alle Menschen selig werden. Daß
den Menschen geholfen wird, daß sie selig werden, dieß geschieht
dadurch, daß sie zu dem Bewußtseyn ihrer Einheit mit Gott gelangen und daß Gott aufhört für sie bloßes Objekt und eben
damit Gegenstand der Furcht und des Schreckens zu seyn,
wie dieß namentlich für das religiöse Bewußtseyn der Rö-
mer der Fall war. Wenn dann weiter in der christlichen Religion Gott als die Liebe gewußt wird, und zwar in so fern, als
er in seinem Sohn, der mit ihm Eines ist, als dieser einzelne Mensch
sich den Menschen geoffenbart und dadurch dieselben erlöst hat, so ist
damit gleichfalls ausgesprochen, daß der Gegensatz von Objektivität und Subjektivität an sich überwunden ist, und unsre Sache
ist es, dieser Erlösung uns dadurch theilhaftig zu machen, daß wir
von unsrer unmittelbaren Subjektivität ablassen (den alten Adam
ausziehen) und uns Gottes als unseres wahren und wesentlichen
Selbst bewußt werden. — So wie nun die Religion und der
religiöse Kultus in der Ueberwindung des Gegensatzes von Subjektivität und Objektivität besteht, eben so hat auch die Wissenschaft, und näher die Philosophie, keine andre Aufgabe als
die, diesen Gegensatz durch das Denken zu überwinden. Beim
Erkennen ist es überhaupt darum zu thun, der uns gegenüber stehen-
den objektiven Welt ihre Fremdheit abzustreifen, uns, wie man

zu sagen pflegt, in dieselbe zu finden, welches eben so viel heißt als das Objektive auf den Begriff zurückzuführen, welcher unser innerstes Selbst ist. Aus der bisherigen Erörterung ist zu entnehmen, wie verkehrt es ist, Subjektivität und Objektivität als einen festen und abstrakten Gegensatz zu betrachten. Beide sind schlechthin dialektisch. Der Begriff, welcher zunächst nur subjektiv ist, schreitet, ohne daß er dazu eines äußern Materials oder Stoffs bedarf, seiner eignen Thätigkeit gemäß, dazu fort, sich zu objektiviren, und eben so ist das Objekt nicht ein Starres und Proceßloses, sondern sein Proceß ist der, sich als das zugleich Subjektive zu erweisen, welches den Fortgang zur Idee bildet. Wer mit den Bestimmungen der Subjektivität und Objektivität nicht vertraut ist und dieselben in ihrer Abstraktion festhalten will, dem geschieht es, daß ihm diese abstrakten Bestimmungen, ehe er sich dessen versieht, durch die Finger laufen, und er grade das Gegentheil von dem sagt, was er hat sagen wollen.

Zusatz 2. Die Objektivität enthält die drei Formen des Mechanismus, des Chemismus und der Zweckbeziehung. Das mechanisch bestimmte Objekt ist das unmittelbare, indifferente Objekt. Dasselbe enthält zwar den Unterschied, allein die Verschiedenen verhalten sich als gleichgültig gegen einander und ihre Verbindung ist ihnen nur äußerlich. Im Chemismus erweist sich das Objekt dagegen als wesentlich different, dergestalt daß die Objekte, das was sie sind, nur durch ihre Beziehung auf einander sind und die Differenz ihre Qualität ausmacht. Die dritte Form der Objektivität, das teleologische Verhältniß, ist die Einheit des Mechanismus und des Chemismus. Der Zweck ist wieder wie das mechanische Objekt, in sich beschlossene Totalität, jedoch bereichert durch das im Chemismus hervorgetretene Princip der Differenz und so bezieht sich derselbe auf das ihm gegenüberstehende Objekt. Die Realisirung des Zweckes ist es dann, welche den Uebergang zur Idee bildet.

a. Der Mechanismus.

§. 195.

Das Objekt 1) in seiner Unmittelbarkeit ist der Begriff nur an sich, hat denselben als subjektiven zunächst außer ihm, und alle Bestimmtheit ist als eine äußerlich gesetzte. Als Einheit Unterschiedener ist es daher ein Zusammengesetztes, ein Aggregat, und die Wirksamkeit auf Anderes bleibt eine äußerliche Beziehung. — formeller Mechanismus. — Die Objekte bleiben in dieser Beziehung und Unselbstständigkeit ebenso selbstständig, Widerstand leistend einander äußerlich.

Wie Druck und Stoß mechanische Verhältnisse sind, so wissen wir auch mechanisch, auswendig, in sofern die Worte ohne Sinn für uns sind, dem Sinne; Vorstellen, Denken äußerlich bleiben und sich selbst ebenso äußerlich, eine sinnlose Aufeinanderfolge sind. Das Handeln, Frömmigkeit u. s. f. ist ebenso mechanisch, in sofern dem Menschen durch Ceremonial-Gesetze, einen Gewissensrath u. s. f. bestimmt wird, was er thut, und sein eigner Geist und Wille nicht in seinen Handlungen ist, sie ihm selbst somit äußerliche sind.

Zusatz. Der Mechanismus, als die erste Form der Objektivität, ist auch diejenige Kategorie, welche sich der Reflexion bei Betrachtung der gegenständlichen Welt zunächst darbietet und bei welcher dieselbe sehr häufig stehen bleibt. Dieß ist jedoch eine oberflächliche und gedankenarme Betrachtungsweise, mit welcher weder in Beziehung auf die Natur noch viel weniger in Beziehung auf die geistige Welt auszulangen ist. In der Natur sind es nur die ganz abstrakten Verhältnisse der noch in sich unaufgeschlossenen Materie, welche dem Mechanismus unterworfen sind; dahingegen sind schon die Erscheinungen und Vorgänge des im engern Sinne des Worts sogenannten physikalischen Gebiets (wie z. B. die Phänomene des Lichts, der Wärme, des Magnetismus, der Elektricität u. s. w.) nicht mehr bloß auf mechanische Weise (d. h. durch Druck, Stoß, Verschiebung der Theile u. dergl.) zu erklären und noch viel ungenügender ist die Anwendung und Uebertragung dieser Kategorie auf das Gebiet der organischen Natur, in so fern es sich darum handelt, das Spezifische derselben, so namentlich die Ernährung und das Wachsthum der Pflanzen oder gar die animalische Empfindung, zu begreifen. Es muß jedenfalls als ein sehr wesentlicher, ja als der Hauptmangel der neuern Naturforschung angesehen werden, daß dieselbe auch da, wo es sich um ganz andere und höhere Kategorieen als die des bloßen Mechanismus handelt, gleichwohl diese letztere, im Widerspruch mit demjenigen, was sich einer unbefangenen Anschauung darbietet, so hartnäckig festhält und sich dadurch den Weg zu einer adaequaten Erkenntniß der Natur versperrt. — Was hiernächst die Gestaltungen der geistigen Welt anbetrifft, so wird auch bei deren Betrachtung die mechanische Ansicht vielfältig zur Ungebühr geltend gemacht. Dieß ist z. B. der Fall, wenn es heißt: der Mensch bestehe aus Leib und Seele. Diese beiden gelten hierbei als für sich ihren Bestand habend und als nur äußerlich mit einander verbunden. Eben so geschieht es dann auch, daß die Seele als ein bloßer Komplex selbstständig neben einander bestehender Kräfte und Vermögen angesehen wird. — So entschieden nun aber auch einerseits die mechanische Betrachtungsweise, da wo dieselbe mit der Prätension auftritt, die Stelle des begreifenden Erkennens überhaupt einzunehmen und den Mechanismus als absolute Kategorie geltend zu machen, von der Hand gewiesen werden muß, so ist doch auch andererseits dem Mechanismus ausdrücklich das Recht und die Bedeutung einer allgemeinen logischen Kategorie zu vindiciren und derselbe demgemäß keineswegs bloß auf jenes Naturgebiet zu beschränken, von welchem die Benennung dieser Kategorie entnommen ist. Es ist somit nichts dawider einzuwenden, wenn auch außerhalb des Bereichs der eigentlichen Mechanik, so namentlich in der Physik und in der Physiologie das Augenmerk auf mechanische Aktionen (wie

z. B. die der Schwere, des Hebels u. dgl.) gerichtet wird; nur
darf dabei nicht übersehen werden, daß innerhalb dieser Gebiete die Geseze des Mechanismus nicht mehr das Entscheidende
sind, sondern nur gleichsam in dienender Stellung auftreten. Hieran
schließt dann sogleich die weitere Bemerkung, daß da wo in der
Natur die höheren, namentlich die organischen Funktionen in ihrer normalen Wirksamkeit auf die eine oder die andere Weise
eine Störung oder Hemmung erleiden, alsbald der sonst sub-
ordinirte Mechanismus sich als dominirend hervorthut. So
empfindet z. B. Jemand, der an Magenschwäche leidet, nachdem
er gewisse Speisen in geringer Quantität genossen, Druck
im Magen, während Andere, deren Verdauungsorgane gesund
sind, obschon sie dasselbe genossen, von dieser Empfindung frei
bleiben. Eben so ist es mit dem allgemeinen Gefühl der Schwere
in den Gliedern, bei krankhafter Stimmung des Körpers. —
Auch im Gebiet der geistigen Welt hat der Mechanismus seine,
jedoch gleichfalls nur untergeordnete Stelle. Man spricht mit
Recht vom mechanischen Gedächtniß und von den allerhand mechanischen Bethätigungen, wie z. B. Lesen, Schreiben, Musici-
ren u. s. w. Was hierbei näher das Gedächtniß anbetrifft, so
gehört die mechanische Weise des Verhaltens sogar zum Wesen
derselben; ein Umstand, der nicht selten zum großen Scha-
den der Jugendbildung, in mißverstandenem Eifer für die Freiheit der Intelligenz von der neueren Pädagogik übersehen worden ist. Gleichwohl würde sich derjenige als ein schlechter
Psycholog erweisen, der, um die Natur des Gedächtnisses zu
ergründen, seine Zuflucht zur Mechanik nehmen und deren
Geseze ohne Weiteres auf die Seele zur Anwendung bringen
wollte. Das Mechanische des Gedächtnisses besteht eben nur
darin, daß hier gewisse Zeichen, Töne u. s. w. in ihrer bloß äußerlichen Verbindung aufgefaßt und dann in dieser Verbindung
reproducirt werden, ohne daß dabei ausdrücklich die Aufmerksamkeit auf deren Bedeutung und innere Verbindung gerichtet

zu werden braucht. Um diese Bewandtniß, die es mit dem mechanischen Gedächtniß hat, zu erkennen, dazu bedarf es weiter
keines Studiums der Mechanik und kann aus diesem Studium
der Psychologie als solcher keine Förderung erwachsen. —

§. 196

Die Unselbstständigkeit, nach der das Objekt Gewalt
leidet, hat es nur (vorhg. §.) in sofern es selbstständig ist, und,
als gesetzter Begriff an sich, hebt sich die eine dieser Bestimmungen nicht in ihrer andern auf, sondern das Objekt schließt sich
durch die Negation seiner, seine Unselbstständigkeit, mit sich selbst
zusammen und ist erst so selbstständig. So zugleich im Unterschiede von der Aeußerlichkeit und diese in seiner Selbstständigkeit negirend ist diese negative Einheit mit sich, Centralität, Subjektivität, — in der es selbst auf das Aeußerliche
gerichtet und bezogen ist. Dieses ist ebenso central in sich und
darin ebenso nur auf das andere Centrum bezogen, hat ebenso
seine Centralität im Andern; — 2) Differenter Mechanismus (Fall, Begierde, Geselligkeitstrieb u. dgl.)

§. 197.

Die Entwicklung dieses Verhältnisses bildet den Schluß,
daß die immanente Negativität als centrale Einzelnheit eines
Objekts (abstraktes Centrum) sich auf unselbstständige Objekte
als das andere Extrem durch eine Mitte bezieht, welche die
Centralität und Unselbstständigkeit der Objekte in sich vereinigt,
relatives Centrum; 3) absoluter Mechanismus.

§. 198.

Der angegebne Schluß (E—B—A) ist ein dreifaches von
Schlüssen. Die schlechte Einzelnheit der unselbstständi-
gen Objekte, in denen der formale Mechanismus einheimisch
ist, ist als Unselbstständigkeit eben so sehr äußerliche Allgemeinheit. Diese Objekte sind daher die Mitte auch zwischen
dem absoluten und dem relativen Centrum, (die Form des
Schlusses A—E—B); denn durch diese Unselbstständigkeit ist

es, daß jene beide dirimirt und Extreme, ſo wie daß ſie auf einander bezogen ſind. Eben ſo iſt die abſolute Centralität als das ſubſtantiell=Allgemeine (— die identiſchbleibende Schwere), welche als die reine Negativität eben ſo die Einzelnheit in ſich ſchließt, das Vermittelnde zwiſchen dem relativen Centrum und den unſelbſtſtändigen Objekten, die Form des Schluſſes B—A—E, und zwar eben ſo weſentlich nach der immanenten Einzelnheit als dirimirend, wie nach der Allgemeinheit als identiſcher Zuſammenhalt und ungeſtörtes In=ſich=ſeyn.

Wie das Sonnenſyſtem, ſo iſt z. B. im Praktiſchen der Staat ein Syſtem von drei Schlüſſen. 1) Der Einzelne (die Perſon) ſchließt ſich durch ſeine Beſonderheit (die phyſiſchen und geiſtigen Bedürfniſſe, was weiter für ſich ausgebildet die bürgerliche Geſellſchaft giebt) mit dem Allgemeinen (der Geſellſchaft, dem Rechte, Geſetz, Regierung) zuſammen. 2) Iſt der Wille, Thätigkeit der Individuen das Vermittelnde, welches den Bedürfniſſen an der Geſellſchaft, dem Rechte u. ſ. f. Befriedigung, wie der Geſellſchaft, dem Rechte u. ſ. f. Erfüllung und Verwirklichung giebt; 3) aber iſt das Allgemeine (Staat, Regierung, Recht,) die ſubſtantielle Mitte, in der die Individuen und deren Befriedigung ihre erfüllte Realität, Vermittlung und Beſtehen haben und erhalten. Jede der Beſtimmungen, indem die Vermittlung ſie mit dem andern Extrem zuſammenſchließt, ſchließt ſich eben darin mit ſich ſelbſt zuſammen, producirt ſich und dieſe Produktion iſt Selbſterhaltung. — Es iſt nur durch die Natur dieſes Zuſammenſchließens, durch dieſe Dreiheit von Schlüſſen derſelben Terminorum, daß ein Ganzes in ſeiner Organiſation wahrhaft verſtanden wird.

§. 199.

Die Unmitelbarkeit der Exiſtenz, welche die Objekte im abſoluten Mechanismus haben, iſt an ſich darin, daß ihre Selbſtſtändigkeit durch ihre Beziehungen auf einander, alſo durch ihre Unselbstständigkeit vermittelt ist, negirt. So ist das Objekt als in seiner Existenz gegen sein Anderes different zu setzen.

b. Der Chemismus.

§. 200.

Das differente Objekt hat eine immanente Bestimmtheit, welche seine Natur ausmacht und in der es Existenz hat. Aber als gesetzte Totalität des Begriffs ist es der Widerspruch dieser seiner Totalität und der Bestimmtheit seiner Existenz; es ist daher das Streben ihn aufzuheben, und sein Daseyn dem Begriffe gleich zu machen.

Zusatz. Der Chemismus ist eine Kategorie der Objektivität, welche in der Regel nicht besonders hervorgehoben, sondern mit dem Mechanismus in Eins zusammengefaßt und in dieser Zusammenfassung unter der gemeinschaftlichen Benennung des mechanischen Verhältnisses, dem Verhältniß der Zweckmäßigkeit gegenüber gestellt zu werden pflegt. Die Veranlassung hierzu ist darin zu suchen, daß der Mechanismus und der Chemismus allerdings· dieß mit einander gemein haben, nur erst an sich der existirende Begriff zu seyn, wohingegen der Zweck als der für sich existirende Begriff zu betrachten ist. Weiter sind nun aber auch der Mechanismus und der Chemismus sehr bestimmt von einander unterschieden, und zwar in der Art, daß das Objekt, in der Form des Mechanismus, zunächst nur gleichgültige Beziehung auf sich ist, wohingegen das chemische Objekt sich als schlechthin auf Anderes bezogen erweist. Nun treten zwar auch beim Mechanismus, indem derselbe sich entwickelt, bereits Beziehungen auf Anderes hervor; allein die Beziehung der mechanischen Objekte auf einander ist nur erst äußerliche Beziehung, dergestalt daß den auf einander bezogenen Objekten der Schein der Selbstständigkeit verbleibt. So stehen z. B. in der Natur die verschiedenen Himmelskörper, welche unser Sonnensystem bilden, zu einander in dem Verhältniß der

Bewegung und erweisen sich durch dieselbe auf einander bezogen. Die Bewegung, als die Einheit von Raum und Zeit, ist indeß nur die ganz äußerliche und abstrakte Beziehung und es scheint somit so, als würden die so äußerlich auf einander bezogenen Himmelskörper das, was sie sind, seyn und bleiben auch ohne diese ihre Beziehung auf einander. — Anders verhält es sich dagegen mit dem Chemismus. Die chemisch = differenten Objekte sind das, was sie sind, ausdrücklich nur durch ihre Differenz und sind so der absolute Trieb, sich durch und an einander zu integriren.

§. 201.

Der chemische Proceß hat daher das Neutrale seiner gespannten Extreme, welches diese an sich sind, zum Produkte; der Begriff, das konkrete Allgemeine, schließt sich durch die Differenz der Objekte, die Besonderung, mit der Einzelnheit, dem Produkte, und darin nur mit sich selbst zusammen. Eben sowohl sind in diesem Processe auch die andern Schlüsse enthalten; die Einzelnheit, als Thätigkeit ist gleichfalls Vermittelndes, so wie das konkrete Allgemeine, das Wesen der gespannten Extreme, welches im Produkte zum Daseyn kommt.

§. 202.

Der Chemismus hat noch als das Reflexionsverhältniß der Objektivität mit der differenten Natur der Objekte zugleich die unmittelbare Selbstständigkeit derselben zur Voraussetzung. Der Proceß ist das Herüber= und Hinübergehen von einer Form zur andern, die sich zugleich noch äußerlich bleiben. — Im neutralen Produkte sind die bestimmten Eigenschaften, die die Extreme gegen einander hatten, aufgehoben. Es ist dem Begriffe wohl gemäß, aber das begeistende Princip der Differentiirung existirt in ihm als zur Unmittelbarkeit zurückgesunkenem nicht; das Neutrale ist darum ein trennbares. Aber das urtheilende Princip, welches das Neutrale in differente Extreme dirimirt, und dem indifferenten Objekte überhaupt seine Diffe=

renz und Begeistung gegen ein anderes giebt, und der Proceß als spannende Trennung fällt außer jenem ersten Processe.

Zusatz. Der chemische Proceß ist noch ein endlicher, bedingter Proceß. Der Begriff als solcher ist nur erst das Innere dieses Processes und kömmt hier noch nicht in seinem Für-sich-seyn zur Existenz. Im neutralen Produkt ist der Proceß erloschen und das Erregende fällt außerhalb desselben. —

§. 203.

Die Aeußerlichkeit dieser zwei Processe, die Reduktion des Differenten zum Neutralen, und die Differentiirung des In-differenten oder Neutralen, welche sie als selbstständig gegen ein-ander erscheinen läßt, zeigt aber ihre Endlichkeit in dem Ueber-gehen in Produkte, worin sie aufgehoben sind. Umgekehrt stellt der Proceß die vorausgesetzte Unmittelbarkeit der differenten Objekte als eine nichtige dar. — Durch diese N e g a t i o n der Aeußerlichkeit und Unmittelbarkeit, worein der Begriff als Ob-jekt versenkt war, ist er f r e i und f ü r s i c h gegen jene Aeußer-lichkeit und Unmittelbarkeit gesetzt, — als Z w e c k.

Zusatz. Der Uebergang vom Chemismus zum teleolo-gischen Verhältniß ist darin enthalten, daß die beiden Formen des chemischen Processes einander gegenseitig aufheben. Was dadurch zu Stande kömmt, das ist das Freiwerden des im Che-mismus und im Mechanismus nur erst a n s i c h vorhandenen Begriffs und der hiermit für sich existirende Begriff ist der Z w e c k.

c. Teleologie.

§. 204.

Der Zweck ist der in freie Existenz getretene, f ü r - s i c h - s e y e n d e Begriff vermittelst der N e g a t i o n der unmittelbaren Objektivität. Er ist als s u b j e k t i v bestimmt, indem diese Negation zunächst a b s t r a k t ist und daher vor-erst die Objektivität auch nur gegenüber steht. Diese Be-stimmtheit der Subjektivität ist aber gegen die Totalität

des Begriffs einseitig und zwar für ihn selbst, in=
dem alle Bestimmtheit in ihm sich als aufgehobene gesetzt hat.
So ist auch für ihn das vorausgesetzte Objekt nur eine ideelle
an sich nichtige Realität. Als dieser Widerspruch seiner
Identität mit sich gegen die in ihm gesetzte Negation und Ge=
gensatz ist er selbst das Aufheben, die Thätigkeit, den Ge=
gensatz so zu negiren, daß er ihn identisch mit sich setzt. Dieß
ist das Realisiren des Zwecks, in welchem er, indem er
sich zum Andern seiner Subjektivität macht und sich objektivirt,
den Unterschied beider aufgehoben, sich nur mit sich zusam=
mengeschlossen und erhalten hat.

Der Zweck=Begriff ist einerseits überflüssig, andererseits
mit Recht Vernunftbegriff genannt, und dem. Abstrakt=
Allgemeinen des Verstandes gegenüber gestellt worden, als
welches sich nur subsumirend auf das Besondere bezieht,
welches es nicht an ihm selbst hat. — Ferner ist der Unter=
schied des Zweckes als Endursache von der bloß wirken=
den Ursache, d. i. der gewöhnlich sogenannten Ursache, von
höchster Wichtigkeit. Die Ursache gehört der noch nicht ent=
hüllten, der blinden Nothwendigkeit an; sie erscheint darum
als in ihr Anderes übergehend und darin ihre Ursprünglich=
keit im Gesetztseyn verlierend; nur an sich oder für uns ist
die Ursache in der Wirkung erst Ursache und in sich zurück=
gehend. Der Zweck dagegen ist gesetzt als in ihm selbst
die Bestimmtheit oder das, was dort noch als Andersseyn er=
scheint, die Wirkung zu enthalten, so daß er in seiner Wirk=
samkeit nicht übergeht, sondern sich erhält, d. i. er bewirkt
nur sich selbst und ist am Ende, was er im Anfange, in
der Ursprünglichkeit war; durch diese Selbsterhaltung ist erst
das wahrhaft Ursprüngliche. — Der Zweck erfodert eine spe=
kulative Auffassung, als der Begriff, der selbst in der eigenen
Einheit und Idealität seiner Bestimmungen das Ur=
theil oder die Negation, den Gegensatz des Subjektiven

und Objektiven, enthält, und ebenso sehr das Aufheben des=
selben ist.

Beim Zwecke muß nicht gleich oder nicht bloß an die
Form gedacht werden, in welcher er im Bewußtseyn als eine
in der Vorstellung vorhandene Bestimmung ist. Mit dem
Begriffe von innerer Zweckmäßigkeit hat Kant die Idee
überhaupt und insbesondere die des Lebens wieder erweckt.
Die Bestimmung des Aristoteles vom Leben enthält schon
die innere Zweckmäßigkeit und steht daher unendlich weit über
dem Begriffe moderner Teleologie, welche nur die endliche,
die äußere Zweckmäßigkeit vor sich hatte.

Bedürfniß, Trieb sind am nächsten liegende Beispiele
vom Zweck. Sie sind der gefühlte Widerspruch, der in=
nerhalb des lebendigen Subjekts selbst Statt findet, und
gehen in die Thätigkeit, diese Negation, welche die noch bloße
Subjektivität ist, zu negiren. Die Befriedigung stellt den
Frieden her zwischen dem Subjekt und Objekt, indem das
Objektive, das im noch vorhandenen Widerspruche (dem Be=
dürfnisse) drüben steht, ebenso nach dieser seiner Einseitigkeit
aufgehoben wird, durch die Vereinigung mit dem Subjekti=
ven. — Diejenigen, welche so viel von der Festigkeit und Un=
überwindlichkeit des Endlichen, sowohl des Subjektiven als
des Objektiven sprechen, haben an jedem Triebe das Beispiel
von dem Gegentheil. Der Trieb ist so zu sagen die Ge=
wißheit, daß das Subjektive nur einseitig ist und keine
Wahrheit hat, eben so wenig als das Objektive. Der Trieb
ist ferner die Ausführung von dieser seiner Gewißheit, er
bringt es zu Stande, diesen Gegensatz, das Subjektive, das
nur ein Subjektives sey und bleibe, wie das Objektive, daß
ebenso nur ein Objektives sey und bleibe, und diese ihre
Endlichkeit aufzuheben.

Bei der Thätigkeit des Zweckes kann noch darauf auf=
merksam gemacht werden, daß in dem Schlusse, der sie

ist, den Zweck mit sich durch das Mittel der Realisirung zusammen zu schließen, wesentlich die Negation der Terminorum vorkommt; — die so eben erwähnte Negation der im Zwecke als solchem vorkommenden unmittelbaren Subjektivität, wie der unmittelbaren Objektivität (des Mittels und der vorausgesetzten Objekte). Es ist dieß dieselbe Negation, welche in der Erhebung des Geistes zu Gott gegen die zufälligen Dinge der Welt so wie gegen die eigene Subjektivität ausgeübt wird; es ist das Moment, welches, wie in der Einleitung und §. 192 erwähnt worden, in der Form von Verstandesschlüssen, welche dieser Erhebung in den sogenannten Beweisen vom Daseyn Gottes gegeben wird, übersehen und weggelassen wird.

§. 205.

Die teleologische Beziehung ist als unmittelbar zunächst die äußerliche Zweckmäßigkeit, und der Begriff dem Objekte, als einem vorausgesetzten, gegenüber. Der Zweck ist daher endlich, hiemit theils dem Inhalte nach, theils darnach daß er an einem vorzufindenden Objekte, als Material seiner Realisirung eine äußerliche Bedingung hat; seine Selbstbestimmung ist in sofern nur formell. Näher liegt in der Unmittelbarkeit, daß die Besonderheit (als Formbestimmung. die Subjektivität des Zweckes) als in sich reflektirte, der Inhalt, als unterschieden von der Totalität der Form, der Subjektivität an sich, dem Begriffe erscheint. Diese Verschiedenheit macht die Endlichkeit des Zweckes innerhalb seiner selbst aus. Der Inhalt ist hiedurch ein eben so Beschränktes, Zufälliges und Gegebenes, wie das Objekt ein Besonderes und Vorgefundenes.

Zusatz. Wenn vom Zweck die Rede ist, so pflegt man dabei nur die äußerliche Zweckmäßigkeit vor Augen zu haben. Die Dinge gelten bei dieser Betrachtungsweise nicht als ihre Bestimmung in sich selbst tragend, sondern bloß als Mit-

tel, welche zur Realiftrung eines außerhalb ihrer liegenden
Zweckes gebraucht und verbraucht werden. Dieß ist überhaupt
der Gesichtspunkt der Nützlichkeit, welcher vormals auch in
den Wissenschaften eine große Rolle spielte, demnächst aber in
verdienten Mißkredit gekommen und als zur wahrhaften Einsicht
in die Natur der Dinge nicht auslangend erkannt worden ist.
Allerdings muß den endlichen Dingen als solchen dadurch ihr
Recht angethan werden, daß man sie als ein Nichtleztes und
als über sich hinaus weisend betrachtet. Diese Negativität der
endlichen Dinge ist indeß ihre eigene Dialektik und um diese zu
erkennen, hat man sich zunächst auf ihren positiven Inhalt ein-
zulaffen. In sofern es übrigens bei der teleologischen Betrachtungsweise um das wohlgemeinte Interesse zu thun ist, die
namentlich in der Natur sich kund gebende Weisheit Gottes
aufzuzeigen, so ist darüber zu bemerken, daß man mit diesem
Auffuchen von Zwecken, denen die Dinge als Mittel dienen,
nicht über das Endliche hinauskömmt und leicht in dürftige
Reflexionen geräth, so z. B. wenn nicht nur der Weinstock unter dem Gesichtspunkt des bekannten Nutzens, den er dem Menschen gewähret, betrachtet wird, sondern auch der Korkbaum in
Beziehung auf die Pfropfen, die aus seiner Rinde geschnitten
werden, um die Weinflaschen damit zu verschließen. Es sind
vormals ganze Bücher in diesem Sinne geschrieben worden und
es ist leicht zu ermessen, daß auf solche Weise weder das wahre
Interesse der Religion noch das der Wiffenschaft gefördert zu
werden vermag. Die äußere Zweckmäßigkeit steht unmittelbar
vor der Idee, allein das so auf der Schwelle Stehende ist oft
gerade das Ungenügendste.

§. 206.

Die teleologische Beziehung ist der Schluß, in welchem
sich der subjektive Zweck mit der ihm äußerlichen Objektivität
durch eine Mitte zusammenschließt, welche die Einheit beider,

als die zweckmäßige Thätigkeit, und als die unter den Zweck unmittelbar gesetzte Objektivität, das Mittel, ist.

Zusatz. Die Entwickelung des Zweckes zur Idee erfolgt durch die drei Stufen erstens des subjektiven Zwecks, zweitens des sich vollführenden und drittens des vollführten Zwecks. — Zuerst haben wir den subjektiven Zweck und dieser, als der für sich seyende Begriff, ist selbst Totalität der Begriffsmomente. Das erste dieser Momente ist das der mit sich identischen Allgemeinheit, gleichsam das neutrale erste Wasser, worin Alles enthalten, aber noch nichts geschieden ist. Der zweite ist dann die Besonderung dieses Allgemeinen, wodurch dasselbe einen bestimmten Inhalt bekömmt. Indem dann dieser bestimmte Inhalt durch die Bethätigung des Allgemeinen gesetzt ist, so kehrt dieses durch denselben zu sich selbst zurück und schließt sich mit sich selbst zusammen. Wir sagen demgemäß auch, wenn wir uns einen Zweck vorsetzen, daß wir etwas beschließen und betrachten uns somit zunächst gleichsam als offen und als dieser oder jener Bestimmung zugänglich. Eben so heißt es dann aber auch, man habe sich zu etwas entschlossen, wodurch ausgedrückt wird, daß das Subjekt aus seiner nur für sich seyenden Innerlichkeit hervortritt und sich mit der ihm gegenüberstehenden Objektivität einläßt. Dieß giebt dann den Fortgang von dem bloß subjektiven Zweck zu der nach Außen gekehrten zweckmäßigen Thätigkeit.

§. 207.

1) Der subjektive Zweck ist der Schluß, in welchem sich der allgemeine Begriff durch die Besonderheit mit der Einzelnheit so zusammenschließt, daß diese als die Selbstbestimmung urtheilt, d. i. sowohl jenes noch unbestimmte Allgemeine besondert und zu einem bestimmten Inhalt macht, als auch den Gegensatz von Subjektivität und Objektivität setzt, — und an ihr selbst zugleich die Rückkehr in sich ist, indem sie die gegen die Objektivität vorausgesetzte Subjektivität des Begriffes

in Vergleichung mit der in sich zusammengeschlossenen Totalität als ein Mangelhaftes bestimmt und sich damit zugleich nach Außen kehrt.

§. 208.

2) Diese nach Außen gekehrte Thätigkeit bezieht sich als die — im subjektiven Zwecke mit der Besonderheit, in welche nebst dem Inhalte auch die äußerliche Objektivität eingeschlossen ist, identische — Einzelnheit, erstens unmittelbar auf das Objekt, und bemächtigt sich dessen, als eines Mittels. Der Begriff ist diese unmittelbare Macht, weil er die mit sich identische Negativität ist, in welcher das Seyn des Objekts durchaus nur als ein ideelles bestimmt ist. — Die ganze Mitte ist nun diese innere Macht des Begriffs als Thätigkeit, mit der das Objekt als Mittel unmittelbar vereinigt ist und unter der es steht.

In der endlichen Zweckmäßigkeit ist die Mitte dieß in die zwei einander äußerlichen Momente, die Thätigkeit und das Objekt, das zum Mittel dient; gebrochene. Die Beziehung des Zwecks als Macht auf dieß Objekt, und die Unterwerfung desselben unter sich ist unmittelbar, — sie ist die erste Prämisse des Schlusses, — in sofern in dem Begriffe als der für sich seyenden Idealität das Objekt als an sich nichtig gesetzt ist. Diese Beziehung oder erste Prämisse wird selbst die Mitte, welche zugleich der Schluß in sich ist, indem sich der Zweck durch diese Beziehung, seine Thätigkeit, in der er enthalten und herrschend bleibt, mit der Objektivität zusammenschließt.

Zusatz. Die Ausführung des Zwecks ist die vermittelte Weise den Zweck zu realisiren; eben so nöthig ist aber auch die unmittelbare Realisirung. Der Zweck ergreift das Objekt unmittelbar, weil er die Macht über das Objekt ist, weil in ihm die Besonderheit und in dieser auch die Objektivität enthalten ist. — Das Lebendige hat einen Körper, die Seele bemächtigt sich desselben und hat sich darin unmittelbar objektivirt. Die menschliche Seele hat viel damit zu thun, sich ihre Leiblichkeit zum Mittel zu machen. Der Mensch muß seinen Körper gleichsam erst in Besitz nehmen, damit er das Instrument seiner Seele sey.

§. 209.

3) Die zweckmäßige Thätigkeit mit ihrem Mittel ist noch nach Außen gerichtet, weil der Zweck auch nicht identisch mit dem Objekte ist; daher muß er auch erst mit demselben vermittelt werden. Das Mittel ist als Objekt in dieser zweiten Prämisse in unmittelbarer Beziehung mit dem andern Extreme des Schlusses, der Objektivität als vorausgesetzter, dem Material. Diese Beziehung ist die Sphäre des nun dem Zwecke dienenden Mechanismus und Chemismus, deren Wahrheit und freier Begriff er ist. Dieß, daß der subjektive Zweck, als die Macht dieser Processe, worin das Objektive sich aneinander abreibt und aufhebt, sich selbst außer ihnen hält und das in ihnen sich erhaltende ist, ist die List der Vernunft.

Zusatz. Die Vernunft ist eben so listig als mächtig. Die List besteht überhaupt in der vermittelnden Thätigkeit, welche, indem sie die Objekte ihrer eigenen Natur gemäß auf einander einwirken und sich an einander abarbeiten läßt, ohne sich unmittelbar in diesen Proceß einzumischen, gleichwohl nur ihren Zweck zur Ausführung bringt. Man kann in diesem Sinne sagen, daß die göttliche Vorsehung, der Welt und ihrem Proceß gegenüber, sich als die absolute List verhält. Gott läßt die Menschen mit ihren besonderen Leidenschaften und Interessen gewähren, und was dadurch zu Stande kömmt, das ist die Vollführung seiner Absichten, welche ein Anderes sind, als dasjenige, um was es denjenigen, deren er sich dabei bedient, zunächst zu thun war.

§. 210.

Der realisirte Zweck ist so die gesetzte Einheit des

Subjektiven und Objektiven. Diese Einheit ist aber wesentlich
so bestimmt, daß das Subjektive und Objektive nur nach ihrer
Einseitigkeit neutralisirt und aufgehoben, aber das Objektive
dem Zwecke als dem freien Begriffe und dadurch der Macht
über dasselbe unterworfen und gemäß gemacht ist. Der Zweck
erhält sich gegen und in dem Objektiven, weil, außerdem daß
er das einseitige Subjektive, das Besondre ist, er auch das
konkrete Allgemeine, die an sich seyende Identität beider ist.
Dieß Allgemeine ist als einfach in sich reflektirt der Inhalt,
welcher durch alle drei Terminos des Schlusses und deren Be=
wegung dasselbe bleibt.

§. 211.

In der endlichen Zweckmäßigkeit ist aber auch der ausge=
führte Zweck ein so in sich gebrochenes, als es die Mitte und
der anfängliche Zweck war. Es ist daher nur eine an dem
vorgefundenen Material äußerlich gesetzte Form zu Stande
gekommen, die wegen des beschränkten Zweck=Inhalts gleichfalls
eine zufällige Bestimmung ist. Der erreichte Zweck ist daher
nur ein Objekt, das auch wieder Mittel oder Material für an=
dere Zwecke ist und so fort ins Unendliche.

§. 212.

Was aber in dem Realisiren des Zwecks an sich geschieht,
ist, daß die einseitige Subjektivität und der Schein der
gegen sie vorhandenen objektiven Selbstständigkeit aufgehoben
wird. In Ergreifung des Mittels setzt sich der Begriff als
das an sich seyende Wesen des Objekts; in dem mechanischen
und chemischen Processe hat sich die Selbstständigkeit des Ob=
jekts schon an sich verflüchtigt, und in ihrem Verlaufe unter
der Herrschaft des Zwecks hebt sich der Schein jener Selbst=
ständigkeit, das Negative gegen den Begriff, auf. Daß
aber der ausgeführte Zweck nur als Mittel und Material be=
stimmt ist, darin ist dieß Objekt sogleich schon als ein an sich
nichtiges, nur ideelles gesetzt. Hiemit ist auch der Gegensatz von

Inhalt und Form verschwunden. Indem der Zweck durch Aufhebung der Formbestimmungen sich mit sich zusammenschließt, ist die Form als identisch-mit sich hiemit als Inhalt gesetzt, so daß der Begriff als die Form=Thätigkeit nur sich zum Inhalt hat. Es ist also durch diesen Proceß überhaupt das gesetzt, was der Begriff des Zwecks war, die an sich seyende Einheit des Subjektiven und Objektiven nun als für sich seyend, — die Idee.

Zusatz. Die Endlichkeit des Zwecks besteht darin, daß bei der Realisirung desselben das als Mittel dazu verwendete Material nur äußerlich darunter subsumirt und demselben gemäß gemacht wird. Nun aber ist in der That das Objekt an sich der Begriff, und indem derselbe, als Zweck, darin realisirt wird, so ist dieß nur die Manifestation seines eignen Innern. Die Objektivität ist so gleichsam nur eine Hülle, unter welcher der Begriff verborgen liegt. Im Endlichen können wir es nicht erleben oder sehen, daß der Zweck wahrhaft erreicht wird. Die Vollführung des unendlichen Zwecks ist so nur die Täuschung aufzuheben, als ob er noch nicht vollführt sey. Das Gute, das absolut Gute, vollbringt sich ewig in der Welt und das Resultat ist, daß es schon an und für sich vollbracht ist und nicht erst auf uns zu warten braucht. Diese Täuschung ist es, in der wir leben und zugleich ist dieselbe allein das Bethätigende, worauf das Interesse in der Welt beruht. Die Idee in ihrem Proceß macht sich selbst jene Täuschung, setzt ein Anderes sich gegenüber und ihr Thun besteht darin, diese Täuschung aufzuheben. Nur aus diesem Irrthum geht die Wahrheit hervor und hierin liegt die Versöhnung mit dem Irrthum und mit der Endlichkeit. Das Andersseyn oder der Irrthum, als aufgehoben, ist selbst ein nothwendiges Moment der Wahrheit, welche nur ist, indem sie sich zu ihrem eignen Resultat macht.

C.

Die Idee.

§. 213.

Die Idee ist das Wahre an und für sich, die absolute Einheit des Begriffs und der Objektivität. Ihr ideeller Inhalt ist kein anderer als der Begriff in seinen Bestimmungen; ihr reeller Inhalt ist nur seine Darstellung, die er sich in der Form äußerlichen Daseyns giebt und diese Gestalt in seine Idealität eingeschlossen, in seiner Macht, so sich in ihr erhält.

Die Definition des Absoluten, daß es die Idee ist, ist nun selbst absolut. Alle bisherige Definitionen gehen in diese zurück. — Die Idee ist die Wahrheit; denn die Wahrheit ist dieß, daß die Objektivität dem Begriffe entspricht, — nicht daß äußerliche Dinge meinen Vorstellungen entsprechen; dieß sind nur richtige Vorstellungen, die Ich Dieser habe. In der Idee handelt es sich nicht um Diesen, noch um Vorstellungen, noch um äußerliche Dinge. — Aber auch alles Wirkliche, in sofern es ein Wahres ist, ist die Idee, und hat seine Wahrheit allein durch und kraft der Idee. Das einzelne Seyn ist irgend eine Seite der Idee, für dieses bedarf es daher noch anderer Wirklichkeiten, die gleichfalls als besonders für sich bestehende erscheinen; in ihnen zusammen und in ihrer Beziehung ist allein der Begriff realisirt. Das Einzelne für sich entspricht seinem Begriffe nicht; diese Beschränktheit seines Daseyns macht seine Endlichkeit und seinen Untergang aus.

Die Idee selbst ist nicht zu nehmen als eine Idee von irgend Etwas, so wenig als der Begriff bloß als bestimmter Begriff. Das Absolute ist die allgemeine und Eine Idee, welche als urtheilend sich zum System der bestimmten Ideen besondert, die aber nur dieß sind, in die Eine Idee, in ihre Wahrheit zurückzugehen. Aus diesem Urtheil ist es,

daß die Idee zunächst nur die Eine, allgemeine Substanz
ist, aber ihre entwickelte wahrhafte Wirklichkeit ist, daß sie
als Subjekt und so als Geist ist.

Die Idee wird häufig, in sofern sie nicht eine Existenz
zu ihrem Ausgangs= und Stützungs=Punkt habe, für ein bloß
formelles logisches genommen. Man muß solche Ansicht den
Standpunkten überlassen, auf welchen das existirende Ding
und alle weitern noch nicht zur Idee durchgedrungenen Be=
stimmungen noch für sogenannte Realitäten und wahr=
hafte Wirklichkeiten gelten. — Eben so falsch ist die
Vorstellung, als ob die Idee nur das Abstrakte sey. Sie
ist es allerdings in sofern, als alles Unwahre sich in ihr
aufzehrt; aber an ihr selbst ist sie wesentlich konkret, weil
sie der freie sich selbst und hiemit zur Realität bestimmende
Begriff ist. Nur dann wäre sie das Formell=Abstrakte, wenn
der Begriff, der ihr Princip ist, als die abstrakte Einheit,
nicht wie er ist, als die negative Rückkehr seiner in
sich und als die Subjektivität genommen würde.

Zusatz. Unter Wahrheit versteht man zunächst, daß ich
wisse wie etwas ist. Dieß ist jedoch die Wahrheit nur in
Beziehung auf das Bewußtseyn, oder 'die formelle Wahr=
heit, die bloße Richtigkeit. Dahingegen besteht die Wahrheit
im tiefern Sinn darin, daß die Objektivität mit dem Begriff
identisch ist. Dieser tiefere Sinn der Wahrheit ist es, um den
es sich handelt, wenn z. B. von einem wahren Staat oder
von einem wahren Kunstwerk die Rede ist. Diese Gegenstände
sind wahr, wenn sie das sind, was sie seyn sollen, d. h.
wenn ihre Realität ihrem Begriff entspricht. So aufgefaßt ist
das Unwahre dasselbe, was sonst auch das Schlechte genannt wird.
Ein schlechter Mensch ist ein unwahrer Mensch, d. h. ein Mensch,
der sich seinem Begriff, oder seiner Bestimmung, nicht gemäß
verhält. Ganz ohne Identität des Begriffs und der Realität
vermag indeß nichts zu bestehen. Auch das Schlechte und Un=

wahre ist nur, in sofern dessen Realität noch irgendwie sich seinem Begriff gemäß verhält. Das durchaus Schlechte oder Begriffswidrige ist eben damit ein in sich selbst Zerfallendes. Der Begriff allein ist es, wodurch die Dinge in der Welt ihren Bestand haben, d. h. in der Sprache der religiösen Vorstelluug, die Dinge sind das was sie sind nur durch den ihnen inwohnenden göttlichen und damit schöpferischen Gedanken. — Wenn von der Idee gesprochen wird, so hat man sich darunter nicht etwas Fernes und Jenseitiges vorzustellen. Die Idee ist vielmehr das durchaus Gegenwärtige und eben so findet sich dieselbe auch in jedem Bewußtseyn, wenn auch getrübt und verkümmert. — Wir stellen uns die Welt vor als ein großes Ganzes, welches von Gott erschaffen ist, und zwar so, daß sich uns Gott sich in derselben kund gegeben hat. Eben so betrachten wir die Welt als durch die göttliche Vorsehung regiert, und darin liegt, daß das Außereinander der Welt ewig zur Einheit, aus der sie hervorgegangen ist, zurückgeführt und derselben gemäß erhalten wird. — In der Philosophie ist es von jeher um nichts Anderes zu thun gewesen als um die denkende Erkenntniß der Idee, und Allem, was den Namen der Philosophie verdient, hat stets das Bewußtseyn einer absoluten Einheit dessen, was dem Verstand nur in seiner Trennung gilt, zu Grunde gelegen. — Daß die Idee die Wahrheit ist, dafür ist der Beweis nicht erst jetzt zu verlangen; die ganze bisherige Ausführung und Entwickelung des Denkens enthält diesen Beweis. Die Idee ist das Resultat dieses Verlaufs, welches jedoch nicht so zu verstehen ist, als ob dieselbe ein nur, d. h. ein durch Anderes als sie selbst Vermitteltes wäre. Vielmehr ist die Idee ihr eignes Resultat und als solches das eben so Unmittelbare als Vermittelte. Die bisher betrachteten Stufen des Seyns und des Wesens und eben so des Begriffs und der Objektivität sind in diesem ihren Unterschied nicht ein Festes und auf sich Beruhendes, sondern es haben sich dieselben als dialektisch er-

wiesen und ihre Wahrheit ist nur die, Momente der Idee
zu seyn.

§. 214.

Die Idee kann als die Vernunft, (dieß ist die eigentliche philosophische Bedeutung für Vernunft), ferner als
Subjekt-Objekt, als die Einheit des Ideellen und
Reellen, des Endlichen und Unendlichen, der Seele
und des Leibs, als die Möglichkeit, die ihre Wirklichkeit an ihr selbst hat, als das, dessen Natur nur
als existirend begriffen werden kann u. s. f. gefaßt werden,
weil in ihr alle Verhältnisse des Verstandes, aber in ihrer
unendlichen Rückkehr und Identität in sich enthalten sind.

Der Verstand hat leichte Arbeit, alles, was von der Idee
gesagt wird, als in sich widersprechend aufzuzeigen. Dieß
kann ihm ebenso heim gegeben werden oder vielmehr ist es
schon in der Idee bewerkstelligt; — eine Arbeit, welche die Arbeit der Vernunft, und freilich nicht so leicht wie die seinige
ist. — Wenn der Verstand zeigt, daß die Idee sich selbst
widerspreche, weil z. B. das Subjektive nur subjektiv, und
das Objektive demselben vielmehr entgegengesetzt, das Seyn
etwas ganz Anderes als der Begriff sey und daher nicht aus
demselben herausgeklaubt werden könne, eben so das Endliche
nur endlich und grade das Gegentheil vom Unendlichen, also
nicht mit demselben identisch sey, und sofort durch alle Bestimmungen hindurch, so zeigt vielmehr die Logik das Entgegengesetzte auf, daß nämlich das Subjektive, das nur subjektiv, das Endliche, das nur endlich, das Unendliche, das nur
unendlich seyn soll und so ferner, keine Wahrheit hat, sich
widerspricht und in sein Gegentheil übergeht, womit dieß Ue-
bergehn und die Einheit, in welcher die Extreme als aufgehobene, als ein Scheinen oder Momente sind, sich als ihre
Wahrheit offenbart.

Der Verstand, welcher sich an die Idee macht, ist der doppelte Mißverstand, daß er erstlich die Extreme der Idee, sie mögen ausgedrückt werden wie sie wollen, in sofern sie in ihrer Einheit sind, noch in dem Sinne und der Bestimmung nimmt, in sofern sie nicht in ihrer konkreten Einheit, sondern noch Abstraktionen außerhalb derselben sind. Nicht weniger verkennt er die Beziehung, selbst auch wenn sie schon ausdrücklich gesetzt ist; so übersieht er z. B. sogar die Natur der Kopula im Urtheil, welche vom Einzelnen, dem Subjekte, aussagt, daß das Einzelne eben so sehr nicht Einzelnes, sondern Allgemeines ist. — Vors andere hält der Verstand seine Reflexion, daß die mit sich identische Idee das Negative ihrer selbst, den Widerspruch, enthalte, für eine äußerliche Reflexion, die nicht in die Idee selbst falle. In der That ist dieß aber nicht eine dem Verstande eigene Weisheit, sondern die Idee ist selbst die Dialektik, welche ewig das mit sich Identische von dem Differenten, das Subjektive von dem Objektiven, das Endliche von dem Unendlichen, die Seele, von dem Leibe, ab- und unterscheidet, und nur in sofern ewige Schöpfung, ewige Lebendigkeit und ewiger Geist ist. Indem sie so selbst das Uebergehen oder vielmehr das sich Uebersetzen in den abstrakten Verstand ist, ist sie ebenso ewig Vernunft; sie ist die Dialektik, welche dieses Verständige, Verschiedene über seine endliche Natur und den falschen Schein der Selbstständigkeit seiner Produktionen wieder verständigt und in die Einheit zurückführt. Indem diese gedoppelte Bewegung nicht zeitlich, noch auf irgend eine Weise getrennt und unterschieden ist, — sonst wäre sie wieder nur abstrakter Verstand, — ist sie das ewige Anschauen ihrer selbst im Andern; der Begriff, der in seiner Objektivität sich selbst ausgeführt hat, das Objekt, welches innere Zweckmäßigkeit, wesentliche Subjektivität ist.

Die verschiedenen Weisen, die Idee aufzufassen, als Einheit des Ideellen und Reellen, des Endlichen und Unendlichen, der Identität und der Differenz und so fort, sind mehr oder weniger formell, indem sie irgend eine Stufe des bestimmten Begriffs bezeichnen. Nur der Begriff selbst ist frei und das wahrhaft Allgemeine; in der Idee ist daher seine Bestimmtheit ebenso nur er selbst; eine Objektivität, in welche er als das Allgemeine sich fortsetzt, und in der er nur seine eigene, die totale Bestimmtheit hat. Die Idee ist das unendliche Urtheil, dessen Seiten jede die selbstständige Totalität sind, und eben dadurch, daß jede sich dazu vollendet, in die andere eben so sehr übergegangen ist. Keiner der sonst bestimmten Begriffe ist diese in ihren beiden Seiten vollendete Totalität, als der Begriff selbst und die Objektivität.

§. 215.

Die Idee ist wesentlich Proceß, weil ihre Identität nur in sofern sie die absolute und freie des Begriffs ist, in sofern sie die absolute Negativität und daher dialektisch ist. Sie ist der Verlauf, daß der Begriff als die Allgemeinheit, welche Einzelnheit ist, sich zur Objektivität und zum Gegensatz gegen dieselbe bestimmt, und diese Aeußerlichkeit, die den Begriff zu ihrer Substanz hat, durch ihre immanente Dialektik sich in die Subjektivität zurückführt.

Weil die Idee a. Proceß ist, ist der Ausdruck für das Absolute: die Einheit des Endlichen und Unendlichen, des Denkens und Seyns u. s. f. wie oft erinnert, falsch; denn die Einheit drückt abstrakte, ruhig beharrende Identität aus. Weil sie b. Subjektivität ist, ist jener Ausdruck ebenso falsch, denn jene Einheit drückt das Ansich, das Substantielle der wahrhaften Einheit aus. Das Unendliche erscheint so als mit Endlichem nur neutralisirt, so das Subjektive mit dem Objektiven, das Denken mit dem Seyn. Aber in der negativen Einheit der Idee greift das Unendliche über das Endliche hinüber, das Denken über das Seyn, die Subjektivität über die Objektivität. Die Einheit der Idee ist Subjektivität, Denken, Unendlichkeit, und dadurch wesentlich von der Idee als Substanz zu unterscheiden, wie diese übergreifende Subjektivität, Denken, Unendlichkeit von der einseitigen Subjektivität, dem einseitigen Denken, der einseitigen Unendlichkeit, wozu sie sich urtheilend, bestimmend herabsetzt, zu unterscheiden ist.

Zusatz. Die Idee, als Proceß, durchläuft in ihrer Entwickelung drei Stufen. Die erste Form der Idee ist das Leben, d. i. die Idee in der Form der Unmittelbarkeit. Die zweite Form ist dann die der Vermittelung oder der Differenz und dieß ist die Idee als Erkennen, welches in der gedoppelten Gestalt der theoretischen und der praktischen Idee erscheint. Der Proceß des Erkennens hat zu seinem Resultat die Wiederherstellung der durch den Unterschied bereicherten Einheit und dieß giebt die dritte Form der hiermit absoluten Idee, welche letzte Stufe des logischen Processes sich zugleich als das wahrhaft Erste und nur durch sich selbst Setzende erweist.

a. Das Leben.

§. 216.

Die unmittelbare Idee ist das Leben. Der Begriff ist als Seele in einem Leibe realisirt, von dessen Aeußerlichkeit jene die unmittelbare sich auf sich beziehende Allgemeinheit, eben so dessen Besonderung, so daß der Leib keine andern Unterschiede, als die Begriffsbestimmung an ihm ausdrückt, endlich die Einzelnheit als unendliche Negativität ist, — die Dialektik seiner auseinandersetzenden Objektivität, welche aus dem Schein des selbstständigen Bestehens in die Subjektivität zurückgeführt wird, so daß alle Glieder sich gegenseitig momen-

tane Mittel wie momentane Zwecke sind, und das Leben, so
wie es die anfängliche Besonderung ist, sich als die negative für sich seyende Einheit resultirt und sich in der Leiblichkeit als dialektischer nur mit sich selbst zusammenschließt. —
So ist das Leben wesentlich Lebendiges und nach seiner Unmittelbarkeit Dieses Einzelne Lebendige. Die Endlichkeit
hat in dieser Sphäre die Bestimmung, daß um der Unmittelbarkeit der Idee willen Seele und Leib trennbar sind; dieß
macht die Sterblichkeit des Lebendigen aus. Aber nur in sofern
es todt ist, sind jene zwei Seiten der Idee verschiedene Be-
standstücke.

Zusatz. Die einzelnen Glieder des Leibes sind das,
das was sie sind nur durch ihre Einheit und in Beziehung auf
dieselbe. So ist z. B. eine Hand, welche vom Leibe abgehauen
wird, nur noch dem Namen nach eine Hand, aber nicht der
Sache nach, wie schon Aristoteles bemerkt. — Vom Standpunkt des Verstandes aus pflegt das Leben als ein Geheimniß
und überhaupt als unbegreiflich betrachtet zu werden. Der
Verstand bekennt indeß hiermit nur seine Endlichkeit und Nichtigkeit. Das Leben ist in der That so wenig ein Unbegreifliches, daß wir an demselben vielmehr den Begriff selbst und
näher die als Begriff existirende, unmittelbare Idee vor uns
haben. Hiermit ist dann auch sogleich der Mangel des Lebens
ausgesprochen. Dieser Mangel besteht darin, daß hier Begriff
und Realität einander noch nicht wahrhaft entsprechen. Der
Begriff des Lebens ist die Seele und dieser Begriff hat den
Leib zu seiner Realität. Die Seele ist gleichsam ergossen in
ihre Leiblichkeit und so ist dieselbe nur erst empfindend,
aber noch nicht freies Für-sich-seyn. Der Proceß des Lebens besteht dann darin, die Unmittelbarkeit, in welcher dasselbe
noch befangen ist, zu überwinden und dieser Proceß, welcher
selbst wieder ein dreifacher ist, hat zu seinem Resultat, die Idee
in der Form des Urtheils, d. h. die Idee als Erkennen.

§. 217.

Das Lebendige ist der Schluß, dessen Momente selbst Systeme und Schlüsse (§. 198. 201. 207.) in sich sind, welche aber thätige Schlüsse, Processe, und in der subjektiven Einheit des Lebendigen nur Ein Proceß sind. Das Lebendige ist so der Proceß seines Zusammenschließens mit sich selbst, das sich durch drei Processe verläuft.

§. 218.

1) Der erste ist der Proceß des Lebendigen innerhalb seiner, in welchem es sich an ihm selbst dirimirt, und sich seine Leiblichkeit zu seinem Objekte, seiner unorganischen Natur, macht. Diese als das relativ Aeußerliche tritt an ihr selbst in den Unterschied und Gegensatz ihrer Momente, die sich gegenseitig preis geben und eins das andre sich assimiliren und sich selbst producirend erhalten. Diese Thätigkeit der Glieder ist aber nur die Eine des Subjekts, in welche ihre Produktionen zurückgehen, so daß darin nur das Subjekt producirt wird, d. i. es sich nur reproducirt.

Zusatz. Der Proceß des Lebendigen innerhalb seiner selbst hat in der Natur die dreifache Form der Sensibilität, der Irritabilität und der Reproduktion. Als Sensibilität ist das Lebendige unmittelbar einfache Beziehung auf sich, die Seele, welche überall gegenwärtig ist, in ihrem Leibe, dessen Außereinander für sie keine Wahrheit hat. Als Irritabilität erscheint das Lebendige in sich selbst dirimirt und als Reproduktion ist dasselbe aus dem innern Unterschied seiner Glieder und Organe sich stets wiederherstellend. Das Lebendige ist nur als dieser sich fortwährend erneuernde Proceß innerhalb seiner selbst.

§. 219.

2) Das Urtheil des Begriffs geht als frei aber dazu fort, das Objektive als eine selbstständige Totalität aus sich zu entlassen, und die negative Beziehung des Lebendigen auf sich macht als unmittelbare Einzelnheit die Voraussetzung ei-

ner ihm gegenüberstehenden unorganischen Natur. Indem dieß Negative seiner eben so sehr Begriffsmoment des Lebendigen selbst ist, so ist es in diesem dem zugleich konkreten Allgemeinen als ein Mangel. Die Dialektik, wodurch das Objekt als an sich Nichtiges sich aufhebt, ist die Thätigkeit des seiner selbst gewissen Lebendigen, welches in diesem Proceß gegen eine unorganische Natur hiemit sich selbst erhält, sich entwickelt und objektivirt.

Zusatz. Das Lebendige steht einer unorganischen Natur gegenüber, zu welcher es sich als deren Macht verhält und die es sich assimilirt. Das Resultat dieses Processes ist nicht wie beim chemischen Proceß ein neutrales Produkt, in welchem die Selbstständigkeit der beiden Seiten, welche einander gegenüber gestanden, aufgehoben ist, sondern das Lebendige erweist sich als übergreifend über sein Anderes, welches seiner Macht nicht zu widerstehen vermag. Die unorganische Natur, welche von dem Lebendigen unterworfen wird, erleidet dieß um deßwillen, weil sie an sich dasselbe ist, was das Leben für sich ist. Das Lebendige geht so im Andern nur mit sich selbst zusammen. Wenn die Seele aus dem Leibe entflohen ist, so beginnen die elementarischen Mächte der Objektivität ihr Spiel. Diese Mächte sind so zu sagen fortwährend auf dem Sprunge, ihren Proceß im organischen Leibe zu beginnen und das Leben ist der beständige Kampf dagegen.

§. 220.

3) Indem das lebendige Individuum, das in seinem ersten Proceß sich als Subjekt und Begriff in sich verhält, durch seinen zweiten seine äußerliche Objektivität sich assimilirt und so die reelle Bestimmtheit in sich setzt, so ist es nun an sich Gattung, substantielle Allgemeinheit. Die Besonderung derselben ist die Beziehung des Subjekts auf ein anderes Subjekt seiner Gattung, und das Urtheil ist das Verhältniß der

Gattung zu diesen so gegeneinander bestimmten Individuen; —
die Geschlechtsdifferenz.

§. 221.

Der Proceß der Gattung bringt diese zum Für-sich-
seyn. Das Produkt desselben, weil das Leben noch die unmittelbare Idee ist, zerfällt in die beiden Seiten, daß nach der
einen das lebendige Individuum überhaupt, das zuerst als unmittelbar vorausgesetzt wurde, nun als ein Vermitteltes und
Erzeugtes hervorgeht; daß nach der andern aber die lebendige
dige Einzelnheit, die sich um ihrer ersten Unmittelbarkeit willen negativ zur Allgemeinheit verhält, in dieser als
der Macht untergeht.

Zusatz. Das Lebendige stirbt, weil es der Widerspruch
ist, an sich das Allgemeine, die Gattung zu seyn und doch unmittelbar nur als Einzelnes zu existiren. Im Tode erweist sich
die Gattung als die Macht über das unmittelbar Einzelne. —
Für das Thier ist der Proceß der Gattung der höchste Punkt
seiner Lebendigkeit. Dasselbe gelangt aber nicht dazu in seiner
Gattung für sich zu seyn, sondern er erliegt der Macht derselben.
Das unmittelbar Lebendige vermittelt sich im Proceß der Gattung mit sich selbst und erhebt sich so über seine Unmittelbarkeit,
aber nur um immer wieder zu derselben zurück zu sinken. Das
Leben verläuft sich hiermit zunächst nur in die schlechte Unendlichkeit des Progresses ins Unendliche. Was indeß dem Begriff
nach durch den Proceß des Lebens zu Stande kömmt, das ist
die Aufhebung und Ueberwindung der Unmittelbarkeit, in welcher die Idee als Leben noch befangen ist.

§. 222.

Die Idee des Lebens aber hat damit sich nicht nur von
irgend einem (besondern) unmittelbaren Diesen befreit,
sondern von dieser ersten Unmittelbarkeit überhaupt; sie kommt
damit zu sich, zu ihrer Wahrheit; sie tritt hiemit als freie
Gattung für sich selbst in die Existenz. Der Tod der

nur unmittelbaren einzelnen Lebendigkeit ist das Hervorgehen
des Geistes.

b. Das Erkennen.

§. 223.

Die Idee existirt frei für sich, in sofern sie die Allgemeinheit zum Elemente ihrer Existenz hat, oder die Objektivität selbst als der Begriff ist, die Idee sich zum Gegenstande
hat.   Ihre zur Allgemeinheit bestimmte Subjektivität ist reines
Unterscheiden innerhalb ihrer, — Anschauen, das sich in
dieser identischen Allgemeinheit hält. Aber als bestimmtes Unterscheiden ist sie das fernere Urtheil, sich als Totalität von
sich abzustoßen und zwar zunächst sich als äußerliches Universum vorauszusetzen.   Es sind zwei Urtheile, die an
sich identisch, aber noch nicht als identisch gesetzt sind.

§. 224.

Die Beziehung dieser beiden Ideen, die an sich oder als
Leben identisch sind, ist so die relative, was die Bestimmung
der Endlichkeit in dieser Sphäre ausmacht. Sie ist das
Reflexionsverhältniß, indem die Unterscheidung der Idee
in ihr selbst nur das erste Urtheil, das Voraussetzen noch
nicht als ein Setzen, für die subjektive Idee daher die objektive die vorgefundene unmittelbare Welt, oder die Idee als
Leben in der Erscheinung der einzelnen Existenz ist. Zugleich in Einem ist, in sofern dieß Urtheil reines Unterscheiden
innerhalb ihrer selbst ist (vorhg. §.), sie für sich sie selbst
und ihre Andere, so ist sie die Gewißheit der an sich
seyenden Identität dieser objektiven Welt mit ihr. — Die Vernunft kommt an die Welt, mit dem absoluten Glauben die
Identität setzen und ihre Gewißheit zur Wahrheit erheben
zu können, und mit dem Triebe, den für sie an sich nichtigen
Gegensatz auch als nichtig zu setzen.

§. 225.

Dieser Proceß ist im Allgemeinen das Erkennen. An sich wird in ihm in Einer Thätigkeit der Gegensatz, die Einseitigkeit der Subjektivität mit der Einseitigkeit der Objektivität, aufgehoben. Aber dieß Aufheben geschieht zunächst nur an sich; der Proceß als solcher ist daher unmittelbar selbst mit der Endlichkeit dieser Sphäre behaftet und zerfällt in die gedoppelte als verschieden gesetzte Bewegung des Triebs, — die Einseitigkeit der Subjektivität der Idee aufzuheben vermittelst der Aufnahme der seyenden Welt, in sich, in das subjektive Vorstellen und Denken, und die abstrakte Gewißheit seiner selbst mit dieser so als wahrhaft geltenden Objektivität als Inhalt zu erfüllen, — und umgekehrt die Einseitigkeit der objektiven Welt, die hiemit hier im Gegentheil nur als ein Schein, eine Sammlung von Zufälligkeiten und an sich nichtigen Gestalten, gilt, aufzuheben, sie durch das Innere des Subjektiven, das hier als das wahrhaft seyende Objektive gilt, zu bestimmen und ihr dieses einzubilden. Jenes ist der Trieb des Wissens nach Wahrheit, Erkennen als solches, — die theoretische, — dieses der Trieb des Guten zur Vollbringung desselben, — das Wollen, die praktische Thätigkeit der Idee.

α. Das Erkennen.

§. 226.

Die allgemeine Endlichkeit des Erkennens, die in dem einen Urtheil, der Voraussetzung des Gegensatzes (§. 224.) liegt, gegen welche sein Thun selbst der eingelegte Widerspruch ist, bestimmt sich näher an seiner eignen Idee dazu, daß deren Momente die Form der Verschiedenheit von einander erhalten, und, indem sie zwar vollständig sind, in das Verhältniß der Reflexion, nicht des Begriffs zu einander zu stehen kommen. Die Assimilation des Stoffes als eines Gegebenen erscheint daher als die Aufnahme desselben in die ihm zugleich äußer-

lich bleibenden Begriffsbestimmungen, welche ebenso in der Verschiedenheit gegen einander auftreten. Es ist die als Verstand
thätige Vernunft. Die Wahrheit, zu der dieß Erkennen kommt,
ist daher gleichfalls nur die endliche; die unendliche des Begriffs ist als ein nur an sich seyendes Ziel, ein Jenseits für
dasselbe fixirt. Es steht aber in seinem äußerlichen Thun unter
der Leitung des Begriffs, und dessen Bestimmungen machen den
innern Faden des Fortgangs aus.

Zusatz. Die Endlichkeit des Erkennens liegt in der
Voraussetzung einer vorgefundenen Welt und das erkennende
Subjekt erscheint hierbei als eine tabula rasa. Man hat
diese Vorstellung dem Aristoteles zugeschrieben, obschon Niemand
von dieser äußerlichen Auffassung des Erkennens entfernter ist als
gerade Aristoteles. Dieß Erkennen weiß sich noch nicht als die Thätigkeit des Begriffs, welche es nur an sich ist, aber nicht für
sich. Sein Verhalten erscheint ihm selbst als ein passives; in
der That ist dasselbe jedoch aktiv.

§. 227.

Das endliche Erkennen hat, indem es das Unterschiedene als ein vorgefundenes ihm gegenüberstehendes Seyendes,
— die mannichfaltigen Thatsachen der äußern Natur oder
des Bewußtseyns, voraussetzt, 1) zunächst für die Form seiner
Thätigkeit die formelle Identität oder die Abstraktion
der Allgemeinheit. Diese Thätigkeit besteht daher darin, das
gegebene Concrete aufzulösen, dessen Unterschiede zu vereinzeln
und ihnen die Form abstracter Allgemeinheit zu geben;
oder das Concrete als Grund zu lassen und durch Abstraction
von den unwesentlich scheinenden Besonderheiten ein concretes
Allgemeines, die Gattung oder die Kraft und das Gesetz, herauszuheben; — analytische Methode.

Zusatz. Man pflegt von analytischer und synthetischer Methode so zu sprechen, als ob es bloß Sache unseres
Beliebens sey, die eine oder die andere zu befolgen. Dieß ist

jedoch keineswegs der Fall, sondern es ist die Form der zu erkennenden Gegenstände selbst, von welcher es abhängt, welche
der genannten beiden, aus dem Begriff des endlichen Erkennens
sich ergebenden Methoden, zur Anwendung zu bringen ist. Das
Erkennen ist zunächst analytisch; das Objekt hat für dasselbe die
Gestalt· der Vereinzelung und die Thätigkeit des analytischen
Erkennens ist darauf gerichtet, das demselben vorliegende Einzelne auf ein Allgemeines zurück zu führen. Das Denken hat
hier nur die Bedeutung der Abstraction oder der formellen Identität. Dieß ist der Standpunkt, auf welchem Locke und alle
Empiriker stehen. Viele sagen, weiter könne das Erkennen
überhaupt nichts thun, als die gegebenen concreten Gegenstände
in ihre abstracten Elemente zu zerlegen und diese dann in ihrer
Isolirung betrachten. Es erhellt indeß sogleich, daß dieß ein
Verkehren der Dinge ist·und daß das Erkennen, welches.die Dinge
nehmen will, wie sie sind, hierbei mit sich selbst in Widerspruch
geräth. So z. B. bringt der Chemiker ein Stück Fleisch auf
seine Retorte, martert dasselbe auf vielfache Weise und sagt dann,
er habe gefunden, daß dasselbe aus Stickstoff, Kohlenstoff, Was-
serstoff u. s. w. bestehe. Diese abstracten Stoffe sind dann aber
kein Fleisch mehr. Eben so verhält es sich, wenn der empirische
Psycholog eine Handlung in die verschiedenen Seiten, die dieselbe der Betrachtung darbietet, zerlegt und diese dann in ihrer
Trennung festhält. Der analytisch behandelte Gegenstand wird
hierbei gleichsam als ein Zwiebel betrachtet, der man eine Haut
nach der andern abzieht.

§. 228.

Diese Allgemeinheit ist 2) auch eine bestimmte; die
Thätigkeit geht hier an den Momenten des Begriffes fort, der
im endlichen Erkennen nicht in seiner Unendlichkeit, der ver-
ständige bestimmte Begriff ist. Die Aufnahme des
Gegenstandes in die Formen desselben ist die synthetische
Methode.

Zusatz. Die Bewegung der synthetischen Methode ist das Umgekehrte der analytischen Methode. Während diese vom Einzelnen ausgehend zum Allgemeinen fortschreitet, so bildet dagegen bei jener das Allgemeine (als Definition) den Ausgangspunkt, von welchem durch die Besonderung (in der Eintheilung) zum Einzelnen (dem Theorem) fortgeschritten wird. Die synthetische Methode erweist sich hiermit als die Entwickelung der Momente des Begriffs am Gegenstande.

§. 229.

α) Der Gegenstand von dem Erkennen zunächst in die Form des bestimmten Begriffes überhaupt gebracht, so daß hiemit dessen Gattung und dessen allgemeine Bestimmtheit gesetzt wird, ist die Definition. Ihr Material und Begründung wird durch die analytische Methode (§. 227.) herbeigeschafft. Die Bestimmtheit soll jedoch nur ein Merkmal, d. i. zum Behufe des dem Gegenstande äußerlichen, nur subjektiven Erkennens seyn.

Zusatz. Die Definition enthält selbst die drei Momente des Begriffs: das Allgemeine, als die nächste Gattung (genus proximum), das Besondere, als die Bestimmtheit der Gattung (qualitas specifica) und das Einzelne, als den definirten Gegenstand selbst. — Bei der Definition entsteht zunächst die Frage, wo dieselbe herkömmt und diese Frage ist überhaupt, dahin zu beantworten, daß die Definitionen auf analytischem Wege entstehen. Damit ist dann aber auch sogleich die Veranlassung zum Streit über die Richtigkeit der aufgestellten Definition gegeben, denn es kömmt dabei darauf an, von welchen Wahrnehmungen man ausgegangen ist und was für Gesichtspunkte man dabei vor Augen gehabt hat. Je reicher der zu definirende Gegenstand ist, d. h. je mehr verschiedene Seiten er der Betrachtung darbietet, um so verschiedener pflegen dann auch die davon aufgestellten Definitionen auszufallen. So giebt es z. B. eine ganze Menge von Definitionen vom Leben, vom Staat u. s. w.

Die Geometrie hat dagegen gut Definitionen machen, da ihr
Gegenstand, der Raum, ein so abstrakter ist. — Weiter ist nun
überhaupt in Ansehung des Inhalts der definirten Gegenstände keine Nothwendigkeit vorhanden. Man hat es sich so
gefallen zu lassen, daß es einen Raum, daß es Pflanzen, Thiere
u. s. w. giebt und es ist nicht Sache der Geometrie, der Bota-
nik u. s. w. die Nothwendigkeit der genannten Gegenstände aufzuzeigen. Für die Philosophie eignet sich schon um dieses Um-
standes willen, die synthetische Methode, so wenig wie die analytische, denn die Philosophie hat sich vor allen Dingen über
die Nothwendigkeit ihrer Gegenstände zu rechtfertigen. Gleichwohl hat man auch in der Philosophie mehrfältig versucht, sich
der synthetischen Methode zu bedienen. So beginnt namentlich
Spinoza mit Definitionen und sagt z. B.: die Substanz ist die
causa sui. In seinen Definitionen ist das Spekulativste niedergelegt, aber in der Form von Versicherungen. Dasselbe gilt
dann auch von Schelling.

§. 230.

β) Die Angabe des zweiten Begriffsmoments, der Bestimmtheit des Allgemeinen als Besonderung, ist die Eintheilung, nach irgend einer äußerlichen Rücksicht.

Zusatz. Von der Eintheilung wird gefordert, daß
dieselbe vollständig sey, und dazu gehört ein Princip oder
Eintheilungsgrund, welcher so beschaffen ist, daß die darauf begründete Eintheilung den ganzen Umfang des durch
die Definition im Allgemeinen bezeichneten Gebiets umfaßt.
Näher ist es dann bei der Eintheilung darum zu thun,
daß das Princip derselben aus der Natur des einzutheilenden
Gegenstandes selbst entnommen und die Eintheilung somit na-
türlich und nicht bloß künstlich, d. h. willkürlich gemacht sey.
So werden z. B. in der Zoologie, bei der Eintheilung der
Säugethiere, vornämlich die Zähne und die Klauen als Eintheilungsgrund gebraucht und dieß ist in sofern sinnig, als die

Säugethiere selbst sich durch diese Theile ihres Körpers von einander unterscheiden und der allgemeine Typus der verschiedenen
Klassen derselben darauf zurück zu führen ist. — Ueberhaupt ist
die wahrhafte Eintheilung als durch den Begriff bestimmt zu
betrachten. Dieselbe ist in sofern zunächst dreitheilig; indem
dann aber die Besonderheit sich als ein Gedoppeltes darstelle,
so schreitet damit die Eintheilung auch zur Viertheiligkeit fort.
In der Sphäre des Geistes herrscht das Trichotomische vor und
es gehört zu den Verdiensten Kant's, auf diesen Umstand aufmerksam gemacht zu haben.

§. 231.

7) In der konkreten Einzelnheit, so daß die in der
Definition einfache Bestimmtheit als ein Verhältniß aufgefaßt ist, ist der Gegenstand eine synthetische Beziehung unterschiedener Bestimmungen; — ein Theorem. Die Identität
derselben, weil sie verschiedene sind, ist eine vermittelte. Das
Herbeibringen des Materials, welches die Mittelglieder ausmacht,
ist die Construktion, und die Vermittlung selbst, woraus die
Nothwendigkeit jener Beziehung für das Erkennen hervorgeht,
der Beweis.

Nach gewöhnlichen Angaben von dem Unterschiede der
synthetischen und analytischen Methode erscheint es im Ganzen als beliebig, welche man gebrauchen wolle. Wenn das
Konkrete, das nach der synthetischen Methode als Resultat
dargestellt ist, vorausgesetzt wird, so lassen sich aus demselben die abstrakten Bestimmungen als Folgen heraus analysiren, welche die Voraussetzungen und das Material
für den Beweis ausmachten. Die algebraischen Definitionen der krummen Linien sind Theoreme in dem geo-
metrischen Gange; so würde etwa auch der pythagoräische
Lehrsatz, als Definition des rechtwinklichten Dreiecks angenommen, die in der Geometrie zu seinem Behuf früher erwiesen-
nen Lehrsätze durch Analyse ergeben. Die Beliebigkeit der

Wahl beruht darauf, daß die eine wie die andere Methode
von einem äußerlich Vorausgesetzten ausgeht. Der
Natur des Begriffes nach ist das Analysiren das Erste, indem
es den gegebenen empirisch=concreten Stoff vorerst in die
Form allgemeiner Abstractionen zu erheben hat, welche dann
erst als Definitionen in der synthetischen Methode vorange=
stellt werden können.

· Daß diese Methoden, so wesentlich und von so glänzen=
dem Erfolge in ihrem eigenthümlichen Felde, für das philo=
sophische Erkennen unbrauchbar sind, erhellt von selbst, da sie
Voraussetzungen haben und das Erkennen sich darin als Ver=
stand und als Fortgehen an formeller Identität verhält. Bei
Spinoza, der die geometrische Methode vornämlich und zwar
für speculative Begriffe gebrauchte, macht sich der Forma=
lismus derselben sogleich auffallend. Die Wolfische Phi=
losophie, welche sie zum weitesten Pedantismus ausgebildet,
ist auch ihrem Inhalte nach Verstandes=Metaphysik. — An
die Stelle des Mißbrauchs, der mit dem Formalismus dieser
Methoden in der Philosophie und in den Wissenschaften ge=
trieben worden, ist in neuern Zeiten der Mißbrauch mit der
sogenannten Construction getreten. Durch Kant war die
Vorstellung in Umlauf gebracht worden, daß die Mathematik
ihre Begriffe construire; dieß sagte nichts anders, als
daß sie es mit keinen Begriffen, sondern mit abstracten
Bestimmungen sinnlicher Anschauungen zu thun hat.
So ist denn die Aufgabe sinnlicher aus der Wahrneh=
mung aufgegriffener Bestimmungen mit Umgehung des Be=
griffs, und der fernere Formalismus, philosophische und wis=
senschaftliche Gegenstände nach einem vorausgesetzten Schema
tabellarisch, übrigens nach Willkühr und Gutdünken, zu klassi=
ficiren, — eine Construction der Begriffe genannt wor=
den. Es liegt dabei wohl eine dunkle Vorstellung der Idee,
der Einheit des Begriffes und der Objectivität, so

wie daß die Idee concret sey, im Hintergrunde. Aber jenes
Spiel des sogenannten Construirens ist weit entfernt, diese
Einheit darzustellen, die nur der Begriff als solcher ist,
und eben so wenig ist das Sinnlich=Concrete der Anschauung
ein Concretes der Vernunft und der Idee.

Weil es übrigens die Geometrie mit der sinnlichen,
aber abstracten Anschauung des Raum zu thun hat, so kann
sie ungehindert einfache Verstandesbestimmungen in ihm firi-
ren; sie hat deswegen allein die synthetische Methode des endlichen Erkennens in ihrer Vollkommenheit. Sie stößt jedoch
in ihrem Gange, was sehr bemerkenswerth ist, zuletzt auf In-
commensurabilitäten und Irrationalitäten, wo sie,
wenn sie im Bestimmen weiter gehen will, über das verständige
Princip hinausgetrieben wird. Auch hier tritt wie sonst
häufig an der Terminologie die Verkehrung ein, daß was
rational genannt wird, das Verständige, was aber ir-
rational, vielmehr ein Beginn und Spur der Vernünf-
tigkeit ist. Andere Wissenschaften, wenn sie, was ihnen
nothwendig und oft, da sie sich nicht in dem Einfachen des
Raumes oder der Zahl befinden, geschieht, an die Gränze
ihres verständigen Fortgehens kommen, helfen sich auf leichte
Weise. Sie brechen die Konsequenz desselben ab, und nehmen, was sie brauchen, oft das Gegentheil des Vorhergehenden, von Außen, aus der Vorstellung, Meinung, Wahrnehmung oder woher es sonst sey, auf. Die Bewußtlosigkeit
dieses endlichen Erkennens über die Natur seiner Methode
und deren Verhältniß zum Inhalt läßt es weder erkennen,
daß es in seinem Fortgehen durch Definitionen, Eintheilun-
gen u. s. f. von der Nothwendigkeit der Begriffsbestimmungen fortgeleitet wird, noch wo es an seiner Gränze ist,
noch, wenn es dieselbe überschritten hat, daß es sich in einem
Felde befindet, wo die Verstandesbestimmungen nicht mehr
gelten, die es jedoch roher Weise noch darin gebraucht.

§. 232.

Die Nothwendigkeit, welche das endliche Erkennen im Beweise hervorbringt, ist zunächst eine äußerliche nur für die subjective Einsicht bestimmte. Aber in der Nothwendigkeit als solcher hat es selbst seine Voraussetzung und den Ausgangspunkt, das Vorfinden und Gegebenseyn seines Inhalts, verlassen. Die Nothwendigkeit als solche ist an sich der sich auf sich beziehende Begriff. Die subjective Idee ist so an sich zu dem an und für sich Bestimmten, Nicht-gegebenen, und daher demselben als dem Subjecte Immanenten gekommen und geht in die Idee des Wollens über.

Zusatz. Die Nothwendigkeit, zu welcher das Erkennen durch den Beweis gelangt, ist das Gegentheil von dem, was für dasselbe den Ausgangspunkt bildet. In seinem Ausgangspunkt hatte das Erkennen einen gegebenen und zufälligen Inhalt; nunmehr aber, am Schluß seiner Bewegung, weiß es den Inhalt als einen nothwendigen und diese Nothwendigkeit ist durch die subjective Thätigkeit vermittelt. Eben so war zunächst die Subjectivität ganz abstract, eine bloße tabula rasa, wohingegen dieselbe sich nunmehr als bestimmend erweist. Hierin aber liegt der Uebergang von der Idee des Erkennens zur Idee des Wollens. Dieser Uebergang besteht dann näher darin, daß das Allgemeine in seiner Wahrheit als Subjectivität, als sich bewegender, thätiger und Bestimmungen setzender Begriff aufzufassen ist.

b. Das Wollen.

§. 233.

Die subjective Idee als das an und für sich Bestimmte und sich selbst gleicher einfacher Inhalt ist das Gute. Ihr Trieb sich zu realisiren hat das umgekehrte Verhältniß gegen die Idee des Wahren, und geht darauf vielmehr die vorgefundene Welt nach seinem Zwecke zu bestimmen. — Dieses Wollen hat einerseits die Gewißheit der Nichtigkeit des vorausgesetzten Objekts, andererseits aber setzt es als Endliches zugleich den Zweck des Guten als nur subjective Idee und die Selbstständigkeit des Objects voraus.

§. 234.

Die Endlichkeit dieser Thätigkeit ist daher der Widerspruch, daß in den selbst widersprechenden Bestimmungen der objectiven Welt der Zweck des Guten eben so ausgeführt wird als auch nicht, daß er als ein unwesentlicher so sehr als ein wesentlicher, als ein wirklicher und zugleich als nur möglicher gesetzt ist. Dieser Widerspruch stellt sich als der unendliche Progreß der Verwirklichung des Guten vor, das darin nur als ein Sollen fixirt ist. Formell ist aber das Verschwinden dieses Widerspruches darin, daß die Thätigkeit die Subjectivität des Zweckes und damit die Objectivität, den Gegensatz, durch den beide endlich sind, und nicht nur die Einseitigkeit dieser Subjectivität, sondern sie im Allgemeinen aufhebt; eine andere solche Subjectivität, d. i. ein neues Erzeugen des Gegensatzes, ist von der, die eine vorige seyn sollte, nicht unterschieden. Diese Rückkehr in sich ist zugleich die Erinnerung des Inhalts in sich, welcher das Gute und die an sich seyende Identität beider Seiten ist, — die Erinnerung an die Voraussetzung des theoretischen Verhaltens (§. 224.), daß das Object das an ihm Substantielle und Wahre sey.

Zusatz. Während es der Intelligenz nur darum zu thun ist, die Welt so zu nehmen, wie sie ist, so geht dagegen der Wille darauf aus, die Welt erst zu dem zu machen, was sie seyn soll. Das Unmittelbare, das Vorgefundene gilt dem Willen nicht als ein festes Seyn, sondern nur als ein Schein, als ein an sich Nichtiges. Es kommen hier die Widersprüche vor, in denen man sich auf dem Standpunkt der Moralität herumtreibt. Es ist dieß überhaupt in praktischer Beziehung der Standpunkt der kantschen und auch noch der fichteschen Philosophie. Das Gute soll realisirt werden, man hat daran

zu arbeiten, daffelbe hervorzubringen und der Wille ift nur das
fich bethätigende Gute. Wäre denn aber die Welt, fo wie fte
feyn foll, fo fiele damit die Thätigkeit des Willens hinweg.
Der Wille fordert alfo felbft, daß fein Zweck auch nicht reali-
firt werde. Die Endlichkeit des Willens ift damit richtig aus-
gefprochen. Bei diefer Endlichkeit ift dann aber nicht ftehen zu
bleiben und der Proceß des Willens felbft ift es, wodurch die-
felbe und der in ihr enthaltene Widerfpruch aufgehoben wird.
Die Verföhnung befteht darin, daß der Wille in feinem Reful-
tat zur Vorausfetzung des Erkennens zurückkehrt, fomit in der
Einheit der theoretifchen und praktifchen Idee. Der Wille weiß
den Zweck als das Seinige und die Intelligenz faßt die Welt
als den wirklichen Begriff auf. Dieß ift die wahrhafte Stellung
des vernünftigen Erkennens. Das Nichtige und Verfchwindende
macht nur die Oberfläche, nicht das wahrhafte Wefen der Welt
aus. Diefes ift der an und für fich feyende Begriff und die
Welt ift fo felbft die Idee. Das unbefriedigte Streben ver-
fchwindet, wenn wir erkennen, daß der Endzweck der Welt eben
fo vollbracht ift, als es fich ewig vollbringt. Dieß ift überhaupt
die Stellung des Mannes, während die Jugend meint, die Welt
liege fchlechthin im Argen und es müffe aus derfelben erft ein
ganz Anderes gemacht werden. Das religiöfe Bewußtfeyn betrachtet dagegen die Welt als durch die göttliche Vorfehung regiert, und fomit als dem entfprechend, was fie feyn foll. Diefe
Uebereinftimmung von Seyn und Sollen ift indeß nicht eine
erftarrte und proceßlofe; denn das Gute, der Endzweck der Welt,
ift nur, indem es fich ftets hervorbringt, und zwifchen der geifti-
gen und natürlichen Welt befteht dann noch der Unterfchied,
daß während diefe nur beftändig in fich felbft zurückkehrt, in jener allerdings auch ein Fortfchreiten ftatt findet.

§. 235.

·Die Wahrheit des Guten ift damit gefetzt, als die
Einheit der theoretifchen und praktifchen Idee, daß das Gute

an und für sich erreicht, — die objektive Welt so an und für
sich die Idee ist, wie sie zugleich ewig als Zweck sich setzt und
durch Thätigkeit ihre Wirklichkeit hervorbringt. — Dieses aus
der Differenz und Endlichkeit des Erkennens zu sich zurückge-
kommene und durch die Thätigkeit des Begriffs mit ihm identisch
gewordene Leben ist die spekulative oder absolute Idee.

c. Die absolute Idee.

§. 236.

Die Idee als Einheit der subjectiven und der objectiven
Idee ist der Begriff der Idee, dem die Idee als solche der Gegenstand, dem das Objekt sie ist; — ein Objekt, in welches alle
Bestimmungen zusammengegangen sind. Diese Einheit ist hiemit die absolute und alle Wahrheit, die sich selbst denkende Idee, und zwar hier als denkende, als logische Idee.

Zusatz. Die absolute Idee ist zunächst die Einheit der
theoretischen und der praktischen Idee und damit zugleich die
Einheit der Idee des Lebens und der Idee des Erkennens. Im Erkennen hatten wir die Idee in der Gestalt der Differenz und der
Proceß des Erkennens hat sich uns als die Ueberwindung dieser Differenz und als die Wiederherstellung jener Einheit ergeben, welche als solche, und in ihrer Unmittelbarkeit, zunächst die
Idee des Lebens ist. Der Mangel des Lebens besteht darin,
nur erst die an sich seyende Idee zu seyn; dahingegen ist eben
so einseitiger Weise das Erkennen die nur für sich seyende
Idee. Die Einheit und Wahrheit dieser beiden ist die an und
für sich seyende und hiermit absolute Idee. — Bisher haben wir die Idee in der Entwickelung durch ihre verschiedenen
Stufen hindurch zu unserm Gegenstand gehabt; nunmehr aber
ist die Idee sich selbst gegenständlich. Dieß ist die νόησις νοήσεως,
welche schon Aristoteles als die höchste Form der Idee bezeichnet hat.

§. 237.

Für sich ist die absolute Idee, weil kein Uebergehen

noch Voraussetzen und überhaupt keine Bestimmtheit, welche nicht flüssig und durchsichtig wäre, in ihr ist; die reine Form des Begriffs, die ihren Inhalt als sich selbst anschaut. Sie ist sich Inhalt, in sofern sie das ideelle Unterscheiden ihrer selbst von sich, und das eine der Unterschiedenen die Identität mit sich ist, in der aber die Totalität der Form als das System der Inhaltsbestimmungen enthalten ist. Dieser Inhalt ist das System des Logischen. Als Form bleibt hier der Idee nichts als die Methode dieses Inhalts, — das bestimmte Wissen von der Währung ihrer Momente.

Zusatz. Wenn von der absoluten Idee gesprochen wird, so kann man meinen, hier werde erst das Rechte kommen, hier müsse sich Alles ergeben. Gehaltlos deklamiren kann man allerdings über die absolute Idee, in das Weite und Breite; der wahre Inhalt ist indeß kein anderer als das ganze System, dessen Entwickelung wir bisher betrachtet haben. Es kann hiernach auch gesagt werden, die absolute Idee sey das Allgemeine, aber das Allgemeine nicht bloß als abstrakte Form, welchem der besondere Inhalt als ein Anderes gegenübersteht, sondern als die absolute Form, in welche alle Bestimmungen, die ganze Fülle des durch dieselbe gesetzten Inhalts, zurück gegangen ist. Die absolute Idee ist in dieser Hinsicht dem Greis zu vergleichen, der dieselben Religionssätze ausspricht als das Kind, für welchen dieselben aber die Bedeutung seines ganzen Lebens haben. Wenn auch das Kind den religieusen Inhalt versteht, so gilt ihm derselbe doch nur als ein Solches, außerhalb dessen noch das ganze Leben und die ganze Welt liegt. — Eben so verhält es sich dann auch mit dem menschlichen Leben überhaupt und den Begebenheiten, die den Inhalt desselben ausmachen. Alle Arbeit ist nur auf das Ziel gerichtet und wenn dieß erreicht ist, so ist man verwundert, nichts Anderes zu finden, als eben dieß, was man wollte. Das Interesse liegt in der ganzen Bewegung. Wenn der Mensch sein Leben verfolgt, dann kann ihm das Ende, als ſehr beſchränkt erſcheinen, aber der ganze decursus vitae iſt es, welcher darin zuſammen genommen iſt. — So iſt denn auch der Inhalt der abſoluten Idee die ganze Ausbreitung, die wir bisher vor uns hatten. Das Letzte iſt die Einſicht, daß die ganze Entfaltung den Inhalt und das Intereſſe ausmacht. — Weiter iſt dieß die philoſophiſche Anſicht, daß Alles, was für ſich genommen, als ein Beſchränktes erſcheint, dadurch ſeinen Werth erhält, daß es dem Ganzen angehört und Moment der Idee iſt. So iſt es, daß wir den Inhalt gehabt haben, und was wir noch haben, das iſt das Wiſſen, daß der Inhalt die lebendige Entwickelung der Idee iſt und dieſer einfache Rückblick iſt in der Form enthalten. Eine jede der bisher betrachteten Stufen iſt ein Bild des Abſoluten, aber zunächſt in beſchränkter Weiſe und ſo treibt ſie ſich fort zum Ganzen, deſſen Entfaltung dasjenige iſt, was wir als Methode bezeichneten.

§. 238.

Die Momente der ſpekulativen Methode ſind a. der Anfang, der das Seyn oder Unmittelbare iſt; für ſich aus dem einfachen Grunde, weil er der Anfang iſt. Von der ſpekulativen Idee aus oder iſt es ihr Selbſtbeſtimmen, welches als die abſolute Negativität oder Bewegung des Begriffs urtheilt und ſich als das Negative ſeiner ſelbſt ſetzt. Das Seyn, das für den Anfang als ſolchen als abſtrakte Affirmation erſcheint, iſt ſo vielmehr die Negation, Geſetztſeyn, Vermitteltſeyn überhaupt und Vorausgeſetztſeyn. Aber als die Negation des Begriffs, der in ſeinem Andersſeyn ſchlechthin identiſch mit ſich und die Gewißheit ſeiner ſelbſt iſt, iſt es der noch nicht als Begriff geſetzte Begriff, oder der Begriff an ſich. — Dieß Seyn iſt darum als der noch unbeſtimmte, d. i. nur an ſich oder unmittelbar beſtimmte Begriff, eben ſo ſehr das Allgemeine.

Der Anfang wird im Sinne unmittelbaren Seyns aus der Anſchauung und Wahrnehmung genommen, — der Anfang der analytischen Methode des endlichen Erkennens; im Sinn der Allgemeinheit ist er der Anfang der synthetischen Methode desselben. Da aber das Logische unmittelbar eben so Allgemeines als Seyendes, eben so von dem Begriffe sich vorausgesetztes, als unmittelbar er selbst ist, so ist sein Anfang eben so synthetischer als analytischer Anfang.

Zusatz. Die philosophische Methode ist sowohl analytisch als auch synthetisch, jedoch nicht in dem Sinn eines bloßen Nebeneinander oder einer bloßen Abwechselung dieser beiden Methoden des endlichen Erkennens, sondern vielmehr so, daß sie dieselben als aufgehoben in sich enthält und demgemäß in einer jeden ihrer Bewegungen sich als analytisch und synthetisch zugleich verhält. Analytisch verfährt das philosophische Denken, in sofern dasselbe seinen Gegenstand, die Idee, nur aufnimmt, dieselbe gewähren läßt und der Bewegung und Entwickelung derselben gleichsam nur zusieht. Das Philosophiren ist in sofern ganz passiv. Eben so ist dann aber das philosophische Denken synthetisch, und erweist sich als die Thätigkeit des Begriffs selbst. Dazu aber gehört die Anstrengung, die eignen Einfälle und besondern Meinungen, welche sich immer hervorthun wollen, von sich abzuhalten.

§. 239.

b. Der Fortgang ist das gesetzte Urtheil der Idee. Das unmittelbare Allgemeine ist als der Begriff an sich die Dialektik, an ihm selbst seine Unmittelbarkeit und Allgemeinheit zu einem Momente herabzusetzen. Es ist damit das Negative des Anfangs oder das Erste in seiner Bestimmtheit gesetzt; es ist für eines, die Beziehung Unterschiedener, — Moment der Reflexion.

Dieser Fortgang ist eben sowohl analytisch, indem durch die immanente Dialektik nur das gesetzt wird, was im unmittelbaren Begriffe enthalten ist; — als synthetisch,

weil in dieſem Begriffe dieſer Unterſchied noch nicht war
geſetzt.

Zuſatz. Im Fortgang der Idee erweiſt der Anfang ſich
als das was er an ſich iſt, nämlich als das Geſetzte und Vermittelte und nicht als das Seyende und Unmittelbare. Nur
für das ſelbſt unmittelbare Bewußtſeyn iſt die Natur das Anfängliche und Unmittelbare und der Geiſt das durch dieſelbe
Vermittelte. In der That aber iſt die Natur das durch den
Geiſt Geſetzte und der Geiſt ſelbſt iſt es, der ſich die Natur zu
ſeiner Vorausſetzung macht.

§. 240.

Die abſtrakte Form des Fortgangs iſt im Seyn ein Anderes und Uebergehen in ein Anderes, im Weſen Scheinen in dem Entgegengeſetzten, im Begriffe die Unter-
ſchiedenheit des Einzelnen von der Allgemeinheit, welche
ſich als ſolche in das von ihr Unterſchiedene continuirt und
als Identität mit ihm iſt.

§. 241.

In der zweiten Sphäre iſt der zuerſt an ſich ſeyende Begriff zum Scheinen gekommen, und iſt ſo an ſich ſchon die
Idee. — Die Entwicklung dieſer Sphäre wird Rückgang in
die erſte, wie die der erſten ein Uebergang in die zweite iſt; nur
durch dieſe gedoppelte Bewegung erhält der Unterſchied ſein
Recht, indem jedes der beiden Unterſchiednen ſich an ihm ſelbſt
betrachtet zur Totalität vollendet, und darin ſich zur Einheit mit
dem andern bethätigt. Nur das Sich=Aufheben der Einſeitigkeit beider an ihnen ſelbſt läßt die Einheit nicht einſeitig
werden.

§. 242.

Die zweite Sphäre entwickelt die Beziehung der Unterſchiednen zu dem, was ſie zunächſt iſt, zum Widerſpruche an
ihr ſelbſt, — im unendlichen Progreß, — der ſich ꝛc. in
das Ende auflöst, daß das Differente als das geſetzt wird, was

es im Begriffe ist. Es ist das Negative des Ersten, und als die Identität mit demselben die Negativität seiner selbst; hiemit die Einheit, in welcher diese beiden Ersten als ideelle und Momente, als aufgehobene d. i. zugleich als aufbewahrte sind. Der Begriff so von seinem Ansichseyn vermittelst seiner Differenz und deren Aufheben sich mit sich selbst zusammenschließend, ist der realisirte Begriff, d. i. der Begriff das Gesetztseyn seiner Bestimmungen in seinem Fürsichseyn enthaltend, — die Idee, für welche zugleich als absolut Erstes (in der Methode) dieß Ende nur das Verschwinden des Scheins ist, als ob der Anfang ein unmittelbares und sie ein Resultat wäre; — das Erkennen, daß die Idee die Eine Totalität ist.

§. 243.

Die Methode ist auf diese Weise nicht äußerliche Form, sondern die Seele und der Begriff des Inhalts, von welchem sie nur unterschieden ist, in sofern die Momente des Begriffs auch an ihnen selbst in ihrer Bestimmtheit dazu kommen, als die Totalität des Begriffs zu erscheinen. Indem diese Bestimmtheit oder der Inhalt sich mit der Form zur Idee zurückführt, so stellt sich diese als systematische Totalität dar, welche nur Eine Idee ist, deren besondere Momente eben sowohl an sich dieselbe sind, als sie durch die Dialektik des Begriffs das einfache Fürsichseyn der Idee hervorbringen. — Die Wissenschaft schließt auf diese Weise damit, den Begriff ihrer selbst zu fassen, als der reinen Idee, für welche die Idee ist.

§. 244.

Die Idee, welche für sich ist, nach dieser ihrer Einheit mit sich betrachtet ist sie Anschauen, und die anschauende Idee Natur. Als Anschauen aber ist die Idee in einseitiger Bestimmung der Unmittelbarkeit oder Negation durch äußerliche Reflexion gesetzt. Die absolute Freiheit der Idee aber ist, daß sie nicht bloß ins Leben übergeht, noch als endliches Erkennen dasselbe in sich scheinen läßt, sondern in der absoluten Wahrheit ihrer selbst sich entschließt, das Moment ihrer Besonderheit oder des ersten Bestimmens und Andersseyns, die unmittelbare Idee als ihren Wiederschein, sich als Natur frei aus sich zu entlassen.

Zusatz. Wir sind jetzt zum Begriff der Idee, mit welcher wir angefangen haben, zurückgekehrt. Zugleich ist diese Rückkehr zum Anfang ein Fortgang. Das, womit wir anfingen, war das Seyn, das abstrakte Seyn; und nunmehr haben wir die Idee als Seyn; diese seyende Idee aber ist die Natur.

Inhalts = Anzeige.

Erster Theil.
Die Wissenschaft der Logik.
§. 19 — 244.

———

Gedruckt bei den Gebr. Unger.

Lightning Source UK Ltd.
Milton Keynes UK
UKHW050053140119
334943UK00020B/637/P